JONATHAN SALAMON

Né à Lille en 1987, Jonathan Salamon a exercé la profession d'architecte pendant deux ans, jusqu'à fin 2012. En avril 2013, il décide de faire le tour du monde exclusivement financé par le poker. Après un mois à Rio de Janeiro au Brésil, il achète, grâce à ses gains, une moto à Ciudad del Este, ville frontalière du Paraguay. Il a parcouru 40 000 kilomètres dans quatorze pays d'Amérique latine en deux ans et quatre mois. Une aventure qui s'est terminée par une participation aux championnats du monde de poker à Las Vegas, en juillet 2015, et un livre, *Récit d'un joueur itinérant* (2015), issu de son blog : www.worldpokertrip.net.
Jonathan Salamon est aujourd'hui domicilié à Lille.

Retrouvez toute l'actualité de l'auteur sur :
https://www.facebook.com/jonatsalamon/

RÉCIT D'UN JOUEUR
ITINÉRANT

JONATHAN SALAMON

RÉCIT D'UN JOUEUR ITINÉRANT

POCKET

FSC
www.fsc.org
MIXTE
Papier issu de
sources responsables
FSC™ C003309

Pocket, une marque d'Univers Poche,
est un éditeur qui s'engage pour la préservation
de l'environnement et qui utilise du papier fabriqué
à partir de bois provenant de forêts gérées
de manière responsable.

ISBN : 978-2-266-30796-3
Dépôt légal : octobre 2020

Sommaire

PREMIÈRE PARTIE : L'EXIL

DEUXIÈME PARTIE : L'ENVOL

TROISIÈME PARTIE : L'ATTERRISSAGE

PREMIÈRE PARTIE : L'EXIL

Brésil

– 10. Une vie meilleure

— Première fois au Brésil ?
— Oui.
— Vous allez où ?
— À Rio.
— Travail ou loisirs ?
— Euh… Loisirs.

Sentant mon hésitation, il a levé les yeux de son écran.

— Vous restez combien de temps ?

— Je ne sais pas vraiment. Deux, trois mois peut-être.

— Trois mois pour visiter Rio, c'est beaucoup.

— Non, mais je ne vais pas rester à Rio, je vais visiter le pays ensuite.

— Et votre billet de retour ?

— Je ne l'ai pas encore acheté, je pense que…

Toutes ces questions commencent à me rendre un peu nerveux. J'étais si excité d'avoir enfin posé le pied en Amérique, et voilà que ce con m'a refroidi. Le problème, c'est que je ne peux pas vraiment prendre le risque de lui expliquer ce que je viens faire dans son pays. Encore moins que je n'ai aucune idée de ma date de retour en France, ni que celle-ci dépendra entièrement de ma réussite ou non sur les tables de poker du continent. Je prends l'option de rester vague.

— Je pense que je vais prendre mon vol retour plus tard, dans un autre pays. Je compte voyager un peu.

— Vous faites quoi dans la vie ?

J'ouvre la bouche un instant, puis m'arrête, étonné. Je ne sais pas quoi répondre. C'est bien la première fois que ça m'arrive…

Au cours des prochains mois, j'apprendrai à m'y faire et à m'adapter à mes interlocuteurs et leurs attentes. Sans mentir, mais sans jamais être parfaitement exact. Aux jeunes de mon âge, ceux qui, bloqués à l'école ou au travail, rêvent d'aventure, je dirai que je vis du poker. Aux autres voyageurs, qui espèrent tenir la distance, je me présenterai comme blogueur. Face aux jolies filles, je serai un romantique écrivain. Et devant les mères de famille, policiers, officiels en tout genre, ceux qui voudront voir en moi un « jeune responsable », j'aurai systématiquement la même réponse, qui me facilitera souvent la vie :

— Je suis architecte.

J'ai pensé une seconde de trop, et voilà que mon fonctionnaire s'agite un peu à son guichet. Il se met à regarder mon passeport. Peut-être pense-t-il que je suis trop jeune pour faire ce métier. On m'a toujours dit que j'ai l'air beaucoup plus jeune que mes vingt-cinq ans. En tout cas, il sent que quelque chose cloche et, d'une certaine manière, il a raison. Cela fait quatre mois que je ne travaille plus… Et pour l'instant, comme on dit sur Facebook, l'architecture et moi avons une relation, disons… « compliquée ».

Pourtant, j'avais adoré mes études. Adoré mettre au jour les secrets de ma discipline, découvrir son histoire, ses problématiques. Comment observer un espace, comprendre son fonctionnement, de quelle manière sa luminosité, sa forme, sa matérialité peuvent moduler l'état d'esprit de ceux qui le parcourent. Je dévorais les textes des maîtres. Ils étaient presque des amis pour moi. Parfois même des ennemis. Durant mes cinq années d'études, l'architecture était plus qu'une passion. C'était un mode de vie. Le filtre à travers lequel je percevais le monde.

Sauf qu'étudier l'architecture en théorie, ce n'est pas être architecte sur le terrain. Et avoir fait des études artistiques n'est pas suffisant pour avoir percé les mystères de la vie. Ça semble évident, mais ça ne l'était pas pour moi. Et quand, fraîchement diplômé après un parcours sans faute, j'ai entamé ma carrière, plein d'ambition et avec l'envie de changer le monde, la vie s'est promptement chargée de me faire redescendre des nuages sur lesquels je planais.

Ma toute première agence était le genre qui faisait battre mon petit cœur d'étudiant. Un style d'enfer. Des bâtiments ultracontemporains, aux lignes pures, et d'un blanc immaculé (Photoshop contraste + 64 %) qui flashait dans les magazines. Ils tranchaient méchamment avec les bâtiments aux alentours, qui étaient souvent de colombages dans cette région aux fortes traditions, mais c'était fait avec un tel aplomb que ça marchait. Un style radical assumé, presque arrogant, auraient pu dire certains… Ça ressemblait diablement à celui que j'étais à l'époque. J'en avais des étoiles dans les yeux et j'étais prêt à tout pour y entrer, même à déménager à mille kilomètres de ma Lille natale, dans cette petite ville du Sud-Ouest où je ne connaissais personne. Cela ne me faisait pas peur. Ce n'était pas la première fois que je me retrouvais seul quelque part avec tout à construire. C'était même assez excitant. Et après cinq années remplies d'amitiés, de voyages, de passions et de succès, ma confiance était au sommet. Je n'avais aucun doute sur ma capacité à réussir mon entrée dans le monde professionnel. Rien ne pouvait m'arriver. J'ai passé l'entretien facilement, surmotivé que j'étais, et quelques jours plus tard, j'ai commencé.

Au début, l'excitation a suffi à maintenir l'illusion que j'étais au bon endroit. J'ai trouvé un petit studio, me suis acheté un scooter, et tous les matins, je suis allé au travail le vent dans la face et le sourire aux lèvres. Mais rapidement la réalité m'a rattrapé, et la réalité était toute simple. J'étais le dernier embauché d'une grosse boîte en pleine expansion. Un petit jeune, talentueux certes, mais tout juste sorti de l'école, donc pas payé trop cher et positionné tout en bas de l'échelle. Mon rôle était de répondre à un besoin finalement assez commun dans les structures très hiérarchisées : celui de faire les tâches qui saoulaient mes supérieurs. Concrètement, faire le « manard », comme on dit dans ce milieu. Celui qui travaille avec ses mains. Pas avec sa tête.

Moi qui croyais être arrivé pour vivre une grande aventure, pour donner mon avis sur Le Corbusier ou le régionalisme critique, je passais mes journées à plier des plans, à monter des modélisations sur ordinateur ou mettre au propre les croquis de projets que je n'avais pas dessinés. On ne me demandait pas grand-chose de plus que cette simple exécution technique. Tout au plus un avis mineur de temps en temps sur l'épaisseur d'un trait ou une nuance de couleur. Et encore, on n'écoutait pas forcément ce que je répondais. Les choix intéressants, les décisions un tant soit peu significatives, les rencontres avec les clients, ou les entreprises, tout cela était géré par les chefs de projet. Pour accéder à ces responsabilités, il fallait d'abord que je « fasse mes preuves ». Pendant quatre ans, trois peut-être si j'étais chanceux.

Ainsi fonctionnent la plupart des grandes agences, en architecture ou ailleurs. On commence par apprendre les bases, et petit à petit on monte. Mais à l'époque, j'étais trop fougueux pour avoir cette patience, et trop sûr de moi pour y voir autre chose qu'un rabaissement injuste, si ce n'est honteux.

L'euphorie des débuts s'est dissipée, et la pression a commencé à se faire sentir. En plus de faire le semi-stagiaire, je devais supporter un rythme beaucoup trop intense. Je terminais rarement avant 19 heures, souvent à 22 heures, parfois plus tard. J'ai même fait quelques nuits blanches. Non payées, cela va sans dire.

Personne ne remettait les choses en question. Tous étaient conscients qu'il s'exerçait une forme implicite de sélection naturelle et que c'était le prix à payer pour être chez les meilleurs. Il fallait tenir ou partir. Mes supérieurs étaient passés par là, avaient intégré le processus, et ils avaient tellement galéré qu'ils ne comptaient pas laisser les nouveaux s'en tirer si facilement. Et puis au final, c'était une bonne école.

Une école dure, mais efficace. Ils étaient devenus de bons archis. Fiers d'avoir réussi. Même si beaucoup d'entre eux avaient dû sacrifier leur vie de couple ou de famille. Même si parfois, vers 2 heures du matin, il m'arrivait d'en voir certaines revenir des toilettes les yeux rougis.

J'avais beau adorer ce métier, je n'étais pas en mesure de payer ce prix-là. Je croyais le vouloir, je m'en sentais capable, je voulais en être capable, mais mon corps, lui, me l'a refusé. À sa façon.

Cela s'est fait lentement, avec des petits symptômes anodins au début. Une éruption de boutons sur les mains par-ci, une difficulté à se lever par-là. Et puis de plus en plus clairement. Au bout de quelques mois, je regardais ma montre toutes les demi-heures. Espérant que le temps passe le plus vite possible pour enfin rentrer chez moi. Non pas que ma vie en dehors eût été plus riche, bien au contraire. Mes rares relations se limitaient à un voisin insistant qui tenait absolument à devenir mon ami, particulièrement quand il avait bu, et à un petit chat à qui j'avais eu la pitié de donner un verre de lait un jour, et qui depuis venait me rendre visite régulièrement. Affligeant.

J'avais bien noué quelques relations un peu plus intéressantes au début, mais elles s'étaient fanées par manque de temps ou simplement à cause de la fatigue. Et probablement aussi parce que, au bout d'un moment, je ne me reconnaissais plus. Le rythme absurde et les petites défaites quotidiennes m'avaient complètement ratatiné. J'étais passé de l'assurance crâneuse de l'étudiant épanoui à une insécurité totale. Je marchais tête baissée, parlais à voix basse, n'osais soutenir les regards. Pire même, j'avais l'impression d'avoir régressé intellectuellement. D'être devenu totalement insipide, sauvage, asocial. Même mes collègues ont commencé à m'éviter. Je ne les blâme pas, je m'étais changé en fantôme. Les gens ont une sorte d'odorat pour détecter la solitude, et ils s'éloignent instinctivement de ceux qui sentent trop fort.

En parallèle de mon travail, je revenais de temps en temps dans mon école pour passer une spécialisation. La HMO, l'habilitation à la maîtrise d'œuvre. Une sorte de diplôme en plus de celui d'architecte qui permet de se lancer légalement à son compte et de signer des permis de construire. C'était la toute dernière épreuve scolaire de ma vie et malheureusement, dans l'état pitoyable dans lequel j'étais à cette époque, j'ai raté mon oral. Le tout premier échec scolaire de ma vie pour sa toute dernière épreuve. Moi, le mec qui n'avait jamais raté un concours, qui avait eu mention très bien au bac. Le bon élève.

Jusque-là, j'étais comme un boxeur un peu prétentieux qui affronte un adversaire qu'il découvre trop fort pour lui. Je voyais bien que je me faisais massacrer, mais la situation était tellement inhabituelle pour moi que je croyais encore pouvoir le battre. Pouvoir m'en sortir. Au moins, tenir un round de plus… Cet échec fut la dernière droite, un peu plus violente que les autres qui m'a mis au tapis. Je suis tombé K.-O.

Et quand, après quelques jours de choc, j'ai repris mes esprits, j'ai constaté que j'étais brisé. Pour la première fois de ma vie. Aussi incroyable, incongru et nouveau que cela m'apparaisse.

À l'époque, le mot *burn out* n'était pas encore dans l'air du temps, mais je crois bien que c'est ce que j'ai vécu. Un *burn out* à vingt-quatre ans.

Dans un moment de lucidité, j'ai enfin compris que ça ne pouvait plus continuer comme ça. J'étais à quelques semaines de la fin de mon contrat, mais j'ai annoncé à mes patrons que je voulais m'en aller tout de suite et ai demandé une rupture conventionnelle. Même si la forme était brutale, sur le fond, je crois que ça arrangeait tout le monde. J'étais devenu leur épine dans le pied. Leur mauvaise conscience. La vieille loque toute molle, affalée dans son fauteuil, qui ruinait la perfection clinquante de leurs locaux.

— Vous êtes architecte, vraiment ?

— Oui.

— Vraiment ?

J'ai l'impression que le mec lit dans mes pensées.

— Ben oui.

Le retour dans le Nord, dans l'appartement familial, après un tel échec fut compliqué. Il a fallu panser les blessures. Récupérer. Et analyser les causes de la défaite. Pourquoi m'étais-je planté ? Était-ce ma faute ou la leur ? Et si j'allais un peu plus loin venait une autre question que je n'avais pas envie d'affronter. Ne m'étais-je pas trompé de voie ? J'avais déjà eu l'occasion d'effleurer cette question pendant certains stages, constatant avec étonnement que je n'aimais pas ce que je faisais, mais j'avais attribué cela à mon statut de précaire, ou juste à l'entreprise. Avec cette expérience désastreuse, l'étonnement avait cédé la place à l'inquiétude. Uniquement de l'inquiétude, car je n'approchais pas trop du bord… Si j'avais eu le courage d'y aller, peut-être aurais-je commencé à sentir de la peur, à l'idée que oui, je n'étais pas fait pour ce boulot. Que j'avais peut-être fait cinq années d'études pour rien. Et qu'après tout ce temps je n'avais aucune idée de ce que j'allais faire de ma vie.

Alors, plutôt que d'aller trop loin dans la remise en question, j'ai passé l'hiver à m'oublier dans ce qui me faisait du bien. Pour certains, c'est l'alcool ou la drogue, pour moi, c'étaient les jeux vidéo, YouTube et la pornographie. Tout ce qui pouvait éloigner mon cerveau de ces questions douloureuses. Ça a marché. Le temps a passé et le mal-être s'est peu à peu dissipé. Et au début du printemps, à défaut de trouver mieux à faire, fragile, mais debout, je me suis résolu à écouter les conseils raisonnables de mes parents et à me remettre au boulot. J'ai renfilé mes gants de boxe et ai cherché un nouvel adversaire, un peu moins coriace cette fois-ci.

La vie est parfois étrange. J'avais la certitude que j'allais galérer à retrouver un boulot, particulièrement à cause de la perte de confiance que je vivais, mais il faut croire que ça a dû toucher. J'ai joué la carte de la sincérité en racontant ma première expérience désastreuse à mon tout premier entretien, et j'ai été pris dans la foulée…

C'était une toute petite agence au fin fond de la campagne audoise. Nous étions quatre. Le patron, sa femme, un employé qui était là depuis le début, et moi. Le studio était spécialisé dans la construction en bois, avec une vraie conscience écologique, à une époque où c'était encore rare, et pas forcément si facile à vendre. Le patron était cool, humain, et les horaires respectueux de nos vies privées. Nous dessinions des petits équipements locaux, des écoles et des résidences secondaires pour des couples aisés qui passaient à l'agence prendre le café. Les projets étaient petits, mes ambitions de changer le monde s'étaient envolées, mais au final, je me sentais bien plus utile ici. Piloter la construction de la crèche d'un petit village était moins sexy que de bosser en collaboration avec une star de l'archi américaine sur un projet de musée international, certes. Mais bien plus intéressant que de vérifier que les toilettes dudit musée étaient bien aux normes…

C'était le job parfait pour moi à cette époque. Un environnement tranquille et sans pression pour le jeune homme un peu cassé que j'étais, et une promesse d'évolution pour l'architecte en début de carrière. Ainsi, j'ai repris un peu de couleurs. Je me suis dit que je n'étais pas aussi nul qu'on me l'avait sous-entendu (et même clairement dit) là-bas. Je me suis remis à parler aux gens, à regarder les filles dans les yeux, et j'ai retrouvé avec soulagement la joie d'avoir des potes à appeler les dimanches et les jours de pluie.

— Vous avez de l'argent ?

La question est tellement incongrue dans un aéroport que je crois d'abord à une blague, mais il n'y a pas de sourire sur son visage. Il est sérieux. Je ne comprends pas tout de suite pourquoi il m'amène sur ce terrain.

— Si j'ai de l'argent ?

— Vous en avez ?

— Ben oui.

Le problème, ce n'est pas l'argent. De l'argent, j'en ai. Depuis deux ans, ma vie a été tellement orientée vers le travail que je n'ai presque rien dépensé. Ce qui est peut-être précisément le problème. Trop peu d'argent dépensé. Trop de travail. Pas assez de vie. C'est un peu ce que j'ai commencé à réaliser au bout de quelques mois à l'agence.

J'avais beau apprécier mon travail, j'avais beau constater que j'étais dans les meilleures conditions professionnelles possibles, je ne pouvais pas m'empêcher de regarder à nouveau ma montre. Il me manquait quelque chose. Déjà une copine, certainement, ce qui n'était pas facile à trouver dans ce bled perdu, mais pas que. Il me manquait de la vie. De la passion. Peut-être même du risque. C'est ce que je trouvais dans le poker.

J'y jouais depuis longtemps pour le fun, mais à cette époque, je commençais à m'investir de plus en plus sérieusement. Déjà, je jouais presque chaque week-end au casino, parfois aussi le soir en ligne, mais je me souviens que même pendant les heures de boulot, un peu comme certains écoutent de la musique, je m'étais mis à écouter dans mon casque les coachings de certains pros américains en prenant des notes. Mon patron devait sûrement se demander ce que signifiaient toutes ces séquences de lettres et de chiffres qui remplissaient les marges de mes carnets. Ça ressemblait à des « TT sur QQK82 », « xRai 76hh sur 45KhAh ? », bref, c'était de la technique, ça n'avait aucun sens pour un non-initié, mais pour moi ça en avait. Beaucoup. Trop.

À la fin de la première année, mon patron, qui malgré tout semblait satisfait de mon travail m'a proposé un

CDI. En toute logique, j'aurais dû snap call*[1] sa proposition. C'était censé être la consécration. La continuité logique des choix que j'avais faits depuis le début de mes études. Et après mon année de galère, j'allais pouvoir apprendre mon métier dans un environnement idéal, et en sécurité. C'était la proposition à ne pas refuser.

Pourtant, aucune joie n'est venue. Aucun sentiment d'accomplissement. Pas même d'envie lointaine. Au contraire, l'idée avait même tendance à m'agiter, à me rendre nerveux, voire à me faire peur.

Bizarrement, dans les jours qui ont suivi la proposition, j'ai commencé à devenir nostalgique. Je me suis mis à repenser fréquemment à mes études. À la passion qui m'animait alors et qui semblait si rare dans ma vie désormais. Aux voyages merveilleux que j'avais faits à l'époque, et à ce tour du monde que je m'étais promis de faire un jour, et que j'avais simplement zappé lors de mon entrée dans le monde professionnel. J'étais devenu si mou. Si raisonnable... J'ai repensé au poker, qui était peut-être le seul endroit de ma vie où je me sentais vraiment bon. Poker où je gagnais de plus en plus d'argent. Pas des sommes folles, de quoi m'acheter un cadeau de temps à autre. Mais j'avais quand même le sentiment que si je m'en donnais les moyens, j'avais peut-être, sans mauvais jeu de mots, une carte à jouer. J'ai pensé à ma vie amoureuse qui depuis deux ans avait été aussi excitante qu'un lundi matin. À toutes ces filles que je ne faisais que regarder,

1. Les définitions de poker sont regroupées en fin d'ouvrage dans un glossaire. Ces mots et expressions sont signalés par un astérisque à la première occurrence.

tellement affaibli par mes échecs que je n'avais plus la confiance de les aborder.

Je me suis vu dans cette vie molle que j'avais depuis deux ans. Une vie qui n'avait rien à voir avec celle, si excitante, de mon époque étudiante. J'ai regardé ce CDI et j'ai cherché des raisons de croire que le signer pourrait changer quelque chose à tout cela, et je n'ai rien trouvé. J'ai commencé à m'imaginer signant ce contrat, me projetant dans un futur proche, à trente ans, avec pas mal d'expérience, des responsabilités, de gros chantiers, pourquoi pas une femme et des gosses en chemin… Pas une seule seconde cette image ne me donnait envie.

Pire, j'avais cette impression puissante que si je signais, j'allais m'enfoncer à tout jamais dans les sables mouvants d'une vie flasque et ennuyeuse. C'était irrationnel, mais c'était ce que ma peur me disait. Ce que mon corps me disait. Mon corps qui visiblement commençait à paniquer un peu.

Alors j'ai refusé.

Et quatre mois plus tard, avec mon petit sac sur le dos et un peu d'argent dans les poches, j'étais dans cet aéroport, face à un fonctionnaire trop zélé qui se demandait si j'étais vraiment architecte et si toutes mes hésitations n'étaient pas le signe que je lui cachais quelque chose.

— Combien vous avez ?

— Combien j'ai ?

— Combien ?

— Bah, ça va. Suffisamment pour voyager tranquillement.

Et soudain je comprends le sens de toutes ces questions. Le billet de retour, ses doutes, l'argent…

Drôle de sensation que d'être pris pour un candidat à l'immigration clandestine.

Je ne sais pas si je dois me sentir vexé de ma perte de statut social ou inquiet de mon apparence, de ce que je dois refléter sans m'en rendre compte pour générer de tels soupçons.

Évidemment je suis très loin d'être dans la situation qu'il me soupçonne de lui cacher. Je ne suis pas un de ces malheureux qui quittent leur pays pour fuir la guerre ou la misère. Je ne suis qu'un jeune gars qui essaie de reprendre un peu de couleurs après quelques années difficiles. Ce voyage n'est qu'une petite parenthèse dans ma vie. Je rentrerai bientôt, reprendrai ma routine. Du moins je crois. En tout cas, c'est ce que j'ai promis à mes parents terrifiés à l'idée que leur petit dernier se trouve seul en Amérique du Sud. Des vacances. Un beau voyage motivé par l'amour de l'aventure et l'envie de voir le monde. Rien de plus.

Et pourtant, cet agent d'immigration qui est face à moi semble penser le contraire. Qu'a-t-il décelé en moi dont je n'ai pas encore moi-même conscience ? Est-ce quelque chose dans mon regard ? Une insécurité, une nervosité qu'il ne voit que chez les gens qui ne voyagent pas pour partir en vacances ?

Je n'en sais trop rien, mais il semblerait que les faits lui aient donné raison. À l'heure où j'écris ces lignes, six ans plus tard, six ans durant lesquels ma vie a pris un tournant radicalement différent, je ne peux m'empêcher d'admirer l'intuition remarquable de cet homme.

Il l'avait senti. Longtemps avant que je ne l'admette moi-même. Même si les raisons étaient probablement moins dramatiques, plus égoïstes. Au final, je n'étais pas si différent de ce clandestin qu'il avait cru détecter en moi : je quittais moi aussi mon pays dans l'espoir d'une vie meilleure.

Car la vérité, c'est que j'avais peur, tout simplement. Peur de m'enfoncer dans une voie qui n'était manifestement pas faite pour moi. Peur de me retrouver à cinquante ans comme un con, bloqué dans ma propre vie. Peur de mourir sans avoir vécu. Sans avoir su.

J'imagine que ce professionnel qui voyait passer chaque jour des milliers de voyageurs a dû me lire aussi facilement que je lis aujourd'hui un débutant au poker. Mais ne trouvant aucun prétexte légal pour me retenir, il a feuilleté une dernière fois mon passeport vierge, et y a apposé le premier tampon d'une longue série.

— Bon voyage.

– 9. Mise en jambes

C'est ainsi que tout commence. Le petit Jonathan, tout jeune, tout vert, armé de sa b…, de ses baskets et de son sac à dos acheté trois semaines plus tôt à Go Sport, perdu au milieu de la foule, son teint blafard de geek contrastant au milieu de tous les Brésiliens.

Je dois avouer que je suis encore décontenancé de la petite discussion avec le douanier, mais à cette heure déjà avancée de la nuit, je n'ai pas le temps de m'attarder dessus. Je dois m'activer, car ma première mission est urgente : trouver l'endroit où je vais dormir.

Mission urgente, mais néanmoins simple, car j'ai déjà un logement. Je vais chez Karen, ma toute première hôte. Simple, mais pas trop non plus, ce ne serait pas drôle, puisque cette jeune femme a la bonne idée de ne pas vivre à Rio, mais dans sa banlieue, à Barra de Tijuaca, et que pour arriver chez elle, il me faut prendre, d'après ses indications, trois bus différents depuis l'aéroport.

Dès le premier changement, des doutes surgissent. Mon premier bus m'a déposé sur un mélange de terrain vague et de bande d'arrêt d'urgence, et j'attends... Des bus passent. Nombreux. Certains s'arrêtent... Mais pas une seule fois celui dont le numéro est écrit sur mon carnet. Au bout d'une vingtaine de minutes, n'ayant aucune idée d'où je suis et de comment repartir, je me résous à approcher un Brésilien qui attend lui aussi, pour vérifier mon chemin.

J'aimerais pouvoir vous narrer cette conversation, mais dans la mesure où lui ne parle ni anglais ni espagnol, et encore moins français, et que de mon côté, malgré la lecture assez peu sérieuse du *Brésilien tout de suite* au fond de mon sac, j'ignore tout de sa langue, il se trouve que nous dévions assez rapidement en langue des signes improvisée.

C'est donc avec moult mouvements de bras et autres déhanchements élaborés que nous parvenons à aboutir à la conclusion que je me suis perdu (merci pour le scoop). Pour retrouver ma route, il me faut prendre un bus dans l'autre sens, récupérer une correspondance que j'ai manquée et poursuivre le chemin que j'avais initialement pris.

C'est là que les choses deviennent intéressantes. En France, cette petite interaction se serait arrêtée là. Il m'aurait probablement souhaité bon courage et nos chemins se seraient séparés. Mais je suis au Brésil depuis vingt minutes, et je vais découvrir que les choses ici sont un peu différentes. Il me demande de le suivre et arrête un bus. Au début je crois qu'il veut juste me le désigner, mais voilà qu'il monte avec moi, alors qu'il en attendait un autre, et nous paie le billet à tous les deux. Je proteste, gêné, mais il rit, me montre avec son pouce que tout va bien et, en s'asseyant, accoste immédiatement sa voisine, une dame d'une quarantaine d'années qui rentre du supermarché avec son sac de courses. J'imagine qu'il lui demande si elle sait où se trouve ma destination, si elle peut aider le pauvre petit Français perdu à Rio. Elle se met à me parler en portugais. Je n'y comprends pas grand-chose et, voyant cela, une autre passagère s'immisce dans la conversation... Puis un mec... Et encore un autre. Petit à petit, par contagion, c'est tous les passagers de l'avant du bus, chauffeur compris, qui à force de grands mouvements de bras, se mettent à essayer de me communiquer le meilleur chemin possible. Le genre de scène qui arrive une fois par siècle en France.

Je finis par comprendre que je n'ai pas à m'inquiéter et qu'on s'occupe de moi. Rassuré, et pendant que tous ces passagers qui ne se connaissaient pas dix minutes plus tôt continuent une tout autre discussion en riant, je m'autorise à me reposer un peu, et regarde défiler à travers les vitres du bus le paysage nouveau que m'offre la banlieue de Rio.

Ce qui frappe avant tout ce sont ces milliers d'autocars, de voitures, de métros qui foncent et s'entrelacent à toute allure dans ce qui ressemble plus à une assiette de spaghetti géante qu'à une ville. Des autoroutes, des échangeurs, des virages, du bitume, du béton et de la vitesse sur des kilomètres et des kilomètres à la ronde. L'architecte européen que je suis y découvre un urbanisme inhabituel, pas vraiment planifié, entre les monuments au gigantisme improbable posés là, au milieu de rien (je reconnais l'immense et superbe salle de concert tout en voiles de béton courbés, dessinée par Christian de Portzamparc, perdue au milieu des autoroutes), les grandes zones vides de terrain vague ou de circulation, et les favelas ultradenses que l'on devine dans les collines lointaines, aux lumières vacillantes qui les dessinent dans la nuit.

Au bout d'une bonne heure de trajet au milieu de ce paysage chaotique, j'arrive enfin à destination. Je me trouve dans un grand ensemble de petites tours et je vois arriver de loin une jeune femme, fin de la vingtaine, plutôt grande. Elle se dirige vers moi d'un pas décidé et je suppose donc que c'est Karen, mon hôte. Je n'en suis pas certain, car je ne l'ai jamais rencontrée. Là évidemment, vous vous demandez par quelle étrangeté une fille que je n'ai jamais vue va m'héberger cette nuit, et je vais vous répondre : Couchsurfing.

À l'époque de mon voyage, Couchsurfing est encore un site Internet relativement peu connu du grand public. Aujourd'hui, ce n'est plus vraiment le cas, mais je vais quand même prendre la peine d'expliquer de quoi il s'agit pour mes lecteurs de quarante ans et plus…

Karen, tout comme moi, est couchsurfeuse. Derrière cet étrange anglicisme se cache l'un des sites Internet qui a, osons sortir les grands mots, changé ma vie de baroudeur, et probablement ma vie tout court. Couchsurfing est un réseau social destiné aux voyageurs. Son concept est simple : vous vous rendez dans une ville et voulez rencontrer des locaux. Vous laissez donc un message à des habitants inscrits de cette ville, leur expliquez votre voyage et vos motivations. Les habitants le lisent et, s'ils en ont envie, peuvent décider de vous proposer de dormir sur un canapé dispo chez eux, ou s'ils préfèrent, simplement faire une balade avec vous, partager une bière, une discussion, un café, peu importe. Le tout est gratuit, l'idée étant l'échange culturel.

J'ai commencé à faire du Couchsurfing à Strasbourg au tout début de mes études, cinq ans plus tôt, en 2008. À l'époque, mon meilleur ami était venu m'expliquer le concept, que j'avais adoré, et le soir j'hébergeais dans mon petit studio de vingt-trois mètres carrés deux Allemands qui visitaient la ville. C'était à l'époque quelque chose de totalement nouveau. Je me souviens que nous étions une trentaine d'inscrits en ville et avions l'impression de changer le monde. Aujourd'hui, ils sont plusieurs dizaines de milliers. Le site est devenu extrêmement populaire.

Pendant mes études, malgré mon budget serré, grâce à Couchsurfing, Ryanair et l'autostop, j'ai traîné mon sac à dos dans à peu près toute l'Europe et l'Afrique du Nord, pour des sommes dérisoires, en rencontrant à chaque fois des gens passionnants. Car l'intérêt du Couchsurfing réside, bien au-delà de l'aspect financier, dans l'immense variété des personnes qui l'utilisent et la diversité des expériences proposées. On peut débarquer un soir chez un étudiant, être hébergé à même le sol sur un pauvre matelas en mousse, et enchaîner le lendemain chez un riche entrepreneur dans une villa avec piscine et vue sur la mer. On peut arriver chez une artiste, visiter son atelier, puis en changeant de ville arriver chez un militaire qui nous raconte ses anecdotes de bataillon. Les expériences sont toutes différentes, et permettent de découvrir la culture d'un pays au travers de ses habitants.

Je suis à cette époque un vrai fanatique du Couchsurfing. Depuis que j'ai découvert le site, je ne voyage plus de la même manière. J'ai arrêté de « faire des visites », je ne suis pas allé à l'hôtel depuis des années, et encore moins dans des auberges de jeunesse, le meilleur moyen de rester bloqué entre (jeunes) touristes. Ma seule motivation est de partager le quotidien des habitants, depuis chez eux. Leur réalité. Quand bien même elle serait éloignée de l'image idéalisée que j'aurais pu m'en faire.

C'est un peu le cas justement pour Karen, qui au quatrième étage de sa tour en béton armé ne vit pas vraiment sur la plage de Copacabana ni ne ressemble à la Brésilienne de rêve que l'on voit bronzer sur les cartes postales. Ou alors une Brésilienne qui aurait mangé un peu trop de *feijoada*... Peu importe, je ne suis pas ici pour draguer, mais pour entamer une grande aventure, vivre de nouvelles expériences, et je vais être directement plongé dans l'ambiance.

Je débarque dans son salon et tombe sur un vélo chargé d'une demi-douzaine de sacs. Il appartient à un Américain, à moitié affalé par terre, qui me raconte entre deux somnolences sa traversée du continent qu'il termine depuis la Colombie. Le pauvre semble s'être un peu fait dépasser par ses ambitions. N'être plus que souffrance, malgré la fierté du chemin accompli.

À côté de lui, un autre voyageur barbu qui m'ignore royalement, et passe son temps sur sa tablette. Karen s'immisce dans la conversation. Elle raconte qu'elle est directrice de casting pour les *telenovelas* brésiliennes. Les producteurs la contactent quand ils cherchent certains profils, et elle se charge de les leur fournir. C'est un travail qui, dit-elle, va lui laisser suffisamment de temps libre pour me servir de guide lors de mes premiers jours en ville. Elle est sympa, serviable, marrante, et me passe même le contact d'un professionnel de poker censé me trouver des parties. Cool !

Après une petite heure de discussion, tout le monde convient qu'il serait temps de dormir. Je m'installe sur un canapé du salon, mon sac à côté de moi, au milieu de tout ce beau monde. Ce n'est pas le confort ultime, mais j'ai un toit sur la tête, je suis en sécurité, j'ai déjà mes premiers contacts et je vais enfin pouvoir commencer mon voyage… Que demander de plus ? Je m'endors, ultramotivé et plein d'espoir pour les jours qui m'attendent…

De la motivation, il va m'en falloir et je vais le découvrir dès le lendemain lorsque ce que je croyais être une petite sortie tranquille pour aller voir le centre-ville va s'avérer devenir une véritable expédition.

Voici le seul inconvénient du Couchsurfing : on sait qu'on a un toit sur la tête, mais on ne sait pas vraiment où il sera. Karen a beau être bien sympathique, la localisation de son appartement, beaucoup plus loin que ce que je pensais, dans la banlieue très excentrée de Rio, me pose problème. Mes premiers jours au Brésil ne sont pas du tout ceux que j'imaginais. Adieu les jolies filles et les cocktails sur la plage, je ne vois de Rio que sa banlieue informe et une classe moyenne fatiguée, celle qui tous les matins débarque par millions des transports en commun pour travailler dans les quartiers chics.

Je deviens un expert de la ligne 368 que je parcours comme eux, matin et soir. À chaque trajet, le bus dépose quelques passagers devant la Cité de Dieu, la même favela ultraviolente que celle du film de Meirelles qui l'a rendue célèbre. Un des rares frissons de mon début de voyage. J'ai adoré ce film, et me prends pour un aventurier à chaque trajet, jusqu'à ce qu'on m'annonce que cela fait bien longtemps qu'elle a été « pacifiée ». Étonnant élément de langage pour parler pudiquement de l'armée dans les favelas, d'expulsions et de disparitions plus que sujettes à polémiques. Un an avant le Mondial 2014 dont tout le monde parle, le contexte politique est brûlant, et le gouvernement brésilien cherche à donner d'urgence une image plus « propre » du pays avant l'arrivée des millions de touristes et des caméras...

Ainsi, malgré l'intérêt sociologique de ce Brésil, mon expérience n'est pas des plus réjouissantes. Je suis fatigué par ces trajets. Je suis fatigué de m'adapter à l'heure brésilienne, c'est-à-dire de devoir arriver à mes rendez-vous une bonne heure après celle fixée, dans le meilleur des cas, et de multiplier par trois tous les temps d'attente qu'on m'annonce. À cause de cela, il m'arrive de rater les rares rendez-vous que j'ai réussi à obtenir. Je me retrouve, par flemme de devoir rentrer chez Karen, à errer jusqu'au soir dans le centre, dans le froid, avec rien d'autre à faire que prendre des photos. Par ailleurs, étant obligé de rentrer avec le dernier bus sous peine de devoir payer les prix prohibitifs des hôtels du centre, je ne peux ni jouer au poker ni surtout vivre l'expérience mythique de la nuit *carioca* que j'attendais avec tant d'impatience.

Mes quelques rendez-vous avec des locaux contactés sur Couchsurfing ne donnent pas grand-chose. Soit parce qu'on ne me répond pas, soit parce qu'on ne peut pas m'héberger, soit parce que... Je ne sais pas... Quelque chose ne coule pas de source. J'en suis réduit à essayer de parler aux gens que je croise dans la rue, mais évidemment, ce n'est pas si facile.

Mon seul contact un peu sympa avec des Brésiliens se limite à une nana accostée dans un bus pour demander mon chemin, ce qui me donne droit à un sourire magnifique et un babil incompréhensible, mais charmant, et à ce mec que je rencontre sous un porche de café un après-midi, bloqué par une pluie soudaine. Avec mon portugais rudimentaire, j'essaie de lui demander combien de temps cela va durer. La conversation banale finit par dévier petit à petit, et nous parlons ensemble une demi-heure de voyages, de la France, il me prête son portable pour passer des coups de fil, rigole avec moi. Je suis à deux doigts de lui demander de m'héberger, à la Antoine de Maximy dans « J'irai dormir chez vous », mais je manque encore d'automatisme.

Deux petites rencontres, en plus des quelques sorties avec Karen au supermarché ou au musée. C'est mieux que rien, mais cela reste bien maigre. Surtout que j'ai été habitué au cours de mes voyages précédents à beaucoup plus de fluidité dans mes contacts avec les locaux et parfois à des expériences vraiment exceptionnelles, sorties de nulle part. Quelque chose bloque. Ou bien je suis rouillé après tant de temps sans voyage. Ou peut-être est-ce la ville qui ne me veut pas. Peut-être un peu de tout cela…

Je voulais une expérience de voyage différente, non touristique, plus proche de la réalité, mais je ne peux m'empêcher de commencer à éprouver du regret. Inconsciemment, j'avais quand même choisi Rio pour sa réputation. Pour sa folie, sa légèreté. Je ne trouve rien de tout cela, et commence même à envisager de quitter prématurément la ville, d'autant plus que j'ai reçu plein de propositions pour aller dans le sud du pays.

Mais la situation évolue un matin. D'abord je reçois la réponse d'une ancienne collègue d'archi française qui vit ici et m'invite dans un *forró*, une sorte de bal musette, à la brésilienne, donc forcément un peu plus sexy. Enfin une première soirée plus cool que les autres, et un premier pas dans la night life locale. Et puis le lendemain, un miracle : une réponse positive d'hébergement sur Couchsurfing. André, un ingénieur de mon âge, qui non content de vivre à Flamingo, un des quartiers les plus centraux, semble avoir un profil particulièrement intéressant.

Je le rencontre à la sortie de son travail, en bas d'un gratte-ciel du centre d'affaires et nous prenons le premier bus bondé que nous trouvons pour rentrer chez lui. J'échange mes premiers mots avec lui debout, mon gros sac sur le dos, serré entre mes voisins et imprégné par les délicates odeurs de tous ces gens qui ont passé la journée à bosser. Mais même dans l'ambiance lourde et fatiguée de ce bus, André brille. Je suis saisi par l'élégance du bonhomme et sa maîtrise parfaite du français. Je lui pose la question, et il me raconte ses deux années d'études à Lyon, puis son étrange obsession pour *Le Petit Prince* qu'il m'avoue avec un sourire taquin avoir lu une bonne centaine de fois. Je suis séduit. Beau gosse, drôle, intelligent, beau parleur et musicien, ce type semble être l'incarnation même du charme de Rio. Ce charme que je crevais d'envie de voir depuis des jours. Enfin.

Nous arrivons chez lui, au cœur de Flamingo, et dans son immense salon, avec une vue superbe sur l'océan, je rencontre ses colocs, André n° 2, et Shulek, tous les deux ingénieurs, tous les deux cool et marrants. Shulek, derrière ses petites lunettes de geek, m'explique en bossant sur le morceau d'électro qu'il est en train de créer, qu'ils ont invité des copines pour le dîner et qu'ensuite nous irons probablement faire la fête.

Et après ces quelques jours de semi-galère, je soupire de soulagement. Je crois que j'ai trouvé mon QG. Il ne me reste plus qu'à me mettre au poker et mon voyage pourra réellement commencer.

– 8. Un nouveau monde

Je me souviendrai toujours de ma première partie de poker. C'était en 2005, à l'époque de ce que l'on a appelé plus tard « le boom du poker ». Patrick Bruel présentait les championnats du monde sur Canal +, et on ne sait trop comment, avait réussi à transmettre sa passion à toute la France. C'était devenu une mode. On jouait des tournois le week-end comme on allait au cinéma ou au resto. Mon frère, qui lui aussi avait été contaminé, en organisait de temps en temps chez lui et m'y avait invité pour la première fois. J'avais dix-sept ans, connaissais le jeu depuis quelques semaines, et en bon lycéen studieux j'avais lu quelques articles sur Internet pour m'y perfectionner. Le buy-in* était de 20 euros, une somme modique pour mon frère et ses potes, trentenaires et installés, mais considérable pour moi. Je ne me souviens plus tellement du déroulement de la partie elle-même, mais je sais que j'ai eu une chance insolente et que j'ai remporté le magot. Moi, le petit jeunot de dix-sept ans face à la vingtaine de vieux briscards très sûrs d'eux qui étaient dans le salon ce soir-là. Imaginez l'impact qu'ont eu cette victoire et la petite liasse qui l'a accompagnée. Je me suis mis à étudier le poker beaucoup plus sérieusement, ses maths, sa stratégie, sa psychologie et, même si ce fut par intermittence et avec des degrés d'intensité divers, je ne l'ai plus jamais lâché.

Quand devenu étudiant en architecture je suis parti à Strasbourg, j'ai rencontré par hasard quelques joueurs qui se réunissaient chaque semaine pour un petit championnat amateur aux sommes symboliques. À table, il y avait un prof de sport, un moniteur d'auto-école, une cuisinière, un retraité, une traductrice, des étudiants… Nous étions tous très différents, mais sommes rapidement devenus amis, unis par cet esprit de compétition et le plaisir de partager quelques heures ensemble.

J'adorais la diversité de notre cercle. Bien au-delà de l'aspect financier, je jouais avec eux pour cette raison. Cela me permettait de sortir un peu de mon milieu d'architectes, que je sentais à l'époque bien trop homogène culturellement et socialement. Je me rapprochais de gens qui me ressemblaient un peu plus peut-être, moi qui venais d'un milieu ni artistique ni particulièrement aisé.

C'est probablement également la raison pour laquelle, malgré le fait que j'avais tout appris sur Internet, j'ai décidé dès que ce fut possible de me consacrer au poker live. Celui des casinos, des grands tournois… Et plus tard des tables clandestines.

Sur les forums Internet, que je fréquentais assidûment, on parlait des parties de casino comme d'une sorte d'eldorado, mystérieux, difficile d'accès, mais aux promesses de richesses mirifiques. Les joueurs qui composaient ces parties, les fameux livetards*, y avaient acquis un statut presque mythique tant leur niveau technique semblait défaillant. Je crevais d'envie d'y jouer depuis des années, mais le pauvre étudiant que j'étais n'en avait pas les moyens : les mises d'entrée étaient beaucoup trop élevées. Tout a changé quand je suis devenu architecte et que j'ai touché mon premier salaire. J'ai enfourché mon scooter et suis parti au casino qui était à une vingtaine de kilomètres de mon boulot. Ce fut mon premier shot* et quel shot ! J'avais 200 euros en poche. C'était le prix d'entrée de ma partie. Huit fois plus élevé que les pauvres 25 euros que j'avais l'habitude de jouer à l'époque sur le Net. C'était contre toute règle de discipline logique, mais je m'étais promis ce soir-là que si je perdais, je ne mettrais plus jamais d'argent dans ce jeu. Et puis il fallait bien que je fasse le grand saut un jour…

Je suis arrivé à table, presque tremblant avec mes jetons, tiraillé entre la peur de perdre cette somme beaucoup trop élevée, l'espoir de pouvoir la multiplier, et l'excitation de rencontrer enfin ces légendes. Je rêvais depuis si longtemps de pouvoir m'asseoir à leurs côtés. En m'installant, je suis certain que j'ai dû paraître nerveux. Peut-être certains habitués ont flairé le poisson frais… Mais ils n'y ont pas goûté ce soir-là.

Au final, les rêves tiennent à peu de choses.

Il aurait suffi que je perde ces 200 euros pour que tout ce qui a suivi, tout ce voyage en Amérique, ce livre, toutes les aventures que je vais vous raconter dans les prochains chapitres… tout cela n'existe jamais.

Mais je n'ai pas perdu ce soir-là. La semaine suivante, je suis revenu. Puis celle d'après. Et petit à petit, c'est devenu une habitude. Bientôt, ils ont commencé à me reconnaître. Puis à me saluer. Et au bout de quelques mois, ils m'ont baptisé. J'étais des leurs. J'étais devenu « Architecte ». Pas L'architecte, non, Architecte. « Hey Architecte, ça fait un moment qu'on t'a pas vu, t'étais parti en lune de miel avec Carreleur ? » Ça taillait sans arrêt, ça rigolait, parfois ça s'énervait. Certains s'en allaient euphoriques, d'autres au fond du trou. Et inversement la semaine suivante. C'était le poker. J'avais l'impression de faire partie d'un nouveau monde.

J'adorais ce milieu. Même si nous jouions trop d'argent pour devenir réellement amis, j'appréciais énormément mes vendredis ou samedis soir, souvent les deux, à leurs côtés. Certains mecs étaient des personnages. Sympas. Parfois louches. Souvent avec des dégaines et des manières de parler complètement improbables. Et là encore, une diversité étonnante. On peut adresser au poker toutes les critiques que l'on veut, mais pas celle de l'élitisme : je ne connais aucune autre activité qui réunisse autour d'une table durant toute une nuit des gens si différents. Aucune autre activité qui puisse mettre face à face et d'égal à égal un chômeur et un rentier, un pianiste et un maçon, un banlieusard et un grand bourgeois. Notre seul point commun était l'amour du poker. Pour le reste, chacun avait ses motivations. Il y avait les jeunes requins, comme moi, qui avaient l'ambition de devenir riches, les notables qui venaient là pour se détendre après le boulot sans aucune pression financière, les retraités qui tuaient le temps et la solitude, les grands flambeurs qui étaient là pour l'adrénaline, et auxquels on n'avait pas trop envie de demander d'où ils sortaient tellement d'argent. Ça tournait parfois à la grande lutte des classes symbolique dans laquelle, enfin, les prolétaires avaient une chance de s'en sortir. C'était un univers tellement différent de ce à quoi j'étais habitué. Tellement plus « réel ». Je n'arrive pas à le dire autrement. C'était incroyablement fort. Je rentrais parfois de ces sessions avec l'impression d'avoir été dans un film.

Et puis l'air de rien, je n'étais pas mauvais. J'avais suffisamment travaillé mon jeu sur Internet pour parvenir à m'en sortir rapidement sur ces tables techniquement beaucoup plus faibles. La pression des mises énormes était devenue plus supportable à mesure que ma bankroll* montait. Évidemment, j'étais loin d'être un tueur. Si c'était le cas, j'aurais quitté depuis longtemps mon petit casino de province pour m'installer aux grosses tables de Paris ou de la Côte d'Azur, mais je m'en sortais suffisamment pour rester là, et m'acheter un téléphone ou une paire de baskets de temps en temps.

À une époque de ma vie où tout foutait le camp, le poker était bien le seul domaine où je gardais le contrôle et, même plus que ça, le seul domaine de mon existence où j'avais l'impression d'exceller. Forcément, cela contribuait à nourrir ma passion. Je me sentais mille fois plus vivant les cartes en main que devant un ordinateur à tracer des plans. Parfois, quand je me faisais engueuler par mon patron le lundi matin après avoir gagné plus en un week-end qu'en deux semaines de boulot, la tentation était grande de tout foutre en l'air... Mais je rongeais mon frein. Tout le monde disait que la vie de joueur pro était beaucoup plus difficile que ce qu'elle semblait être. J'avais beau être bon, je pouvais même être excellent, je ne pensais pas avoir le niveau suffisant. Et puis mes études et mon boulot avaient toujours été ma priorité. Du moins jusqu'au jour où j'ai refusé mon CDI.

Je serais parti faire mon tour du monde avec ou sans le poker. J'avais amassé quelques économies au cours de mes deux derniers boulots pour voir venir. Mais quand je me suis retrouvé sans emploi, début décembre 2012, sans autre perspective que celle de ce grand voyage, j'ai tout de suite pensé que je pourrais utiliser les cartes pour me donner ainsi un petit coup de main financier. Comme ça, pour essayer. Un petit bonus au cas où. Ça ne coûtait rien d'essayer.

C'est ainsi que pendant les quatre mois de chômage qui ont précédé mon départ, j'ai commencé à jouer un peu plus régulièrement. En toute honnêteté, au vu de mon expérience, je ne pensais pas pouvoir gagner énormément. En deux ans de casino, j'avais réussi à monter mes 200 euros initiaux à une petite bankroll de 2 500 euros. Avec tout le temps que j'y avais passé, cela n'avait rien de bien glorieux. J'aurais été heureux de simplement doubler cette somme, cela m'aurait assuré d'avoir de quoi retomber sur mes pattes à mon retour en France.

Mais il se trouve que j'ai commencé à gagner pas mal d'argent. Plus que je n'en avais jamais gagné auparavant dans ma « carrière pokéristique ».

J'imagine que ce run* inédit dans ma vie de joueur a eu plusieurs raisons. Pour la première fois depuis mes débuts, je pouvais réfléchir sérieusement à mon jeu. Je ne travaillais plus et avais donc du temps à revendre, et l'esprit complètement libre. Je lisais des articles, regardais quotidiennement des vidéos de coaching. Surtout, à chaque retour de session, à 4 heures du matin, quand tous mes adversaires dormaient du sommeil du juste, moi j'écrivais un compte rendu exhaustif avec analyse des profils des joueurs et des situations compliquées que j'avais endurées, compte rendu que je soumettais sur Internet aux commentaires acérés d'autres joueurs online. Cela m'a fait non seulement incroyablement progresser, mais permis pour la première fois d'avoir une attitude professionnelle vis-à-vis de mon jeu. Je connaissais mes adversaires sur le bout des doigts. Je savais parfaitement m'adapter à chacun d'eux. J'étais devenu le tueur que je voulais être quelques mois plus tôt.

J'imagine également que j'ai eu ma bonne étoile. On ne peut pas monter tellement d'argent en si peu de temps sans avoir quelques coups de chance. Je les ai eus. Les dieux du poker veillaient sur moi et semblaient vouloir m'adresser un message : pourquoi ne pas financer entièrement mon tour du monde grâce aux cartes ? Cela marchait si bien... Pourquoi ne pas partir, jouer sur les tables que je trouverais sur la route, et revenir le jour où je serais broke* ? L'idée était limpide, séduisante, radicale. Bien plus même, au-delà de l'aspect financier, mon intuition de voyageur me disait que le poker allait pouvoir m'emmener dans des lieux très différents, et me permettre de rencontrer des gens que je ne pourrais jamais fréquenter autrement. J'avais déjà suffisamment côtoyé ce milieu pour pressentir qu'il était capable d'offrir une dimension inédite, profonde, rugueuse à mon voyage.

Début février, ce qui n'était qu'un vague souhait était devenu tellement envisageable que j'ai acheté mon billet pour Rio avec mes gains. J'ai choisi de partir le 1er avril. Ça sonnait comme une blague, mais tout est devenu concret ce jour-là. Il me restait un peu plus d'un mois et demi pour continuer à gagner le plus possible. J'ai joué en tout une quarantaine de sessions dans le sud de la France, le Nord et en Belgique. Vous n'imaginez pas à quel point ces quelques semaines furent excitantes. Je faisais ce que j'aimais le plus à l'époque, je travaillais pour être le meilleur et je l'étais devenu. Je perdais rarement, les billets s'accumulaient dans mon tiroir, et mon projet devenait de plus en plus réel. Je me rappelle que les regs*, les réguliers, ces mêmes gars qui m'impressionnaient tant quelques mois plus tôt, soupiraient quand ils me voyaient arriver à table. Ils savaient qu'ils allaient passer un sale quart d'heure. C'était à chaque fois une petite piqûre d'orgueil. Dans les derniers jours de mars, j'ai déposé à la banque tout le cash que j'avais amassé au cours de cet incroyable hiver. Mon banquier a été agréablement surpris. Encore plus quand je lui ai expliqué comment je l'avais gagné. Il a même pris l'adresse du blog que j'avais créé spécialement pour mon voyage.

On m'a souvent demandé avec quelle somme j'ai commencé mon voyage. J'ai toujours évité de répondre, principalement pour des raisons de sécurité. Je n'avais pas spécialement envie que d'éventuels lecteurs sud-américains puissent être tentés d'acquérir à mes dépens une part du magot. Mais à l'heure où vous lisez ces lignes, je suis probablement très loin de l'Amérique latine, et cet argent a été dépensé.

Le montant ? 9 000 euros. C'était ma bankroll de départ. Mon petit magot accumulé à la sueur de mon front de joueur.

En retirant le billet d'avion, les divers vaccins pour des maladies dont j'aurais préféré ignorer l'existence, et la préparation du voyage en général, voilà qui me laissait suffisamment pour voyager tranquillement pendant six ou sept mois, sans trop me priver, sans trop dépenser non plus. La durée serait évidemment variable selon le coût de la vie des pays traversés, mais le principal était là : la première partie de mon tour du monde était assurée.

Le reste serait à gagner sur la route.

– 7. *Primeira partida*

À mon arrivée à Rio, je me suis tout de suite mis à chercher des parties. J'avais hâte de voir ce que les Brésiliens valaient les cartes en main. Mais trouver des tables s'est avéré plus compliqué que ce que je pensais, d'une part, parce que chez Karen j'étais loin de tout et, d'autre part, car le poker a un statut ambigu au Brésil. La plupart des gens pensent que, à l'instar de tous les autres jeux de hasard et des casinos, il est illégal. Sauf que le poker est un mélange de hasard et de stratégie et, à ce titre, navigue dans des eaux troubles où il est toléré, sans être affiché à tous les coins de rue…

Karen m'avait passé le contact d'un de ses amis, soi-disant professionnel. Je trouvais rassurante l'idée de trouver des parties grâce à lui, sauf qu'après discussion, l'énergumène essayant de me soutirer grossièrement de l'argent, j'ai constaté qu'il était aussi pro que moi vietnamien. En arrivant dans la coloc d'André, j'ai aussi demandé autour de moi, mais aucune piste ne s'est présentée. À regret, je me suis donc débrouillé seul, et c'est en fouillant dans les tréfonds d'un forum américain de poker que je suis parvenu à trouver quelques pistes…

Il y a trois clubs à Rio. J'obtiens leur adresse, mais pas grand-chose de plus. Le premier, loin dans la banlieue, est inenvisageable à ce moment de mon aventure. Je n'ai aucune envie de me balader dans des quartiers potentiellement dangereux, en bus, avec l'argent de mes parties dans les poches. Le second se situe au Jardin botanique, l'un des quartiers les plus huppés de la ville. J'imagine que les parties doivent être belles, mais probablement un peu chères et je ne suis pas vraiment prêt à jouer cher aussi tôt. Le dernier se situe dans le centre d'affaires, pas trop loin de ma colocation. C'est ce qui semble être le plus pratique pour moi et c'est sur lui que je jette mon dévolu.

C'est ainsi que quelques jours après mon arrivée sur le continent américain, je me décide à partir passer une soirée au 72o Club dont je ne connais rien d'autre que l'adresse griffonnée sur un papier. Je ne peux pas dire que je sois particulièrement enthousiaste. J'appréhende même un peu. Je n'ai jamais joué au poker en dehors de la France ou de la Belgique, et toujours dans des casinos officiels ou chez des amis. Ici, je suis au Brésil, dans une ville réputée dangereuse, et je n'ai toujours pas compris si l'endroit où je vais est légal. En réalité, je n'ai aucune idée de l'endroit où je vais atterrir…

Mais je n'ai plus le droit de faire marche arrière désormais. Je me suis promis de faire le tour du monde en jouant au poker. Je l'ai annoncé à tout le monde sur Facebook et publié avec éclat sur mon tout nouveau blog flambant neuf. Je savais avant de partir que ce ne serait pas facile. Que ce serait un peu effrayant parfois… Et m'y voilà. Même si les conditions sont loin d'être idéales, je sens bien que ce sera souvent le cas pendant mon voyage, surtout en Amérique du Sud. Si j'attends d'obtenir toutes les garanties de sécurité avant chaque partie, je ne vais pas beaucoup jouer… Il faut que j'accepte cette part de risque. Il faut que j'apprenne à vivre avec, à m'y adapter. Si je me laisse arrêter par mes appréhensions dès le départ, je risque de me dégonfler souvent par la suite.

Alors avant de sortir, je prends mes précautions. Je mets ma petite bombe lacrymo dans la poche et vais voir Shulek, mon coloc.

— Hey mec, je vais à cette partie de poker dont je t'ai parlé. Si je ne suis pas rentré avant 5 heures du mat, il faut commencer à s'inquiéter. Voici l'adresse et mon numéro.

Ça le fait beaucoup rire, je crois qu'il n'a pas compris que je suis sérieux…

Le trajet depuis Flamingo est rapide. Sur l'escalator à la sortie de la bouche de métro, je lève les yeux vers le quartier des affaires. De l'animation malgré le soir qui tombe, beaucoup de gens et de voitures, et des gratte-ciel à perte de vue. Je marche jusqu'à l'adresse indiquée, qui se trouve aussi être un gratte-ciel comme les milliers d'autres qui l'entourent. A priori des logements et des bureaux. Aucune inscription à l'entrée, pas de vigile, et une porte ouverte sur le hall. Je décide de prendre l'ascenseur pour le dix-neuvième étage, celui qui était indiqué sur Internet… Une petite boule dans le ventre. Je ne sais pas exactement dans quelle galère je suis en train de me mettre, mais il est désormais trop tard pour faire marche arrière. À l'ouverture de l'ascenseur, sur le palier, je tombe directement sur un petit comptoir, et une fille à l'accueil.

— *Boa noite, aqui e ou poker?* (Les puristes fermeront les yeux, je n'ai à ce moment-là qu'une semaine de pratique.)

— *Sim.*

— *Fala inglês?*

— *Não falo mai doubichouploglo dibolapluglurdu.*

Devant mon incompréhension manifeste, elle finit par me faire entrer et m'amène à ce qui semble être un responsable. Bonne nouvelle, le lieu n'est pas le tripot infâme que j'appréhendais de trouver. Sans être spécialement luxueux, il ne fait pas non plus mauvaise impression. Je me trouve dans ce qui ressemble à une salle polyvalente de collège dans laquelle on aurait installé des tables de poker. Les faux plafonds en placo, les lumières blanchâtres, aucune fenêtre alors que la vue sur Rio doit être sublime. C'est propre, tranquille. Une dizaine de joueurs sont déjà là, et discutent sans hausser la voix. Voilà qui est rassurant.

Le responsable m'explique en anglais comment le lieu fonctionne. Je suis arrivé pile au bon moment puisqu'un tournoi commence. C'est un petit tournoi, une somme presque symbolique d'une centaine de reals (environ 30 euros). Ça n'aura aucun impact sur ma bankroll en cas de défaite, et pas non plus beaucoup d'importance en cas de victoire puisque la win est à quelques centaines d'euros. Mais ça ne me dérange pas que la toute première partie de mon voyage soit sans enjeu financier important. C'est même une épine dans le pied qui m'est retirée. Je vais pouvoir prendre mes marques plus sereinement.

Je m'assieds en les saluant, l'air de rien, comme s'il était normal qu'un Français tout blanc aux yeux bleus vienne ici. Les Brésiliens me saluent eux aussi, mais ne masquent pas leur étonnement. Je ne relève pas. J'ai envie de donner une impression de confort. Ça m'aidera probablement par la suite. Au poker, on réfléchit toujours deux fois avant de s'attaquer aux plus forts… Et à peine suis-je assis que déjà je reçois mes premières cartes.

Ça y est. Tout commence.

Je suis en Amérique du Sud et je joue au poker…

Première main, je jette. Deuxième main, je jette. La routine lente, habituelle, presque ennuyeuse du live. Mais la mécanique se met en route petit à petit.

Le plus important quand on arrive à une table inconnue, c'est de se faire une idée rapide d'avec qui l'on est en train de jouer. Il y a plusieurs manières de le savoir. En observant l'apparence des joueurs, comment ils sont habillés, ce qu'ils commandent à boire, comment ils parlent et, évidemment, de quelle manière ils jouent. L'idée est d'esquisser le plus rapidement possible des portraits psychologiques afin de comprendre les motivations de nos adversaires. Qui est là pour l'argent, qui est là pour le fun. Celui-là va-t-il avoir peur de son ombre ou aura-t-il envie de prouver qu'il les a en béton armé ? Dès les premières minutes, en fonction des profils, une esquisse de stratégie se met en place, qui va évoluer au fur et à mesure en fonction des nouvelles informations disponibles. Qui vais-je éviter, qui sera mon spot* ce soir ? Bientôt le portugais n'a plus d'importance. C'est le langage des maths, des cartes et du corps qui compte et je l'étudie depuis des années.

Ma table ressemble à ce que j'ai l'habitude de voir en France. C'est tellement semblable à vrai dire que c'en est surprenant. Je croyais qu'il y aurait une spécificité brésilienne, ou tout du moins américaine, mais il semble que non. À table, j'ai trois jeunes joueurs que j'ai catalogués comme prudents. Ils seront faciles à effrayer et prévisibles. C'est une bonne nouvelle. Il y a également deux quinquagénaires en chemise à fleurs qui semblent là pour passer du bon temps. Ceux-là, il ne faudra pas les bluffer, ils sont là pour voir des cartes, jouent sans pression. J'essaierai de rentrer dans un maximum de coups avec eux, car je sais qu'ils feront des erreurs, par curiosité ou par ennui. Et juste à ma gauche, un quadragénaire au style très agressif.

Dès la première main, je constate qu'il va me poser des problèmes. C'est un bon joueur, il n'aura pas peur de mettre les jetons sur la table, saura miser quand il le faudra. Il gagne avec un peu de réussite notre première confrontation. Pas de problème… À table, il est très actif, relance beaucoup les joueurs timides. On ne me la fait pas, à moi…

(Dans ce livre, à chaque fois que je raconterai des coups un peu techniques, je le manifesterai clairement. Si le poker vous ennuie, évitez les passages écrits dans cette police… Rassurez-vous cependant, si vous connaissez un peu les règles du poker, vous devriez vous en sortir. Premièrement les termes les plus techniques seront explicités dans le glossaire, et deuxièmement, je vais essayer de rester assez vulgarisateur. Je suppose que vous ne devez pas trop avoir envie de discuter de ma range de 3bet 100 bb deep bu vs mp contre un opener lag spewy qui aime go*

broke any fd + TPnK+. Sachez que les joueurs de poker comprennent parfaitement ce que je viens de dire et sont en train de préparer une réponse appropriée avec thèse, antithèse, synthèse. Pour les autres, je ne vous en veux pas...)

Un peu plus tard, je relance Q♥ 9♣, une main moyenne, mais jouable, en milieu de parole et voilà que le quadra me surrelance. Ce faisant, il m'annonce qu'il a une très bonne main. Quand la parole me revient, j'ai trois choix possibles : passer, payer, ou relancer.

L'action la plus évidente dans ce cas est de le croire, de le mettre sur une très belle main de départ comme JJ, QQ, KK, AA ou AK et de tout simplement jeter la sienne, passer à la suivante et attendre une meilleure opportunité. L'autre option est celle de la curiosité. On peut payer, car on ne sait pas trop ce qu'il a et décider de voir un flop*. Puis prendre une décision en fonction des combinaisons que l'on peut former. L'ennui est que je suis face à un bon joueur qui va être capable de mettre de la pression dans beaucoup de situations. Quand bien même je toucherais une dame ou un neuf, je ne saurai jamais exactement où j'en suis. Il va être très compliqué avec ma main de pouvoir jouer de manière optimale, et j'élimine donc cette option après un temps de réflexion.

La troisième possibilité est de décider de ne pas croire ce joueur. À vrai dire, notre ami a été extrêmement actif depuis le début de la partie et, statistiquement, il est improbable qu'il ait à chaque fois touché de bonnes mains. Et puis instinctivement, je ne sais pas pourquoi, je m'attendais à ce qui est en train de se passer. Je sens qu'il tente de me bluffer. Peut-être veut-il prendre le contrôle de la table. Il n'y a qu'une seule manière de l'en empêcher : je n'ai aucune envie de me laisser faire, je décide de lui montrer qu'en France on est des bonshommes, et le sur-surrelance. En langage poker, je l'ai 4bet light...

Il ne lui faut pas une seconde pour réagir : tapis. Il a tout mis.

Ah...

Bon...

OK.

Je me couche. Il montre AK, l'une des meilleures mains de départ possibles. Je me suis bien enfumé le cerveau.

Brésil 1 – France 0.

Le tournoi que j'ai choisi est un format court et, à cause de cette main malheureuse, et de quelques-unes un peu malchanceuses qui suivent, je me retrouve rapidement en danger. Quelques minutes plus tard, je pousse mon tapis avec une main potable, suis payé par une main meilleure, et je vois tous mes jetons partir chez mon adversaire.

C'est fini.

Mon premier tournoi brésilien a duré une demi-heure.

Je m'attendais à tout sauf à cela.

— *Boa noite.*

— *Boa noite.*

Je sens presque de la pitié dans leur voix, mais ce n'est qu'une impression, bien sûr. On se sent toujours un peu misérable quand on sort d'un tournoi, qui plus est aussi rapidement. Déjà le croupier a distribué la main suivante. Je suis debout devant la table, les bras ballants. Plus personne ne s'occupe de moi.

Je n'ai même pas eu le temps de leur raconter mon projet. Même pas eu le temps de leur dire d'où je venais. Je me trouve con. Je suis venu, j'ai vu, et j'ai perdu. La tête basse, je quitte l'immeuble et rentre à Flamingo en métro. Penaud.

Shulek peut être rassuré. Il est à peine minuit.

– 6. La saveur des voyages

Je me console de cette première déception avec mes trois compères qui m'emmènent faire la fête après le travail. Je n'étais censé rester chez eux que deux ou trois jours, mais je me suis tellement bien entendu avec André que je suis encore là dix jours plus tard. J'adore ce mec, nous nous entendons comme deux vieux potes. Avec mes nouveaux colocs, je découvre enfin cette ville sur laquelle je fantasmais depuis des mois, en partageant leur quotidien presque cliché, fait de plage, de musique, de fêtes et de filles. Le tout avec naturel et décontraction.

Après deux ans plongé dans la routine, je crois que je n'aurais pas pu trouver mieux que cette bande de joyeux lurons pour oublier la France. Évidemment, je ne suis pas dupe, surtout après mon passage chez Karen, je me rends bien compte qu'ils ne sont pas trop représentatifs du Brésilien moyen. Je vis dans les plus beaux quartiers de l'une des villes les plus chères d'Amérique latine, et l'on parle beaucoup plus anglais que portugais dans les soirées à 30 reals des favelas où ils m'emmènent. Il n'en demeure pas moins que la culture hédoniste dans laquelle ils baignent est des plus séduisantes, et je m'y laisse glisser avec un peu de culpabilité et beaucoup de plaisir.

Je commence à vraiment rencontrer du monde, et avoir des discussions qui durent un peu plus longtemps que celles que l'on peut partager le temps d'un trajet en bus. Tous les jours, et surtout tous les soirs, je ne fais que rencontrer des Brésiliens incroyablement sympas et chaleureux. Je m'attendais à cette chaleur évidemment, on m'en avait parlé, mais la vivre, c'est différent. Je comprends que la première scène que j'ai vécue dans le bus à ma sortie de l'aéroport n'était pas un hasard. Tout a l'air facile, on ne me refuse rien. Le contact, aussi bien au sens propre qu'au figuré, se fait dans la décontraction la plus totale. La distance qu'on peut mettre en Europe avec les inconnus n'existe presque pas. Aussi bien chez les hommes que chez les femmes… C'est d'ailleurs pour moi surtout frappant chez les femmes qui sont beaucoup moins distantes que ce que j'ai pu expérimenter n'importe où ailleurs dans le monde.

Les *garotas*, comme on appelle les habitantes de Rio, ont définitivement quelque chose… Déjà ce n'est pas une légende, elles sont belles. Voluptueuses, aux corps parfaits, et en même temps étonnamment sympathiques, ouvertes et tellement sûres de leur charme que j'en suis intimidé. En soirée, malgré les sourires encourageants, j'ose à peine les aborder. D'autant que la concurrence est rude : les Brésiliens sont eux aussi de purs beaux gosses. Grands, musclés, bronzés, marrants, charmeurs et dansant évidemment comme des dieux. Après mes deux dernières années à rouiller derrière un bureau, avec mon teint blafard d'avoir passé tout l'hiver à jouer au poker et mon mètre soixante-dix, je ne suis pas à la hauteur. Même quand André me présente, je baisse les yeux, regardant ailleurs. Je passe la plupart de mes soirées avec eux dans un mélange d'excitation et de frustration, à ne plus savoir où donner des yeux et à me donner des claques d'être si timide.

Alors pour mes derniers jours, je me concentre sur le poker. J'ai digéré ma première défaite et je suis prêt à repartir au combat. Disons que le message que je reçois sur Couchsurfing m'aide pas mal à avoir envie de repartir prendre les armes… Il provient d'une certaine Pauline, vingt et un ans, Suédoise qui vit à Rio depuis six mois en jouant au poker sur Internet. C'est tellement improbable que si elle n'avait pas de références sur son profil confirmant son identité, je pourrais presque croire à un fake, mais non, Pauline semble bien exister et par messages interposés me raconte son parcours. À dix-neuf ans, ayant quitté l'école et lassée des petits boulots, elle demande à son frère, un des meilleurs grinders* scandinaves, de lui apprendre ce qu'il sait. Quelques mois plus tard, elle est devenue pro et décide dans la foulée de déménager au Brésil. Elle me parle d'un gros tournoi de trois jours dans le club que j'avais déjà repéré en banlieue. L'entrée est à une centaine d'euros, et les premières places en offrent quelques milliers. Voilà qui serait intéressant pour commencer le voyage dans une bonne dynamique.

Nous nous rencontrons le jour du tournoi et prenons ensemble le taxi pour le club. Après une demi-heure de trajet, nous débarquons dans une sorte de petit centre commercial. Un bâtiment en U à un étage, partagé en divers locaux. Entre le Subway et la librairie, nous pénétrons dans une vaste salle, basse de plafond, aux murs peints de cartes et du nom de l'endroit : le Vegas Club. À l'entrée, à côté du bar, un homme prend notre inscription. Tout autour, plusieurs dizaines de tables ont été installées et une centaine de joueurs sont déjà là. Il semblerait au final que le poker soit plutôt populaire dans le coin.

Notre arrivée ne passe pas inaperçue. Un blanc aux yeux bleus accompagné d'une petite bombe suédoise, voilà qui tranche pas mal avec l'ambiance locale. Pendant un moment, je sens qu'ils crèvent d'envie de savoir qui nous sommes, et si elle est venue « avec » moi, mais personne n'ose demander, jusqu'à ce que l'un d'eux, un peu bourré, commence à faire connaissance, et toute la table s'enflamme en apprenant nos nationalités. Désormais je suis « Francês », et ils m'apostrophent en riant à chacune de mes actions : « Tu l'as ce roi, Francês ? », « Tu veux une bière, Francês ? » ou, après un bluff raté : « On t'a attrapé, Francês ! » Même si le buy-in relativement faible aide à détendre l'atmosphère, les Brésiliens semblent décidément les mêmes aux tables de poker qu'à la plage ou dans les cafés. Après mon premier tournoi où je n'avais pas lâché un mot, cet accueil sympathique me rappelle un peu les ambiances françaises, et confirme petit à petit l'intuition que le poker pourra être vecteur de rencontres intéressantes.

Le tournoi commence plutôt bien. Je me mets tout de suite dedans, joue concentré, sans faire d'erreurs. Sauf qu'en rentrant du premier jour, très bien placé pour la suite, je reçois un mail de Leandro, un couchsurfeur de São Paulo. Il m'annonce qu'il rentre ce week-end chez sa famille à Piquete (prononcez Piquedji), un petit village dans le nord de l'État, et m'invite à le rejoindre. La proposition est tellement tentante que je décide d'adopter une stratégie très agressive et risquée pour le jour 2, qui devrait soit m'assurer d'arriver en table finale au jour 3, ce qui justifierait de manquer Piquete, soit de me faire éliminer rapidement, et donc d'y aller. Le plan fonctionne à merveille puisque je me fais éliminer presque immédiatement.

À vrai dire, je suis à peine déçu. Rio était un préambule, une parenthèse de folie et d'insouciance avant de réellement commencer mon voyage. Deux semaines après mon arrivée dans la capitale mondiale de la fête, et malgré les moments de plus en plus agréables que j'y passe depuis que j'ai emménagé chez André, j'estime que j'ai suffisamment exploré la ville et ce qu'elle avait à m'offrir. Il est temps de partir à l'aventure. D'entrer dans l'inconnu. J'ai hâte de voir à quoi ressemble la vie en dehors des grandes métropoles.

J'annonce ma décision à mes colocs et, pour mon dernier soir, nous partons tous les quatre à Arpoador, une digue près de Copacabana, à la recherche d'une fête pour célébrer dignement mon départ. Nous errons un moment et, à défaut de trouver un plan satisfaisant, André me propose de s'en occuper lui-même…

Dehors, sur la digue, il s'approche d'un mec assis sur une percussion locale, qui ressemble à un cageot de fruits fermé, et lui demande la permission de l'utiliser. Le mec le toise, cherchant à évaluer le sérieux de la requête, et finit par accepter.

André prend le cageot, le pose par terre, s'assied dessus et commence à jouer et chanter un standard brésilien. Le tempo est juste, la voix grave et douce. Un sourire de surprise et de satisfaction se dessine sur le visage du propriétaire de l'instrument, et déjà des regards se tournent vers nous. Rapidement, des curieux s'approchent et, d'instinct, commencent à bouger légèrement en rythme. Personne n'ose réellement en faire plus, jusqu'à ce que trois filles, plus téméraires que les autres, se placent devant André et commencent à danser franchement. C'est le signal de départ. D'autres arrivent, dansent, chantent et, en quelques instants, la magie a opéré. Nous sommes une vingtaine à former un joyeux cercle autour d'André.

La fête est lancée. Elle durera jusqu'à l'aube.

Je suis bien au Brésil.

C'est en ayant à peine dormi que je prends le bus au petit matin pour faire les trois heures de trajet vers la seconde étape de mon périple. Piquete, petit village de sept mille habitants. Dernier patelin avant les montagnes. La route ne le traverse pas, elle s'y arrête. Un vrai cul-de-sac. C'est justement la raison pour laquelle je l'ai choisi. Au cours de mes voyages, j'ai souvent été récompensé d'être allé là où il n'y avait rien à voir. À Rio, j'étais un touriste parmi des milliers d'autres, traversant des sentiers maintes fois battus. Ici, je sais que je serai probablement le seul touriste, et que ma simple présence va susciter la curiosité et l'intérêt.

J'ai rendez-vous avec Leandro à Lorena, la ville la plus proche. Il m'accueille en compagnie de sa mère et nous roulons au milieu de collines verdoyantes, en écoutant l'autoradio diffuser la douce voix de Vanessa de Mata. Après deux semaines dans une ville bruyante et bondée, l'arrivée dans un village si paisible a quelque chose d'irréel. Voici ma première confrontation avec la campagne brésilienne. Dans les rues pavées, entourées de maisons à un étage, on croise des hommes en chapeau de cowboy et santiags, et des mammas assises sur les pas de porte, surveillant leurs enfants turbulents. Tout le monde roule dans de gros pick-up Ford aux jantes boueuses et, dès que l'on sort un peu des rues du centre pour s'approcher des pâturages, on croise des paysans brûlés par le soleil qui montent leurs chevaux avec de grands airs. C'est un étonnant mélange entre des ambiances que j'ai pu voir en Italie du Sud et d'autres, totalement nouvelles, qui ressemblent à l'idée que je me fais du Far West.

Leandro a vingt et un ans, bosse à São Paulo la semaine, comme pigiste pour un magazine, et rentre voir sa famille le week-end. Nous arrivons dans sa rue, au sens littéral. C'est sa rue : dans tout le bloc, il n'y a que des maisons appartenant aux membres de sa famille. Une famille version latino, dans laquelle la grand-mère, les oncles, les cousins et les petits-enfants vivent au même endroit comme une sorte de petite tribu soudée, à quelques mètres d'écart. Nous faisons le grand tour, et ils sont tous là à me serrer dans leurs bras (la bise est plutôt réservée à la relation amoureuse), m'offrir à boire, à manger, et j'oublie immédiatement la vingtaine de noms qu'on me balance durant les premières heures. Même leur maison est à l'image de cette organisation conviviale et un peu foutraque. C'est l'une de ces grandes demeures labyrinthiques directement sorties d'un film de Jacques Tati, composée de patios et d'extensions toutes différentes bâties au fur et à mesure du temps et des nouveaux enfants. Je manque de me perdre à chaque fois que je monte un escalier, et je dois passer dans la cuisine de la voisine (la grand-mère) pour accéder à ma chambre. En tant qu'ami de Leandro, je suis néanmoins intégré avec facilité. Mes hôtes prennent grand soin de moi. Leandro me promène en ville et me raconte ses rêves d'aventure. Sa mère me chouchoute en me cuisinant des spécialités locales.

Il ne manque que le père que nous rencontrons un peu plus tard dans un café du centre en train de jouer aux cartes avec des amis. Quand Leandro me le présente, il me prend dans ses bras, les larmes aux yeux, et me serre comme le fils qui revient de la guerre. Je suis un peu surpris de tant d'amour, même de la part d'un Brésilien, puis constate en voyant les cadavres de Pilsen sur la table qu'il a probablement pris un peu d'avance sur le samedi soir. Il faut dire qu'il y a peu de distraction à Piquete et la bière est probablement l'un des passe-temps favoris des hommes du village. J'en ai la confirmation un peu plus tard quand l'oncle nous emmène en balade dans son pick-up, et se charge malgré mes vaines protestations de ne jamais laisser mon verre vide plus de quelques secondes. Je termine le retour complètement bourré avec en bonus l'impression de parler parfaitement portugais.

En réalité, au bout de deux semaines, même sobre, la langue commence à rentrer petit à petit. L'accent est ici un peu moins fort qu'à Rio, où je ne comprenais décidément rien, la même phrase semblant totalement différente selon qu'elle est écrite ou parlée. Ici, je peux lire mon *Brésilien tout de suite* et me faire plus ou moins comprendre. Je connais désormais la centaine de mots les plus importants, et surtout je commence à avoir l'intuition des constructions de phrases. À chaque fois que je lâche le désormais fluide « Je ne parle pas beaucoup, mais je comprends si vous parlez lentement », les hommes lancent des hourras et les femmes s'évanouissent. C'est plutôt bon pour mon orgueil, mais quand on me répond « Mais siiii ! Tu parles très bien portugais ! » et que la véritable conversation commence, ils sont souvent trop polis pour revenir sur leurs compliments.

Le soleil se couche en même temps que la plupart des habitants. Il n'y avait déjà pas grand monde de jour, mais il semblerait qu'ils se soient tous évaporés cette nuit. Nous allons sur la place principale pour mesurer l'intensité de la vie nocturne de Piquete : une dizaine de jeunes débauchés mangeant des hamburgers et sirotant des bières sur les terrasses des trois derniers snacks ouverts. Nous y allons recharger nos munitions, puis nous rendons à une petite fête, chez l'un de ses potes. On y boit, on y rit, on prend des photos, j'y apprends à danser le *sertanejo*, l'une des danses de couple traditionnelles brésiliennes. Des bons moments prolongés le lendemain quand nous partons avec Leandro, Alex et Lais faire un tour aux alentours, explorer les cascades et autres attractions locales.

Je suis à peine arrivé que le week-end est déjà terminé. Je quitte Leandro à la gare des bus. Lui se dirige vers São Paulo où j'arriverai bientôt, moi, je fais un petit détour vers le littoral, à quelques heures de là, où m'attend Gabriela. Cette étudiante de vingt-quatre ans m'avait contacté pour m'héberger à São José dos Campos, une ville industrielle au nord de l'État. Ayant eu la bonne idée de ne pas prévenir ses parents avant de m'envoyer le message (grave erreur quand l'on vit encore chez eux), elle m'a réécrit quelques heures plus tard pour annuler, mais m'a proposé à la place de la rejoindre dans sa maison de vacances sur la plage, à Ubatuba. À Rio, tout le monde m'a beaucoup parlé de cet endroit, et j'ai donc accepté le plan qui avait l'air cool.

À mon arrivée, je trouve une petite ville balnéaire comme tant d'autres, avec sa promenade au bord de l'eau, ses restaurants trop chers et ses résidences secondaires fatiguées. Voyant ma déception, Gabriela, qui parle un français parfait grâce à un séjour étudiant en terre parisienne quelques années plus tôt, me propose de rattraper le coup en me préparant ses meilleurs mojitos, et me promet de me faire découvrir la beauté d'Ubatuba le lendemain. Au matin, nous partons louer des vélos pour atteindre une plage qu'elle connaît bien. Sous un soleil de plomb, nous pédalons sur une route qui monte au-dessus de l'océan Atlantique. Après une interminable heure à suer dans les côtes, elle s'arrête, dépose sa bicyclette sur le bas-côté pour s'engager à pied sur un petit chemin qui traverse un bout de jungle. Nous marchons une minute dans la fraîcheur de l'ombre, dans la terre et les feuillages, puis les palmiers s'arrêtent brusquement. Nous débouchons sur une étroite bande de sable blanc d'une dizaine de mètres. Puis c'est l'océan. Sauf qu'ici il n'est pas la plate étendue ennuyeuse à laquelle l'on est habitué en Europe, mais une sorte de « skyline » de petites îles, ou plutôt de montagnes qui sortent de l'eau. Dans ces paysages paradisiaques, nous nous posons quelques heures et, stylo en main, je profite de la beauté de l'endroit pour trouver l'inspiration.

Le lendemain, nous tentons notre premier trajet en autostop. Les conditions sont idéales : midi, grand soleil, en couple, trajet court, près de la mer. J'ai déjà un peu tendu mon pouce en Europe, mais je me suis retenu de le faire ici jusqu'à maintenant. À chaque fois que j'en ai évoqué la possibilité, on m'a traité de fou, assuré que c'était bien trop dangereux, et que personne ne nous prendrait. Ceux qui le disent n'ont évidemment jamais tenté le coup, mais tous ont en réserve quelques petites histoires effrayantes à raconter. Ils m'ont convaincu de réserver cette expérience pour la suite, en Argentine ou au Pérou, mais Gabriela, à qui j'ai raconté la veille quelques trajets épiques en Italie, me pousse à tenter le coup. Et miracle ! Nous ne tendons le pouce que depuis dix minutes lorsqu'un camion s'arrête. C'est Jorge qui ramène des matériaux de construction pour une route près de Paraty. Ça tombe bien, c'est là que nous allons.

Pendant l'heure du voyage, Jorge qui visiblement est ravi d'avoir un peu de compagnie nous parle sans s'arrêter. Il est pour le rétablissement de la peine de mort, voudrait envoyer tous les prisonniers du Brésil sur une île déserte et les laisser survivre là-bas, n'aime pas les Indiens qui dorment et boivent tout le temps. J'ai la tentation de lancer un petit débat sur le mariage gay, à l'époque au cœur de l'actualité française, mais finalement je me contente de laisser Gabriela entretenir la discussion pendant que je prends des photos.

Nous arrivons à Paraty presque aussi rapidement que si nous avions pris le bus. Jolie ville aux rues pavées et maisons coloniales dans laquelle je teste enfin une spécialité brésilienne que je lorgnais depuis un moment, le restaurant au kilo. On y prend ce que l'on veut dans l'assiette, viande, légumes ou accompagnement, il y a de tout et l'on paie un prix fixe par kilo. C'est étonnamment bon marché par rapport à la qualité de la nourriture. Nous devisons sur la possibilité ou non d'ouvrir de tels restaurants en France. Pour ma part, l'idée de mettre au même niveau frites et bœuf bourguignon me semble philosophiquement insupportable. La conversation dévie, comme souvent, sur les variations culturelles entre nos deux pays. Et après ce débat hautement intellectuel, pendant la promenade digestive, sur une jolie plage à la sortie de la ville, assis face à l'océan, entourés de quelques hippies et de chiens errants, Gabriela m'apprend les bases de la méditation, pratique qui me suivra pendant des années et que j'utilise encore aujourd'hui. Il est déjà temps de se séparer.

Au début d'une longue route, on a souvent tendance à vouloir découvrir le plus de lieux possible en un minimum de temps. On reste à peine, trop pressé de goûter à la prochaine ville, ou à la prochaine rencontre. On pense d'abord que le simple fait de se déplacer, de voir se succéder les paysages derrière la vitre du bus est la source de notre plaisir, mais l'on se rend compte bien vite que, à manger trop vite, on ne déguste pas les plats. Il faut les garder plus longtemps en bouche pour en apprécier toute la saveur. De Piquete, Paraty et Ubatuba, où je ne suis resté que quelques heures, j'ai apprécié le tourbillon d'images, les bons moments passés, mais ne récolte au final que quelques impressions fugaces et une certaine frustration. C'est avec ce regret que je vois Gabriela se préparer à l'approche de sa ville natale. Les adieux sont un peu tristes. Nous savons tous les deux que nous ne nous reverrons probablement jamais. La route qui m'attend sera pleine de ces belles rencontres éphémères. Il va falloir s'y faire. J'apprendrai à développer une sorte de détachement pour m'en protéger. Une capacité à vivre le présent sans être miné à chaque adieu. Je me consolerai à l'idée que d'autres rencontres tout aussi intenses m'attendent. Je m'habituerai aussi. Pourtant à ce moment de mon voyage, commençant à peine ma route, je ne peux m'empêcher d'avoir un pincement au cœur.

Dehors, la nuit est tombée, et le paysage a bien changé. Depuis plusieurs kilomètres déjà, je vois défiler des milliers de gratte-ciel. Pendant une bonne demi-heure, le bus roule sur une gigantesque autoroute à cinq voies au milieu d'une impénétrable forêt d'édifices où ne perce aucun horizon. São Paulo, vingt millions d'habitants, la plus grande ville du pays. La plus peuplée du continent. Un monstre. Il est environ minuit quand j'arrive à destination. En sortant du bus, je m'avance dans le hall de la gare routière et reconnais tout de suite, assise sur un banc, Joana, la couchsurfeuse qui va m'accueillir pendant les prochains jours.

– 5. La jungle de béton

Dans la rue avec Joana, je me la pète un peu en dissertant sur les spécificités du néoclassicisme dans l'architecture brésilienne. La discussion roule gentiment, quand brusquement, nous le voyons, au même instant. Un homme, ou plutôt ce qu'il en reste. Il est debout au milieu du trottoir, hagard, sale, les vêtements déchirés. Ses paupières sont tellement gonflées qu'on voit à peine ses yeux. Est-il malade ou drogué ? A-t-il besoin d'aide ? Je n'ai pas le courage d'en savoir plus. Nous l'évitons silencieusement, en regardant ailleurs, comme à chaque fois que nous croisons un misérable dans la rue. Un silence gêné. Difficile de badiner après ça.

J'avais déjà été confronté à ce genre de scène à Rio. Là-bas, c'était encore plus choquant, car à cause de la chaleur, la plupart étaient à moitié nus, juste vêtus d'un caleçon, ce qui accentuait encore plus l'impression de misère. Après trois semaines au Brésil, je ne m'y fais toujours pas. Les *Paulistas* apparemment y sont habitués et les ignorent complètement. Dans le centre-ville ils sont nombreux, ces mendiants, et c'est justement là que vit Joana. Contrairement à l'Europe, c'est généralement une zone un peu chaude. Juste en bas de chez elle, nous nous faisons alpaguer par un transsexuel de deux mètres qui ouvre son manteau et montre ses seins énormes en nous proposant un peu de bon temps. Juste à côté, elle me montre un endroit où l'on achète de la cocaïne. Je n'avais pas encore été confronté à ce Brésil underground et c'est Joana qui va m'y guider. Cette étudiante en philosophie de vingt-huit ans est fascinée par sa ville justement parce qu'elle est loin de l'image de samba, de plages idylliques, de carnaval, habituellement associée à son pays. C'est ce Brésil-là qu'elle veut me montrer. Ça tombe bien, je ne demande que ça. À mesure de nos pérégrinations à travers la ville jusqu'à Augusta, une sorte de mélange entre le quartier rouge d'Amsterdam et le Kreuzberg de Berlin, je me mets à apprécier cette « jungle de béton », comme l'appellent ses habitants, que je découvre être un haut lieu de la culture urbaine, des taggers, skaters, rockers, hipsters, party-goers et tous ces trucs hype en « er ». Je décide de donner une chance à São Paulo en restant un peu plus que les trois jours initialement prévus.

Voilà qui me donne un peu de temps pour essayer les poker rooms du coin. São Paulo est sans doute la meilleure ville du Brésil pour jouer au poker. Cette immense mégalopole est truffée de clubs, des plus exclusifs, où l'on joue des milliers de reals (voire des milliers de dollars), aux plus miteux. Joana m'a donné un coup de main pour trouver des adresses, et me voilà dans le bus qui m'amène au Vegas Club. Le même nom qu'à Rio. Les joueurs de poker manquent décidément d'imagination.

Il existe deux variantes principales au poker. Jusqu'à présent, au Brésil, je n'avais joué qu'en tournoi, la variante la plus populaire. Celle que vous connaissez sans doute même si vous n'avez presque jamais joué au poker. En tournoi, chacun paie le même prix d'entrée, disons 50 euros, et en échange reçoit un certain nombre de jetons, disons 1 000. Ainsi, s'il y a dix joueurs en jeu, il y a 500 euros de prize pool* (50 x 10) et 10 000 jetons (1000 x 10) en circulation. Vos 1 000 jetons à vous constituent votre tapis, qui peut monter ou descendre en fonction des mains gagnées ou perdues. Si votre tapis tombe à zéro, vous êtes éliminé et vous perdez vos 50 euros. Si vous faites partie des derniers « survivants » vous gagnez de l'argent. Par exemple, si vous finissez troisième, vous récupérez votre mise. Si vous finissez deuxième, vous gagnez environ trois fois votre mise, soit 150 euros, et si vous êtes l'heureux chanceux qui a survécu à tout le monde, félicitations, vous avez gagné le tournoi, et le plus beau pactole de la soirée à savoir tout ce qu'il reste, 300 euros. Bravo, vous êtes riche !

J'ai beaucoup joué en tournoi à mes débuts, mais la variante dans laquelle je me suis spécialisé depuis quelques années est différente. Elle s'appelle le cash game*. En cash, il n'est pas vraiment question de prize pool, de survie ou d'élimination. Il n'y a pas de début ni de fin. Tant qu'il y a de la place, vous pouvez vous installer à table, avec la somme que vous voulez. Si vous perdez tout, vous n'êtes pas éliminé, vous pouvez remettre de l'argent. De même, si vous considérez que vous avez assez joué pour aujourd'hui, vous pouvez vous en aller quand vous le désirez, que vous soyez gagnant ou pas. Ainsi, pour reprendre l'exemple précédent, sur une table de dix joueurs où chacun aurait mis 50 euros, on n'a pas que trois gagnants et le reste perdant, on peut très bien avoir neuf gagnants et un grand perdant, ou huit pour deux ou ce qu'on veut, en fait. On peut très bien décider de partir au bout de dix minutes après avoir perdu 3 euros, ou gagné 147 euros. Le cash game est un jeu où c'est vous qui décidez du temps que vous passez à table.

C'est aussi un poker réputé un peu plus complexe, car la variété des situations y est plus grande, mais moins excitant, car n'ayant pas l'aspect compétition et survie que propose le tournoi, il peut parfois sembler un peu plus mécanique. C'est pourtant ce format que je préfère, et c'est celui que j'ai choisi de pratiquer sur la route. Premièrement parce que c'est là que je suis le meilleur, et deuxièmement parce que, sans rentrer dans des considérations trop techniques, il se trouve que le cash permet de faire des gains certes plus modestes que le tournoi, mais nettement plus constants, ce qui, pour mon confort psychologique et pour ne pas trop perturber l'aspect « rencontres » du voyage, reste important.

J'arrive à l'adresse que j'ai griffonnée sur un papier et me retrouve devant une maison d'un quartier résidentiel. Une petite demeure à un étage comme toutes celles qui l'entourent. Pas de parking, pas d'inscription en façade, rien ne laisse deviner ce qu'il se passe à l'intérieur. Si j'étais passé devant la maison sans en avoir l'adresse, jamais je n'aurais pu trouver le club, mais depuis Rio, j'ai compris que ce serait la norme ici. Je m'approche de l'entrée et y trouve un portier.

— *Aqui e Vegas Club?*

— *Si.*

— *Quero jogar cash game* (petit sourire).

— *Primeira vez glabloglоublidrublugu?*

— *Si, sou francês.*

Il me fait entrer. À l'intérieur, la maison est beaucoup plus grande que ce que je pensais. Les cloisons ont été abattues, il n'y a plus ni salon ni cuisine, mais juste deux grandes salles remplies d'une dizaine de tables. L'aspect est surprenant, car on se sent bien dans une maison normale, mais l'ambiance est évidemment très différente. C'est le début de l'après-midi, période peu propice au jeu, mais deux tables sont déjà en train de tourner. Je m'assieds à l'une d'elles, salue mes adversaires et commence le boulot d'observation. À cette heure, il n'y a que quelques retraités qui s'ennuient et des businessmen qui apparemment ont du temps entre deux affaires. Rien de bien inquiétant a priori.

Ça ne plaira pas forcément à tout le monde, mais avec l'expérience, j'ai pu développer une intuition assez forte sur le talent de mes adversaires en fonction de leur apparence ou leur appartenance sociale. Ce n'est pas un jugement gratuit, juste une donnée empirique, vérifiée par des milliers d'heures de pratique… Au poker, l'habit fait souvent le moine, et cette table rassemble des profils qui ne sont traditionnellement pas les plus dangereux.

Les retraités pratiquent le poker comme une activité de sociabilité. Leur motivation n'est pas spécialement l'argent, mais l'envie de chasser un peu la solitude et l'ennui. Il faut dire que les parties sont longues, et leur permettent de rester plusieurs heures assis à une table avec de la compagnie. Généralement, ils ne prennent pas réellement la peine d'étudier avec sérieux le jeu qu'ils ont appris il y a très longtemps, avant que le poker soit à la mode et qu'il soit révolutionné par Internet. Ils sont habitués à une stratégie ultraprudente, dite « serrée », et sans grande folie, qui consiste à ne jouer que les meilleures mains et leur permet de rester à table longtemps en limitant les risques au maximum. On les appelle généralement les nits* ou les rocs*, car ils sont capables, telles des pierres, d'attendre plusieurs heures sans esquisser le moindre mouvement. Pour un joueur comme moi, c'est à la fois une bonne et une mauvaise nouvelle de les voir ici. Bonne, car je sais qu'il est très peu probable que je perde contre eux. Ils bougent tellement peu souvent que les rares fois où ils frémissent, il est évident qu'ils ont un jeu énorme et qu'il faut les éviter. Mauvaise, car ce sont des joueurs contre qui l'on ne gagne jamais grand-chose tant ils sont prudents. La stratégie de base consiste à les agresser souvent, à leur voler un maximum de petits pots, et s'enfuir quand l'on sent un peu de résistance.

Les businessmen, eux, ont des motivations totalement différentes. Ils travaillent toute la journée dans un environnement stressant (probablement encore plus dans une mégalopole comme São Paulo) et viennent jouer pour se détendre. Trop occupés par un emploi du temps surchargé, ils ne travaillent pas vraiment leur jeu, à l'instar des retraités. En revanche, au contraire de ces derniers qui ont généralement une bourse serrée, ils ont l'avantage de n'avoir aucune pression financière. Ce critère rend leur jeu totalement différent, puisqu'ils jouent très « large », c'est-à-dire qu'ils essaient de rentrer dans un maximum de coups, sans réellement sélectionner leurs mains de départ, et ont tendance à ne plus les lâcher une fois qu'ils sont dedans. Après tout, ils ne sont pas venus là pour regarder les autres jouer.

Évidemment il y a des exceptions. Il existe des retraités qui jouent de manière étonnamment large, et des businessmen qui savent être un peu plus serrés, ou patients. Des hommes qui sont conscients de l'image qu'ils dégagent et assez expérimentés pour la modifier, et créer la surprise. Ces personnes qui ne sont ni trop agressives ni trop passives, qui tels des caméléons s'adaptent à chaque adversaire en changeant à chaque fois d'attitude, appartiennent à cette rare espèce que sont les bons joueurs. On leur donne parfois également un autre nom, un peu plus carnassier : les requins*, c'est-à-dire ceux qui sont là pour dévorer les fishs*, les poissons, les mauvais joueurs. Aux tables auxquelles je joue, avec des enjeux relativement petits, on trouve généralement deux, parfois trois requins sur les dix joueurs présents. Pourquoi si peu ? Parce que les meilleurs montent à des tables plus chères, où les poissons sont plus gras, mais où nager est infiniment plus risqué…

À mon arrivée à table, au milieu des thons et des saumons, je repère un jeune avec son bonnet. Il y a quelque chose dans son attitude, sa posture relâchée, et son aisance discrète qui me met immédiatement en alerte. Les requins savent qu'ils sont les rois des océans et n'ont rien à prouver. Ils nagent sans se presser, à la fois alertes et détendus, et attendent de sentir l'odeur du sang pour attaquer. Ce mec-là sera mon adversaire le plus sérieux aujourd'hui. Je tâcherai de l'éviter, et je m'attends à ce qu'il fasse de même. En attendant, je rentre dans ma partie.

Je suis à peine installé à table, en train de compter mes 500 reals (environ 200 euros), que je reçois une paire de 22 et décide de limper*. Un joueur relance, notre requin paie, je paie moi aussi. Nous nous retrouvons à quatre pour voir le flop :

2♣ J♦ Q♥ (pot 80).

Un brelan, une des meilleures combinaisons possible. Je suis quasiment sûr d'être devant. Je décide de checker*, laissant le relanceur initial miser 45. Voilà que le bon joueur paie et que la parole me revient. J'ai deux possibilités ici : simplement payer pour masquer la force de mon jeu, ou relancer, en espérant qu'ils aient touché quelque chose, ce qui est probable vu la densité de ce board*. Ici il y a beaucoup de mains qui ont percuté. Un J, une Q, un tirage comme 9T, KT, ou AT qui n'ont besoin que d'une carte pour faire une suite... J'ai besoin de relancer à la fois pour faire payer cher ces mains-là, mais aussi pour me protéger d'une turn* assassine. Je réfléchis un instant, puis me décide : 140.

Le relanceur initial se couche immédiatement. Il était probablement en train d'essayer de voler. L'autre hésite une dizaine de secondes. Peut-être a-t-il une des mains que j'ai citées précédemment. Peut-être n'a-t-il pas grand-chose, mais trouve suspect ce jeune Français qui vient d'arriver et met déjà beaucoup de pression. Il me regarde intensément, cherchant à voir si je suis en train de le bousculer, et finit par se coucher, attendant probablement d'en savoir plus sur moi avant de prendre des risques. J'empoche le pot, puis jette ma main sans la montrer. Je préfère qu'ils restent dans le doute, qu'ils ne sachent pas si j'ai bluffé ou non. Cela me permet d'installer une image agressive, celle du type qu'on ferait mieux de ne pas emmerder.

Deuxième main, un joueur relance à 25, il est payé par le bon joueur. J'ouvre mes cartes, et vois deux AA, la meilleure main de départ possible. Il semblerait que les dieux du poker soient avec moi aujourd'hui. Je surrelance immédiatement à 100, voulant confirmer cette fausse image de joueur très agressif. Voici toute la beauté du poker, jouer sur les apparences, se donner des airs de quelqu'un qu'on n'est pas. Un papy tombe dans le panneau. Il décide de ne pas suivre ses règles de prudence habituelles et envoie instantanément ses 300 reals avec une paire de dix contre laquelle je gagne. En dix minutes, j'ai déjà doublé mon tapis.

À quoi bon se casser la tête au poker quand la chance nous sourit. La suite de l'après-midi est du même acabit. Je vais régulièrement toucher des jeux énormes et quasi systématiquement obtenir de l'action. Après quelque temps, je réussis même à faire craquer le bon joueur, lui faire faire une erreur et le déstacker*. En début de soirée, je quitte la salle, euphorique, avec 2 000 reals. J'ai quadruplé ma mise initiale, récupéré mes pertes de Rio et bien amorti le début du voyage, tout en ayant dégoûté quelques Brésiliens de la France.

Ces belles sessions sont rares, et en rentrant chez Joana, je décide d'oublier mes règles strictes de gestion de bankroll, et de me la jouer balla* en l'invitant au restaurant pour fêter ça.

— Tu veux que je te prête une chemise pour être plus à l'aise ce soir ?

J'aime sa manière subtile de me signaler que je suis habillé comme une merde. Pour cause, quand je voyage, j'essaie d'être le plus neutre possible, histoire de me fondre dans la masse. J'ai toujours eu l'impression qu'un style trop présent limitait les rencontres. Sauf que pour la night life ultrabranchée de São Paulo, et à côté d'elle qui a un style d'enfer, je passe pour un bouseux. Elle me prête quelques vêtements, notamment une chemise ultracintrée et un blouson en jean. Je la regarde, étonné.

— Quoi ? T'es pas mal, je te jure.

— J'ai l'impression de ressembler à un mec des Village People.

— T'inquiète, ça plaît à fond ici. Mais si tu n'es pas à l'aise, j'ai autre chose…

Prudent, je me cantonne finalement à la chemise sous un survêt paraît-il du meilleur effet, et nous partons à l'assaut de la nuit. Dans le club, après une ou deux vestes (plutôt deux en fait), je crois que je regrette de ne pas avoir pris celle en jean…

Mes journées à São Paulo s'enchaînent malgré tout de manière assez fluide. Contrairement à Rio, il m'est moins difficile ici de donner rendez-vous à des locaux pour les rencontrer, peut-être parce que la ville est moins touristique et ses habitants moins sollicités. L'une de ces rencontres s'appelle Thais. Pour une fois, nous ne sommes pas entrés en relation via Couchsurfing, mais sur Facebook, grâce à l'un de mes potes architectes qu'elle a fréquentés pendant ses études à Lyon (je suis impressionné par la quantité d'étudiants qui sont passés par chez nous). Thais travaille comme consultante pour une entreprise dans laquelle elle s'occupe de la logistique. Je la rencontre pour la première fois en compagnie de Joana, et c'est intéressant de les voir se confronter, car elles sont complètement opposées, aussi bien physiquement, intellectuellement, socialement, que dans leurs attentes et choix de vie. Elles sont pourtant toutes les deux emblématiques d'une certaine jeunesse brésilienne, l'une hédoniste, sacrifiant toute économie pour pouvoir se payer un loyer en centre-ville hors duquel elle n'imaginerait pas vivre ou faire la fête ; l'autre travailleuse, vivant en banlieue dans l'attente d'établir une situation qui lui permettra à long terme de se réaliser. J'aime bien mettre en contact les personnes que je rencontre en voyage, car elles n'auraient généralement pas pu se rencontrer dans la vie. Pourtant, ce soir, à Augusta où la bière lisse les différences, nous passons une belle soirée.

Je revois Thais quelques jours plus tard et visite avec elle les quartiers historiques de la ville. Elle me montre le marché municipal, un immense espace sous toiture métallique, un peu dans l'esprit des halls de gare du XIXe siècle, où l'on mange la *mortadella*, cet énorme sandwich rempli d'une bonne quinzaine de tranches de jambon bien huileuses, et où les vendeurs de fruits proposent de goûter à peu près tout ce qui se fait en Amérique du Sud (technique marketing bien rodée, je me sens obligé d'en acheter quelques-uns). J'éprouve un peu plus tard d'autres techniques de vente du continent. Comme je veux acheter un clavier pour ma tablette, Thais m'emmène dans un étonnant supermarché de l'électronique. Un bâtiment de plus de dix étages entièrement rempli de centaines de minuscules boutiques de quelques mètres carrés. Chacune vend exactement les mêmes coques de téléphone, écouteurs et autres accessoires. Aucune boutique ne différant de la suivante, chacun rameute le client comme il le peut, avec force cris et propositions de réductions miracles. Pourtant, il faut résister à la tentation et être patient. Les prix sont proportionnels à la qualité de l'emplacement de la boutique. À chaque étage monté, à mesure que la foule se disperse, que le vacarme s'estompe et que les téléphones semblent de moins en moins, disons… originaux, j'arrive à négocier à la baisse de quelques pour cent. Drôle d'endroit.

Samedi après-midi, je reçois la réponse d'une couchsurfeuse que j'avais contactée plus tôt et qui me propose de la rejoindre pour une visite guidée de Libertade, le quartier japonais. En tant que backpacker solitaire, je suis toujours un peu réticent quand il s'agit de visite de groupe, et ça ne manque pas cette fois encore. Je déteste qu'on me dise où et comment regarder. J'ai l'impression d'être un mouton totalement perdu au milieu du troupeau. À la fin du tour, complètement frustré, au lieu de rentrer, je décide de revenir sur mes pas pour visiter le quartier par moi-même. Tout en marchant dans la rue, je réalise que c'est l'une des premières fois depuis trois semaines que je me retrouve seul avec un peu de temps devant moi et décide d'en profiter pour enclencher le « mode rencontre ».

Savamment développé au cours de mes précédents voyages en solitaire, le mode rencontre consiste à se balader le sourire aux lèvres, à soutenir tous les regards et essayer d'enclencher la conversation dès que possible, quitte à utiliser des prétextes ridicules. Le but est simplement de se trouver de nouveaux amis, et de laisser le hasard décider qui ils seront. J'ai déjà essayé de me lancer un peu à Rio, sans grand succès, sûrement trop rouillé pour être véritablement efficace, mais cet après-midi, avec en plus la frustration de mon expérience panurgique pour me servir de moteur, je le sens bien.

Au bout de dix minutes de marche, je déniche un bar ouvert sur la rue qui me semble prometteur, m'assieds au comptoir et, dans mon meilleur portugais, demande au Japonais d'à côté ce qu'il est en train de boire, indubitablement un café. J'apprends avec surprise qu'il s'agit effectivement d'un café.

— Oh ! du café ! Mais c'est incroyable ! J'aimerais essayer ça moi aussi. Serveur, un café, s'il vous plaît ! En France, on boit beaucoup de café, je me demande comment est celui du Brésil. En France ?? Ah oui, je t'ai pas dit, c'est vrai, je suis français et d'ailleurs je suis en train de voyager. Tu es d'ici toi ?

Bref. Voici le mode rencontre.

Nous parlons ensemble une demi-heure, mais le bougre a l'air un poil méfiant devant ce Français si étrangement amical. Il n'est pas seul, il doit s'en aller. Qu'à cela ne tienne, j'accosterai le prochain. Juste à ma droite, un quadragénaire s'est assis et c'est sur lui que ça tombe. C'est ainsi que commence ma rencontre la plus étonnante depuis le début du voyage. Je ne sais plus trop comment la conversation s'enclenche, toujours est-il que son anglais est parfait et qu'enfin je peux avoir une discussion moins hachée.

— Et donc j'ai mon sac à dos, je me déplace en prenant le bus. Dans quelques semaines je serai au Paraguay, puis je remonte en Amérique. Je dois faire le tour du monde en un an. Je pense que j'arriverai à Vegas dans six mois.

— Ahh, Vegas ! j'ai passé de super vacances là-bas à jouer au poker.

— Ah bon, vous jouez au poker ?

— Ah ça oui, j'adore le poker ! Je joue depuis des années !

Je lui parle alors de mon projet, et il est surexcité. Il y a vingt millions d'habitants dans cette ville, et il fallait que je rencontre un passionné de poker. Il m'offre une bière, puis une *pinga* (cachaça, à ne pas confondre avec son homonyme espagnol à la signification nettement plus phallique) puis une bière, puis nous mangeons ensemble et buvons encore d'autres *pingas*. Au bout d'une heure, nous nous racontons nos vies.

Juan a la quarantaine, est ingénieur en génie civil, bosse avec des architectes, et vit dans une ville à côté de São Paulo. Il a bien envie de m'accompagner jouer ce soir, mais il est venu à Libertade pour rendre visite à sa copine. Tant pis, il m'invite à sa partie hebdomadaire, et cette fois-ci c'est moi qui suis surexcité quand il me la décrit, car c'est exactement le genre d'endroits que je cherche : une bande de potes, entre quarante et cinquante ans, un ingénieur, un avocat, un musicien, et le patron du bar. Car ça se passe dans l'arrière-salle d'un bistrot du centre ! Ça boit des coups, ça fume...

La Providence ! Au bout de deux heures, lui titubant, moi pas trop loin, nous nous séparons comme deux vieux amis en nous promettant de nous recontacter lundi pour fixer le rendez-vous. Le soir, je me couche le sourire aux lèvres, en décidant de repousser mon départ à Curitiba au mardi suivant.

Je rencontre un tas de personnes intéressantes pour mes derniers jours en ville, et je passe mes journées à dire bonjour et adieu. Parmi tout ce beau monde, je revois Yasmin, une collègue de Thais, avec qui j'ai fait connaissance dans un pub quelques soirs plus tôt. Bon feeling, échange de numéros. Elle m'invite à revenir à Libertade, le fameux quartier que j'avais visité quelques jours plus tôt, et qu'elle connaît très bien puisque, comme son nom ne l'indique pas, Yasmin est d'origine japonaise.

Je dispose donc d'un guide de choix dans ce quartier où tout est asiatique, de l'architecture aux supermarchés en passant par les lampadaires. Mais cette fois-ci ma visite est nettement plus intéressante, puisqu'il ne s'agit pas juste d'une banale description architecturale ou historique des lieux, mais du récit d'une personne qui a vécu ici pendant des années, qui y a vécu des expériences et a plein de souvenirs à partager. Nous passons l'après-midi ensemble à nous balader, à manger des *teriyakis*, à raconter nos vies et nos rêves. Elle me parle de ses ambitions professionnelles contrariées dans un Brésil encore très machiste, de son premier et prochain grand voyage en Angleterre qui l'angoisse. J'essaie de la rassurer comme je peux.

Je n'ai connu Yasmin que quelques heures, mais la quitte avec un sentiment de trop tôt. Le soir même, je quitte également Joana, son studio au dernier étage avec une vue sublime, et son matelas posé à même le sol où j'ai dormi cinq jours, pour aller tester le canapé de Tadeu. Je n'ai déplacé mon sac que de deux rues, mais en passant de *downtown* au quartier d'Hygienopolis, je viens d'arriver dans l'un des endroits les plus riches de la métropole. Tadeu possède un T2 ici, où il vit seul, à deux pas de son école. Il a embrassé la carrière de son juge de père en étudiant le droit, est désormais commis d'office, et prépare le concours de procureur. Je passe mes derniers jours en sa compagnie, et il me fait lui aussi visiter son São Paulo, fait d'architecture, d'expositions et de foot.

Lundi soir arrive et je n'ai pas eu de nouvelle de Juan, qui m'avait pourtant invité à sa partie privée. Je ne sais pas pourquoi, mais je sentais le coup venir. Je l'avais ajouté sur Facebook et il ne m'avait jamais répondu. À 21 heures, je reçois un message lapidaire m'informant qu'il ne pourra finalement pas venir. Il n'a même pas essayé de trouver une excuse originale. Encore un faux plan. Je ne les compte plus.

On pourrait attribuer ça au hasard, mais en tant que joueur de poker, j'ai tendance à croire qu'un hasard qui revient aussi fréquemment n'en est probablement pas un, et dessine plutôt une tendance. J'ai rencontré ici tellement de Brésiliens qui lors de notre premier contact étaient incroyablement amicaux et hospitaliers et qui, à l'heure de se revoir, sont devenus invisibles ! Peut-être l'aspect moins séduisant de cette culture du carpe diem, qui en donnant au présent une telle intensité annule du même coup le passé et l'avenir. Ce présent qui peut paradoxalement faire que vous avez été oublié à cause d'une autre rencontre tout aussi intense que la vôtre quelques jours plus tard…

Après trois semaines au Brésil, je constate que ce pays m'a offert beaucoup de rencontres intenses, mais superficielles. C'est avec cette petite amertume que je quitte São Paulo, la plus grande ville du continent. Je me prépare à six heures de bus vers le sud, avant d'arriver à Curitiba où m'attendent Carol et Victor, mes deux prochains hôtes.

– 4. Les occasions manquées

Les *Curitibanos* aiment se considérer comme les Européens du Brésil, et même si ça agace pas mal le reste du pays qui y voit de la vanité, il y a un peu de vérité là-dessous. L'ambiance ici est différente. Des parcs et fontaines agrémentent toute la ville et la rendent agréable à parcourir à pied. Un tramway, moyen de transport unique dans tout le pays, fait l'orgueil de ses habitants qui en vantent l'aspect écologique. Les rues sont étonnamment propres et mine de rien, après Rio et São Paulo surpeuplées et polluées, ça saute aux yeux. Quant à la population elle-même, elle semble beaucoup moins métissée que dans le nord du pays. En me baladant dans le centre, s'il n'y avait pas cette architecture typiquement coloniale, je pourrais presque avoir l'impression d'être en Suisse ou en Allemagne, dans l'une de ces villes en pointe sur le développement durable.

Je ne sais pas pour quelle raison, mais les couchsurfeurs d'ici ont particulièrement aimé mon projet, car sans avoir envoyé aucune requête, j'ai reçu une bonne douzaine d'invitations à dormir ou boire des coups. Pas mal de personnes différentes, et d'expériences marrantes. En vrac, je rencontre Cris, une architecte-prof de yoga qui me montre son école et m'offre une séance, la première de ma vie, quelques heures après mon arrivée. Des profs d'anglais qui m'emmènent à la version brésilienne de l'opéra, durant laquelle un quart de la salle parle à haute voix et rit à gorge déployée tandis que les trois quarts restants s'évertuent à les faire taire de manière plus bruyante encore. Je vais boire des bières avec une avocate, une chanteuse, une rédactrice de magazine, me rends à une soirée poker-saucisse (combinaison toute locale) chez Alan, et passe avec succès le seul vrai test de langue qui vaille : me faire couper les cheveux et tenir près d'une heure de conversation avec la coiffeuse. Ça y est, après un mois au Brésil, je baragouine le portugais ! Ayant commencé de zéro avec juste mon livre et mon culot, je suis plutôt fier de moi.

Je suis hébergé par Carol et Victor, lui journaliste, elle prof d'anglais. J'apprends en arrivant que je suis leur tout premier couchsurfeur, et bénéficie du coup de l'enthousiasme de ceux qui débutent sur le site. Pendant cinq jours je me fais chouchouter, présenter, emmener partout. Il m'est interdit de bouger le moindre orteil quand il s'agit de préparer à manger ou faire la vaisselle. Le dernier jour, Carol m'emmène à son école de langue, je sympathise avec quelques profs, qui me réquisitionnent pour l'une des expériences les plus marrantes de mon séjour : donner un cours de français. J'arrive dans la classe, la prof qui me connaît à peine me présente vaguement, et voilà que pendant une demi-heure je discute et réponds aux questions d'une vingtaine d'élèves de dix-huit à soixante ans.

À force de me présenter à tout le monde, je commence à savoir ménager mes effets, et vais crescendo dans les révélations :

— Je suis en train de faire le tour du monde.

— *¡Legal!* (Cool !)

— Je voyage en sac au dos et en autobus.

— Ohhh ! *¡Que legaaal!*

— Je fais du Couchsurfing, je n'ai pas dormi à l'hôtel depuis un mois.

— Waaaaaaaaa ! *¡Que legaaaaaaal!*

— Je finance mon voyage en jouant au poker, et oui, ça marche.

— Wahouuuuuu !

Brouhaha intense, deux élèves pleurent de joie, trois autres m'offrent des colliers de fleurs, des militaires dans la rue tirent des coups de canon, et moi, au bout de la deuxième « leçon », je quitte l'école tellement gonflé de fierté qu'une piqûre de moustique me ferait exploser. Je me rends directement chez Jacques et Gloria qui m'accueillent pour la deuxième partie de mon séjour à Curitiba. Jacques, Lyonnais, soixante-dix ans, reste à ce jour mon couchsurfeur le plus âgé. Après une vie de baroudeur à travailler aux quatre coins du monde, il a rencontré Gloria, Brésilienne, avec laquelle il s'est installé à Curitiba depuis une dizaine d'années. Jacques est un retraité 2.0 qui regarde la télé online, écoute des webradios sur l'un de ses quatre ordinateurs, communique sur Skype, et emploie à l'oral le mot « LMAO ».

Un personnage marrant, qui aborde absolument tout le monde dans n'importe quel endroit, et qui lorsqu'il entame une conversation en français, ou en frantugais, ne s'arrête qu'après épuisement total du sujet ou des participants. Je reste deux jours avec ce couple atypique, profitant en même temps d'un confort à la française déjà oublié : un lit deux places avec des draps qui sentent bon la lavande, des repas mijotés comme à la maison, des glaces, du bon vin et, luxe suprême, les clés de la maison pour rentrer à l'heure que je veux de mes sessions de poker.

M'étant renseigné sur Internet, je prends le tramway une nuit pour aller jouer. Alors que je demande mon chemin à un type, je vois une Brésilienne sursauter en m'entendant parler anglais et s'approcher pour m'aider. Mais l'autre a déjà répondu et je m'assieds dans le tramway, immédiatement suivi par la fille qui se place juste devant moi, de dos, tout en me gratifiant d'un magnifique sourire. Je lui réponds timidement, mais n'entame pas la conversation. Après deux secondes de blanc où elle attend vainement que je lui parle, elle n'a pas d'autre choix, pour ne pas rendre la situation bizarre, que de se retourner dans le sens de la marche. Elle doit avoir vingt-deux ou vingt-trois ans, elle est belle, et je vois sa chevelure châtain clair s'agiter alors qu'elle tente de me regarder discrètement. Je suis étonné de constater qu'elle a l'air d'avoir furieusement envie de me parler. Plusieurs fois, je la sens à deux doigts de se retourner, mais elle n'ose pas. Malgré tous les feux verts, je reste moi aussi muet. Bordel. Je suis en train de faire le tour du monde, seul, en jouant au poker dans des endroits bizarres, et je suis incapable d'accoster une fille qui me montre ostensiblement son intérêt. Après quelques minutes étranges au cours desquelles nous frétillons tous les deux sur nos fauteuils, c'est quand même elle qui trouve le courage de se lancer. Elle se retourne une nouvelle fois et me parle en anglais.

— Hey, je t'ai entendu parler tout à l'heure, tu es américain ?

— Non, je suis français.

— *¡Legal!* Tu es en vacances ici ?

— Oui, plus ou moins, je voyage autour du monde. Ça fait quelques semaines que je suis parti.

Nous parlons quelques minutes, elle sourit de temps en temps, tout va pour le mieux. À ma grande surprise, je vois bien que je lui plais, et c'est peu dire que c'est réciproque. Mais voilà que mon arrêt approche. À ce moment, tout homme normalement constitué oublierait ses plans, resterait pour continuer encore un peu avec elle, et l'inviterait probablement à boire un verre. Mais je ne le fais pas. Quand les portes s'ouvrent, je la salue simplement et sors sans un regard. L'histoire s'arrête là. Je n'ai pas pris son numéro. Je ne suis pas retourné en courant à l'intérieur en lui disant que c'était trop con de se quitter ainsi. Je ne l'ai jamais revue. Comme vous, je suis frustré. Aujourd'hui, j'ai beau ne me souvenir que de ces beaux cheveux lisses qui s'agitent, il m'arrive encore de penser à ce trajet en tramway. Les voyages sont aussi faits de ces regrets. De ces discussions trop courtes. De ces occasions manquées qui nous obsèdent pendant des jours, et auxquelles on pense encore des années plus tard au conditionnel.

Quelques minutes après cette scène, j'arrive à l'adresse que j'ai notée. Il fait nuit, la rue est déserte, silencieuse. Je ne suis pas spécialement à l'aise, d'autant que le numéro indiqué n'existe pas. Je m'approche du numéro suivant, un restaurant, et repère juste à côté une porte dérobée, avec pour une fois la plaque du club. Je pousse la porte, qui ouvre sur un escalier descendant dans l'ombre d'un sous-sol. Un temps d'hésitation. Je ne sais pas si je dois descendre. Mais dans le silence de cette entrée, j'entends, étouffé par la distance, le cliquetis rassurant des jetons (rassurant oui, c'est bien le mot que j'ai employé). Je me décide à descendre, ouvre, et débarque dans une grande salle souterraine haute de plafond, remplie de tables et pleine de monde.

La surprise est mutuelle. Pour moi, de me trouver dans cet endroit si inattendu, pour eux de me voir y débarquer. Je reste dans l'entrée quelques secondes puis m'approche du comptoir où me parle une caissière sympathique. L'ambiance ne semble pas mauvaise. Ça joue, ça rigole, ça boit des coups. Mon arrivée qui a fait lever quelques têtes est déjà oubliée, et tout le monde est plongé dans les cartes. C'est plutôt bon signe. Je décide, face à la bonne humeur ambiante, de m'acheter mes jetons. Je m'installe pour jouer en cash game, me présente à tout le monde, obtiens quelques sourires de bienvenue puis commence mon boulot d'observation.

Il ne me faut pas longtemps pour constater que malgré les dix joueurs à table, un seul semble prendre toute la place. Il a la quarantaine, un début de calvitie, et est assis devant 1 000 reals, environ 500 dollars, c'est-à-dire le double de la cave normale. Il parle énormément, et semble prendre un plaisir immense à être là ce soir. Dans le jeu, il est très actif, rentre dans tous les coups, et la dynamique de la table semble tourner autour de lui. Au début, j'ai un peu de mal à savoir s'il est bon ou mauvais, car certains de ses moves* sont intéressants. Mais en quelques dizaines de minutes, et après l'avoir vu recharger plusieurs fois, je comprends que j'ai affaire à un énergumène… Un style hyper agressif, absolument pas scared money*, relançant par poignées sans même compter, et n'ayant pas peur d'engager son tapis, même avec des tirages extrêmement faibles. Le fameux maniac*, comme on désigne au poker ce genre de joueur fou.

Les maniacs peuvent sembler effrayants au premier abord, car ils sont extrêmement actifs et semblent n'avoir peur de rien, mais il se trouve qu'ils constituent l'un des profils les plus faciles à gérer, car la stratégie contre eux est simplissime : il suffit de se coucher si l'on n'a pas grand-chose, d'attendre de faire une bonne main, et de leur tendre un piège. Peu importe que vous n'ayez pas bougé une oreille depuis une heure et que d'un coup vous sembliez montrer de la résistance, aveuglés par leur envie de tout gagner, les maniacs s'empaleront tous seuls sans comprendre ce qui leur arrive.

Ainsi, patiemment, je mets en application ma stratégie. Alors que tout le monde semble essayer de l'éviter, j'essaie au contraire de rentrer dans un maximum de mains contre lui, avec des cartes à potentiel. Il semble faire de nos confrontations une lutte acharnée dans laquelle il met beaucoup d'énergie. De mon côté, je reste à chaque fois calme et concentré, me contentant de suivre mon plan. Et il paie. Deux heures plus tard, grâce à quelques livraisons, j'ai triplé mon tapis.

Je serais bien resté trois, quatre heures de plus. C'est presque une erreur professionnelle de quitter une table où l'un des joueurs arrose à ce point. Mais j'ai rendez-vous avec Carol et Victor, et je dois m'en aller, malgré les protestations de mon mécène un peu revanchard, qui me demande pourquoi je m'en vais si tôt.

Je reviens le lendemain dans ce club, puis dans un autre, avec à chaque fois l'espoir de croiser mon nouvel ami. J'ai appris entre-temps qu'il est millionnaire. Ceci explique cela. C'est durant ma quatrième et dernière session, au CWP Club, que je vais le recroiser, sans pour autant jouer avec lui. Probablement remis de ses émotions, il rigole, et refuse mon invitation à le rejoindre, prétendant que je vais le *matar* (le tuer). Pas besoin de lui néanmoins pour gagner des sous, le niveau des joueurs à Curitiba étant affreusement mauvais. J'apprends en discutant un peu que le poker ici ne se développe que depuis deux ans environ et faute de ressources pédagogiques (livres, vidéos, forums...) la plupart des joueurs n'ont jamais étudié plus loin que les règles de base ou, pire, pensent que le poker est un pur jeu de chance. Étrange sensation, que de se sentir loup au milieu de toutes ces brebis égarées. Je suis là, calme et détaché du jeu et de son résultat, quand eux sont euphoriques ou dépités à chaque main. Je vois, heure après heure, les jetons s'accumuler avec un plaisir presque coupable. Coupable, car mon plaisir est le malheur de ce reg qui ne comprend pas pourquoi ce petit jeune qui avait pourtant l'air d'une proie facile l'a déjà envoyé trois fois à la caisse. Je fais deux magnifiques soirées, desquelles je sors avec des gains comparables à mes bonnes sessions françaises, sauf qu'ici je joue à des limites deux fois et demie inférieures !

J'aurais aimé rester plus longtemps à Curitiba, histoire de faire des économies pour la suite du voyage, mais après une semaine dans le coin, j'ai estimé qu'il était temps de partir. Je me suis tellement bien entendu avec Carol qu'elle m'a proposé de rencontrer son père à Pato Branco, une petite ville, à l'échelle brésilienne, de quatre-vingt mille habitants à l'ouest, assommée de soleil. Avec cette nouvelle étape, je m'approche de la frontière paraguayenne ainsi que de l'Amazonie, et le climat s'en ressent. Marcos m'accueille avec un délicieux repas et du vin argentin. Il vit ici avec sa seconde épouse et son beau-fils dans une jolie maison. La cinquantaine, il en paraît trente-cinq, il m'explique que sa cure de jouvence, c'est le parachutisme qu'il pratique depuis des années. Recommandé par sa fille chérie, je suis considéré comme un invité de marque. Il empiète sur son boulot pour me balader, me présente à la moitié de la ville dont Luana, la cousine de Carol avec laquelle je teste la night life de Pato Branco, qui se limite à deux bars et une crêperie où le soi-disant serveur français n'en parle pas un mot. J'aurais aimé rester un peu plus, mais ne voulant pas trop abuser de la générosité de mon hôte qui a du travail, je reprends la route après deux jours. Juste avant de partir à la gare des bus, la femme de ménage me serre dans ses bras puis, alors que je lui tourne le dos, elle me lance mon premier « *Vai com Deus* ».

C'est donc accompagné de Dieu que je m'apprête à quitter le pays. J'arrive à Foz do Iguaçu, ma toute dernière étape au Brésil, et ma première concession au tourisme de masse (honte sur moi, je n'étais même pas allé voir le Christ de Rio). Même si je déteste aller dans les endroits trop fréquentés, je ne peux pas faire l'impasse sur les chutes d'Iguaçu, merveille naturelle mondialement connue.

Mon couchsurfeur ici s'appelle Luiz, et il m'a réservé une surprise pour mon arrivée, puisqu'il m'emmène directement à la home game* de son père. Je débarque au milieu de quinquagénaires qui n'ont aucune idée de ce à quoi ils jouent, mais qui au moins le font en passant du bon temps. Les discussions business et le whisky coulent tranquillement. Luiz n'y semble pas particulièrement à son aise. Il est là pour me faire plaisir, mais ce genre de soirée est à des kilomètres de son mode de vie, lui qui pratique quotidiennement le yoga, la méditation et qui a arrêté son boulot d'ingénieur pour un voyage initiatique en Inde il y a quelques années.

Après la partie, il me conduit chez lui, dans une maison qui est à l'image de sa vie : simple et dépouillée. Je dors sur un matelas posé à même le carrelage dans une pièce vide, et cela me convient parfaitement. L'endroit est apaisant. Juste ce qu'il me faut. J'arrive à la fin de mon premier mois de voyage, de mon premier pays, et après la frénésie de ces dernières semaines, cela me fait du bien de me poser un peu avec une personne plus tranquille.

Nous passons les quelques jours qui suivent à jouer aux échecs, à lire, rencontrer sa famille, manger sainement, et avoir des discussions intéressantes sur le sens de mon voyage et la direction que je veux lui donner. Des discussions que je n'avais jamais pensé à avoir, tout occupé à dérouler le plan établi en France avant mon départ. Je ne le saurai que beaucoup plus tard, mais mon étape chez Luiz constitue sans doute l'un des pivots de mon début de voyage. Un moment de décantation d'où émergent des envies qui n'attendaient qu'un peu de repos pour faire leur apparition…

L'une d'elles concerne la moto. Que ce soit à mes sessions de poker à Iguaçu, où je rencontre Michel, un trafiquant d'instruments de musique qu'il fait passer en douce du Paraguay au Brésil (ça ne s'invente pas), ou à la maison avec Luiz, il semble que, soudainement, tout le monde me parle de moto. Luiz et Michel qui ont beaucoup voyagé dans leur vingtaine me racontent leurs aventures passées, et celles à venir. Mon hôte prévoit notamment pour l'année d'après un énorme trip du Brésil aux États-Unis en Harley avec son père. Ses yeux brillent à l'idée de tous les kilomètres qui l'attendent, des paysages immenses, du vent dans la face, et je dois avouer que son enthousiasme est contagieux. Je ne l'avais pas envisagé jusqu'à maintenant, mais voyager à moto me semble tout à coup particulièrement excitant. D'ailleurs, je me rends compte que l'idée n'est pas si nouvelle dans ma vie. L'été de mes vingt et un ans, après avoir vécu deux mois en Sicile pour un stage d'architecture pendant les grandes vacances, j'avais réfléchi sérieusement à faire un road trip à Vespa pour rentrer à Strasbourg où j'étudiais. J'avais potassé les prix, avait même essayé un scooter dans le village où j'habitais, mais au final, par manque de temps et d'argent, j'avais fait ce mois de voyage en train et en stop. Et même si l'aventure avait été géniale, j'avais toujours gardé un petit regret de ne pas l'avoir vécue à deux-roues… Au cours de ces quelques jours à Foz do Iguaçu, je réalise que ma situation n'a plus rien à voir avec celle de mes années étudiantes. Non seulement j'ai désormais beaucoup plus de temps, mais surtout un peu plus d'argent…

À l'issue de mon premier mois de voyage, mon bilan pokéristique est excellent. J'aurais été content d'être simplement breakeven*, mais la chance m'ayant souri, et le niveau à table étant singulièrement plus faible qu'en France, il se trouve que cela fait trois semaines que je vis sans me priver, et sans être allé une seule fois au distributeur. Mieux, mon voyage a désormais été remboursé jusqu'au billet d'avion et, à l'issue de mes deux dernières superbes sessions à Foz, je me retrouve avec un magot de près de 2 000 dollars en petites coupures dans mon sac à dos. Inespéré !

Avoir tant d'argent sur moi est à la fois plaisant, mais un peu inquiétant également à l'approche du Paraguay qui n'est pas le pays qui a la meilleure réputation niveau sécurité. Mais comme la vie est bien faite, il se trouve que ce même pays a aussi la réputation de tout vendre à des prix imbattables…

Je fais mes adieux à Luiz et prends le bus qui traverse l'immense fleuve Paraná. De l'autre côté du pont, c'est Ciudad del Este, et le Paraguay. J'y rencontre Richard qui sera mon premier hôte ici, et à peine avons-nous quitté la gare routière et fait les présentations d'usage que je lui pose la question qui me trotte dans la tête depuis quelques jours :

— Combien ça coûte ici, une moto ?

Paraguay

– 3. Ailleurs

Pendant tout mon séjour au Brésil, lorsque j'annonçais dans mes discussions que j'allais me rendre ensuite au Paraguay, les gens me regardaient, surpris, et me demandaient ce que j'allais bien pouvoir faire là-bas. Pour eux, le Paraguay est une sorte de supermarché géant dans lequel ils se fournissent en voitures et en électronique. L'idée de s'y rendre pour autre chose que des achats leur paraissait absurde, voire dangereuse. Petit pays pauvre, enclavé au milieu de l'Amérique du Sud, méprisé par ses grands voisins, et ignoré des touristes. J'ai toujours eu de l'affection pour les canards boiteux, et un esprit de contradiction un peu trop développé. En arrivant à la frontière paraguayenne, j'étais déjà certain que j'allais aimer ce pays. Le choc n'en a été que plus brutal.

Ciudad del Este est située juste en face de Foz do Iguaçu. Ce n'est qu'un fleuve qui sépare les deux pays, et pourtant, de l'autre côté du pont, ce n'est pas juste un nouveau pays, c'est un autre monde… On entre dans la ville directement par l'avenue principale, qui est une sorte d'immense marché à ciel ouvert, envahi de milliers de tonnelles vendant toutes sortes de babioles, des ouvre-boîtes aux casques de moto, en passant par les téléphones « d'occasion ». Sur les côtés, dans les bâtiments en dur, il n'y a pas une seule habitation. Juste des commerces, partout. C'est bien la ville supermarché qu'on m'avait annoncée, mais version *Mad Max*. Tout est sale, bordélique, fait de bric et de broc. Les bâtiments, quand ils ne sont pas des squelettes de béton laissés à l'abandon, sont couverts de panneaux publicitaires. Le réseau électrique est presque à nu, et l'on se demande s'il ne va pas s'enflammer à la prochaine averse.

Dans tous les sens, ça grouille. Des gens, des voitures, des motos, des chiens errants. Les rares trottoirs qui ne sont pas occupés par des commerces sont remplis d'ordures, et un nuage de poussière et de pollution flotte dans la ville, s'accroche aux vêtements et à la peau. Je ne m'attendais pas à cela. Pas non plus à la misère soudaine, surtout après avoir quitté l'une des régions les plus riches du Brésil. De la vitre du bus, je vois une prostituée, le pantalon sur les genoux, en train de se laver en pleine rue. Sur le bas-côté d'une route, un alignement de tentes misérables, et des enfants presque nus assis par terre pendant que leurs parents font la cuisine à côté des poubelles. Je suis ailleurs…

J'arrive à la gare routière et Richard, mon couchsurfeur, vient me chercher. Nous nous faisons accoster par un enfant qui nous mendie 500 guaranis. Ici la monnaie est très faible, et 1 euro vaut 5 500 guaranis. Richard choisit d'en plaisanter.

— Au Paraguay, on n'a pas grand-chose, mais au moins on est tous millionnaires.

Nous arrivons chez lui. Il vit dans une maison au plan traditionnel, un peu en dehors du centre. Elle est organisée autour d'un grand espace, haut de toiture, qui fait office de cuisine, de salle à manger, de salon et où se trouve la télé qui regroupe toute la famille le soir venu. À gauche, les espaces techniques : une petite *tienda* (épicerie) que tient sa mère, le lavoir et les litières des chatons qui font le bonheur de ses petites sœurs. À droite, les chambres, dont celle de Richard où je dormirai sur un matelas à côté de son lit.

Il me présente à ses parents et ses six frères et sœurs, puis me propose un *terere*, la boisson traditionnelle paraguayenne, une sorte de thé amer aux herbes. C'est très semblable à son cousin argentin, le maté, mais froid. On le boit dans une sorte de petit verre bombé en bois, avec une paille métallique, la *bombilla*. Tout Paraguayen digne de ce nom doit pouvoir boire un *terere* à n'importe quel moment. En ville, on les voit tous se balader avec leur Thermos accrochée à la ceinture, ou rangée dans un sac à dos. Je ne suis pas un grand fan du goût, mais la chaleur est telle ici qu'une boisson rafraîchissante n'est pas de trop.

Le *terere* a la même fonction sociale que le café en France, c'est un prétexte pour se regrouper entre amis et discuter. On le boit chacun à son tour, avec la même paille, en se faisant passer le verre, en reversant de temps en temps de l'eau quand elle se termine ou en changeant les herbes quand elles perdent de leur saveur. Nous parlons une heure en sirotant, je sens la conversation s'effriter au fur et à mesure, et au bout d'un moment, plus rien. Silence un peu gênant entre Richard et moi.

Autour de nous, la famille vaque à ses occupations sans vraiment s'occuper de moi. Sont-ils juste timides, ou est-ce une discrétion inscrite dans la culture paraguayenne ? Nous allons faire un tour en ville, mangeons, et au retour à 21 heures, tout le monde dort. Richard constate ma surprise, mais m'explique que la nuit, à Ciudad del Este, on ne sort pas. C'est trop dangereux. Faute de mieux, je vais moi aussi me coucher, pensif, après cette étrange première journée.

Le lendemain, Richard qui est infirmier part bosser à l'hôpital, et je décide d'en profiter pour retourner au centre-ville. Je traverse à pied le pont que j'ai pris la veille en bus jusqu'à la frontière brésilienne où j'avais oublié de faire tamponner mon passeport. Pour cause, personne ne me l'a réclamé, ce n'est pas obligatoire, mais étant donné que je vais continuer en Argentine, je dois garder une trace de mon entrée dans le pays. Je m'attendais à trouver des frontières ultracontrôlées en Amérique du Sud, mais c'est à peine s'ils regardent qui traverse. À mon arrivée, pendant la demi-heure de mes formalités administratives, je vois des centaines d'hommes et de femmes passer avec d'énormes sacs de toile sur le dos, transportant on ne sait quelle marchandise d'un pays à l'autre. Je pensais que l'Europe était la seule zone du monde où l'on pouvait passer ainsi des frontières sans contrôle, mais Ciudad del Este fait partie des rares zones de libre-échange qui s'en inspirent. C'est probablement la raison à la fois du succès de cette ville qui est aujourd'hui la deuxième du pays, alors qu'elle n'existait pas il y a cinquante ans, et de sa réputation sulfureuse, car elle draine tous les trafics, jusqu'aux plus sales et illégaux. Des armes, de la drogue, du sexe, des faux papiers… À Ciudad del Este, on trouve, paraît-il, tout ce que l'on veut, à condition d'y mettre le prix.

Pour ma part, je suis un petit joueur, puisque je ne suis qu'à la recherche d'un dictionnaire. En changeant de pays, j'ai aussi changé de langue et je dois désormais me remettre à l'espagnol. Avant de partir, j'avais un niveau correct dans cette langue, hérité de quelques années d'études distraites à l'école, mais pendant un peu plus d'un mois au Brésil, j'ai constaté avec appréhension sa dégradation de manière presque symétrique à l'apprentissage de mon portugais. Les deux langues sont extrêmement proches, tant dans la construction que dans le vocabulaire et, depuis quelques semaines, je commence à tout mélanger, sans même m'en rendre compte. Vu que mon niveau dans la langue de Cervantès n'est déjà pas fameux à la base, et que mon accent évoque plus Valenciennes que Valencia, il est temps de se mettre à bosser sérieusement, puisque je risque de devoir la parler pendant les prochains mois. Je pars en quête d'une librairie.

Le centre de Ciudad del Este a des horaires un peu particuliers. Du fait de sa dangerosité, il est totalement décalé. Il se réveille vers 4 heures du matin, quand ouvrent les supermarchés, et se couche tôt dans la journée, avant que la nuit ne tombe. Sauf qu'à ce moment, je ne suis pas encore au courant de ce mode de fonctionnement. Il est 16 heures, le soleil est certes déjà bas dans le ciel, mais c'est le milieu de l'après-midi, et je ne comprends pas pourquoi quasiment tous les commerces ont tiré leur rideau. Devant la plupart des bâtiments, un gardien avec un fusil à pompe. Nerveux, je m'approche de l'un d'eux pour demander mon chemin. Il me regarde quelques secondes dans les yeux, et sans même prendre la peine de parler secoue la tête de gauche à droite.

J'ai quitté l'avenue principale. Autour de moi, alors que la lumière décline, les gens marchent vite, ne croisent pas mon regard, ne rient pas. Ils rentrent tous chez eux. Je me sens mal à l'aise, sans arriver à dire exactement pourquoi, jusqu'à ce que je réalise ce fait troublant : les rues sont à la fois pleines de monde et totalement silencieuses. Je déteste cette ambiance pesante. J'avais déjà traîné dans des coins vraiment misérables au cours de précédents voyages, mais c'est la première fois de ma vie de baroudeur que je ressens à ce point la tension dans la rue. Je suis un peu flippé, et quand je finis enfin par trouver mon dictionnaire, je prends le premier bus pour quitter cet endroit sinistre aussi vite que possible…

Le retour à la maison fait plaisir. Je pars faire des courses avec Richard, et nous mangeons avec sa famille qui m'adopte petit à petit. Je commence à apprécier leur hospitalité humble et discrète. Le fait qu'ils ne changent pas leurs habitudes pour moi, les sourires, le côté presque naturel de ma présence ici. C'est peut-être le syndrome de la famille nombreuse, qui fait qu'un de plus ou de moins ne change pas grand-chose. D'ailleurs, deux des sœurs de Richard sont les enfants d'une autre mère qui les leur a confiés pour les élever dans de meilleures conditions. Autour de notre *vorévoré* (boulettes de farine frites avec du poulet), nous discutons de la journée du lendemain, et du grand investissement que je me suis enfin décidé à faire.

« Tu vas t'acheter une moto ! » ne cesse de répéter Richard dans la rue. Il le dit en riant, avec le ton de celui qui s'exclame « mais il va le faire ce con ! ». Depuis mon arrivée, je ne cessais de lui en parler, mais il a dû penser que je plaisantais. Il faut dire qu'il avait de quoi. Je ne suis jamais monté sur une moto. Je n'ai jamais ne serait-ce que touché une moto. Ma seule expérience des deux-roues se limite au scooter d'occasion que je conduisais pour aller au boulot, et dont la vitesse de pointe avoisinait les quarante à l'heure. Mais j'ai confiance. Après mes discussions avec Luiz et Michel, je sais que ce qui m'attend s'annonce épique. Et puis ici, dans les rues, il y a encore plus de motos que de voitures, et mon envie s'est encore accentuée. Je me vois déjà les cheveux au vent dans la pampa argentine tel le Che. L'image est incroyablement excitante.

J'ai l'intention d'aller visiter quelques concessionnaires avec lui, comparer les prix, marchander, mais le premier vendeur que je rencontre, Mario, sait trouver les arguments pour me convaincre : il me promet d'aller régler tous les papiers avec moi à la mairie, de récupérer la plaque d'immatriculation en mon absence, me fait un rabais, bref, me facilite la vie. Je vais voir pour la forme quelques autres boutiques, mais je sais déjà que je vais revenir. 4 469 000 guaranis, soit environ 1 100 dollars plus tard, je suis l'heureux détenteur d'une Leopard Yes 150 cc.

Et vu que je ne sais pas la conduire, c'est lui qui me raccompagne à la maison !

Alors que nous roulons, curieux de me connaître, il me demande :

— *¿Para qué estás viajando?* (Pour quoi tu voyages ?)

Il n'a pas utilisé *porque*, « pourquoi », mais bien *para qué*, « pour quoi », sous-entendu « pour quoi faire, pour quelle cause ». J'aime la subtilité. Pour Mario, qui a mon âge, mais n'est jamais sorti du Paraguay, et n'a jamais pris un bus autrement qu'avec un objectif précis, j'imagine que je constitue une sorte de mystère. Je viens d'acheter une moto que je ne sais pas conduire, je ne travaille pas, je ne rends pas visite à de la famille, je n'ai pas l'air en vacances, je ne prêche pas. Dans sa concession, située dans la banlieue d'une des villes les plus repoussantes de l'un des pays les moins visités du monde, il n'a probablement jamais rencontré de baroudeur comme moi. L'idée de voyage comme loisir ou découverte culturelle, telle que nous la concevons en Occident lui est totalement étrangère.

— J'ai juste envie de connaître d'autres pays, et de rencontrer leurs habitants.

Il continue de rouler quelques secondes, pensif.

— Si tu veux, demain quand on aura réglé les papiers, je t'accompagne chez moi pour aller boire un *terere*. Je te présenterai ma femme.

C'est ainsi qu'il vient me chercher de bon matin chez Richard, et nous entamons notre petite balade en allant à la mairie. Je suis un peu nerveux à l'idée de passer mon permis, mais suis vite rassuré. Ici, pas de test théorique et encore moins d'examen de conduite. On me demande juste l'équivalent de 20 euros, ma carte de groupe sanguin (rassurant) et une photo. Une heure plus tard, j'ai entre les mains un permis de conduire valable un an, qui d'après l'employé de mairie fonctionne dans toute l'Amérique du Sud. À Ciudad del Este, tout s'achète…

Il ne me reste plus qu'à apprendre à conduire ! C'est ce que je fais en arrivant chez Mario, qui me familiarise à ma bête dans son jardin. Il vit dans une petite maison en bois toute simple d'un quartier très excentré, aux routes en terre, sans eau courante. Je ne m'attendais pas à cela après l'avoir vu au boulot dans son uniforme pimpant. À l'intérieur de la cabane, c'est sobre, mais accueillant. Il y a juste une chambre et une cuisine. Justement il adore cuisiner, et le fait souvent pour le plus grand plaisir de sa femme qui se voit déchargée d'un rôle qu'on lui attribue traditionnellement sous ces latitudes. Je l'accompagne, découpe les oignons, la viande et les pommes de terre que nous faisons revenir dans une sorte de ragoût. Nous dégustons le tout avec du manioc, cette racine fibreuse qui fait office de pain local.

Puis, pendant la digestion, je fais quelques allers-retours sur le chemin en terre face à sa maison pour me familiariser au fonctionnement de ma machine. Au début en galère, puis petit à petit en commençant à trouver l'équilibre. Bientôt j'arrive à passer la seconde, puis plus ou moins à faire demi-tour. D'ici quelques heures d'entraînement, je serai prêt pour aller jusqu'en Colombie… Pour le reste, on verra bien en arrivant devant l'océan !

À mon retour dans le jardin, je rencontre sa femme et une cousine apparemment très pieuse en train d'étudier la Bible. Elles me récitent quelques versets, et j'ai avec elles ma première discussion religieuse depuis le début du voyage. J'apprends avec horreur qu'en tant que non-croyant je risque de brûler en enfer, mais elles me rassurent en m'annonçant que Dieu leur a probablement donné comme mission de me convertir, ce qui assurerait ma rédemption. Je repense avec un sourire à mon voyage quelques années plus tôt en Égypte où déjà tout le monde essayait de sauver mon âme.

Nous discutons de la France et du Paraguay, et cette fin de séjour à Ciudad del Este me rassure un peu sur le fait qu'il existe des gens bien, même dans les lieux les plus sordides. Je finis par quitter tout ce beau monde, car j'ai prévu d'aller à Encarnación avant la nuit. Je suis encore tout excité d'avoir acheté la moto, mais je dois la laisser dans le garage de Richard, le temps de récupérer la plaque d'immatriculation. Ça me laisse deux semaines pour visiter le sud du Paraguay, et donner une chance à ce pays qui pour l'instant ne m'a pas montré son meilleur visage.

Mon arrivée à Encarnación est de bon augure. Alors que je marche seul, de nuit avec mon sac dans des rues paisibles où les magasins ne sont pas gardés par des hommes en arme et où les gens boivent des verres en terrasse, je relâche enfin la tension accumulée durant ces derniers jours.

– 2. Va-et-vient paraguayen

Les villes sud-américaines, contrairement aux nôtres, sont récentes. Quand elles n'ont pas été construites sur les ruines fumantes des civilisations précolombiennes, elles sont pour la plupart sorties de terre au cours du XVIe siècle, à une époque où l'urbanisme du colon espagnol se voulait rationnel et pratique. Le résultat, c'est que, contrairement à nos vieilles cités européennes qui se sont développées de manière organique, ici elles sont dessinées de manière très géométrique, et il est facile de s'y repérer. Dans le centre, on trouve systématiquement une place carrée vide. Selon les pays, elle s'appelle le parc, la place d'armes ou la place centrale. On y trouve toujours le siège du gouvernement et la cathédrale. De cette place partent quatre rues à angles droits, qui en croisent d'autres ensuite selon une grille formant des carrés qui s'appellent les *cuadras*. La *cuadra* est l'unité de base de la ville. Elle mesure en général cent mètres de côté.

Laura habite à une dizaine de *cuadras* de la gare routière soit plus d'un kilomètre. Il est 22 heures, j'ai toutes mes affaires avec moi et malgré la distance, Encarnación a l'air tellement paisible que je décide d'y aller à pied. Sur le chemin, j'entends une fille rire dans la rue, et réalise que c'est la première fois que ça arrive depuis le Brésil. Soulagement… À mon arrivée, Laura m'ouvre la porte de son immense loft. Elle a à peu près mon âge, est architecte comme moi, et au bout de dix minutes nous sommes déjà de vieux amis. Elle me raconte sa vie ici, l'énorme masse de travail qui l'occupe sans arrêt, les difficultés à faire son métier dans un pays où l'ingénieur est roi et où l'argent fait loi. Pour preuve, elle m'explique comment le centre historique d'Encarnación a été complètement rasé il y a quelques années pour créer une plage et un quartier touristique, et ce sans la moindre consultation populaire. Pire encore, les populations pauvres ont été déplacées dans une cité au nord, la plage a été creusée, le reste de l'argent a été ouvertement détourné et les bâtiments jamais construits. Elle me parle des pots-de-vin, de l'impunité des dirigeants qui se sont construit de magnifiques villas au vu et au su de tout le monde. Une réalité horrible et verrouillée. Son désespoir me touche profondément.

Le plus insupportable dans les pays en voie de développement, comme on les appelle pudiquement, ce n'est pas tant la misère, mais l'absence totale de perspectives d'avenir de la jeunesse. Des jeunes pleins de rêves et de projets, qui ne demandent qu'à s'épanouir, mais se heurtent à la médiocrité de leurs dirigeants, et surtout à ce système profondément vérolé qui avale tels des sables mouvants ceux qui essaient de se débattre. Je me rappelle avoir eu exactement les mêmes discussions avec la jeunesse éduquée égyptienne. Je me souviens de cette même frustration qui les ulcérait, juste un an avant le printemps arabe.

Nous passons une partie de la nuit à parler, et je me sens coupable de la monopoliser alors qu'elle m'avait dit qu'elle devait rendre un projet. Les deux jours suivants, je la laisse travailler et pars seul en ville. Décidément le Paraguay diffère radicalement du Brésil, car même dans cette ville tranquille je peine à engager des contacts avec les habitants. Les gens sont sympas et serviables, mais je ne parviens pas à tenir quelqu'un plus de dix minutes. Je m'assieds sur un banc public, attendant qu'on vienne me parler, mais rien ne se passe. Au Brésil, j'aurais déjà été invité à boire un coup depuis longtemps. Les Paraguayens doivent être un peu timides...

M'ennuyant à force de marcher tout seul dans la rue, je décide de profiter du fait que l'Argentine est juste de l'autre côté du fleuve Paraná pour y chercher un couchsurfeur et y faire un saut. Je prends le bus et arrive de nuit à Posadas, sans un peso sur moi. Cette fois-ci mon impréparation me coûte cher, car il n'y a pas une seule boutique de change ouverte, et que le bus pour arriver chez mon hôte n'accepte pas de guaranis. Personne autour du terminal ne veut me changer mon argent, et je suis condamné à côtoyer le pire ennemi du voyageur : le taxi. Pourtant, avec ce jeune gars, tout avait plutôt bien commencé. Un mec sympa, de mon âge, qui me raconte sa vie de jeune pro de tennis en Europe avant sa blessure. Sauf que le bougre n'a aucune idée d'où se situe la maison de ma couchsurfeuse et se perd rapidement dans un quartier bizarre. Bien sûr, le compteur est éteint, et il trouve toutes les excuses pour ne pas appeler sa centrale vu qu'il est visiblement en train de faire sa course au black. Après une heure d'errements et d'énervement, nous arrivons enfin à destination. J'arrive à diviser par deux le prix exorbitant qu'il me demande, mais me déleste tout de même de 150 000 guaranis (25 euros), une somme considérable ici. Un aller-retour Ciudad del Este-Encarnación… Je hais les taxis.

Heureusement que Flor, ma couchsurfeuse est là pour me calmer. Cette *Porteña* (habitante de Buenos Aires) expatriée, étudiante en agronomie, hippie revendiquée, vit dans une ambiance *peace & love* à la sortie de la ville. De la musique et des gens sympas passent en permanence à la maison. Je rencontre plus particulièrement un Colombien, nomade depuis plusieurs années, un touche-à-tout, artisan, constructeur, baroudeur. Il nous conte ses voyages, et ses années de prof en Colombie profonde, où il a rencontré les FARC. Autour de notre *guiso* (poulet dans sa sauce aux légumes), il nous parle de son pays avec amour et lucidité, et j'ai déjà hâte d'y être. Je ne sais pas encore qu'il me faudra patienter plus d'un an pour y arriver.

En attendant, je visite Posadas le dimanche après-midi et me retrouve devant une ville complètement morte. Tout est fermé, pas un chien dans la rue, il fait froid et il n'y a même pas un café ouvert pour pouvoir se réchauffer les mains et parler à un retraité. J'erre dans les rues, solitaire, à la recherche d'un peu de contact humain, mais je me fais chier comme un rat mort.

Pourtant j'adore voyager seul. Au cours de mes diverses pérégrinations, j'ai un peu tout essayé : seul, à deux, à quatre, même à cinquante avec ma promo à l'époque de mes études, et la solitude est toujours ce qui m'a le mieux convenu. Non pas que je sois anti-social… bon, peut-être un peu, je l'avoue. Je ne me sens bien que dans la discussion en tête à tête ou, au pire, à trois. D'ailleurs je m'approprie souvent Brassens quand il chante : « Sitôt que l'on est plus de quatre, l'on est une bande de cons ». Au-delà de ce chiffre se développent des interactions qui dans le meilleur des cas m'ennuient. Les apparences, les mondanités, les normes, et surtout l'inertie. Seul, tout va très vite, il suffit de prendre une décision et l'on est déjà parti. En groupe, il faut mettre tout le monde d'accord, ménager les sensibilités, faire des compromis. Les choses évidentes et naturelles comme manger, ou prendre un bus prennent tout de suite de la lourdeur dès qu'il y a trop de monde. Même à deux, il est rare de trouver un partenaire parfait pour être d'accord sur tout.

L'autre problème d'avoir un ou plusieurs partenaires est que cela limite énormément l'immersion. Lorsque comme moi l'on voyage pour s'imprégner de la culture des pays traversés et rencontrer des locaux, être seul est très souvent le choix le plus pertinent. La simple présence d'un compagnon change complètement la physionomie d'un voyage. Elle nous permet d'éviter d'avoir à parler espagnol tout le temps. Elle nous empêche de ressentir l'inconfortable sensation de solitude qui nous pousse vers l'autre. Surtout, elle nous fait rater des opportunités : les gens sont polis, et n'osent presque jamais aborder quelqu'un qui est accompagné, par peur de déranger. En revanche, à une terrasse, dans un bus, dans la rue, à une table de poker, à regarder le monde qui m'entoure et croiser des regards, j'ai beaucoup plus de chance de me faire aborder si je suis seul.

En réalité, cela peut paraître contre-intuitif, mais je voyage seul pour ne jamais être seul, et ça marche. Sauf depuis que je suis arrivé dans cette région. Pour la première fois depuis mes premiers jours à Rio, en dehors de mes couchsurfeurs qui sont tous occupés, je n'arrive à nouer aucun contact. À Encarnación et Posadas, c'est l'ennui profond. C'est le signe qu'il est temps de reprendre la route.

Après un trajet de quelques heures en bus, j'arrive de nuit et sous la pluie à la gare routière d'Asunción, la capitale du pays. Mon arrivée est des plus remarquées. En sortant du bus, je glisse dans une flaque d'essence et m'étale par terre devant une bonne centaine de personnes. Après avoir ramassé mon sac et ce qui me reste de dignité, je dois toutefois prendre un second bus pour Lambare, dans la banlieue de la ville. C'est très gênant. Je suis crevé, je pue l'essence, j'ai les pieds trempés, et j'ai tout le côté gauche luisant de carburant. Tout le monde regarde avec étonnement cet étranger qui ressemble à un clochard.

C'est dans cet état lamentable que me retrouve Jorge, mon nouveau couchsurfeur pour les trois prochains jours. Je vois un peu de surprise sur son visage dans les premières secondes. Il s'attendait probablement à recevoir un Français distingué, et se retrouve face à « ça ». Heureusement, lui et sa famille ont le sens de l'accueil, et me remettent vite sur pied. Durant mes premiers jours dans la capitale, j'apprécie le confort d'être dans une famille d'accueil, traité comme le troisième membre de la fratrie. Un troisième frère un peu différent, certes, puisqu'ils mesurent tous deux mètres et que je me fais des torticolis à leur parler.

Jorge a un profil original puisqu'il est à la fois étudiant en philosophie et steward. Il parle français depuis un séjour de deux ans dans le Nord pour ses études. Nous sortons ensemble et rencontrons chaque jour un petit noyau de couchsurfeurs très soudés composé d'expatriés, de voyageurs et de locaux. Parmi eux, je suis présenté à Marcella, étudiante en architecture et en gastronomie, qui doit m'accueillir pour la suite de mon séjour. Je la rencontre un soir dans un bar du centre, nous nous entendons bien, et rentrons ensemble. Je débarque chez elle avec mon sac, de nuit. Elle me met dans une jolie chambre, avec salle de bains, et je me rends bien compte en arrivant que la maison a l'air pas mal, mais ce n'est que le lendemain matin, au réveil, que je constate que je suis dans un palais. Très probablement l'hébergement le plus luxueux où il m'ait été donné de couchsurfer, avec grand jardin, *asador* (espace dédié au barbecue), piscine, tableaux aux murs et cuisinière. J'ai l'impression d'être Ryan débarquant chez les Cohen dans *Newport Beach* (promis la prochaine référence, ça sera du Voltaire) et ce n'est pas désagréable du tout ! Durant le repas, je rencontre ses parents qui me convainquent de leur préparer au dîner un plat français, moi, le mec qui faisait toujours la vaisselle en coloc. Et à ma grande surprise, je réussis une quiche lorraine. Je ne sais pas si c'est la nourriture, le vin, ou la musique de Brel, toujours est-il que cette soirée me fait un bien fou. Enfin détendu après les derniers jours compliqués, je leur raconte mon aventure, le poker, et ça me redonne envie d'y retourner.

Le lendemain, je suis en route pour ma première soirée de grind* depuis le Brésil. J'aurais pu y aller avant à Ciudad del Este où j'avais repéré des adresses, mais au milieu de toute cette misère, je n'avais pas eu le cœur à jouer de l'argent. Le fait de fréquenter une population plus aisée depuis quelques jours a sans doute atténué ma culpabilité.

Le casino d'Asunción est le premier que je fréquente depuis la France, et il est beaucoup plus grand que les clubs brésiliens. En réalité, il est immense. À l'intérieur, l'ambiance se veut festive et élégante. La faible lumière tamisée, par endroits intensifiée par le clignotement des jeux, donne à l'endroit un cachet inhabituel. Pourtant, malgré les apparences, le résultat reste le même. Tous ces gens assis face à leur machine, immobiles… Une pièce, un bouton, une pièce, un bouton. Il se dégage de ces endroits si fastueux une misère humaine qui me met mal à l'aise. À chaque fois que je rentre dans l'un d'eux, je me dirige directement vers les tables de poker, pour éviter d'avoir à croiser les âmes perdues qui hantent ces lieux.

Ce soir-là pourtant, ma table ne diffère guère du reste du casino et rassemble tout ce que l'on peut trouver de cliché pour une partie sud-américaine. Un fils à papa a l'air de s'ennuyer profondément. Il a les cheveux longs et lisses, le visage poupin, des sapes de luxe et tire sur sa clope light à chaque fois qu'il a un bon jeu. Un quinquagénaire est entouré de deux prostituées de vingt-cinq et quarante ans. Il sent l'argent sale à des kilomètres, mise sans compter, parle et rit beaucoup trop fort avec ses filles. Deux, trois vieux Paraguayens sont là pour acheter le temps qui passe. Le seul joueur correct est un Asiatique, qui visiblement gagne sa croûte ici. Le reste ne fait que passer.

Ici on joue en guaranis et, vu le taux de change, je me retrouve avec la drôle de sensation de jouer une énorme partie quand je fais des mises à 200 000. Hormis cette petite émotion, la soirée est des plus sinistres. À table, personne ne parle, à part le maquereau qui apostrophe tout ce qui a des seins. Personne ne s'amuse, pire, ils ont l'air de s'ennuyer ferme. Ça ne m'était pas arrivé au Brésil où les gens étaient de vrais passionnés de poker, s'intéressaient au jeu, à moi, riaient. Malgré le niveau effroyable (le pire de tous les endroits où j'ai pu jouer), je décide d'encaisser mon petit bénéfice et de partir au bout de deux heures. Décidément le Paraguay ne me donne aucune envie de tâter les cartes.

Le reste de la semaine se déroule beaucoup mieux, entre bonnes bouffes, balades et fêtes. Je retrouve un peu l'esprit de Rio et cette même ambiance insouciante. Dans un bar, je rencontre Lauri, une couchsurfeuse de vingt-huit ans, illustratrice et comédienne. Elle est belle, elle est drôle, elle est sexy, elle est rock'n roll, et elle adore voyager. La fille parfaite. Avec elle et toute la bande, nous buvons nos verres en rigolant, et je suis presque surpris ce soir-là de voir que parmi tous les mecs qui sont là, c'est vers moi qu'elle se tourne le plus souvent, c'est moi dont elle touche innocemment l'épaule ou la main, en parlant d'autre chose. C'est avec moi qu'elle… non… qu'elle flirte ?

On se revoit plusieurs fois, on part se balader au parc, boire des cafés et on s'apprécie. Quelque chose d'un peu plus fort que d'habitude. Malgré les signaux qui sont tous verts, je ne tente rien, évidemment, fidèle à ma grande tradition de romantique absurdement timide, mais quand elle me propose de rester un peu plus longtemps à Asunción, moi, le vieux loup de mer qui ne change jamais ses plans pour une fille, j'accepte. Je décide de ne lever l'ancre que deux jours plus tard juste pour la voir encore un peu.

Je ne peux pas rester beaucoup plus longtemps. Cela fait deux semaines que j'ai acheté la moto, la plaque d'immatriculation devrait désormais être prête. Je prends le bus un mercredi matin pour rentrer à Ciudad del Este. Richard m'accueille une nouvelle fois, et les retrouvailles avec sa famille sont joyeuses. Je profite de son temps de travail pour m'entraîner, seul cette fois-ci, au maniement de la moto. Le lendemain de mon arrivée, je revois Mario, le vendeur, pour régler des détails avant de récupérer ma plaque. Nous passons la matinée ensemble dans le centre, et je constate avec surprise que l'ambiance est très différente de ma première fois au coucher du soleil. Certes, la ville est toujours aussi laide, mais la multitude de touristes qui achètent et de gens qui travaillent apporte la vie qui faisait défaut à ses rues lors de ma première visite. Mario m'aide à acheter le nécessaire pour la moto, et au moment de se séparer m'annonce qu'il a graissé la patte du *gestor*, l'homme qui s'occupe des papiers de la moto, afin d'accélérer la procédure. Il me demande de lui rembourser les frais avancés. Flairant une arnaque, je refuse de lui payer quelque chose que je n'ai pas encore reçu. Il insiste lourdement, je reste sur ma position, en lui promettant de lui donner l'argent le lendemain, jour où il est supposé me donner ma plaque. À ces mots, il s'énerve, et me quitte sans même me saluer.

Ce moment signe la dégradation de nos relations, et certainement la raison pour laquelle tout va devenir si compliqué par la suite. Après si peu de temps en Amérique du Sud, je pense encore comme un Européen qui croit en la probité du service public. Je n'ai pas encore compris que la seule manière de faire avancer les choses ici est la *mordida*, ce pot-de-vin ultracourant qu'on donne à tout le monde pour se faciliter la vie. Je n'ai pas encore compris que la corruption est un acte culturel sur ce continent, et que contrairement à la France où elle ne concerne généralement que les hautes sphères, elle s'immisce ici dans la vie quotidienne et implique toutes les strates et les professions de la société, des policiers aux profs, en passant par les *gestores* qui délivrent les plaques d'immatriculation…

Quand Mario me plante en plein milieu de la ville, je n'ai aucune idée de l'endroit où je me trouve, je sais juste que je suis très loin de chez Richard, dont je ne connais même pas l'adresse, et que je n'ai aucune carte pour rentrer. Je dois avoir à tout casser cinq heures d'expérience et, jusqu'à présent, je n'ai fait que m'entraîner dans la *cuadra* de sa maison. Bien malgré moi, je me vois passer mon premier baptême du feu à moto alors que je ne suis pas du tout prêt. Mais les conditions sont les mêmes que ce qui m'attend pour la suite, alors au final, ce n'est pas plus mal que je me lance maintenant…

Je démarre et avance dans les rues de Ciudad del Este, titubant. Oui, je sais, ça ne veut rien dire une moto qui titube… Mais franchement, si vous m'aviez vu à ce moment-là, avançant maladroitement en seconde, zigzagant sur le côté de la route, et peinant comme un ivrogne à simplement garder l'équilibre, vous comprendriez.

Je n'ai qu'un seul repère : le stade, près duquel je sais que Richard habite. Je parcours donc la ville à sa recherche, très stressé, me perdant de temps en temps, et m'arrêtant pour demander mon chemin aux piétons. Lorsque je redémarre, encore peu habitué à l'embrayage situé au niveau du pied, la moto toussote, ou cale devant l'œil ironique des passants. À d'autres moments, j'accélère beaucoup trop vite, manque de perdre le contrôle et de me manger une voiture garée près du trottoir.

Cahin-caha, je continue quand même mon chemin, et au bout d'une bonne heure de galère, je repère enfin au loin la grande structure en béton nu du stade. Quelques minutes plus tard j'arrive enfin chez Richard. En un seul morceau. Fier de moi et de ma bécane. Victoire !

Je discute avec mon hôte et son père, et leur dis que je le sens mal. Je soupçonne que la réaction disproportionnée de Mario vient du fait qu'il sait qu'il n'aura jamais ma plaque avant le lendemain, et que, comme pas mal de ses voisins brésiliens, il est incapable de dire la vérité quand elle est déplaisante. J'aurais préféré que mon intuition me trahisse, mais le lendemain, Mario m'appelle et m'annonce sèchement que ma plaque n'est pas prête, que l'administration est lente, et qu'avec le vendredi férié je suis bon pour attendre quatre jours de plus, jusqu'à lundi prochain. J'imagine qu'il le savait depuis le début, mais cette fois-ci il a été honnête. Je n'ai même pas le temps de m'énerver qu'il a raccroché et ne répond plus à mes appels. Situation on ne peut plus énervante... J'étais à Asunción et je suis revenu pour rien à Ciudad del Este. Je ne reviens presque jamais sur mes pas quand je suis en voyage, et je déteste quand c'est inutile. Je viens de perdre une semaine de la manière la plus stupide possible.

Heureusement, Richard en profite pour me sortir et me fait voir du pays. À deux sur la moto, nous allons voir ses potes graffeurs, sortons faire la fête, visitons la triple frontière. Je suis encore en galère sur la route, et nous procure quelques frayeurs, notamment quand je cale en plein milieu d'un carrefour, mais globalement j'accumule de l'expérience et nous survivons. Et vu que j'ai du temps à tuer, je décide d'aller jouer au poker.

Pour la première fois du voyage, je sens le besoin de me faire accompagner. Je dois avouer que je ne suis pas du tout à l'aise pour me balader de nuit dans le centre de la ville la plus dangereuse que j'ai parcourue de ma vie. Le bon point, c'est qu'avec Richard nous sommes à moto. Maintenant que je sais plus ou moins conduire, l'idée d'avoir un véhicule rapide et maniable a quelque chose de rassurant. Je me souviens qu'en rentrant de mes sessions au Brésil en taxi ou, pire parfois en bus, j'étais toujours un peu nerveux de devoir dépendre de quelqu'un d'autre avec ma tête de gringo et mes liasses dans ma poche.

Nous débarquons dans des rues désertes devant le casino America. Une double porte fermée avec des dessins de machines à sous. Un vigile et son fusil à pompe gardent l'entrée. Mais qu'est-ce que je fous là ? Je salue le gardien qui m'ouvre et, tout en m'avançant à l'intérieur, me tiens prêt à filer rapidement si ça tourne au vinaigre. L'intérieur fait un peu pitié à voir. Une sorte de local bas de plafond, une lumière blanchâtre, du mobilier et des machines fatigués, tout ici a l'air d'avoir vingt ans de trop.

— Impossible qu'on joue au poker dans cet endroit, dis-je à Richard.

Pourtant, au fond, derrière les Asiatiques vissés aux machines à sous, on trouve une table au tapis élimé, et une dizaine de mecs assis en train d'y jouer.

Je décide de caver* 200 dollars, histoire de me mettre à hauteur de mes adversaires, puis je m'assieds à la droite d'un Brésilien quadragénaire qui entame immédiatement la discussion. Les joueurs ici ont l'air de prendre beaucoup plus de plaisir que ce que j'avais vu dans la capitale. L'ambiance à table est chaleureuse. Il y a un contraste vraiment frappant entre l'aspect repoussant de l'extérieur et l'ambiance sympathique qui règne ici.

C'est plutôt rassurant et, en pleine confiance, je prends moi aussi du plaisir, en jouant mon meilleur poker, solide et créatif. Tellement créatif, qu'au bout d'une heure de jeu, j'ai une image assez folle pour provoquer de grosses erreurs chez mes adversaires. Je fais notamment craquer un Japonais et encaisse tout son tapis en deux temps. La soirée continue, la discussion est agréable, et il est à peine minuit que j'ai déjà réalisé la meilleure soirée de mon début de voyage. Assis devant 800 dollars, j'ai quadruplé mon stack* initial.

J'enchaîne ma soirée en allant rejoindre Richard et ses amis dans un pub. J'y repère immédiatement une jolie fille en sarouel. Dans ce pays où la mode est très standardisée, ce simple petit détail est explosif. C'est qui, cette nana ? C'est ainsi que je fais la connaissance de Leti, vingt-cinq ans, économiste, passionnée de cinéma français des années 1960 (moi aussi, j'ai été surpris). Le courant passe à merveille. Je l'emmène dehors voir ma moto, la discussion roule à toute allure, et tout va pour le mieux dans le meilleur des mondes (j'avais promis du Voltaire). Le lendemain, elle m'invite à manger, et pendant que je déguste mon sauté de légumes au poulet, je suis tiraillé par le nouveau dilemme qui me ronge, à savoir rester pour elle ce week-end, ou faire un aller-retour à Asunción pour retrouver Lauri et les autres. Dilemme de riche, j'avoue. Elle est loin, la solitude d'Encarnación et de Posadas... Finalement, je décide quand même de rentrer dans la capitale pour retrouver ma bande qui m'a parlé d'une soirée organisée sur le toit d'une copine. Tout en admirant la vue sur la capitale, nous buvons des coups et je leur raconte le poker.

— Quoi ? 4 000 000 de guaranis en une soirée ? *¡Qué hijo de puta!*

Je découvre l'humour vif et cassant de Nati qui ne peut pas s'empêcher de se foutre de ma gueule quand je lui parle des mésaventures de ma plaque. Mais elle est aussi suffisamment sympa pour me faire essayer l'une des spécialités locales les plus courues : la marie-jeanne. Je ne suis personnellement pas un grand amateur de cette drôle de plante. Il m'est bien arrivé d'en essayer occasionnellement en soirée, en France, et pour ne pas mourir bête, j'en ai même testé quelques-unes à São Paulo, mais elles ne m'avaient pas fait rêver. Pourtant Nati, en grande amoureuse de la nature, sait trouver les arguments pour me convaincre de goûter la sienne. Elle la prépare elle-même, sélectionne les meilleures feuilles, me vante sa qualité et sa fraîcheur dues au savoir-faire des agriculteurs locaux. Je prends deux ou trois lattes, juste pour essayer, avant de faire passer, et effectivement je suis agréablement surpris. À vrai dire, c'est un tel délice que nous nous resservons tous et sommes rapidement d'excellente humeur. Je commence à faire des blagues nulles qui font inexplicablement rire tout le monde. Puis je sens la faim monter.

Je ne sais pas pourquoi, mais les bonnes salades m'ouvrent toujours l'appétit. Avec Nati, Diego, et Guillaume, un Français en stage à Asunción, nous descendons nous acheter un *lomito*, l'équivalent local du kebab, un sandwich acheté dans la rue avec de la viande, du jambon, des œufs et de la sauce partout. Guillaume, probablement encore un peu étourdi par la qualité de la flore locale, trébuche sur une pierre qui traîne, peste en français, ce qui fait rire mes amis paraguayens, puis moi par contagion, et c'est ainsi que commence un fou rire absolument interminable. Pendant une demi-heure (et c'est long une demi-heure !) nous ne pouvons plus nous arrêter. Nous rions à en pleurer, presque à en vomir, tandis que notre pauvre compagnon qui boite se console sur son *lomito* dans un gémissement de douleur entrecoupé de hoquets. Quelle plante, mes amis ! Quelle qualité ! La meilleure de ma vie !

Notre éphémère amitié scellée par ce moment magique, je demande à Nati de m'héberger pour la nuit, et partage son petit studio avec elle et Karolina, une autre couchsurfeuse allemande de voyage en Amérique du Sud. Le lendemain nous nous baladons à quatre, avec un Anglais. Je me découvre des affinités avec Nati, photographe de vingt-huit ans, avec laquelle je me marre sans arrêt. C'est beaucoup moins le cas des deux autres qui traînent derrière. Grâce à eux, je découvre une nouvelle espèce de voyageurs : les baroudeurs chiants. Karolina a dix-neuf ans, voyage en Amérique du Sud depuis six mois, tandis que l'Anglais, du genre vingt-huit ans, et dont j'ai tout de suite oublié le nom, pour vous dire à quel point il m'a marqué, fait le tour du monde depuis presque un an. Ces deux-là sont en train d'accomplir le rêve d'une vie, parcourent depuis des mois des pays que la plupart des gens rêveraient de voir, rencontrent chaque jour de nouvelles personnes, et pourtant, ils dégagent une incroyable passivité.

À Karolina, qu'on arrive difficilement à sortir de Facebook, et à qui on demande si elle préfère aller sur les quais ou au centre, elle répond distraitement, comme à son habitude : « *Me da igual* » (peu importe). À l'Anglais à qui l'on demande s'il veut rentrer à l'hôtel ou m'accompagner manger avec Lauri et les copines pour mon dernier dîner dans la capitale, il répond : « *Estoy bien* » (ça va). Ça va ? L'indifférence totale. Ils pourraient être ici ou ailleurs, ça n'a pas grande importance. Ils voyagent à défaut de faire autre chose.

À la fin du repas, je leur fais mes adieux à tous. Demain matin, Mario doit m'annoncer qu'il a ma plaque d'immatriculation. Nous prenons nos photos souvenirs, sauf que le lendemain voilà qu'il m'annonce tranquillement et pour la dixième fois que ma plaque n'est toujours pas prête, que je dois encore attendre encore un jour. Je reste le jour de plus, refais mes adieux aux filles le lendemain, qui cette fois-ci se marrent, ça en devient presque un jeu. Avec l'administration paraguayenne, disent-elles, je risque de rester deux mois à Asunción. Je suis atterré. Même si ça me plairait de les voir encore aussi longtemps, je commence à désespérer, car je n'en peux plus de tourner ainsi en rond. Le problème n'est pas tant l'attente, si on m'avait annoncé même un mois de délai dès le départ, je me serais occupé par exemple en visitant le Chaco, cette étendue déserte qui occupe tout le nord du pays. Le problème, ce sont ces rendez-vous à chaque fois repoussés de deux ou trois jours et qui commencent à me peser sur les nerfs. J'ai beau passer le temps en bonne compagnie, j'ai l'impression d'être complètement bloqué par les annonces toujours avortées.

Le lendemain, quand Mario m'annonce encore une fois que la plaque n'est pas prête, trois semaines après l'achat de la moto, je deviens fou. Je le menace d'appeler l'ambassade de France, la police, de changer de *gestor* (je comprends à ce moment qu'il aurait mieux valu lui donner son argent dès le départ, cela m'aurait évité bien des galères...). Je sens que ça s'agite enfin un peu de l'autre côté de la ligne. En parallèle, mon père qui tente de me donner un coup de main de la France, appelle le *gestor* et tombe tout de suite sur lui. Miracle, je n'ai jamais réussi à le joindre de toute la semaine. La situation semble enfin se débloquer. Et le lendemain, quand Mario m'appelle, je sens sa voix différente, plus chaude.

— Ta plaque est arrivée !

– 1. Pourquoi nous jouons

Mercredi 29 mai 2013, deux mois après le début de mon voyage, je retourne pour la troisième et dernière fois à Ciudad del Este. Drôle d'ironie d'avoir passé tellement de temps dans cette ville qui m'attire si peu. Mario m'attend à la gare de bus, il me tend la plaque, je lui donne le bakchich convenu, et il a l'air encore plus soulagé que moi. Il devait n'en plus pouvoir de ce Français insupportable qui l'appelait tous les jours pour lui poser une question à laquelle il ne pouvait pas répondre. Nous nous quittons ainsi, sur une note un peu amère, alors que nos premiers contacts avaient été si chaleureux. Dommage.

Le père de Richard vient me chercher sur ma moto, avec un grand sourire. Alors que nous parlions à peine ensemble lors de mes premiers jours à la maison, nous nous sommes peu à peu attachés l'un à l'autre. Il faut dire qu'au total je suis bien resté deux semaines cumulées chez lui, et qu'il m'a donné pas mal de coups de main suite à mes péripéties. Nous rentrons à la maison et mangeons en famille. Je passe les deux jours suivants à m'entraîner à conduire. Avec ma plaque, je peux désormais sortir du pays, et je compte bien le faire dans les plus brefs délais. La prochaine étape, c'est l'Argentine, et je dois pour y arriver faire un trajet que je commence à bien connaître à force de l'avoir fait en bus : Ciudad del Este-Asunción, trois cent cinquante kilomètres. C'est une grosse route, et j'ai besoin d'être sûr de mon aptitude à rouler avant de partir. Je me fais quelques virées seul ou avec Richard autour de la ville, des petites randonnées d'une vingtaine de kilomètres. Je maîtrise de mieux en mieux ma bécane, commence à avoir l'intuition du trafic insensé en ville, la confiance monte.

Pour mon dernier soir à Ciudad del Este, j'ai envie de retenter ma chance au poker. J'arrive au casino America où j'avais déjà joué la première fois. L'endroit n'a pas changé, toujours la même lumière blanchâtre, les machines passées d'âge, les serveuses en minijupe au sourire fatigué, et la table de poker au fond, avec ses lumières basses, ses fumées de cigarettes, et exactement les mêmes regs, comme s'ils n'avaient pas bougé depuis la dernière fois. Ils sont agréablement surpris de me revoir. Je leur avais annoncé mon départ et ils pensaient que je ne reviendrais plus, mais les péripéties du voyage en ont décidé autrement. Après quelques minutes d'attente, je m'assieds à leurs côtés. La table est des plus hétéroclites, composée de toutes les nationalités que l'on peut rencontrer à Ciudad del Este.

À ma gauche, je me fais chaleureusement accueillir par l'un des seuls Paraguayens de la table avec lequel j'avais déjà sympathisé. L'Égyptien près de lui, début de la quarantaine, tire la gueule. Je n'arrive pas à dire s'il s'ennuie ou s'il est juste épuisé. J'avais déjà étudié son jeu lors de ma première session et il ne m'inquiète pas trop. Beaucoup moins en tout cas que les deux Asiatiques à ses côtés. Le premier a la trentaine. Il s'installe peu après moi, sans un mot pour personne. Pourtant, visiblement, tout le monde le connaît. Il a l'attitude froide et mesurée des bons joueurs et une indéniable présence à table. Le second a le début de la vingtaine. Sa manière de jouer est celle d'un requin du com et, comme à chaque fois que deux joueurs d'Internet se rencontrent à une table de livetards, une sorte de complicité immédiate s'installe. Bien que nous soyons adversaires, nous sympathisons rapidement. J'apprends qu'il est d'origine chinoise, nous parlons de mon voyage, et il m'avoue qu'il rêve de faire le même. Il m'invite à sortir avec les jeunes regs et les croupières après la partie, j'accepte.

Le reste de la table est plus facile. Un septuagénaire qui se fait appeler docteur. Deux Brésiliens sympas, probablement frères, que j'avais déjà rencontrés et dont je comprends bien la manière de jouer. Une vieille serrure japonaise, et surtout… une Chinoise, la quarantaine, un verre de whisky dans la main, un énorme sourire sur la face. Elle a clairement l'air d'être là pour s'amuser. À son arrivée, elle sort une énorme liasse de plusieurs dizaines de milliers de reals, en tire quelques billets et cave le maximum, 1 000 reals, 400 euros. Elle rentre dans tous les coups, ne se couche jamais, relance parfois sans raison. Sa manière de jouer n'est pas si mauvaise, je reconnais quelques moves plutôt intéressants, mais il est évident qu'elle joue beaucoup trop de mains, de manière trop agressive, et a une tendance calling station* dont je vais pouvoir profiter tôt ou tard.

De mon côté, j'ai cavé 500 et commence à jouer. Mis en confiance par ma dernière soirée, je décide de jouer assez large, et de profiter du fait que j'ai beaucoup de lectures sur mes adversaires. Ça se confirme contre le trentenaire paraguayen. Un joueur relance à 25. Je suis en fin de parole, ouvre 6♠ 5♠ et décide de payer.

Nous sommes quatre à voir le flop :

J♣ 6♥ 2♣ (pot 105).

Check général, la parole m'arrive en dernier, j'ai une paire de 6, je fais face à quatre joueurs. Je suis probablement devant, mais si de nouvelles cartes apparaissent, je risque de voir un joueur améliorer son jeu à mes dépens. De plus, si je mise, je pourrais être payé par des mains que je bats déjà, comme des tirages trèfle, ou quinte. Je dois miser à la fois pour protéger ma main, et gagner de l'argent contre d'autres mains inférieures. C'est ce que je fais : 65. Le trentenaire est le seul à payer. Il a posé ses jetons de manière assez rapide.

Sans s'en rendre compte, il vient de me donner une indication très intéressante, qu'au poker on appelle un tell*. Les tells sont ces gestes involontaires qui révèlent quelque chose sur notre manière de penser. Ils peuvent être de diverses natures. Une manière de se tenir. Une parole qui nous échappe. Un changement d'attitude. Et dans ce cas précis, un temps de réflexion.

Mon adversaire a payé rapidement, sans trop considérer les autres choix, comme si la décision était facile à prendre. En l'ayant observé auparavant, je sais qu'il aurait réfléchi plus longtemps avec une main puissante. Il aurait voulu masquer sa force en mimant l'inconfort, ou probablement considéré l'option de relancer. Je sais également qu'avec une main trop faible, en joueur prudent qu'il est, il serait déjà parti.

Le tell qu'il vient de me donner oriente ma lecture vers des combinaisons moyennes et des tirages. Il peut avoir une main qui a décidé de payer juste une mise, comme une paire de 88, un 6, un valet assez faible ou un tirage quinte. L'autre possibilité, c'est le tirage trèfle, auquel cas il paiera encore une fois.

Nous voyons la turn :

4♦ (pot 235).

J'aime ce 4 de carreau. La beauté de cette carte, c'est que si je mise fort maintenant, je peux lui faire passer des mains qui me battent, comme 77 ou J9 qui auront peur de moi, et être payé par d'autres que je bats, comme 45, A4 de trèfle qui se sont améliorés, ne se voient plus partir, mais sont toujours derrière moi.

Je décide de miser 150, il paie rapidement, m'envoie exactement le même tell et cette fois-ci c'est quasiment sûr, il chasse une couleur ou une quinte.

River* : Q♦ (pot 535).

Aucun tirage n'est entré, si mon analyse est correcte, la dame ne change absolument rien et je suis toujours devant. Je sais qu'il a une main très faible et qu'il ne va jamais payer une mise normale désormais. Moi aussi, je n'ai quasiment rien. Je pourrais juste checker et voir ce qu'il a, mais je décide de faire ce qu'on appelle un suckbet* (on suce l'argent jusqu'au dernier jeton !) et j'envoie 15, la petite mise ridicule, pour le faire payer par curiosité, ou provoquer une bêtise de sa part, comme relancer par exemple... Je le vois qui commence à réfléchir : « 15 ?? Pourquoi 15 ?? — Parce que tu ne vas pas payer plus avec ta hauteur as. — ... » Je le vois un peu troublé, il ne sait pas quoi faire, mais la mise est tellement petite par rapport à la taille du pot qu'il finit par payer, dégoûté. Il montre A♣ 3♣, c'est-à-dire exactement ce que j'avais prévu. Non seulement j'ai pris le maximum avec ma risible paire de 6, mais j'ai montré que j'étais capable de lire comme dans un livre ce pauvre Paraguayen, et de miser beaucoup, même avec des mains moyennes. Patrick Bruel appelle ça « prendre l'ascendant psychologique ». L'avoir avec soi, c'est une excellente nouvelle.

La soirée continue. Je vois le jeune joueur d'Internet se prendre une horreur et se faire déstacker par l'un des Brésiliens. J'ai un peu de peine pour lui, mais d'un point de vue stratégique, c'est une excellente nouvelle pour moi. Dégoûté, il s'en va, le moral en berne, sans aller faire la fête. À table, il ne reste plus que le taciturne Japonais qui m'oppose de la résistance. Avec mon stack qui atteint désormais les 1 250, je prétexte la superstition pour changer de siège, me mettre à sa gauche. Je me mets en position* sur lui, c'est-à-dire que je parle après lui. Cela me donne un avantage stratégique considérable. J'ai repéré quelques leaks* dans son jeu, notamment une tendance à jouer un peu trop large. Plusieurs fois je l'isole, je le grignote, il doit se coucher et il est irrité. Au bout d'un moment, le terrain est prêt. Je le sens sur le point de se rebeller, il va bientôt faire une erreur. Ça ne manque pas. Vers 1 heure du matin, il se lance dans un énorme bluff contre la pire cible possible : la Chinoise. Celle-ci va le payer sans sourciller trois fois avec sa minable paire et notre Japonais s'en va la queue entre les jambes. Au moment de récupérer les jetons, ne pouvant contenir son plaisir, la Chinoise lâche un énorme rire de satisfaction de la plus pure inélégance. Peu importe, je suis plutôt content moi aussi... Nous sommes désormais tous les deux les gros tapis de la table, j'ai la position sur elle et, ayant été très actif, j'attends mon heure avec impatience.

La voilà qui arrive.

En fin de parole, je reçois Q♥ J♥ et relance plusieurs limpeurs à 30, je suis payé par le Brésilien et, quand la parole revient à la Chinoise (stack 1 050, je la couvre), voilà qu'elle décide immédiatement de relancer à 100. Étrange move. Jusqu'à présent, je l'ai toujours vue relancer directement ses bonnes mains, et son limp-reraise*, malgré la taille de la mise, n'est pas un gros signe de force. Avec la grande jouabilité de ma main, nos profondeurs (la grande taille de nos tapis) et nos positions respectives, je décide de payer.

Nous nous retrouvons à 3 sur un flop intéressant : 3♥ 2♥ 7♦ (pot 320).

J'ai un tirage couleur et deux cartes au-dessus. Rien pour l'instant, mais une grande probabilité d'avoir avec les deux prochaines cartes une combinaison puissante. Le Brésilien check (selon ce que j'ai vu de lui, cela signifie qu'il n'a rien), la Chinoise hésite longuement et finit par check, elle aussi. Cela fait quatre heures que nous jouons ensemble, et ce check signifie qu'elle a soit complètement raté son flop (des mains comme KT, AJ, etc.) soit qu'elle piège avec une main énorme (brelan) ou enfin qu'elle a une main moyenne du genre 22/66, 7x, 88, 99). Pas mal de possibilités donc. Mais j'ai moi-même une main potentiellement puissante, et je peux faire coucher une partie des mains meilleures que la mienne.

Je décide de miser 200. Le Brésilien se couche rapidement, la Chinoise hésite un moment, et finit par payer. Je ne suis pas particulièrement content de la voir me suivre, car cela oriente ma lecture vers des mains moyennes comme 66, 7x, etc. Et vu mon image et son profil, je ne suis pas sûr de pouvoir la bluffer.

Je suis encore en train de me demander ce que je vais faire si la turn ne m'aide pas, mais le J♠ qui apparaît m'ôte tout mal de crâne. Encore une fois elle check. Il lui reste environ 750, le pot fait 720, il n'y a désormais quasiment aucun doute sur le fait que je suis devant (sauf si elle m'a piégé, mais dans ce cas...), et malgré l'énorme pot, je décide de faire une mise qui l'engagera à tout mettre quoiqu'il arrive : 550.

La voilà qui se tait, et qui réfléchit longuement pour la première fois de la nuit. Je la vois qui me regarde, cherche l'information. J'ai adopté ma *poker face*, le coude sur la table, la main soulevant mon pull qui cache ma bouche et ma gorge, les yeux baissés sur le tapis. Je ne la regarde pas. Je suis immobile, j'attends.

La table qui était joyeusement bruyante il y a un instant est désormais silencieuse. Durant sa réflexion, tous se taisent, observent respectueusement, essaient de deviner les jeux respectifs. Une vraie tension, puissante, palpable. Elle est si dense qu'on pourrait la toucher. J'aime cette ambiance. Ces moments incroyablement intenses, que je n'ai vécus qu'au poker, et qui font que, malgré la répétitivité des situations, nous y jouons, encore. Et encore.

Deux minutes d'éternité plus tard, la voilà qui pousse tout son tapis. Je paie rapidement, retourne ma main et guette sa réaction.

Elle grimace… Bonne nouvelle… Et montre 88. Je suis bien !

Le pot de 2 220 reals, plus de 800 euros, est énorme, le plus gros depuis le début de mon voyage. Elle n'a qu'une seule carte pour s'en sortir, un 8, qui ne soit pas de cœur. J'ai beau avoir 98 % de chance de gagner, je sens mon cœur qui s'accélère. La croupière laisse durer le suspense et retourne… Un 7 !

Soulagement. L'énorme masse de jetons vient vers moi. La Chinoise recave, mais je resterai désormais loin devant. La soirée continue ainsi, mon rush* incroyable se prolonge, et vers 3 heures du matin, je suis assis devant mon gigantesque tapis de 4 000 reals (1 600 euros). J'ai multiplié ma mise de départ par huit. Je viens de jouer dans l'une des villes les plus dangereuses d'Amérique, et j'en sors riche. Il est temps de s'en aller avant de susciter des jalousies.

Je fais mes adieux à toute la table, qui me salue avec un peu moins d'enthousiasme que lorsque je suis arrivé quelques heures plus tôt. Et pour cause, j'ai rasé la table… Je passe à la caisse, et suis content d'avoir ma moto pour revenir chez Richard en pleine nuit avec une si grande somme sur moi.

Quand j'entre dans la maison, tout le monde dort. Il y a quelque chose de saisissant dans ces ténèbres où l'on entend juste le bruit de quelques respirations. Quelque chose qui tranche avec l'intensité que je viens de vivre. J'aurais aimé célébrer ma victoire, mais à défaut d'avoir un interlocuteur réveillé, je me glisse sous les draps sans un bruit. Il faut que je dorme de toute façon. Que je sois en forme, car demain a lieu ma première grande étape à moto.

Le sommeil est difficile à trouver. Je viens de réaliser la plus grande victoire de mon voyage et, au-delà du voyage, l'une des plus soirées les plus prolifiques de ma vie. La moto a été remboursée en une nuit, et j'ai assez devant moi pour pouvoir vivre au Paraguay pendant plusieurs semaines. C'est le sourire aux lèvres que je finis par sombrer.

Mais à peine endormi, voilà qu'il fait déjà jour, et qu'un vacarme infernal me tire de mes rêves. Ce n'est pas mon réveil qui a sonné, mais le tonnerre qui gronde. Dehors, c'est le déluge.

0. Les cheveux au vent

Merde !

Le tonnerre, les éclairs, des torrents d'eau tombent du ciel… Il faisait tellement beau ces derniers jours que je n'ai même pas pensé à regarder la météo la veille. Impossible de prendre la route dans ces conditions. Je suis condamné à attendre, et c'est une mauvaise nouvelle, car en ce moment il fait nuit à 17 heures, et que j'ai plusieurs heures de route pour rejoindre Nati à Tobati dans le nord d'Asunción. Je décide de profiter d'une accalmie pour me rendre dans le centre, et acheter quelques éléments qui manquent à la moto.

J'adore ma moto. N'y connaissant absolument rien, je l'ai achetée sur des critères purement esthétiques. Elle a un style d'enfer. Le genre qu'on ne voit jamais en France. Petit format (150 cc), elle est trapue, mais élégante, toute noire, et a un petit côté années 1970 qui lui donne un charme fou. C'est la bécane la plus courante ici, celle qu'on croise à tous les carrefours. La Volkswagen du Paraguay, version deux-roues. C'est une bonne nouvelle, car je me fondrai dans la masse et n'attirerai pas les convoitises. L'ennui, c'est que j'ai compris en voyant sourire tous les Paraguayens à qui je l'ai présentée qu'elle n'était vraiment pas faite pour un grand voyage. Il faut dire qu'au prix auquel je l'ai achetée, il ne fallait pas s'attendre à des miracles. C'est une moto chinoise fabriquée au Paraguay. À peu près la pire combinaison possible en termes de qualité. Tout le monde m'a fait comprendre qu'il faut que je m'attende à ce que certaines pièces me lâchent rapidement. J'ai déjà changé les pneus, me suis acheté un câble d'embrayage, une bougie, des tendeurs, et un phare. J'ai même un petit nécessaire avec toutes sortes de clés, au cas où je devrais faire des réparations, mais c'est juste pour la forme. Je ne saurais même pas comment l'utiliser. Je suis probablement le pire bricoleur d'Amérique du Sud.

Le but, ce matin, est de m'acheter une grosse boîte en plastique que je vais fixer à l'arrière pour ranger tout ce matériel. Voyant les égouts refluer, et les énormes flaques qui inondent les rues, je décide de m'ajouter une protection contre la pluie. Trop tard, je reviens à la maison, trempé. Mais entre-temps l'orage s'est éloigné et les gouttes ne tombent plus que par intermittence. Ouf.

J'installe mon sac sur la moto, enfile ma « combinaison », une bâche en plastique qui donne l'impression qu'elle va se déchirer au premier choc, des sachets dans les chaussures pour garder les pieds secs, puis prends mon dernier repas avec Richard et sa famille.

Les adieux se font avec le sourire, simplement, à l'image du reste de mon séjour chez eux. Je retiendrai cette hospitalité tranquille, sans effusion. Le partage de leur quotidien, les dîners en famille, en silence, comme si j'étais leur huitième enfant. Une de mes plus belles expériences de couchsurfeur, dans la ville la plus laide et dangereuse qu'il m'ait été donné de parcourir.

Vers 14 heures, une éclaircie, et j'en profite pour me lancer.

Laborieusement

Au bout de dix minutes, pas même sorti de la ville, je dois m'arrêter. Les tendeurs se sont détendus, et mon sac est tombé. Les pieds dans l'eau, je me rends compte que les sachets dans mes chaussures ne sont pas imperméables.

Au bout d'une demi-heure, dans la campagne qui borde Ciudad del Este, la pluie reprend, ma combinaison est déjà déchirée, et je me rends compte que mon manteau lui non plus n'est pas imperméable.

Au bout d'une heure et demie, trempé, je m'arrête pour faire une pause dans une petite ville à un tiers du chemin. J'ai de l'eau dans mes chaussures, je dois sentir le bouc, mais appuyé sur ma moto, sous le soleil qui pointe enfin, le stress retombe temporairement et j'aime ce moment. J'aime le café qui me réchauffe les mains, le regard curieux du serveur qui me l'a apporté, et des Paraguayens qui me croisent et se demandent ce que je peux foutre au milieu de leur bled. Je sens poindre une sensation nouvelle qu'à ce moment je n'arrive pas encore à définir…

Contrairement à ce qu'on m'avait annoncé, la route est facile et de bonne qualité. Une simple voie, en ligne droite, avec quelques collines de temps en temps, et des villages tous les vingt kilomètres. Pas de grandes difficultés, si ce n'est les camions qu'il faut dépasser parfois, et la concentration permanente qui fatigue. La moto tient le choc. Je craignais un peu qu'elle ne me fasse des caprices pour son premier grand voyage, mais elle assure. Évidemment, elle n'est pas parfaite. Son plus grand problème est l'énorme vibration qui se crée dès que j'accélère un peu. Le moteur est encore en rodage, les pièces frottent beaucoup, et l'on m'a dit que d'ici mille kilomètres, cela devrait s'atténuer. En attendant, il faut s'habituer à rouler avec cette sensation d'inconfort, ou ne pas aller trop vite. Cherchant à baptiser ma moto depuis des semaines, je profite de la route monotone pour y réfléchir. Et en sentant mes pieds et mes mains s'engourdir à cause des palpitations du moteur, je trouve enfin, dans un éclair le nom parfait :

Parkinson.

Ma tremblante moto.

Toi et moi, on va faire le tour du monde !

La nuit commence à tomber quand j'arrive à Caaguazú après deux cent cinquante kilomètres et quatre heures de route. Richard qui a pris le bus jusqu'ici me rejoint sur la place principale. Le plan est de rejoindre Nati et Diego à Tobati, à quelques kilomètres de là. Désormais, la difficulté va être un peu plus relevée : nous sommes deux sur la moto avec nos sacs et, pour rajouter un peu de fun, il fait nuit. Quand j'y pense aujourd'hui, et que je nous revois sur ma bécane à peine rodée, avec nos presque 200 kilos cumulés, l'équilibre instable de nos sacs, moi qui ai appris à conduire la semaine d'avant, fonçant pleins gaz sur une route de campagne criblée de trous, éclairée par la lumière faiblarde de mon phare avant… Je me dis que nous étions vraiment très enthousiastes pour ne pas réaliser notre inconscience. Et que nous avons eu beaucoup de chance.

À l'entrée du village, nous tombons sur Nati et Diego et ralentissons. La route est bloquée par une caravane de motos, voitures, et piétons qui suivent en dansant la fanfare qui les mène au lieu de la fête. Nous nous joignons au cortège et roulons jusqu'à un grand pré en périphérie. Des tentes dans lesquelles mijotent des spécialités locales longent un carré d'herbe d'une vingtaine de mètres de côté entouré d'une palissade.

La foule s'amasse autour, et regarde les concurrents participer aux diverses attractions de la soirée : des courses en sac de patates, un foot avec une balle enflammée, une corrida avec un faux taureau aux cornes embrasées, l'escalade d'un mat imbibé d'huile. Le tout dans des déguisements de fortune, et sous les cris moqueurs du public. Ça ressemble un peu à des célébrations que j'ai pu voir dans la campagne catalane ou sicilienne, complètement païen, ringard, drôle et simple à la fois.

On se marre bien tous les quatre, et ils me proposent d'aller voir une femme qui lit l'avenir dans les cartes. D'humeur curieuse et ironique, j'accepte. C'est la première fois que je vais voir une voyante. Dans la queue, l'une des filles qui attendent nous révèle qu'elle vient la voir chaque année et que certaines de ses prédictions se sont réalisées… Ho ho !

Seule Nati m'accompagne à l'intérieur pour prendre les photos. L'ambiance ici est plus tranquille, la musique atténuée et les bougies donnent au lieu un petit air mystérieux tout à fait approprié. Pour 10 000 guaranis, j'ai le droit de lui poser trois questions.

— Combien de temps va durer mon voyage ? Je retourne trois cartes.

— Je vois un loooong voyage, mon garçon... Oh ouiii, un looong voyageee... Avec beaucoup de rencontres, beaucoup de femmes et d'argent, et beaucoup de chemin à parcourir... Que veux-tu savoir d'autre ?

Bon, OK, merci pour la révélation. Grande faculté de déduction... Je suis un peu frustré là. Je décide de sortir des sentiers battus.

— À quel âge vais-je mourir ?

Nati sursaute, et je tire trois cartes.

— Ohhh très vieux, mon garçon... Tu vas mourir très vieuuux, après tes soixante ans (Cool, moi qui pensais m'écraser à moto).

— Est-ce que tu bois ?

— Pas trop.

— Tu fumes ?

— Non.

— Tu te drogues ?

— Non plus.

— ...

— ...

— Ohhhh, mais je vois, tu vas mourir d'une maladie... Très vieux... Je vois une longue vie pleine de bonheur et de femmes et d'argent... Que veux-tu savoir d'autre ?

— Hmmm, je sais pas, moi.

— Argent, succès, amour ?

— Bah...

— Amour ? Copine ? amour ?

— Bof, vous allez encore me dire des généralités toutes pourries (ah non ça, je l'ai juste pensé en fait).

— Amour ? Amour ? AMOUR ????

Bah, si elle insiste…

— Qui sera ma prochaine copine ?

Trois cartes. Et c'est là que ça devient marrant, parce que enfin elle va prendre des risques…

— Je vois une feeeemmeeee, oh oui une femme, et elle aura un enfant ! Ça sera une femme avec un très fort caractère, et elle aura un enfant, et vous vous aimerez, mais vous vous disputerez sans arrêt !

— Huhuuu…

— Oui, voilà ce que je vois pour toi, mon garçon… Hmm ! et une dernière chose (la voilà qui regarde Nati), tu dois faire un peu moins confiance aux gens, oui, tu fais beaucoup trop confiance aux gens ici…

Nous sortons. Je souris, ça m'a fait marrer. Sauf peut-être la toute dernière phrase… C'est drôle, j'offre facilement ma confiance à l'étranger. C'est très important pour moi. Je pourrais même dire que ça fait partie de ma philosophie de voyageur. Mais le fait qu'elle me le fasse remarquer me laisse perplexe. Je ne vois pas trop comment elle pouvait le savoir. Ce tout dernier point me laisse un peu pensif, et brise un peu l'ironie qui m'accompagnait quand je suis entré.

La soirée continue, se calme peu à peu, les gens s'en vont. Nous faisons une petite session photo avec Nati qui en bonne professionnelle me donne des conseils et vers minuit, nous décidons nous aussi de rentrer à Asunción. J'étais censé faire la fête dans le centre avec Lauri ce soir-là, mais la fatigue et la saleté me découragent. Nous nous rendons directement à San Lorenzo, dans la banlieue de la capitale où nous dormons chez une copine de Richard. Contrairement à notre petite étape marrante quelques heures plus tôt vers Tobati, le trajet cette fois est horrible, et je prends vraiment conscience des risques que nous prenons. Une heure dans la nuit et surtout dans le trafic complètement fou d'un samedi soir de la capitale, avec en prime la maison de sa copine impossible à trouver. Nous nous perdons quelques fois, et quand nous arrivons enfin à destination, il est 2 heures du matin et j'ai fait sept heures de moto dans la journée. À peine le temps de faire connaissance avec mes hôtes, je m'écroule, épuisé, mais heureux d'être arrivé sain et sauf, moi qui ne savais pas conduire une semaine plus tôt.

Le lendemain, Leti, qui est à Asunción pour ses études, m'a invité à manger avec elle. Nous nous rejoignons, passons les derniers moments ensemble, et elle doit rentrer à Ciudad del Este. Mais quand je lui annonce que je me rends de mon côté à Areguá pour rejoindre Nati, elle décide de venir elle aussi et de me montrer un endroit qu'elle connaît bien. C'est ainsi que nous la suivons à moto et arrivons dans un lieu absolument incroyable : la Casa Amarilla. Après quasiment un mois d'aventures au Paraguay, c'est la toute première fois que je suis réellement impressionné par quelque chose. Nous passons un portail, et débarquons dans un immense jardin. Au milieu, une magnifique demeure d'architecture coloniale, toute jaune (d'où son nom, Amarilla), qui paraît-il fut la résidence d'un président.

Leti, qui a l'habitude de venir ici, nous présente à l'ami qui tient le lieu, Sergio, un artiste paraguayen qui y travaille à l'année. À l'intérieur, c'est magnifique. Des mosaïques au sol, des portes en bois travaillé, de hauts plafonds, des œuvres d'art partout, de la musique.

Je tombe immédiatement amoureux de l'endroit. Sergio nous fait visiter, nous explique que la Casa est utilisée par des artistes en résidence et nous montre les ateliers, le jardin, les chambres, les dortoirs…

— Les dortoirs ?

— Oui, on héberge aussi des artistes ici.

— Vous avez de la place ?

— Oui, il n'y a personne en ce moment.

Depuis le début mon voyage, je n'ai fait que dormir chez l'habitant. La Casa Amarilla est mon premier hôtel, et pas n'importe quel hôtel ! Une résidence d'artistes où, pour une quinzaine d'euros la nuit, je vais pouvoir me prendre pour un artiste… Il se trouve que j'ai de la chance, puisque cela faisait quelques semaines que je cherchais un bel endroit pour me poser et bosser sur autre chose que le poker, à savoir sur mon site Internet. Quelque chose de nouveau a fait son apparition dans mon voyage… On réclame mes écrits ! Juste avant de partir, j'ai créé un petit blog où je raconte mes aventures. Au début, c'était sans grande attente, juste pour donner des nouvelles à mes proches et quelques joueurs de poker qui me connaissent via les forums, mais je vois les statistiques monter petit à petit. J'ai désormais une centaine de « fans » sur Facebook, dont j'ignore l'identité et je constate via les commentaires qu'ils semblent apprécier mes galères à moto, mes rencontres, et mes parties rocambolesques. Quelques jours plus tôt, j'ai même été interviewé par une radio de poker. C'est une nouvelle donne imprévue dans mon aventure, qui n'a pas encore réellement d'influence, mais me motive à continuer dans cette voie et à y consacrer un peu de temps, en dehors de la route et du poker. La Casa Amarilla tombe à pic. On m'a donné une chambre magnifique, et je sens déjà l'inspiration me gagner. Sur ce, Leti ayant accompli sa mission, elle doit repartir chez elle avant la nuit. Nous nous enlaçons avec émotion. Tristes sourires.

Je fais dans la foulée mes adieux à Richard que je dépose à la gare de bus, mais la nature ayant horreur du vide, j'ai à peine quitté mon ami que j'en rencontre un nouveau : de retour à la Casa, je croise dans la cuisine un mec immense, la trentaine, ultra beau gosse, barbu, bandana sur la tête, veste en cuir et santiags. Il s'appelle Antonio, est l'un des artistes en résidence, et par ailleurs ancien motard. Nous discutons ensemble de nos aventures respectives, et il raconte les siennes avec passion, en s'agitant, modulant son ton de voix tel un acteur, avec un charisme incroyable. Une sorte de mélange (improbable !) entre Johnny Depp pour le physique et Benoît Poolevorde pour la flamboyance. Le tout version sud-américaine, en mode gaucho, avec l'esprit de conquête et de chevalerie. Un personnage !

Il me donne des adresses de garage à Asunción pour réviser la moto qui, après le trajet Ciudad del Este-Asunción, déconne un peu. Je débarque un lundi à 14 heures dans les banlieues embouteillées de la capitale. Un nouveau baptême du feu. La ville est chaotique, et tout le monde y fait n'importe quoi. Je comprends que je ne suis pas le seul à avoir récupéré mon permis pour 20 euros. Les conducteurs ici sont tellement stressants, klaxonnent si l'on ne démarre pas au quart de tour. L'un d'eux me met particulièrement la pression depuis deux minutes, inévitablement à un carrefour sans feu, je panique, cale, redémarre nerveusement, oublie de regarder à droite en me lançant, et passe à une seconde de me prendre un pick-up lancé à toute allure. Je sens le vent sur son passage et entends le klaxon qui s'éloigne…

La journée est consacrée aux préparatifs ultimes avant d'entrer en Argentine : je souscris à une assurance (ici on peut l'acheter à la journée si l'on veut !), m'achète un nouveau téléphone avec GPS, puis récupère la moto qui est restée au garage toute la journée. Je sympathise avec les gars de l'atelier qui hallucinent quand je leur annonce que j'ai l'intention d'emmener Parkinson jusqu'en Colombie. Personne n'y croit, je souris. C'est la première d'une longue série de discussions sympas que j'aurai avec la plupart des mécanos que je vais croiser durant les prochains mois. Le garagiste me dit que l'une des pièces du réservoir fuit un peu, et qu'il faut que je pense à la remplacer bientôt. Je me dis que j'ai le temps de le faire plus tard, et reprends la route.

Il est 22 heures quand je rentre à Areguá après une journée bien remplie. Parkinson n'a jamais roulé aussi bien, elle est silencieuse et je prends plaisir à passer entre les files au milieu des embouteillages. Je suis en quatrième à Luque, une ville à mi-chemin quand soudainement le moteur s'arrête sans aucune raison. Je me range en urgence sur le bas-côté et essaie de redémarrer. Rien. Le starter marche dans le vide.

Il fait nuit, je suis à dix kilomètres de la Casa Amarilla et à peu près autant de mon garage. Évidemment, tout est fermé autour de moi. Petit coup de stress. Je demande sans conviction à la vendeuse de *lomitos* qui est juste en face où je peux trouver un garage ouvert à cette heure-là :

— *Mi marido es mecánico.*

Joli coup de chance.

Elle appelle son mari, qui tripote la bougie, le changement de vitesse et en cinq minutes la moto redémarre. En cahotant un peu certes, mais je peux au moins rentrer à Areguá. Mais en arrivant à destination, je réalise qu'il est impossible de mettre le point mort, et que le moteur est en surrégime sans que je sache pourquoi... Youpi ! je suis bon pour retourner au garage le lendemain.

Antonio, qui a l'air plus choqué que moi de l'incompétence de ses compatriotes garagistes, leur téléphone et hurle un tas de trucs que je ne comprends pas, mais de l'extérieur ça fait un peu peur. Grâce à mon sauveur, je suis envoyé dans un garage juste à côté, dans lequel le mécanicien se rend compte immédiatement que le *chicle de aire*, une petite pièce qui régule l'entrée d'air du moteur, est absent, probablement oublié par son collègue précédent ! Le problème est réglé en un clin d'œil, je repars, après m'être acheté une combinaison antipluie digne de ce nom. Digne étant un bien grand mot puisqu'elle ressemble à peu près à un sac-poubelle épais avec des manches, mais le confort est aveugle.

Ouf ! tout est prêt ! La moto est fonctionnelle et je suis prêt à partir. Je passe ma dernière journée tranquille à la Casa Amarilla à bien manger et écrire, puis rejoins Lauri dans un bar, pour passer avec elle mes derniers moments au Paraguay. Elle travaille le lendemain et ne peut pas rester tard, mais pourtant l'heure avance et aucun d'entre nous ne se résout à partir. La boule dans la gorge, sur le parking, nous nous séparons. C'est la quatrième fois que ça arrive, sauf que cette fois-ci, nous savons tous les deux que c'est la dernière.

J'ai toujours cru que j'allais la revoir un jour, et qu'il se passerait quelque chose entre nous. J'avais commencé moi aussi à avoir des sentiments pour elle, mais j'étais encore tellement timide à cette époque... Je repense à son rire. À nos balades. À sa beauté. C'est pour rencontrer ce genre de filles que les hommes voyagent. C'était pour la rencontrer que je voyageais.

Nous avons gardé le contact pendant longtemps. Nous parlions de temps en temps sur Facebook, elle suivait mes aventures en vivant les siennes, et il y avait toujours un petit quelque chose de regret mutuel dans nos discussions. Pendant un temps, elle a même envisagé de me rejoindre et faire un bout de route avec moi au cours de ma deuxième année. Je ne sais pas à quel point elle le pensait, et si c'était juste une parole en l'air, mais je crois que même à l'époque où j'ai commencé à enchaîner les conquêtes, nous savions tous les deux que je lui gardais une place particulière, si par hasard il lui venait l'envie de tomber amoureuse.

Elle fait partie des rares personnes que j'ai effectivement revues en vrai des années plus tard. J'ai débarqué un après-midi dans son petit appart, à Barcelone, où elle avait déménagé. Mais je n'ai pas été assez rapide. C'est un barbu qui m'a ouvert la porte, et Lauri était là, dans le salon, un bébé dans les bras. Propulsée pour toujours dans la case des histoires inaccomplies.

Elle poste de temps en temps des stories sur Instagram. C'est une maman magnifique. Je vois son fils grandir peu à peu. Ils ont l'air heureux. Je suis content pour elle.

Dans sa voiture, sur le parking du bar à Asunción, je l'ai enlacée maladroitement.

— Il faut vraiment que tu apprennes à enlacer, a-t-elle dit en riant.

J'aurais aimé qu'elle m'apprenne. Ce furent nos derniers mots. Je suis sorti, ai regardé la voiture s'éloigner, et j'ai repris Parkinson pour rentrer à Areguá.

Ce qui m'est arrivé à cet instant, j'ai encore du mal à le définir. Et en écrivant ces mots, des années plus tard, dans la chaleur de la cabane où je me suis installé près de la cheminée, je sens des frissons parcourir mon corps.

Je viens de quitter Lauri. Il est 2 heures du matin. Il fait un peu froid et Asunción est complètement déserte. Il y a quelque chose d'inhabituel, de presque magique à voir cette ville en permanence bondée, totalement vide et silencieuse. Je roule sur le périphérique, mon sac à l'arrière, dans cette ambiance irréelle.

Peu à peu l'amertume des adieux s'évapore avec la vitesse. Et je réfléchis.

Je réalise que désormais je suis seul, et que je ne dépends plus de personne. Le poker m'a offert la possibilité de faire ce que je veux. Désormais la moto me permet d'aller où je veux. Je suis tellement loin de la vie que je menais en France. Tellement loin de toutes les contraintes qui pesaient sur moi il y a deux mois à peine…

Demain, je pars en Argentine. Je ne sais pas ce qui m'attend là-bas, mais ce que je sais, c'est que ce sera beau. De nouvelles rencontres. De nouveaux paysages. De nouvelles émotions.

Et petit à petit, je sens quelque chose monter dans mon ventre, dans ma tête, dans tout mon corps. C'est une satisfaction à la fois intellectuelle et physique. Un sentiment de puissance incroyable, sourd, omniprésent.

J'accélère au maximum, je me sens invincible. Immortel.

De ma vie entière, je n'ai jamais éprouvé un sentiment aussi intensément.

La liberté.

DEUXIÈME PARTIE : L'ENVOL

ARGENTINE

1. Renaissance

Je le sais aujourd'hui, je n'ai réellement commencé mon voyage que deux mois après être parti, lors de cette nuit où, sur le périphérique désert d'une capitale endormie, j'ai senti pour la première fois l'ivresse de la liberté.

Tout ce qui a précédé avait été fort, évidemment. J'avais adoré l'insouciance de Rio et d'Asunción, le côté obscur de São Paulo, les frissons que j'avais ressentis à Ciudad del Este, et toutes ces belles rencontres que j'avais déjà faites. Mais je n'étais pas encore totalement dedans. Lauri, ou cette inconnue dans le tramway à Curitiba, en était la preuve. La preuve que je n'étais pas encore prêt à vivre à fond mon aventure. Que j'avais encore peur. Que je n'avais pas tout à fait récupéré des deux dernières années. Jusqu'à ce jour, j'étais encore ce gamin en fuite, manquant de confiance, qui avait abandonné son boulot de manière irresponsable. Je pensais toujours que j'allais y revenir tôt ou tard, même si l'envie devenait de moins en moins forte. Je n'avais pas trop le choix.

Parkinson m'a propulsé dans ma nouvelle vie. Ce fut un achat symbolique, à tous les niveaux.

C'était la preuve qu'aussi fou que ça ait pu paraître quelques mois plus tôt, j'arrivais à financer mon voyage grâce au poker. Et pas juste vivre du minimum comme je le craignais, non, j'étais capable de gagner suffisamment pour profiter, sans avoir à faire attention, et m'offrir sur un coup de tête des cadeaux qui pouvaient bouleverser mon quotidien.

Ce fut également la prise de conscience que je n'allais pas rentrer avant un bon moment. C'était un achat important, et je ne l'avais pas fait pour l'utiliser pendant deux semaines. D'une certaine manière, j'étais engagé. Je pensais ne tenir que quelques mois. Désormais, j'étais parti pour vivre sur les routes pendant au moins un an, probablement plus.

Enfin, ce fut mon changement d'identité. Tout n'est pas arrivé du jour au lendemain, il m'a fallu plusieurs mois, mais Parkinson a marqué le début de la métamorphose. Le début de la confiance. Petit à petit, j'arrêterais de me présenter comme architecte. Je mettrais en avant l'écriture, la moto, le voyage, le poker. Je cesserais de faire plaisir à mes parents en leur promettant de revenir à ma carrière. J'assumerais mes passions, quitte à déplaire, et ferais tout pour essayer d'en vivre.

Désormais, je ne serais plus juste un architecte se finançant de drôles de vacances en jouant aux cartes, mais un joueur itinérant, passant de ville en ville sur sa moto à la découverte du monde. Sans date de retour.

Désormais, le voyage allait prendre une tout autre intensité.

Désormais, je n'allais plus fuir.

J'allais vivre.

2. Good run, *che* !

Mercredi 5 juin, midi, je suis prêt pour le grand départ ! La mission, c'est de rejoindre San Miguel de Tucumán, ville du nord du pays dans laquelle m'attend ma cousine Marcella. Elle part bientôt pour Buenos Aires, où je ne pourrai pas lui rendre visite, la capitale étant trop éloignée de ma route. J'ai exactement quatre jours pour parcourir mille cinq cents kilomètres *sí o sí*.

C'est un peu tendu, mais à ce moment, vous n'imaginez pas la patate que j'ai. Seul sur Parkinson, le sac à l'arrière, le GPS dans la poche, en T-shirt et bermuda par 30 °C, le soleil sur ma peau, je me sens capable de faire n'importe quoi. D'ailleurs je dois être un peu trop emporté par l'enthousiasme, car à la sortie de la capitale, au niveau d'un petit carrefour, je serre un peu trop mon virage, percute une bordure, la moto saute et je fais ma première chute.

Choc. Ça s'est passé en une seconde.

Parkinson à terre, la roue tourne à vide, le moteur s'est arrêté, et je marche dans une flaque d'huile, ou d'essence, je ne sais pas… Je m'inspecte, je n'ai mal nulle part. Juste une petite brûlure au mollet à cause du pot d'échappement. Heureusement, je roulais lentement, et je suis retombé sur mes pieds. Parkinson par contre a pris cher. Avec l'aide d'un Paraguayen sympa qui s'est arrêté, je la redresse et me rends compte des dégâts : le compteur kilométrique et un signal réfléchissant sont cassés, la pédale du frein arrière est complètement tordue, et j'ai un peu peur pour mon réservoir d'essence…

Nous éloignons un peu la moto de la flaque, j'essaie de la démarrer et ouf ! elle marche encore. En première, je suis le mec qui m'accompagne à un atelier juste à côté.

Le mécano inspecte la machine, me dit que le réservoir n'a aucun problème, la flaque était probablement due au fait que la moto était couchée. Il redresse la pédale avec un marteau, vérifie le reste, tout va bien ! Encore un coup de chance.

Je reprends la route immédiatement, en me promettant d'être plus vigilant, et en quelques minutes, j'arrive à la frontière. Je suis un peu stressé, car on m'a annoncé les pires embrouilles avec les douaniers argentins, ces monstres corrompus avides de *mordidas* qui trouveront le moindre prétexte pour me soutirer de l'argent. Ils me demandent de m'arrêter, je m'exécute. Me montrent le bureau où je dois tamponner mon passeport. J'y vais docilement. Le tamponne. Et puis plus rien. Personne ne s'occupe de moi. Je remonte sur la moto et démarre. Lentement je m'éloigne, aux aguets, prêt à entendre un gyrophare. Mais non. Tout va bien.

Je suis passé en Argentine.

De l'autre côté de la frontière, je sens bien que quelque chose a changé, mais il me faut un certain temps pour percevoir exactement quoi. Le plus visible, ce sont les paysages. Bien qu'il ne me semble pas être passé dans une nouvelle zone géographique ou climatique, la terre rouge paraguayenne a laissé place à de grandes étendues d'herbe et à des arbres épars. Puis je remarque la route : propre, bien marquée, tranquille. Les voitures et les camions ont rajeuni de quinze ans. Enfin, les gens. Je m'arrête quelques minutes à Clorinda, la première ville que je rencontre, pour m'acheter une carte SIM argentine, et discute avec le jeune vendeur. Son accent me frappe immédiatement : il chuinte ses mots. *Yo me llamo* (je m'appelle) ne se prononce pas « yo mé yamo », mais « cho mé chamo », et il rajoute des *che* (hey ! ou mec selon le contexte) à toutes les phrases. J'ai bel et bien changé de pays…

Je reprends la route, direction plein sud. Je passe tranquillement les cent cinquante premiers kilomètres, le sourire aux lèvres, travaillant mon bronzage. La route est vraiment agréable. Sauf que la nuit tombe peu à peu. À ce moment, je regrette la matinée passée à discuter avec Antonio ainsi que la chute qui m'ont fait perdre de précieuses heures de jour car sur cette nationale non éclairée, c'est tout de suite moins marrant… La zone est un peu désertique, on a perdu quinze degrés en une heure, et j'ai mis tous mes vêtements chauds sur moi : deux pulls, une veste, ainsi que ma combinaison antipluie.

La conduite devient stressante. Sur ces routes de campagne, je ne perçois rien d'autre que la dizaine de mètres mal éclairés par mon unique phare. À chaque fois qu'une voiture me croise en sens inverse, je suis ébloui et ne vois plus rien pendant quelques secondes. À chaque fois que l'une d'elles veut me dépasser, je sens mon cœur accélérer. Dans la banlieue de Formosa, à mi-chemin, je roule tranquillement quand je vois en face un camion dépasser l'un de ses collègues en chevauchant ma voie. Je constate tout de suite qu'il n'aura pas le temps, lui fais des appels de phare, mais au lieu de ralentir et de renoncer à sa manœuvre, il fonce droit sur moi… Il va me percuter !

Au dernier moment, je n'ai pas d'autre choix que de sortir de la route en urgence, manquant de me rétamer dans les cailloux du bas-côté. Je sens l'énorme appel d'air du monstre passant juste à côté de moi. Je ne saurai jamais s'il ne m'a pas vu, ou s'il m'a simplement ignoré. Toujours est-il que je décide en repartant la boule au ventre de ne plus voyager de nuit. Au bout de sept heures de route bien usantes physiquement et nerveusement, je suis rassuré d'arriver enfin chez mon couchsurfeur qui m'attend chez lui.

Il s'appelle Ariel, a vingt-huit ans, il est avocat et a déjà monté son propre cabinet avec une copine. Il vit seul dans un petit studio dans lequel je dormirai sur le canapé. Mon nouvel ami me fait faire un petit tour à mon arrivée, il marche la tête haute, avec l'assurance du mec qui sait ce qu'il veut, salue la moitié de la ville, lâche des blagues, drague les filles, commente leurs diverses courbes. Rien à voir avec les timides Paraguayens, je suis bien en présence d'un Argentin !

Le lendemain, il m'emmène à son cours de français et je me refais une petite session de gonflage de cheville en racontant mon voyage comme je l'avais fait à Curitiba un mois plus tôt. Puis, pendant qu'il travaille, je contacte un autre couchsurfeur pour me faire visiter. Celui-ci n'étant pas disponible, il me donne le numéro d'une copine, qui n'étant pas libre elle non plus, me fixe un rendez-vous avec l'un de ses amis. C'est ainsi que je me rends au parc de Corrientes où je suis censé rencontrer un certain Matias que je n'ai jamais vu, pas même en photo. Celui-ci est accompagné de Marco, un autre local, et de Jade, une Française assistante de langue dans la ville. Le courant passe bien, nous mangeons des glaces au coucher du soleil, et Marco qui est étudiant en architecture me donne rendez-vous le lendemain pour aller visiter son école.

Il y a des villes qu'on sent mieux que d'autres, et je me rends compte qu'avec tous les contacts que j'ai eus en une journée, il serait dommage de s'en aller si vite. Si l'on ajoute à ça la perspective peu attrayante de faire quatre jours de moto à sept heures de route par jour, et le fait qu'Ariel m'ait proposé de rester chez lui autant de temps que je voulais, une évidence se dessine en cette fin d'après-midi. Je m'étais promis avant de partir d'être flexible, de saisir les opportunités, et ne jamais me forcer à quitter un endroit que j'aimais pour suivre un quelconque programme. Je décide de suivre mes bonnes résolutions, et de transformer mon road trip sportif en une balade plus tranquille. Je verrai ma cousine plus tard, à son retour de Buenos Aires.

Je vais donc passer une petite semaine à Corrientes, à me balader en ville avec Matias, visiter Resistencia, la ville de l'autre côté du fleuve où se situe l'école de Marco, et où je donne un petit cours d'architecture bioclimatique à son groupe de travail. Je vais au *boliche* (boîte de nuit) avec Ariel, constate que je n'avais pas vu une telle concentration de jolies filles depuis Rio, et ressens l'étrange sensation d'être un appétissant morceau de viande à chaque fois que j'en arrive à leur dire que je suis français.

Je profite également d'avoir les clés du studio d'Ariel pour me faire deux sessions de poker au casino de Corrientes. Intéressantes sessions ! Je savais déjà que l'Argentine était le pays d'Amérique du Sud où le poker était le plus implanté. Ici, ils connaissent le jeu depuis longtemps, diffusent des émissions à la télé et, de fait, les tables sont plus dures qu'au Paraguay et au Brésil.

À Corrientes, le niveau est comparable à ce que je peux trouver dans un casino standard français avec trois ou quatre joueurs très faibles, trois ou quatre qui savent à peu près ce qu'ils font, et surtout, deux requins ! Évidemment c'est un peu plus dur, mais tout passionné vous le dira, on prend mille fois plus de plaisir à affronter des bons joueurs, quitte à perdre en bénéfice financier. Quel plaisir de se creuser enfin la tête sur certains spots, de jouer contre des profils un peu moins caricaturaux, et d'avoir de vraies décisions à prendre. J'en profite pour jouer concentré mon meilleur poker, réalise une première session légèrement positive et une seconde excellente. Au moment de partir de Corrientes, je constate avec satisfaction que je suis dans une magnifique série de huit sessions positives d'affilée, et que je n'ai pas retiré d'argent depuis Rio, il y a de cela cinquante-cinq jours !

Quand je me décide à quitter Corrientes, je constate que la prochaine grande ville, Santiago del Estero est à six cents kilomètres. Avec Parkinson, je me vois mal faire les dix heures estimées en une étape et il va donc falloir s'arrêter quelque part entre les deux, dans cette région très dépeuplée qu'on appelle le Chaco argentin. Je repère des villages sur la route dans lesquels j'envisage de m'arrêter quelques nuits pour me reposer, et profiter d'être au milieu de nulle part pour avancer sur mon blog. Puis je fais mes adieux à Ariel, et me lance.

Je parcours deux cents kilomètres en ligne droite dans un paysage complètement désert avec de petites touffes d'herbe et des arbres clairsemés, jusqu'à la première ville d'importance moyenne, Sáenz Peña, un peu trop grande pour mon désir de calme et d'écriture. Malgré l'heure qui avance, je décide de poursuivre jusqu'à Charata, encore à une heure et demie… Mais catastrophe ! Juste après avoir dépassé le dernier village avant un grand vide de vingt kilomètres, je vois de l'essence qui goutte du réservoir !

Il va faire nuit dans peu de temps, et il est inenvisageable que je continue dans ces conditions. Demi-tour immédiat, je roule quelques minutes, et tombe sur la pancarte d'un hôtel, suis un petit chemin arboré, et arrive au coucher du soleil dans une sorte de ranch au milieu d'une jolie forêt.

Même quand j'ai des galères, j'ai de la chance…

Le lieu est magnifique, calme, les bâtiments avec de belles charpentes en bois, plans en symétrie. Tout est parfait ici. L'architecte que je suis est touché, le motard reposé, l'écrivain inspiré. Le couchsurfer, lui, a un peu mal, car tout cela a un prix plutôt élevé même selon les standards français, mais bon, après deux mois de voyage à dormir chez l'habitant, et les dernières sessions de poker, quelques nuits dans un hôtel un peu balla ne vont pas me tuer…

Le lendemain, après une bonne nuit de repos, je vais chercher un endroit pour réparer Parkinson à Avia Terai, le village le plus proche. Le réservoir d'essence a goutté toute la nuit, il est presque vide, et je me trouve à faire les derniers deux cents mètres en poussant Parkinson. Heureusement, je trouve rapidement ce que je cherche sur la route principale. Le garagiste ouvre la moto, repère une petite fissure entre le réservoir et la pièce que l'autre mécano d'Asunción m'avait dit de changer. Ça m'apprendra à être négligent. Il m'emmène au magasin de pièces détachées pour acheter de la poxilline, une pâte durcissante. Je commence à parler avec le gérant du magasin, qui curieux de me voir débarquer dans son petit village commence à sympathiser. Il s'appelle Franco, a le début de la quarantaine, me demande où je loge, puis me propose au bout de cinq minutes de rester chez lui avec sa famille pour la nuit. Tant pis pour l'hôtel de luxe, j'accepte ! Je vais réparer la moto, puis chercher mes affaires et reviens au magasin. Nous faisons un peu plus connaissance, et il me raconte son histoire. Sa légende.

Son père est arrivé de Syrie dans les années 1960, et lui est né dans une famille pauvre, à Santiago del Estero. Il rencontre sa femme argentine et s'installe à Avia Terai où il vivote quelques années en faisant du commerce. Jusqu'à ce qu'un après-midi, il y dix ans de cela, entre dans sa boutique un jeune Brésilien qui voyage à pied. Une sorte de nomade fauché qui se déplace avec le vent, mange quand il peut et dort dans la nature. Franco me raconte que, pris de compassion, il héberge pendant quelques semaines, par intermittence, ce jeune type qui apparaît et disparaît sans prévenir. Il en parle avec un étrange respect, et on sent qu'il a été impressionné quand il évoque son savoir et sa sagesse. Un après-midi, le nomade lui demande un peu d'argent pour payer le bus, et Franco lui donne quelques pesos.

« Je te les rendrai,

— Non, garde-les, ce n'est rien.

— Non, je te les rendrai, je te le promets, ce qu'on me donne, je le rends toujours. Peu importe quand. »

Il continue son histoire :

— Il a pris le bus et je ne l'ai plus jamais revu. Par contre, à son départ, j'ai commencé à vendre de plus en plus. Tout ce qui rentrait dans le magasin était vendu tout de suite. Rien ne restait en stock ! Ça n'était jamais arrivé avant. Au bout de quelques mois, j'ai ouvert ce magasin de pièces détachées, puis un autre, et encore un autre... Aujourd'hui, j'en ai cinq et mon affaire continue de grandir.

— Tu veux dire que tu crois que ce mec y est pour quelque chose ?

— Oui, j'en suis convaincu. Quand je croise des amis d'il y a dix ans qui m'ont connu à l'époque où je n'avais rien, ils ne comprennent pas. Et moi non plus d'ailleurs, je n'ai rien changé dans ma façon de faire, la seule explication que j'ai, c'est lui.

La rapidité avec laquelle Franco m'a proposé l'hospitalité n'est certainement pas étrangère à cette histoire. Il entretient depuis un lien superstitieux envers les voyageurs, et j'en suis le bénéficiaire aujourd'hui. Nous parlons ainsi plusieurs heures d'une discussion passionnante, et le soir venu, il m'emmène chez lui. Je rencontre sa femme Mary, sa fille Nahir, seize ans et le petit dernier Nasser, huit ans. Nous mangeons tous ensemble une *milanesa* (escalope de dinde panée) et ils me logent dans la chambre de Nasser. Ça y est, j'ai trouvé une nouvelle famille.

Inévitablement, comme souvent quand je suis hébergé spontanément par des locaux durant mes voyages, la première nuit se transforme en deux, puis trois… Franco s'occupe bien de moi, me balade un peu partout. Il a entièrement confiance, me laisse seul chez lui pour écrire pendant qu'il part au travail. Nous allons en virée en famille à Corrientes, faire du shopping, au ciné. Je ressors mon arme secrète, la quiche lorraine, paraît-il encore une fois réussie à un tel point que Mary me demande la recette. Je rigole avec Nahir. De jolis moments de vie.

Au bout d'une semaine, il est temps de partir, et je décide de m'en aller le jour de la fête des Pères, le dimanche 15 juin. La plus grosse étape de mon voyage est pour aujourd'hui : un peu plus de quatre cents kilomètres jusqu'à Santiago del Estero, direction sud-ouest. Il fait gris et un peu froid ce matin, ça n'était plus arrivé depuis Asunción, je ne le sens pas trop bien. Je roule en cinquième tout le long, sans problème, jusqu'à l'entrée d'un village après une centaine de kilomètres où je ralentis sauf que… l'embrayage ne répond plus ! OK… Je suis bloqué en cinquième, et m'arrête donc en calant sur le bas-côté. Inspection de Parkinson, cette fois-ci, c'est tout simplement la pièce qui relie la pédale d'embrayage au moteur qui est tombée.

On m'avait annoncé que ma moto aurait des problèmes, mais je ne m'attendais pas à en avoir tellement, et aussi rapidement, alors qu'elle est encore presque neuve. C'est tellement ridicule que ça en devient comique. Je la pousse jusqu'au seul atelier du village, fermé évidemment en ce jour de fête. Dans la maison d'à côté, une famille est en train de manger, je leur demande s'ils ont une idée d'où peut se trouver le mécano, et le voilà qui sort de la maison.

— Tu as de la chance que je sois chez les voisins, j'allais partir chez mon frère dans cinq minutes…

Heureusement, ma bonne étoile me suit…

Il prend ses outils, me remplace la pédale de l'embrayage pour un modèle qui d'après lui ne se cassera jamais, et me règle quelques autres bricoles. Pendant ce temps-là, la maman me sert de délicieuses *empanadas*, des chaussons typiquement argentins fourrés à la viande et, spécificité régionale, aux raisins secs. On m'offre à boire, me donne quelques conseils de visite. Une demi-heure plus tard, Parkinson est comme neuve et j'ai dans mon sac des *empanadas* pour ma prochaine pause, le tout offert évidemment. Bonne fête des Pères !

La route continue. Vers les deux tiers du chemin, je passe de la province du Chaco à celle de Santiago, et d'un coup j'ai l'impression d'être de retour au Paraguay. Les villages sont beaucoup plus pauvres, délabrés, les maisons faites de bric et de broc, couvertes de tôle ondulée, et surtout il se met à pleuvoir et la route en terre se transforme en une horrible masse informe et glissante. Un camion qui passe, je suis éclaboussé. Une heure à ce régime et je suis trempé. Quand j'arrive à Santiago del Estero, encore une fois épuisé et de nuit, la moto et moi ne formons plus qu'une masse uniforme couverte de boue…

3. Dans le froid argentin

Dimanche 16 juin.

Il fait froid.

Dans l'hémisphère Sud, les saisons sont inversées, et c'est le milieu de l'hiver. Je suis arrivé à Santiago del Estero couvert de boue, épuisé, et durant la pire baisse de température de l'année. Teresa, la trentaine, couchsurfeuse hyperactive, m'accueille dans la maison qu'elle partage avec son frère et des sous-locataires. Elle travaille au rez-de-chaussée, juste à côté du supermarché de son frère, dans un kiosque qui vend des chips et autres sucreries, comme on en trouve des milliers ici en Argentine.

Le lendemain de mon arrivée, je pars en reconnaissance en ville. Je ne sais pas si c'est le froid, la grisaille, ou juste ma propre fatigue, mais Santiago ne m'inspire pas grand-chose dès les premières heures. Une sorte de ville moyenne, sale, pleine de trafic et terne au milieu d'une région désolée. Comme toutes les villes que je traverse, j'ai prévu d'y rester trois jours, histoire de lui donner sa chance, mais je pense que cette fois-ci, contrairement à Corrientes ou Asunción, je ne prolongerai pas.

Je vais faire un tour aux deux casinos de la ville. Il est 14 heures et ils sont déjà bondés. Des centaines de personnes, en pleine semaine, hypnotisées dès l'après-midi par les lumières des machines à sous. J'avais déjà remarqué ce succès plus tôt dans mon voyage. À vrai dire, à chaque fois que je suis entré dans un casino depuis le Paraguay, et quelle que soit l'heure, il était plein. Trop plein pour qu'il ne s'agisse que du simple plaisir occasionnel de vouloir un peu gambler. Peut-être est-ce le manque de distraction dans cette région ennuyeuse, ou peut-être autre chose… Je commence à comprendre certains des accueils mitigés que j'ai reçus depuis quelques mois quand j'évoquais mon statut de joueur de poker, de la part de certains couchsurfeurs notamment. Les mises en garde, les « *¿no sos vicioso?* » (tu n'as pas le vice ?), question qu'on ne me pose jamais en France, et les nombreuses anecdotes de l'oncle qui a tout perdu aux machines à sous. J'ai l'impression qu'en Amérique du Sud, le scepticisme que j'ai souvent ressenti vis-à-vis du poker est plus lié à une méfiance vis-à-vis des jeux d'argent en général, qui semble causer à la société argentine et paraguayenne (et brésilienne peut-être, d'où l'interdiction des casinos ?) un peu plus de mal que ce à quoi l'on est habitué en France.

Étonnamment, malgré l'affluence, je ne jouerai pas à Santiago, faute de tables ouvertes. Il faut croire qu'ils préfèrent le hasard. Je vais par contre rencontrer quelques locaux, et notamment Eugé, une *Santagueña* pure souche. Quand elle m'ouvre la porte de sa voiture pour m'accompagner chez une amie, je remarque immédiatement à l'arrière une jolie petite fille…

« Je vois une feeeemmeeee, oh oui une femme, et elle aura un enfant ! »

… Et repense immédiatement à la voyante paraguayenne.

La prédiction n'a eu lieu que deux semaines plus tôt, et j'avoue avoir un petit choc en voyant cette charmante enfant à côté de cette non moins charmante jeune femme. Je ne sais pas si j'y aurais été aussi sensible en temps normal, ou si c'est juste cette maudite liseuse de cartes qui m'a retourné la tête, mais pendant les deux jours où nous allons nous fréquenter, au musée, chez une amie, au restaurant, je ne vais cesser d'y penser. Ma fierté de pragmatique architecte demeurera sauve néanmoins, car Santiago del Estero étant définitivement morte, je décide de m'enfuir comme un lâche bien décidé à ne pas donner raison à une pauvre voyante, pour me rendre à Tucumán où m'attend toute ma famille argentine.

Le dernier trajet à moto m'a bien refroidi, et j'ai décidé de ne plus voyager de nuit. Sauf que je tombe mal, car je n'ai pas anticipé que le garage où elle est entreposée est fermé pendant la *siesta*, cette pause de 13 heures à 17 h 30 particulièrement respectée ici, et durant laquelle absolument tout est fermé. Je perds un temps précieux, récupère la moto, reperds une heure en prenant un dos-d'âne un peu trop vite qui m'oblige à revisser une pièce qui est tombée. C'est finalement à 19 heures que je sors enfin de Santiago del Estero, il fait déjà nuit, et j'ai froid. J'hésite à rentrer chez Teresa pour repartir le lendemain matin, ou éventuellement en profiter pour revoir Eugé. A posteriori, je crois que la bonne décision était assez évidente. Mais sur le coup, je me suis dit qu'il n'y avait que trois heures de route, et que c'était jouable.

Difficile de décrire à quel point le trajet a été horrible.

Au bout d'une heure et demie, je m'arrête dans une station essence, car je ne sens plus mes mains ni mes pieds. Le pompiste me voit et j'imagine qu'il doit avoir de la peine pour moi, car il m'offre le café. Je me réchauffe un peu, et reprends la route. Le sort s'acharne puisque, contre toute attente, il commence à pleuvoir alors que la météo prévoyait un temps sec. Essayez de vous imaginer votre pauvre héros, de nuit, frigorifié, épuisé, trempé, avec une visibilité à vingt mètres et donc obligé de rouler plus lentement et de rallonger son temps de trajet… J'arrive à San Miguel de Tucumán quatre heures après mon départ pour ce qui fut le trajet le plus court, mais sans aucun doute le plus éprouvant depuis le début de mon voyage. J'ai tellement froid que j'ai du mal à descendre de la moto, et quand enfin j'arrive devant la porte, j'ai les mains tellement gelées que je n'ai la force d'enfoncer le bouton de la sonnette ! Par chance, je rencontre Meli, l'aide de maison, qui me fait entrer. Je pénètre dans le hall en faisant couiner mes chaussures remplies d'eau sur le sol en marbre.

Les retrouvailles me réchauffent un peu. La seule et unique fois que j'avais vu ma famille argentine au complet, c'était il y a cinq ans à l'occasion d'une rencontre organisée chez eux. Mon père, *Tucumano* de naissance, n'était pas rentré au pays depuis presque trente ans, et nous présentait à ses frères, nièces, et cousins qui avaient tant changé en son absence. Il rencontrait des petits nouveaux qu'il n'avait jamais vus. De mon côté, à part quelques-uns qui étaient passés brièvement à Lille, je découvrais tout un pan de ma famille dont j'ignorais totalement l'existence. Je me souviendrai toujours de l'anniversaire de mes vingt ans que j'avais passé là-bas. Un 28 août, en pleines vacances scolaires, il n'y avait jamais grand monde, et j'étais habitué à le célébrer avec deux ou trois amis. Sauf que cette fois-ci nous étions une bonne quarantaine autour de la table. Ça m'avait fait tout drôle.

Nous nous retrouvons comme si nous nous étions séparés la veille. Je revois mon oncle Jaime et ma tante Ada, ma cousine Joana, leur fille, son copain Daniel, puis mon autre cousine Marcella, qui revient de Buenos Aires avec son futur mari, Marcos, que je ne connaissais pas encore. Nous mangeons ensemble, je ne claque plus des dents, et leur raconte le voyage. Ils hallucinent à propos de Parkinson dont ils ignoraient l'existence, et encore plus à propos du poker. Ils pensaient simplement que j'étais en vacances dans le coin, pas que je me faisais cet énorme trip. Puis Ada me montre où je vais dormir : une chambre et une salle de bains pour moi tout seul ! Je n'avais pas connu un tel confort depuis mon passage à Asunción ! Il faut dire que mon oncle a plutôt bien réussi, et vit dans une très belle maison près du centre-ville, avec plusieurs étages, un escalier monumental et tout le confort. J'ai même les clés de la maison, et vais pouvoir être complètement indépendant. La mission pendant ces prochains jours, c'est de m'acheter enfin une combinaison de moto digne de ce nom, et de profiter de mon indépendance pour rencontrer du monde et jouer au poker. Je me motive à partir en reconnaissance dès les premiers jours et c'est le pas léger que je me rends dans le premier casino.

— Pas de poker ici, m'annonce le gérant.

Qu'à cela ne tienne, je me rends au second. Je vais voir un floor (un gérant) :

— Bonjour, vous avez des tables de cash game ?

— Ah non, désolé, on ne joue pas au poker ici.

— Non ? Je viens de passer à l'autre casino et il n'y a rien non plus. Il n'y a aucun endroit en ville où on joue au poker ?

— Non, désolé.

Grosse déception. Ça doit se voir sur ma tête puisque, au moment où je pars, il me retient et me dit :

— En fait, il y a bien un endroit, mais ça joue fort.

— Ah bon, où ça ?

— À la Syrio-Libanaise, c'est à quelques *cuadras* d'ici. La partie est au premier étage, je pense qu'ils jouent aujourd'hui.

La Syrio-Libanaise ? Drôle de nom. Je me rends à l'adresse qu'il m'a donnée et tombe devant un étrange bâtiment à l'architecture arabe, complètement incongru au milieu de la *cuadra*. Où diable suis-je tombé ? Je vais à l'entrée et demande à un mec qui y attend :

— C'est ici qu'on joue au poker ?

— Non, pas de poker ici.

— Ah bon, on m'a pourtant indiqué…

Il n'a pas vraiment l'air de vouloir me renseigner, je décide d'entrer tout de même et me retrouve dans une sorte de centre culturel de la communauté syrio-libanaise de Tucumán. Au rez-de-chaussée, une grande salle où l'on célèbre probablement des mariages. À l'intérieur, toute la décoration est déclinée à la sauce orientale, avec mosaïques, arabesques, arcs et voûtes. Ça tranche par rapport au reste de la ville ! Passé la surprise, je suis les indications du floor du casino, et monte au premier étage. Je débouche dans une sorte de restaurant vide, avec deux femmes qui regardent la télé au fond. Rien, mais je ne m'avoue pas vaincu, je vois une porte battante au fond, la pousse, entre dans un couloir. J'entends des voix, et me dirige vers elles. D'une porte ouverte, je vois des vieux jouer aux cartes, bon signe. Je continue, et dans l'embrasure de la porte suivante, une minuscule salle et quelques trentenaires assis devant une télé. À côté, plusieurs mallettes et des jetons de poker partout. Je crois bien que je suis arrivé…

4. Broke

— Bonjour, c'est ici qu'on joue au poker ?

— Ah non, qui t'a renseigné ?

— Au casino on m'a dit de venir ici.

— Non, ils se sont trompés.

Je vois bien que le mec est méfiant, dans ce genre d'endroit, ils ne doivent pas voir débarquer des nouveaux tous les jours. Pour rompre la glace, en rigolant je lance :

— Vraiment on joue pas au poker ? Mais y a des jetons partout !

Les mecs rient eux aussi. La tension est retombée. Je ne dois pas être le flic en civil qu'ils craignaient. Nous nous présentons. Marcello, la trentaine, typé libanais, semble être le gérant. Après les présentations, il m'annonce le montant de la partie : blinde* de 30 pesos, cave minimum à 10 000.

L'Argentine est, avec le Venezuela, l'un des deux pays d'Amérique du Sud où il y a un taux de change officiel, et un officieux. L'histoire récente et les nombreuses crises financières ont amené les habitants à avoir très peu confiance en leur monnaie, le peso, et à vouloir convertir toutes leurs économies en dollar, réputé plus stable. Le gouvernement a réagi en restreignant totalement son accès. À la banque, à cette époque, 1 dollar se change officiellement pour 6 pesos[1]. Pourtant, s'il est possible de vendre ses dollars, il est impossible d'en acheter. La demande est devenue si forte qu'un marché noir s'est créé. Pour le trouver, il faut aller dans la rue rencontrer les *arbolitos*, ces agents clandestins à la petite sacoche discrète qui se sont adaptés à la loi de l'offre et de la demande, et le changent pour 9 pesos. Étant au courant de ce phénomène avant d'arriver dans le pays, j'avais gardé tous les dollars gagnés au Brésil et au Paraguay au fond de mon sac.

La bonne nouvelle, c'est que, en échangeant mon argent sous une arcade du centre tel un délinquant, je gagne près de 50 % de pouvoir d'achat, que ma partie de poker passe de 1 600 à 1 100 dollars, et que les blindes diminuent de 5 à 3 dollars, la rendant beaucoup plus accessible.

La mauvaise, c'est que malgré les blindes raisonnables, l'entrée reste exorbitante. Je n'ai jamais mis plus de 500 euros sur une table, et ce de manière tout à fait exceptionnelle. Ici, je dois rentrer avec près du double, et encore, en ayant la chance d'avoir un taux de change favorable. Si l'on rapporte la partie au niveau

---

1. Pour vous donner une idée de l'inflation et de la grave crise économique dans laquelle est plongé le pays, il faut noter que le taux a décuplé depuis et qu'en 2019 le dollar se change pour 60 pesos !

de vie local, c'est encore plus effrayant. L'entrée équivaut à deux mois de paie d'un salaire moyen. Je suis sur l'équivalent local d'une high stakes*. Une grande première pour moi.

Je ne sais pas encore si je vais jouer, c'est vraiment cher. D'autant plus que le lieu est totalement clandestin, et ça aussi, c'est une première. Je ne sais pas s'il est sûr, si je ne vais pas me faire agresser à la sortie, si l'on va tricher, ou me voler. Je n'ai été introduit par personne, ils ne me connaissent pas, n'auront aucun scrupule à m'arnaquer… Mais j'ai quand même envie de voir à quoi ça ressemble. Je sympathise avec l'un des membres, et ils me laissent entrer dans la seconde salle pour pouvoir regarder. Une partie vient de commencer.

Je suis dans une toute petite pièce de dix mètres carrés, sans fenêtre, néons aux murs, pas de décoration. Complètement banale. Juste une table au milieu et dix joueurs, un croupier, et un serveur qui vient quand on le sonne. Quand ils apprennent que je suis français, je reçois immédiatement l'approbation générale. Ils me rebaptisent « Francés », me demandent des nouvelles du pays, m'interrogent sur l'Argentine, sur les *minas* (les nanas) que j'ai rencontrées, les endroits que j'ai traversés, les parties que j'ai jouées, avec à chaque réponse des éructations de joie. Cette bonne ambiance me rassure un peu. Malgré l'illégalité et le montant de la partie, les gens ici n'ont pas l'air de truands.

Je reste une demi-heure en leur compagnie sans jouer, puis rentre chez mon oncle pour manger. Dans ma chambre, je vais chercher l'argent nécessaire à la partie, et en voyant dans mes mains la petite liasse de dollars qui représente la moitié de ce que j'ai gagné au Paraguay, je ressens un peu de fébrilité. C'est beaucoup d'argent. J'ai déjà joué des parties aux blindes similaires en France, ma bankroll me le permet, mais en France c'est différent, je suis tout près de chez moi, avec des joueurs que je connais, dans un lieu officiel. En France, l'entrée n'est pas aussi chère. Une petite voix me dit que je devrais me tenir à l'écart. La petite voix de la sécurité, celle de mes parents, de certains amis, de personnes croisées sur la route. Cette petite voix qui me disait que j'étais fou de partir faire le tour du monde à moto. Cette petite voix qui, si je l'avais écoutée, m'aurait empêché de vivre les deux mois les plus intenses de toute ma vie. Ce soir, elle ne pèse pas lourd face à la confiance accumulée depuis neuf sessions positives d'affilée, et surtout cette excitation qui monte à l'idée de jouer la partie la plus folle de tout mon voyage. *¡A la mierda, vamos!*

Vers minuit, je suis de retour à la Syrio-Libanaise, avec mes dollars dans une poche, ma bombe lacrymo dans l'autre. Il y a de la musique à l'intérieur, des gens bien habillés, un mariage bat son plein dans la salle principale. À l'entrée, ce n'est plus un simple membre, mais deux videurs qui me demandent où je vais. Je montre patte blanche, rassuré qu'ils ne me fouillent pas, puis remonte l'escalier, traverse le restaurant désormais plein, entre dans le couloir, recroise les vieux joueurs de cartes, tombe sur Marcello à qui je tends ma liasse de cent billets de 100 pesos, et qui me rend des jetons. Puis je passe dans la pièce suivante.

Ce sont les mêmes joueurs que cet après-midi. Cela fait huit heures qu'ils sont là et leur sourire est un peu plus fatigué quand ils me voient entrer dans la pièce. Je m'assieds à la dernière place disponible.

La table est typique de ce genre de parties à gros enjeux : d'un côté, les gros poissons. Profils variés, entre large passif, large agressif, serré passif, des hommes, la cinquantaine passée, tous bien installés dans la vie. Je ne connaîtrai pas l'identité de tout le monde, mais il y a un entrepreneur, un homme d'affaires, un docteur, un membre du conseil municipal, apparemment haut placé et un dernier qui semble être rentier. Tous gagnent extrêmement bien leur vie. Ce sont des réguliers de la table, ils viennent ici plus pour se détendre après le boulot que pour espérer un quelconque bénéfice. De fait, ils jouent cette partie sans aucune pression financière. Leur jeu est bourré de leaks, mais leur absence totale de peur et l'envie de s'amuser les rendent imprévisibles et dangereux. De l'autre côté, les requins, appâtés par l'odeur du sang. Généralement beaucoup plus jeunes, la trentaine maximum, et avec des situations professionnelles moins installées, voire vivant probablement du poker. À une partie high stakes, je m'attends à ce qu'ils soient vraiment bons, jouant de manière très solide, sans tilter*. Ça s'annonce intéressant.

Je m'assieds et pose 3 000 pesos sur la table, les 7 000 restant dans ma poche. J'ai un peu réfléchi avant d'arriver pour établir une stratégie. Je sais que je risque d'avoir une image de petit jeune effrayé qui ne va pas trop oser sortir des sentiers battus, et j'ai décidé d'opter pour un plan de jeu qui profite de cela : jouer très large et très agressif dès le début de la partie, profiter de mon image sérieuse pour voler beaucoup, la dégrader progressivement en montrant mes bluffs et quand ils me prennent pour un fou, en profiter pour changer de vitesse et m'orienter vers de la value*. Ainsi, dès les premières mains, je surrelance beaucoup préflop, essaie de trouver des spots de bluff, et montre à chaque fois mes poubelles*. Comme prévu, au début ils me donnent du crédit et se couchent. Mais je sens l'irritation monter au fur et à mesure que mon agressivité dure. Et ça paie. Au bout d'une heure à ce régime, j'arrive à faire craquer l'entrepreneur qui va payer pour vérifier mon jeu et s'incliner devant ma quinte floppée. À la fin de la ronde (période de deux heures de jeu, suite à laquelle on change de place et l'on remet les tapis initiaux, tradition locale), j'ai gagné 9 000 pesos, et triplé mon tapis initial. Beaucoup d'argent. La table me semble incroyablement faible, et je me prends déjà pour un génie.

Ça sera la dernière fois ce mois-ci.

Au retour de la pause, je continue ma stratégie agressive. Sauf que quelque chose semble s'être passé entre-temps. Ont-ils discuté entre eux ? Toujours est-il que j'ai perdu le respect qu'ils me donnaient précédemment. Quand je surrelance en bluff, plus personne ne se couche. Quand je fais mes continuation bets* dans des situations qui passaient tranquillement avant, je me fais payer… Je réalise après avoir perdu un peu d'argent qu'il est temps de passer à la deuxième partie du plan : le changement de vitesse. Désormais, j'attends d'avoir des cartes solides pour jouer.

J'attends.

J'attends encore.

C'est le problème de cette stratégie. On devient dépendant des cartes reçues, et si celles-ci sont mauvaises, on s'est mis tout seul dans une position compliquée. Mon tapis s'élime petit à petit. Je perds 2 500 pesos sans rien faire de spécial durant la deuxième ronde. Il est 4 heures du matin, je suis encore largement positif, et toujours optimiste sur ma capacité à dominer la table, je décide de continuer malgré la fatigue.

La troisième ronde se déroule dans la souffrance. L'ennui de devoir jeter poubelle après poubelle. La frustration de constater que tous mes timings de bluffs sont mauvais. L'énervement quand la seule fois où je peux enfin value une main, mon adversaire s'en tire miraculeusement avec un partage. Je vois mes 3 300 pesos partir petit à petit dans un sentiment d'impuissance totale. À 6 heures du matin, je décide d'arrêter les dégâts et rentre à la maison, épuisé, alors que la plupart d'entre eux continuent à jouer. Je reste positif de 2 500 pesos. Vu le déroulement de la partie, je suis presque soulagé de m'en sortir gagnant.

Je rentre chez mon oncle à l'aube. Dixième session positive d'affilée ! Je suis allé dans ce cercle clandestin, et en suis ressorti gagnant. De plus, je n'ai pas perdu d'argent depuis Curitiba, au Brésil ! Ce sentiment d'invincibilité… Je suis tellement sûr de moi et de ma capacité à gagner les prochaines fois que, en allant me renseigner pour une combinaison antipluie digne de ce nom le lendemain, j'en profite pour faire un petit repérage histoire de voir quelle moto pourra remplacer Parkinson. Je calcule combien de sessions me seront nécessaires pour accumuler la somme. Comme si cet argent était déjà disponible et qu'il ne me restait plus qu'à le récupérer. Excès de confiance. Deux jours après cette première partie, je reçois le SMS qui m'invite à la suivante, et me rends avec la même liasse de dollars que l'autre fois dans la poche, mais sans la lacrymo. La tension de la partie clandestine a disparu, je sais que je viens en terrain connu.

Une catastrophe.

Pour la première fois depuis le début du voyage, je me trouve en difficulté. Le fameux retour de la variance*. Le genre de soirée où tout se déroule de travers : quand je crois être devant, je partage ou je suis payé par la main juste au-dessus de la mienne ; quand je bluffe, je me fais systématiquement attraper. Je perds 6 000 pesos en deux heures, décide de continuer en pensant être encore lucide, et en reperds 3 000 dans la foulée. Une défaite bien lourde, la plus lourde depuis le début du voyage, et de loin. D'autant plus douloureuse que je n'ai pas l'impression d'avoir déjoué, juste une sale soirée…

Je rentre à la maison un peu dépité d'avoir brisé la chaîne des dix victoires aussi brutalement. Pour me consoler, je relativise. Après tout, je ne pouvais pas marcher sur l'eau à ce point pendant aussi longtemps. Et puis avec ma victoire de la première session, je ne m'en sors pas si mal finalement, je n'ai perdu qu'une partie de ce que j'avais gagné lors de ma session magique à Ciudad del Este. Ce n'est qu'un retour de variance normal… Lorsque je reçois quelques jours plus tard le SMS qui m'invite à la partie suivante, je suis d'attaque pour me refaire. En faisant toutes les poches de mon sac, je me rends compte que j'ai tout juste le montant nécessaire pour jouer ce soir. Full bankroll…

Lorsque j'arrive pour la troisième fois à la Syrio-Libanaise, ils sont là, tous ensemble, en train de manger une pizza. Bonne ambiance, ça rigole, ils m'accueillent de bon cœur. Je parle avec eux, et pourtant je sens que je suis un peu tendu. Quelque chose de nouveau s'est installé subrepticement dans mon esprit depuis l'autre soir, un sentiment vicieux, glissant : le doute. Et si ça se passait comme la dernière fois et que tout se déroule de manière horrible ? Et si je perdais tout ? Et si cette partie était effectivement trop chère pour moi ? Je suis fébrile, et je m'en rends compte en m'asseyant à table. Mauvais signe.

Lorsque des amis qui ne connaissent pas le poker me demandent quel en est le secret, l'une des réponses que je donne généralement est « le détachement émotionnel ». Doctement, je leur explique que le joueur de poker ne doit pas se laisser influencer par le résultat à court terme, qu'il ne doit pas s'attacher à la valeur de l'argent sur la table. Cet argent n'est qu'un chiffre, il n'a aucune signification. Il faut penser en blindes, en pourcentages, et viser sans cesse l'action optimale sans se préoccuper de l'idée qu'on puisse perdre ou gagner. Voir loin. Voir au long terme. Ne pas se laisser embuer par les émotions. Et pourtant, ce soir-là, en m'asseyant à cette table, je suis envahi par les émotions négatives. L'urgence de gagner, la peur de perdre. Et l'argent qui est devant moi représente définitivement quelque chose... Dans des conditions normales en France, j'aurais pris ça au sérieux. Avec un peu de discipline, je me serais levé en prétextant un appel d'un ami, et je me serais barré, puis j'aurais fait une pause de deux semaines avant de retourner à une table plus tranquille.

Mais quand on met un pied dans la merde, on se rend compte que ça glisse. Le résultat de cette soirée était écrit d'avance. Inutile d'en décrire le déroulé. – 10 000.

Broke.

À quoi bon blâmer la malchance ? Effectivement, j'ai été noir ce soir-là. Mais l'erreur, je l'ai commise bien avant d'arriver à la table. Je me suis laissé emporter par l'excitation de deux mois de voyage gagnants et d'une belle histoire à raconter. J'ai joué la peur au ventre, et forcément ça a dû se sentir. Je me suis fait bluffer, malmener. J'ai joué timoré, plus exploitable et j'ai perdu des mains que je n'aurais jamais perdues si les enjeux avaient été différents. Au fond du trou, j'ai continué malgré l'absence totale de lucidité. Je n'ai pas respecté mon stop loss*.

Et pour la première fois de ma vie, après huit ans de poker, j'ai ressenti les effets psychologiquement dévastateurs de la perte.

Dévastateurs.

En me réveillant chez mon oncle le lendemain, mes jambes refusent de m'emmener au salon. La peur d'affronter le regard de ces proches qui vont me demander avec le sourire combien j'ai gagné la veille, tout confiants qu'ils sont, vu à quel point je me suis vanté d'être le meilleur. La honte de devoir mentir en leur annonçant avec un sourire triste et des yeux fuyants une petite perte, sachant pertinemment qu'ils s'inquiéteraient, à juste titre, si je leur disais le montant absurdement élevé dont je me suis délesté.

Le mensonge plutôt que l'humiliation.

L'incroyable perte de confiance qui s'est ensuivie les jours suivants. Moi qui dans la rue marchais la tête haute en soutenant tous les regards et en adressant la parole au premier venu, je me retrouve courbé, les mains dans les poches, les yeux baissés. Cette horrible pression au ventre, permanente, celle de l'angoisse. Cette angoisse de l'argent, qui te fait dire que tu vas tout perdre et devoir rentrer. Angoisse totalement injustifiée à ce moment puisque je n'ai perdu que mes bénéfices paraguayens, et que ma bankroll est identique à celle que j'avais au moment où j'ai acheté la moto. Mais mon ventre n'a que faire de ces consolations, il se tord dans tous les sens pour me dire à quel point je suis con.

Tous ces sentiments mêlés, accompagnés d'une très forte instabilité psychologique. Irritabilité, perte de motivation, début d'une petite déprime… Et la fragilité émotionnelle, qui te fait vivre chaque phrase, chaque moment, positif ou négatif, de manière beaucoup plus violente. Serais-je tombé aussi rapidement dans les bras de Clara si la situation avait été différente ?

5. Pourquoi nous voyageons

À 8 heures du matin, Clara m'attendait déjà à la porte de la maison de mon oncle, avec un sourire franc. Celui de qui sait que la journée va être belle. Je suis monté sur la moto, elle s'est assise derrière moi, les pieds sur les cales, et nous sommes partis. Il faisait un peu froid, et elle a mis ses mains dans les poches de mon blouson. C'était la première fois qu'elle montait sur une moto en dehors de la ville. À la sortie de Tucumán, lors de la première accélération, j'ai senti son appréhension à sa façon de se serrer un peu plus fort contre moi. Son visage dans ma nuque, ses seins dans mon dos, ses bras autour de mon ventre.

Je crois que j'ai acheté Parkinson aussi dans l'espoir de ce genre de moments. Sensuels et simples. Presque érotiques, mais sans le dire. J'avais senti que ma moto pouvait me permettre d'accéder à ça. D'amener plus naturellement une proximité que ma timidité m'empêchait encore d'affronter.

Depuis le début de mon voyage, j'enchaîne les rencontres féminines, mais la vérité, c'est que je suis toujours bloqué au moment où les choses deviennent sérieuses. Je n'y peux rien, c'est dans mon caractère. J'ai une sorte de dissymétrie bizarre et inexplicable, qui fait que je suis capable de prendre des risques fous quand il s'agit de poker ou de moto, mais qui me bloque pour des choses en apparence simples, comme embrasser une fille qui me plaît et à qui je plais. C'est un truc profond, en lien avec une peur très forte du rejet. Ou une peur très forte de l'amour… Un truc que je trimballe depuis longtemps, et dont je ne commencerai à effleurer la compréhension que beaucoup plus tard. Des années plus tard.

Pourtant, avec Clara, c'est différent. Comme les autres, je l'ai rencontrée peu après mon arrivée en ville, pendant une soirée. Comme les autres, elle m'a plu, et comme les autres, j'ai commencé à la fréquenter. La différence, c'est que je lui ai parlé de tout ça. Pas les yeux dans les yeux, non, je n'en avais pas le courage, mais sur Internet, par messages interposés. C'est elle qui a initié la conversation. Je la voyais presque tous les jours, et elle ne comprenait pas pourquoi je ne l'approchais pas alors qu'il était évident que nous nous plaisions tous les deux. Donc, dans l'obscurité de ma chambre, probablement encore atteint psychologiquement par ma déroute sur les tables de la Syrio-Libanaise, j'ai pris ce risque immense et je lui ai écrit. Je lui ai expliqué que j'étais ce mec bizarre, incompréhensible, ce mec qui était capable de parcourir le monde à moto, mais qui avait peur d'elle. Et au lieu de rire de moi, au lieu d'enfoncer le couteau dans la plaie, elle m'a simplement donné rendez-vous ce matin pour partir en balade.

Nous avons roulé quelques dizaines de minutes dans ce brouillard de cendres permanent qui flotte autour de la ville à cause de la canne à sucre qu'on y brûle. Puis un moment, au hasard d'un virage, le soleil est enfin apparu, et nous avons vu au loin la montagne. La route droite au milieu des champs a commencé à monter en lacet, la végétation s'est faite plus dense et variée. J'ai ralenti, et j'ai senti Clara se détendre. Nous nous sommes arrêtés pour boire le maté, cette sorte de thé amer, semblable au *terere* paraguayen, mais brûlant. Elle a sorti la Thermos de son sac, et a commencé son petit rituel avec application.

Je crois qu'en dehors de son physique, c'est l'une des premières choses qui m'a séduit chez elle. Ce sérieux avec lequel elle préparait le maté. Elle m'avait invité à en prendre au parc de Tucumán, quelques jours plus tôt, et j'avais été frappé par l'attention qu'elle donnait à l'ordre des mouvements, aux rôles de chacun, au fait que je comprenne l'importance de cette tradition dans la culture argentine. Ce sérieux, je l'avais trouvé à la fois un peu comique – ce n'était au final que l'équivalent local d'un café – et en même temps respectable. J'avais aimé qu'elle ose se montrer si attachée à quelque chose qui me semblait anodin. Elle était dans son délire. Elle ne se souciait pas de mon regard. Elle avait une personnalité. C'était plaisant à voir.

Dans le froid de la montagne, nous avons bu notre Thermos en nous réchauffant petit à petit de l'heure de moto qui venait de passer, puis nous sommes repartis.

Quelques kilomètres plus loin, des ouvriers nous ont arrêtés. La route était bloquée jusqu'à midi, le temps de finir les travaux sur un tronçon. Nous nous sommes assis sur le parapet au bord du précipice et avons attendu paisiblement que le temps passe. Je me suis couché sur ses genoux pour y dormir un peu. Les yeux fermés, j'ai senti ses mains caresser mes cheveux. Son premier geste de tendresse. J'ai continué à faire semblant de dormir, elle a continué à faire semblant de croire que je dormais. Puis les ouvriers ont terminé leur travail, Clara a retiré sa main, j'ai ouvert les yeux, et nous avons terminé la route jusqu'à Tafí del Valle.

Aux amours naissantes, le privilège de voir la beauté partout. Ce banal *comedor* où nous avons mangé s'est transformé en une charmante auberge et le *locro* y était délicieux. Nous l'avons dégusté jusqu'au dernier bout de pain, et sommes repartis sur la moto à la recherche d'une balade. Elle, la tête posée sur une épaule, moi somnolent et souriant bêtement, profitant de la simplicité du moment. Nous étions dans la vallée et, sur les hauteurs, j'ai aperçu une croix qui couronnait le sommet d'une montagne. Nous avons pris la piste qui nous a amenés en bas d'un sentier où nous avons laissé Parkinson.

Désormais nous n'étions plus qu'à deux. Nous avons entamé l'ascension jusqu'à la croix. Une centaine de mètres de dénivelé. Une bonne demi-heure de marche. Nos regards qui se croisaient de temps en temps, les sourires plus tirés que dans la matinée. Une petite tension était en train de se créer. Nous savions tous les deux ce qui allait se passer là-haut et ce n'était pas juste le manque d'oxygène qui faisait battre nos cœurs plus fort.

Les derniers mètres étaient abrupts, j'ai escaladé en premier, et tendu ma main à Clara pour l'aider. Nous sommes arrivés au sommet. Seuls à des kilomètres à la ronde, la vue sublime sur toute la vallée, le silence absolu de la montagne, perturbé de temps en temps par le bruit d'une rafale. Au bout de quelques secondes de contemplation, je me suis rendu compte que sa main était restée dans la mienne.

Nous sommes restés là-haut pendant un moment. Quelques dizaines de minutes, ou quelques heures. Couchés l'un contre l'autre dans ce tableau sublime. Seul le soleil qui commençait à descendre nous a rappelé que le temps ne s'était pas arrêté.

Je ne voulais pas conduire dans la montagne de nuit, alors nous sommes repartis. Redescendant vers Tucumán dans la lumière dorée du soir. Elle collée à moi, plus confiante sur le retour, le voyage nous a semblé plus court. Je l'ai déposée chez elle, nous nous sommes embrassés une dernière fois, et je suis rentré chez mon oncle. La tête dans les nuages.

Le 4 juillet 2013.

Le genre de journée qui nous rappelle pourquoi nous voyageons.

6. Moto, boulot, dodo

Tous les midis, je viens chercher Clara chez elle. Je m'arrête au coin de la rue pour que ses parents ne nous voient pas partir à moto, et nous prenons la route. À chaque fois que j'arrête Parkinson, le sourire aux lèvres, je me retourne, et la vois, elle aussi aux anges. Nous sommes sur la même longueur d'onde, les émotions synchronisées.

— C'était bien, non ?

— Oui…

Dès le départ, elle a su que je partirais. Peu importait ce qu'il se passait entre nous, je m'étais fixé une date limite, et le lui avais dit. Je ne voulais pas me laisser trop attendrir, et encore moins me détourner de mon tour du monde après seulement trois mois de route. Elle a compris.

Loin de nous attrister, cette fin programmée nous a permis de profiter plus intensément des moments passés ensemble. Un croissant, un maté dans le froid, un baiser, une caresse, un verre de vin. Chaque instant, jusqu'au plus banal. Sans la crainte d'en faire trop, juste en étant bien à deux, sans agenda, ni arrière-pensée…

La dernière journée est à la fois magnifique et tragique. Nous la passons à jouer les amoureux des bancs publics un peu partout dans Tucumán, et à voir passer le temps inexorablement ainsi que l'heure de se séparer. Je la dépose pour la dernière fois chez elle le soir, elle a les larmes aux yeux, j'ai une boule dans la gorge, et nous nous quittons ainsi, tristes, mais le cœur léger. Conscients d'avoir vécu quelques jours de beauté pure. Un peu plus tôt, c'est à elle que j'ai fait la première promesse de mon voyage.

« Si je deviens riche à Vegas, je reviendrai te chercher. »

Le lendemain, je fais mes adieux à ma famille. J'ai passé plus de trois semaines chez eux pendant lesquelles ils m'ont dorloté, nourri de délicieux *asados* (cet énorme barbecue typiquement sud-américain qui dure tant que le ventre n'a pas explosé), sorti, présenté à toute la ville. Je me suis rendu compte que je ne les connaissais pas, les ayant au final à peine fréquentés lors de mon premier voyage. Cette fois-ci, seul, avec eux à tous les repas, j'ai appris à apprécier ces Argentins, si proches de moi physiquement et si éloignés culturellement.

Je pars un midi vers le nord, excité malgré tout de reprendre mon voyage après trois semaines d'arrêt. Une belle route, faite d'amples courbes à travers de petites collines verdoyantes. Je suis désormais dans le centre-ouest du continent. Petit à petit, je m'approche de cette immense chaîne de montagnes qui court le long du Pacifique, du Chili à la Colombie : la cordillère des Andes. Je n'y suis pas encore tout à fait, mais pour la première fois du voyage, je monte en altitude. J'arrive à Salta magnifiquement rougie par le soleil couchant, puis en la contournant je me dirige vers San Luis, un village dans la montagne à une quinzaine de kilomètres. J'appréhende un peu ma première auberge de jeunesse en quatre mois de voyage. J'aurais préféré un couchsurfeur, mais je n'ai pas eu le temps d'en chercher un. Ces derniers jours, j'étais trop occupé à tenter de ne pas tomber amoureux.

Quand ils me mettent un bracelet avec mon prénom et l'adresse de l'auberge au poignet, je suis littéralement choqué. J'ai l'impression d'être de retour à l'école. À l'intérieur, une vingtaine de jeunes de tous les pays sont déjà complètement ivres. C'est toujours la même chose quand je vais dans des auberges de jeunesse. Je n'ai jamais compris cette fascination des gens de mon âge pour ce genre d'endroit. C'est pour moi l'antivoyage. Le faux bon plan. Le meilleur moyen de se retrouver entre touristes, jeunes certes, mais à faire les mêmes fêtes que chez soi, sans jamais rencontrer véritablement de locaux. Je préfère encore un hôtel anonyme et impersonnel à cette impression de colonie de vacances. Après mes sept heures de moto, je n'ai vraiment pas le cœur à me joindre à eux. Il est 21 heures et je vais me coucher, tel le rabat-joie que je suis.

À 5 heures du matin, j'ouvre les yeux. Impossible de me rendormir, je me suis couché trop tôt. Je me rends dans le restaurant de l'auberge et entame la discussion avec le mec qui fait la garde de nuit, Alejandro. Les derniers *borrachos* sont partis il y a peu, et il est surpris de voir quelqu'un débarquer aussi tôt. Nous commençons à parler ensemble, partageons son maté, et finalement je reste avec lui jusqu'à sa relève au lever du soleil. Je l'accompagne dehors, et vois pour la première fois les lieux à la lumière du jour.

L'endroit est immense. Des bungalows sont dispersés en arc de cercle au milieu d'une immense étendue d'herbe, dont le centre est occupé par le restaurant. Tout autour, la montagne, majestueuse, et le soleil qui se lève. Cet endroit a du potentiel, on va peut-être lui donner une seconde chance.

J'arrache mon bracelet, et prends la moto jusqu'à Salta. Je suis dans l'une des dernières grandes villes du nord de l'Argentine, et commence vraiment à sentir l'influence culturelle de la Bolivie proche de quelques centaines de kilomètres. Si l'urbanisme de *cuadras* et la belle architecture espagnole rappellent sa colonisation européenne, la population est beaucoup plus typée *indígena* (ainsi désigne-t-on au sens large en Amérique du Sud les populations natives qui sont restées non mélangées). Les peaux sont sombres, les hommes petits, l'accent différent. Je croise mes premières *cholas*, ces femmes boliviennes vêtues de jupes traditionnelles et coiffées d'un chapeau, dans le marché couvert où des centaines d'échoppes vendent toutes les mêmes vêtements aux motifs incas. Salta est une ville agréable, et je prends plaisir à m'y balader avec Diego, puis Ana Cecilia, deux couchsurfeurs que je rencontre et qui me donnent un coup de main pour repérer les lieux de poker en ville.

Dès le premier soir, je découvre le casino de l'hôtel Sheraton. Moyenne d'âge soixante ans. On a connu des tables plus difficiles… Une bénédiction en ces temps d'incertitude. Après ma cagoule* de Tucumán, j'avais besoin de me remettre en confiance progressivement, et en jouant un poker ABC* je gagne trois sessions sur mes quatre premières nuits là-bas. Petit à petit, mes journées commencent à se ressembler, et ma vie entre dans une routine rappelant celle que j'avais vécue durant les quatre mois de préparation de mon voyage en France. Midi réveil, 13 heures repas. De 14 à 18 heures, procrastination et écriture du blog au bord de la piscine. 19 heures *asado*. 22 heures poker en ville. 3 heures retour à moto à San Luis et discussion avec Alejandro. 5 heures coucher. Une sorte de moto, boulot, dodo en un peu plus fun.

À l'hostel, on me prend un peu pour un animal étrange, surtout Alejandro qui me voit à chaque fois à des heures improbables. Je vis en décalé, vais et viens à moto, je ne participe pas aux soirées dans lesquelles s'enivrent les autres backpackers. Il faut dire qu'après quatre mois de voyage bien intenses, j'ai des envies un peu différentes de celles du début. Quand on est tous les jours en vacances, les week-ends n'ont plus vraiment de sens. Je ressens de moins en moins le besoin de faire la fête, et j'apprécie la possibilité de m'isoler et de n'avoir de compte à rendre à personne, chose impossible en Couchsurfing où l'on reste dépendant de son hôte, aussi sympathique soit-il. Je me rends compte que ce mode d'hébergement est plus pratique durant ces périodes particulières de « travail » et du coup je décide de changer mes plans. Salta, qui ne devait être une qu'une étape de quelques jours avant de remonter en Bolivie, se transforme en un défi : je ne partirai pas d'ici avant d'avoir écrit mes deux prochains articles, et regagné ce que j'avais perdu à Tucumán.

Un soir, je me sens enfin prêt pour passer à la vitesse supérieure. Quelques regs du casino m'ont parlé de la peña de la Sociedad Española, le restaurant d'un club social qui regroupe certains des notables de la ville. Il paraît qu'à l'arrière de ce restaurant il y a une table où l'on joue gros. Un après-midi, je me rends à l'adresse indiquée avec Ana Cecilia. Je pousse la porte d'entrée, et admire l'un des plus beaux bâtiments dans lequel il me sera donné de jouer en Amérique. C'est un salon de l'époque coloniale transformé en restaurant, avec cette ambiance un peu désuète que le grand romantique que je suis affectionne particulièrement. Si les colonnes aux chapiteaux corinthiens, la verrière posée sur un haut plafond, les mosaïques au sol et les portes en bois travaillé témoignent de la gloire passée de l'époque espagnole, l'usure générale du lieu et son ameublement nous ramènent dans l'Argentine contemporaine en crise.

Je parcours le restaurant presque vide, n'y vois personne, m'approche du fond de la salle et remarque une porte ouverte derrière un grand miroir. J'entre avec Ana dans une deuxième salle, qui visiblement est le club que je cherchais. Les mêmes bois sculptés, mais un peu moins fastueux, quelques tables, des canapés usés. Il y a deux vieux qui jouent aux dominos près d'un bar où une serveuse entre deux âges vient à notre rencontre.

— Je peux vous aider ?

— Oui, on m'a dit qu'il y avait une partie de poker ici et j'aimerais avoir des informations.

— Non, je crois qu'on vous a mal renseignés. Il n'y a rien ici.

— Mais si, au Sheraton, Leo m'a dit de venir, il joue ici de temps en temps. Je suis français, je fais le tour du monde et je joue dans tous les endroits où je vais, je suis sûr que les joueurs vont apprécier.

— Non, je suis désolée. Il n'y a rien ici. Vous devriez partir.

Je suis dépité. Je suis certain qu'on joue à cet endroit. Il y a plusieurs portes ouvertes sur de petites salles où l'on voit des tables rondes qui ressemblent diablement à des tables de poker. Mais on n'y rentre pas aussi facilement. Je suis dans un club un peu exclusif et j'imagine que le boulot de cette serveuse est d'éloigner les bouseux dans mon genre. Elle reste devant moi, ne disant plus rien, je m'apprête à faire demi-tour quand d'un coup un miracle a lieu.

La scène est tellement irréelle qu'elle a quelque chose de comique. Comme dans un film, un des deux vieux qui était en train de jouer aux dominos se retourne sur sa chaise et me demande :

— Alors comme ça, tu veux jouer au poker ?

— Oui, on m'a parlé d'une table ici, au Sheraton.

— Il y en a bien une. Reviens ce soir, et demande à parler à Marcello.

7. *La roca*

Marcello, *el armador*, l'armateur, c'est-à-dire celui qui organise les parties m'explique l'attitude de la serveuse de l'après-midi.

— Ici, normalement, on n'entre pas comme ça, il faut être *socio* (membre). On n'aime pas les *pato*.

J'apprends un nouveau mot, *pato*, littéralement « canard », ces gens qui viennent là pour observer, sans y être conviés. Pour cause, c'est plus ou moins la crème de la ville qui vient jouer à la peña, et l'on comprend facilement qu'ils n'ont pas spécialement envie qu'on sache qu'ils participent à de grosses parties clandestines… Pourtant mon profil de Français voyageur doit leur plaire, puisque je suis invité à les rejoindre le surlendemain.

C'est donc un soir de juillet, à 22 heures, que je débarque devant la porte de la peña qui est fermée au public à cette heure tardive. J'ai téléphoné à Marcello et j'attends sur ma moto qu'il vienne m'ouvrir. Il sort, me salue, et me fait contourner le miroir au fond du restaurant pour entrer dans la deuxième salle. Il y a là une demi-douzaine d'hommes en train de manger. Je me fais présenter, ils m'accueillent chaleureusement, m'invitent à les rejoindre, me recommandent un plat, sortent les quelques mots qu'ils connaissent en français. Bonne ambiance. Quelques minutes plus tard, nous entrons dans une petite salle, beaucoup plus sobre, au milieu de laquelle est installée la toute petite table ronde que j'avais entraperçue la première fois.

C'est une table moyenne. Blinde à 20 pesos, entrée minimale à 4 000 (2 et 450 dollars selon mon taux de change). Légèrement plus chère qu'à Ciudad del Este, inférieure à celle de Tucumán. Et au moment où je m'y installe et pose mes 1 000 pesos devant moi, je ne peux m'empêcher de repenser à quelques mauvais souvenirs, à peine enfouis sous les dernières semaines qui viennent de passer…

Peu importe. Il est temps de se concentrer et d'analyser mes adversaires.

La bonne nouvelle, c'est que je suis en position sur tous les joueurs qui ont l'air faibles. Juste à ma droite, un « Touriste » de Córdoba, une ville du centre de l'Argentine, l'autre invité de ce soir. Un trentenaire sympa, tête de bon vivant, qui visiblement sait plus ou moins jouer, mais sans être impressionnant.

À ses côtés, un septuagénaire qui se fait appeler « Docteur ». Il mâche ses feuilles de coca toute la soirée, rit bien fort avec ses amis. C'est typiquement le genre de retraité qui échange son argent contre un peu de sociabilité. Dès les premières minutes, il fait n'importe quoi, du genre miser tout son tapis avec une main moyenne préflop, sans aucune raison, sinon de montrer son bluff. Imprévisible.

Et surtout, à ses côtés, le « Juge ». La quarantaine bien tassée, la voix cassée du fumeur de longue date, et le whisky à côté. Je l'imagine marié, installé avec sa femme et ses trois filles dans sa maison de millionnaire sur les hauteurs de Salta. Lui n'a clairement aucune pression financière ce soir, et d'ailleurs il relance à des montants insensés. Il est là pour l'adrénaline, pour montrer des bluffs, pour casser du requin, et pour oublier, l'espace d'une soirée, ses affaires. C'est lui qui va arroser la partie, ça se voit immédiatement.

La mauvaise nouvelle, c'est que tous les requins sont en position sur moi.

En face, « Gros », la trentaine. Il a le profil du grinder à cette table, car il n'est visiblement pas millionnaire. Je me rends compte assez rapidement que j'ai affaire à un joueur serré agressif. Peu créatif, mais solide, ce n'est pas à lui que je prendrai beaucoup.

À sa droite, Léo, que je connais déjà puisque c'est l'un de ceux avec qui j'ai joué au Sheraton et qui m'a invité à venir. Un très bon joueur qui, s'il ne vit pas du poker, est en tout cas bien gagnant. J'ai prévu de l'éviter consciencieusement.

Dernier joueur, fin de la trentaine, « Grisonnant ». Une grosse présence à table, il parle beaucoup et fort et je me rends compte immédiatement que c'est un énorme requin. Pas le requin traditionnel qui a appris le poker sur Internet, a une technique et un contrôle émotionnel parfait, non, lui c'est un requin de partie privée. Le mec, qui joue probablement depuis des décennies, s'est formé aux tables, sans jamais ouvrir un bouquin. Celui qui entre dans tous les coups, comprend les tells, est capable d'en envoyer des faux, qui parle sans arrêt pour embrouiller.

Ce même mec qui d'ailleurs n'hésitera pas à jeter un œil à mes cartes si je les lève un peu trop haut. Je suis quasiment sûr que c'est son boulot. Il est juste à ma gauche, la pire position, et c'est une très mauvaise nouvelle…

La pression étant forte ce soir, j'ai décidé d'opter pour une stratégie inverse à celle de Tucumán, et plus confortable dans les périodes difficiles : cette fois-ci, je vais jouer serré, et très solide. Plus tard, si je le peux, je profiterai de mon image sérieuse pour élargir un peu mon jeu.

C'est ainsi que commence la partie. Elle se déroule comme à Tucumán en « rondes », c'est-à-dire des périodes d'environ une heure et demi de jeu à la fin desquelles on empoche les gains et on remet les tapis à zéro. Je reçois mes cartes, joue discipliné et jette mes poubelles.

Beaucoup de poubelles.

À vrai dire, après deux heures de jeu, je n'ai joué que quatre mains : QQ, AA, QQ et AT. Sans beaucoup de réussite puisque j'en suis toujours à mon stack initial de 1 000 pesos. En même temps, mes adversaires n'ont pas mis longtemps à comprendre mon style et, à chaque fois que je rentre dans un coup, je suis tellement lisible que tout le monde veut jouer contre moi, et c'est évidemment plus compliqué de gagner une main quand on la joue contre quatre adversaires. Je sens très nettement que j'ai une image de petit jeune effrayé, et déjà Juge commence à me chambrer.

« Alors, Francés, t'es où ? Tu joues avec nous ? »

Il rigole avec Grisonnant et Docteur qui, eux, rentrent dans toutes les mains. J'entends également Léo qui, pensant que je ne comprends pas, parle de moi en me surnommant « la roca » (la pierre), c'est-à-dire celui qui ne bouge jamais.

C'est tout à fait désagréable.

Au poker, comme dans toutes les activités qui impliquent une part de réflexion, être critiqué sur son jeu, c'est une gifle. Être dans la peau du nit, c'est-à-dire ce profil de joueur extrêmement prudent qui ne va jamais prendre de risque, c'est presque humiliant. Mais je n'ai pas d'autre choix, je dois rester solide. Ce soir, tout est une question d'argent. Je n'ai que 4 000 pesos sur moi, et n'ai pas le droit à l'erreur. Eux peuvent se permettre de me chambrer, ils sont pour ainsi dire en recave illimitée.

Je décide de ravaler ma fierté, fais semblant de ne pas entendre leurs petites attaques, et continue à être patient. Quand la première ronde se termine à 00 h 30, je suis pile à l'équilibre, mais j'ai une image tellement sérieuse au milieu de tous ces fous que je décide qu'il est temps d'en profiter. J'ai eu assez de temps pour bien observer leur jeu, et désormais je n'attends que quelques spots favorables pour commencer à bluffer.

Ainsi je commence à m'activer durant la seconde ronde. À 01 h 20, je slowplay* QQ et voit Sympa, un avocat qui est arrivé à la pause, venir s'empaler sur moi. À 01 h 30, je surrelance en bluff contre Touriste, ils se couchent tous instantanément en riant. À 01 h 35, sur K45A, je décide de transformer KQ en bluff en misant fort pour la seconde fois contre Touriste et Grisonnant qui jettent leur main, convaincus que j'ai au minimum une double paire. Et à 02 h 45, les tapis étant de plus en plus profonds, je prends la décision de mettre tout ce que j'ai ramené sur la table : 4 000. Je saute sans parachute désormais.

C'est l'une des dernières mains de la troisième ronde. Sympa a relancé sans même regarder ses cartes à 80. C'est presque classique dans cette folle partie... Quatre joueurs paient, je suis dans les blindes et ouvre mes cartes.

A♥ A♦.

Joli timing.

Tous les joueurs de poker ont connu cet instant critique, qui combine à la fois l'excitation et la résignation. Cet instant où l'on se dit que l'on va enfin pouvoir respirer un peu... ou peut-être jouer sa dernière main. Je prends une grande respiration intérieure. Pas de place au hasard, relance à 500. Seul Sympa décide de défendre.

Flop : K♣, 10♣, 8♥ (pot 1 300).

Il check et, sur un flop aussi riche en tirages, je n'ai pas d'autre option que de faire mon continuation bet à 800. Je dois miser pour value et pour protéger ma main. Il réfléchit une vingtaine de secondes et finit par payer. Il peut avoir quasiment n'importe quoi ici. Un roi, un 10, des tirages couleur ou quinte comme JQ, 9J, et parfois, une main complètement aléatoire qui décide de bluffer le petit jeune...

À la turn, le pot est déjà énorme, et je sens monter la pression quand apparaît un 10♦ (pot 2 900).

Je n'aime pas spécialement cette carte, car il peut très bien avoir un brelan désormais. J'aurais préféré voir une brique* comme un 2♦, mais ça aurait pu être pire. Je réfléchis quelques instants. Je sais que si je mise maintenant, j'ai une image tellement sérieuse que je risque de faire coucher toutes les mains que je bats, et n'être payé que par celles qui me battent. Par ailleurs, j'ai remarqué chez lui, comme chez quasiment tous les autres, une tendance un peu trop agressive. Je suis presque sûr que si je le laisse parler, non seulement il peut s'empaler avec une main dominée, mais peut aussi tenter le diable avec certains tirages en misant en bluff.

Je check.

Il mise 1 200, avec 600 derrière, autant dire qu'il est engagé. Je décide de suivre mon plan, le mets à tapis. Il paie rapidement et quand je vois son K♦ 9♦, c'est-à-dire une simple paire inférieure à la mienne, je suis on ne peut plus soulagé. Il ne lui reste que deux rois dans le paquet pour gagner. Probabilité : 4 %.

River : brique (pot 6 500).

Je ramasse mes jetons. Sympa tire la gueule, vexé de s'être fait avoir, moi je suis rayonnant. Mon premier gros pot. De l'air, enfin ! Quelques minutes plus tard, la ronde se termine, je reprends mon souffle. Désormais j'ai un peu plus d'espace pour jouer et moins de pression.

Durant la quatrième ronde, ma bonne étoile semble me suivre puisque je continue à monter petit à petit, sans montrer mon jeu, et tout en conservant une image très sérieuse. Vers 4 heures du matin, au moment où les joueurs commencent à fatiguer et la partie à se ramollir, je décide d'en profiter pour prendre l'un des derniers coups de la quatrième ronde. À cette heure tardive, les blindes ont doublé à 40 pesos. Cette fois-ci, la partie est la même qu'à Tucumán.

Je suis en premier de parole, avec un désormais confortable tapis de 7 500, et ouvre K♣ 5♣. Une poubelle. En temps normal, je l'aurais jetée sans même y penser. Mais cette fois-ci, j'ai un plan, et décide de rentrer à 40. Juste à ma gauche, voilà que Grisonnant, qui a été démesurément agressif toute la soirée, relance à 300. Énorme relance, mais cependant classique à cette table. Il est payé trois fois, et quand la parole me revient, le pot fait déjà 1 240. Une somme importante. Assez importante pour tenter de la voler. La confiance étant désormais au maximum, et mon image de coffre-fort verrouillé à double tour aidant, je décide de faire mon move de la soirée, et de relancer à 1 300. Je sais pertinemment qu'avec une relance aussi gigantesque mes adversaires vont penser que j'ai une paire de rois ou d'as, et vont se coucher.

Du moins en théorie…

Au moment même où je vois Grisonnant commencer à réfléchir, je réalise qu'à cette table de riches fous j'ai relancé bien trop faiblement. J'aurais été beaucoup plus inspiré de mettre 1 800. Ici, je suis tellement lisible sur AA ou KK que je suis certain qu'ils vont tous payer pour tenter de m'infliger un bad beat*.

Ça ne manque pas. Chacun leur tour, Grisonnant, Léo, Juge et Docteur vont payer mon énorme relance. Le pot fait 6 500, c'est l'un des plus gros de la nuit, et nous n'avons même pas vu un flop. Contre quatre joueurs, je n'espère qu'une seule chose, c'est de voir se dévoiler un joli flop 55K.

Flop : Valet♥ 6♥ 7♥ (6 500).

Raté.

Face à quatre adversaires, autant dire que pour moi le coup est terminé, je ne vais pas essayer de les bluffer. Je check pour abandonner, et étonnamment, tout le monde check.

Turn : 3♥ (pot 6 500).

Quelle étrangeté que personne n'ait misé. À une table aussi agressive, je suis quasiment certain que Juge, Docteur ou Grisonnant auraient tenté de prendre le pot avec quasiment n'importe quel valet ou cœur. Cela voudrait-il dire qu'ils n'en ont pas ? Et avec le quatrième cœur qui apparaît, cela voudrait-il dire qu'ils n'ont rien ? Intéressant. D'autant plus intéressant qu'il est évident qu'ici je représente AA ou KK, et qu'il est tout à fait possible que j'aie moi-même l'as ou le roi de cœur. Ils ont beau être suragressifs, je pense qu'ils peuvent comprendre cela. Finalement, il n'y a que Léo qui m'inquiète. Lui seul aurait pu checker un cœur au flop. Oui, il pourrait très bien avoir un cœur. Après tout, il n'y a qu'une seule manière de le savoir.

Je rassemble tout ce que j'ai de courage, et décide de faire l'un des plus gros bluffs de mon voyage : 1 600. Un quart du pot. Normalement suffisant pour faire coucher n'importe quelle main qui ne soit pas une couleur et laisser planer la menace d'une mise encore plus importante sur la rivière*.

J'ai adopté ma *poker face* habituelle, le coude sur la table, le pull relevé sur ma gorge. Je retiens mon souffle, sens mon cœur battre jusqu'à mes tempes. L'un après l'autre, ils jettent leurs cartes dans la défausse. Le dernier à parler est Docteur. Il réfléchit une trentaine de secondes, a l'air d'avoir une décision à prendre. L'attente est insupportable… puis s'en va lui aussi.

Soulagement.

Je ramasse mon énorme pot et, évidemment, montre mon bluff. Par pur orgueil. Juste pour le plaisir de rétablir ma fierté blessée en début de soirée. Ça me fait un bien fou de voir leur tête au moment où ils se rendent compte qu'ils se sont fait berner. Jamais ils ne s'attendaient à ce que moi, la serrure internationale, puisse bluffer ce pot, et encore moins que je puisse l'avoir construit dès le début avec cet objectif. Ça parle beaucoup, ça s'excite, ça rigole. Ils sont un peu troublés, ne comprennent plus trop comment je joue. Tous sauf Léo, qui reste calme, et me lance un petit sourire complice. Il n'a jamais été vraiment dupe celui-là…

Assis devant mon tapis de 13 000, et bientôt de 14 000, je vois la ronde se terminer, et m'assure un très beau gain en mettant mes jetons dans ma poche.

— Il s'est réveillé, le Français ! me lance Juge.

Durant la cinquième et dernière ronde, la confiance est là et le rush continue. Je profite de mon image désormais un peu incompréhensible pour alterner entre bluff et bonnes mains. De leur côté, Juge et Docteur, très négatifs, me donnent un sacré coup de main en voulant se refaire et en jouant un peu n'importe comment.

À 6 heures du matin, la partie se termine. Chacun à notre tour, nous nous levons pour aller nous faire payer. Juge, qui n'est pas spécialement rancunier quoiqu'il ait perdu bien 25 000 pesos, demande en rigolant à

Léo pourquoi il a eu l'idée de m'inviter, Touriste me félicite. Je suis aux anges. Quand vient mon tour, en dernier, je pose mes jetons sur la table, et Marcello compte mes gains : 19 200. Presque 2 200 dollars.

Tout simplement la plus grosse victoire de ma vie.

Le plus gros billet argentin vaut 100 pesos. Vous imaginez les dizaines de liasses que Marcello étale devant moi. Avec fébrilité je mets plusieurs minutes à tout recompter. Aux toilettes, je remplis les poches de mon jean, de mon blouson, jusqu'à mes chaussures, il y en a partout.

Sur la route du retour, à cent à l'heure sur Parkinson qui me ramène à l'hostel à travers les montagnes, je me sens dans la peau de Matt Damon, dans la scène finale de *Rounders*, quand il vient de gagner sa dernière partie contre John Malkovich, s'est refait, et s'apprête à partir aux championnats du monde à Vegas.

Extatique.

À mon arrivée, je retrouve Alejandro qui m'attendait pour terminer sa garde. Il fait froid, mais nous nous installons quand même sur la terrasse et je lui raconte mon incroyable nuit. Il me propose une bière. À 8 heures du matin. Une bière entre potes, dans les montagnes, pour fêter ma victoire.

Nous la dégustons en silence, en regardant le soleil se lever. La pression redescend petit à petit, l'euphorie laissant place à un sentiment plus doux. Plus serein. Un sentiment de devoir accompli, et de joie.

Au bout d'un certain temps, les premiers backpackers se lèvent et nous croisent pour prendre le petit déjeuner. Je les regarde, la bouteille aux lèvres. Ils me regardent, intrigués. Je suis en total décalage.

Mais je dois avouer qu'à ce moment je m'en fous complètement. Je me sens bien. Je me fous de ce qu'on peut penser de moi. Je me fous de ma famille, des potes, des meufs, de l'architecture, et de la France.

Je suis exactement là où je dois être, à faire ce que je dois faire. Différent, mais à ma place.

Et à cet instant, pour la première fois de mon voyage, me vient cette pensée : je n'arriverai plus à revenir à ma vie d'avant.

8. Les mains sèches

Les deux semaines de détente et de grind à Salta dans le nord de l'Argentine ont été riches en émotion. Après avoir tenu mes objectifs d'écriture, et joué au poker une demi-douzaine de soirées, je quitte la ville en ayant récupéré tout l'argent perdu à Tucumán, avec en bonus un petit cadeau : un nouvel ordinateur portable et une caméra.

Bien décidé à utiliser mes nouveaux jouets, c'est la GoPro fixée sur le casque que je me rends à Jujuy, la dernière grande ville argentine avant la Bolivie. Finies les plaines monotones du Paraguay et la pampa du Chaco, à partir de maintenant et pour les trois prochains mois, j'entre dans les Andes, et ne descendrai quasiment plus en dessous de mille cinq cents mètres.

Après trois heures de route dans de magnifiques paysages de moyenne montagne verdoyants et ensoleillés, j'arrive à destination : Jujuy. La capitale d'une province bolivienne perdue en Argentine, du moins selon ce qu'aiment à dire ses habitants. Et effectivement, de la population aux bâtiments, je me sens dans un autre pays. L'indécision entre culture indigène et culture coloniale qui caractérise toutes les villes du Nord penche désormais nettement en faveur de la première.

Ma couchsurfeuse Cecilia n'est cependant pas la plus représentative des *Jujeñas* puisqu'elle vient de Mendoza, dans le centre du pays. Elle est venue dans le coin pour y faire sa thèse de biologie sur la reproduction des grenouilles. Une passionnée qui se fait après chaque averse des petites sorties d'observation avec sa tente dans la nature, et qui a même orné son salon de photos de ces charmants batraciens. Je suis plutôt bien tombé, puisque l'intérêt principal de la région n'est pas sa capitale, mais la magnifique région qui l'entoure. À chaque fois que nous sortons avec elle et ses copines biologistes, elles passent leur temps les yeux en l'air à chercher les oiseaux, et m'en apprennent des tonnes sur la faune et la flore locale.

Dès le lendemain de mon arrivée, nous sommes tous les deux sur la moto dans la Quebrada de Humahuaca, ce Grand Canyon argentin. J'aime cet endroit à la fois magnifique et inhospitalier. À deux mille cinq cents mètres d'altitude, il fait beau et froid, et nous passons au milieu de montagnes arides aux profils déchirés et aux infinies nuances colorées.

Dans ce paysage grandiose, nous traversons de temps en temps des villages isolés. Au hasard de l'un deux, nous voyons un attroupement, nous arrêtons par curiosité, et sommes invités à assister au rituel inca de la Pachamama. Nous sommes chanceux, car celui-ci n'a lieu qu'une fois par an. À cette occasion, tous les habitants se réunissent pour remercier la déesse de la

Terre de l'année écoulée et la solliciter pour l'année à venir. Ils creusent un trou dans le sol et, chacun à leur tour, s'y agenouillent pour y verser nourriture et boisson. Voyant notre curiosité, ils nous proposent de participer nous aussi, et nous nous retrouvons à faire la queue puis à jeter des chips et autres verres de vin dans le trou fumant. Une fois tout le monde passé, ils le rebouchent en priant, et organisent un grand repas : deux têtes de vache, dont ils ne laissent à peu près que les dents. J'ai la chance de tomber sur la joue, Cecilia, elle, se voit offrir une partie non identifiée et peu ragoûtante qu'elle jette discrètement dans un fossé (en espérant que cet affront à la Pachamama ne lui porte pas malheur).

Je vais jouer un peu au poker, dans une autre Syrio-Libanaise, comme à Tucumán. Sauf que les mises sont ici beaucoup plus faibles : 200 pesos. À partir de maintenant, j'entre dans les zones les plus défavorisées du continent. Dans le nord de l'Argentine, la Bolivie et le Pérou, sauf exception, je jouerai désormais pour des sommes relativement faibles. Malgré deux sessions négatives, au cours desquelles je dois avouer que je joue de manière un peu désinvolte à cause de l'enjeu très faible, je termine mon séjour en Argentine sur un bilan positif, et ce, pour le troisième pays d'affilée : 500 dollars de bénéfice. C'est beaucoup moins qu'au Brésil et au Paraguay, mais cela reste bon à prendre. La bankroll en revanche est bien descendue. 8 000 euros. Mille euros de moins de que ce j'avais quand je suis parti. Mais après avoir financé quatre mois de route, une moto, un ordinateur et une caméra, cela reste un beau résultat. Et surtout c'est encore loin d'être inquiétant.

Pour terminer ma semaine en beauté, nous partons en week-end avec Cecilia, Nestor, un ferrailleur amoureux de la nature, et ses amis. Deux jours de marche, de discussions sous les étoiles, de rires et de bonne bouffe. Le lendemain, mon sac est prêt et je suis à bloc. Il faut dire que depuis quelque temps monte en moi une irrépressible envie d'aventure en solitaire : depuis un mois et demi, je n'ai visité que trois villes et ne me suis déplacé que de quelques centaines de kilomètres. Il me tarde de reprendre la route, dormir dans la nature, et de découvrir enfin à la Bolivie.

De Jujuy, en Argentine, à Tarija, dans le sud de la Bolivie, où m'attendent quelques couchsurfeurs, il y a cinq cents kilomètres. Je me donne une semaine pour y arriver, et décide de prendre la route sans rien planifier. Je vais laisser le destin et les rencontres me guider.

C'est ainsi qu'en ce 8 août 2013 je me retrouve pour la seconde fois à moto dans la Quebrada de Humahuaca, seul cette fois-ci. Je suis en T-shirt sous un soleil magnifique, la musique à fond dans le casque[1], moi à fond sur la route, le sac à dos accroché à l'arrière. Ce qui a précédé n'était qu'une mise en jambes. L'entrée dans les Andes est le spectacle le plus beau qu'il m'ait été donné de voir.

Je suis euphorique.

C'est exactement ce genre de moment que j'imaginais vivre quelques mois plus tôt quand, dans la laideur

1. Pour lire cet extrait, il vous faut écouter la musique qui est dans mon casque à ce moment-là : Angus & Julia Stone.

de Ciudad del Este, j'ai acheté la moto. À travers des paysages incroyables à trois mille mètres d'altitude, j'enchaîne les kilomètres et les villages aux noms indigènes : Purmamarca, Maimará, Tilcara, Coctaca, Uquia, Humahuaca, Iruya… Au moment où je passe devant le panneau indiquant ce dernier village, le matin du deuxième jour, je me rappelle que Nestor m'en avait fait l'éloge. Je ralentis, m'arrête et fais demi-tour pour revenir à l'embranchement de la route. Enfin de la piste plutôt.

Avec Parkinson, je n'ai encore jamais roulé sur autre chose que du bitume. De plus je sais que si je fais un détour maintenant par Iruya, je ne traverserai pas la frontière le lendemain, comme je le pensais. Et pourtant, en voyant cette petite route en gravier qui s'enfonce au loin à travers une chaîne de montagnes, et ce ciel magnifique sans l'ombre d'un nuage, j'ai bien envie de changer mes plans. Pourquoi pas après tout ? Je n'ai rendez-vous nulle part avant plusieurs jours, j'ai le plein d'essence, de l'eau dans mon sac, de l'argent, une tente dans le pire des cas, qu'est-ce qui m'empêche d'y aller ?

C'est ainsi que deux mois après avoir acheté Parkinson, je prends enfin la mesure de l'autonomie qu'elle me donne, et décide en improvisation totale de me faire un « petit » détour de deux jours. Iruya n'est qu'à une cinquantaine de kilomètres de route, mais je prends toute la matinée pour y arriver. Quelques heures à traverser des paysages absurdement beaux, où je change de pays à chaque nouveau col, des immenses plateaux secs de la Mongolie aux montagnes verdoyantes de Suisse, en passant par les canyons de l'Arizona.

J'arrive à Iruya, enivré d'avoir parcouru tant de pays en si peu de kilomètres. Il me faut quelques heures pour m'en remettre et me décider à refaire la route dans l'autre sens. Sur le retour, je n'ai pas le temps de revenir sur la route principale, et le soleil se couche lorsque j'arrive à Itumbe. C'est un tout petit village complètement perdu sur cette piste secondaire, d'une centaine de maisons éparses reliées par des rues en terre. Sur ce qui ressemble à la place principale, une sorte de grand terrain vague planté de quelques arbres, il n'y a pas un chien. Juste quelques résidus de leur passage. Les quelques personnes qui passent toutes les dix minutes m'évitent consciencieusement, probablement inquiètes de voir ce gringo tout à fait inhabituel dans le coin. J'interpelle un homme qui a l'air un peu moins farouche en espérant secrètement qu'il m'invite chez lui, et il me montre le parc en me disant que je peux y planter ma tente sans problème.

Le soleil est beaucoup trop bas dans le ciel pour que je continue jusqu'à la route principale, et il n'y a pas d'hôtel. Si la nuit précédente à Humahuaca à trois mille mètres, je m'étais un peu dégonflé à l'idée de dormir dehors, cette fois-ci, je n'ai pas le choix… Je la monte à l'endroit qu'il m'a montré, entre deux arbres et quelques crottes de chien, grignote une mauvaise *hamburguesa* achetée à côté et, devant l'absence totale d'activité, finit par me coucher à 20 heures.

La pire nuit de tout mon voyage.

Après l'euphorie de la veille, je suis redescendu sur Terre de la plus brutale des manières. Naïveté totale.

J'aurais dû m'y attendre, je ne suis pas vraiment équipé pour le bivouac en altitude, et malgré mes deux pulls et ma combinaison de moto, je me lève à 6 heures avec le soleil, incapable de dormir plus, frigorifié. L'eau de ma bouteille qui est pourtant restée sous la tente a gelé pendant la nuit. Sous l'œil amusé des gamins du village en route pour l'école, je mets une bonne heure à essayer de faire redémarrer Parkinson qui m'en veut probablement d'être restée exposée au vent glacial aussi longtemps.

Après m'être réchauffé dans l'*hospedaje* d'à côté que je découvre à cinquante mètres de ma tente (la femme me voyant arriver me demande avec étonnement pourquoi je n'y ai pas dormi cette nuit…), je reprends la route principale et ma direction initiale : le nord. La Quebrada de Humahuaca se termine peu à peu et, tout en continuant à monter en altitude, j'entre dans une nouvelle zone géographique, beaucoup moins agréable. Pendant une centaine de kilomètres, je traverse en ligne droite mon premier désert. Il fait horriblement froid, de la pierre à perte de vue, et un puissant vent tournant qui crée un brouillard de poussière et secoue Parkinson dans tous les sens, rendant la route difficile. Les rares villages que je traverse sont déprimants, je m'arrête à Tres Cruces pour mettre de l'essence et marche dans des rues mortes où les seules âmes qui vivent sont celles des éboueurs qui ramassent les ordures dans leur misérable camion branlant.

J'atteins La Quiaca, à la frontière argentino-bolivienne en milieu de journée. Je m'installe dans un *hospedaje* puis pars en repérage. En me promenant dans la rue, essoufflé au bout de dix minutes à cause du manque d'oxygène, je réalise que je suis épuisé. Même si mon moral est au beau fixe, stimulé par la fierté d'avoir traversé seul toutes ces zones tellement inhospitalières, je sens que mon corps lui, souffre. Tout en marchant dans la rue, je regarde mes mains et constate que le soleil et le froid les ont bien maltraitées. La peau complètement asséchée craque en plusieurs endroits. Mon visage a pris sa dose lui aussi. J'ai les lèvres défoncées, des coups de soleil sur le nez et les joues, et la peau tellement tirée qu'elle pique quand je la touche. Les derniers jours ont été intenses, mais très difficiles, et je décide de rester quelques nuits ici avant de reprendre la route.

La Quiaca n'est pourtant pas spécialement conçue pour le repos : trois mille quatre cents mètres, en bordure du désert, un vent permanent, et malgré le puissant soleil à cette altitude, un horrible froid du matin au soir. Une ville qui a connu des jours meilleurs. En la parcourant, on imagine facilement la belle époque où les voyageurs arrivaient par milliers par la gare du centre-ville, dormaient dans ses fringants hôtels en pierre de taille et se promenaient le dimanche en famille dans le parc urbain face à l'église. Aujourd'hui, la gare est désaffectée, les fenêtres des belles demeures sont murées, et la seule animation de la promenade aux arbres morts est une chienne en rut poursuivie par dix mâles crasseux. Dans les rues, je croise beaucoup de Boliviens avec des sacs énormes remplis de vêtements qu'ils comptent probablement vendre aux touristes de Salta. À côté du restaurant où je déjeune, une fille change son bébé. Elle a quatorze ans, maximum.

Ça peut paraître étonnant, mais je ne suis pas mécontent de me retrouver là. Je trouve les villes frontières intéressantes. Elles sont plus sales et plus vraies. La Quiaca, malgré la différence climatique et géographique, me rappelle beaucoup Ciudad del Este, au Paraguay, en moins trash probablement. Le genre d'endroit de transition invisible par l'avion. La raison pour laquelle je préfère voyager par la route. J'y reste donc quelques jours, durant lesquels je me repose, écris, fais connaissance avec deux couples de voyageurs artisans avec lesquels je passe le temps. Et au bout du quatrième jour, je suis de nouveau prêt à partir.

Le matin du 12 août 2013, je passe à Villazón, de l'autre côté de la frontière.

Désormais, je suis en Bolivie.

BOLIVIE

9. Dans le Sud bolivien

Mon premier contact avec la Bolivie est un douanier sympathique avec lequel je discute pendant un quart d'heure au lieu de remplir mes papiers. Enthousiasmé par mon voyage, il me facilite la vie en me donnant soixante jours de visite au lieu des trente habituels.

Mon second contact est un policier corrompu qui demande une « contribution volontaire » pour valider mon entrée et qui devant mon manque évident de volonté, exige sans honte un billet, que je ne lui donne pas. Je m'en tire grâce à la caméra posée sur mon casque qui semble le préoccuper.

Comme un symbole, je suis confronté dès les premières minutes aux deux facettes de ce pays dans lequel je vais vivre pendant deux mois et demi les meilleurs et les pires moments de mon voyage.

Je ne passe qu'une heure dans l'horrible Villazón, à la frontière, le temps de m'acheter une nouvelle carte SIM et de constater que je suis bien entré dans un nouveau pays : c'est le bordel… À la sortie de la ville, je parcours quelques kilomètres vers le nord et arrive à un embranchement. Tout droit, sur une belle piste en bitume, Tupiza. À l'est, des cailloux. Tarija, ma destination. Je m'engage à droite sur cette piste en terre, et me félicite d'avoir acquis un peu d'expérience sur ce type de terrain à Iruya quelques jours plus tôt. À vrai dire, je crois que si j'étais venu directement ici, j'aurais abandonné et pris la direction du nord tant la route s'avère difficile. Étroite, à peu près de la largeur d'un camion, et mieux vaut les repérer de loin, car quand ils arrivent, ils ne freinent presque pas. Effrayante, car la plupart du temps, sur le côté, c'est un précipice de plusieurs centaines de mètres qui ne donne pas envie de s'approcher trop près du bord. Technique, avec des montées et descentes abruptes, beaucoup de virages, des graviers, du sable, des galets… Je tombe deux fois, sans gravité, mais ne suis pas du tout serein…

Heureusement, pour compenser, je me retrouve une fois de plus à traverser des paysages incroyables. Entre les cols à quatre mille mètres avec panorama à des kilomètres à la ronde et les descentes dans la vallée à la végétation luxuriante, j'en prends plein les yeux.

En fin d'après-midi, le soleil commence à baisser et je décide de m'arrêter dans le village de Yuncharà. Première conversation amicale avec des jeunes Boliviens qui attendent le bus pour rentrer chez eux. Ils m'accostent rapidement, sympathiques, en casquette, survêt, oreillettes. J'avoue qu'ils ne correspondent pas du tout à l'image du villageois bolivien que j'imaginais… différent. Ils me montrent l'*hospedaje*, et pour mon premier repas, je suis ravi de tester la gastronomie bolivienne, qui plus est faite maison. J'accepte avec plaisir le *picante de panza* qu'on me propose. De la paroi d'intestin de vache. Une spécialité nationale très appréciée. Imaginez-vous manger des préservatifs parfum chasse d'eau.

Cette nuit-là, je m'endors le ventre vide.

Le lendemain, je me lève à l'aube et prends rapidement la route malgré les caprices de Parkinson (il a encore gelé cette nuit). Après quelques nouvelles heures à travers la montagne, et une nouvelle réserve naturelle splendide, je sens que la route redescend petit à petit et que la chaleur se fait plus vive. Les flancs de la montagne qui étaient jusque-là uniquement composés d'herbe et de pierre se garnissent de buissons, puis d'arbrisseaux. Je vois enfin au loin Tarija. Une heure plus tard, je suis arrivé, épuisé et malade comme un chien à cause du froid et des quelques bouchées de *picante de panza*, mais avec la satisfaction d'avoir effectué en une semaine ce qui restera jusqu'à la fin de mon voyage l'une de mes plus belles balades en Amérique.

Tarija est une surprise et, à l'instar des jeunes Boliviens rencontrés la veille, me fait réviser mes clichés. Je m'attendais à ce que les villes d'ici soient à l'image de Villazón, c'est-à-dire bordéliques, sales et désagréables, et j'arrive dans une cité de taille moyenne, tranquille, aux jolis bâtiments coloniaux, réputée pour ses vins d'altitude et sa douceur de vivre. Le genre de ville rare où des inconnus vous souhaitent bon appétit en sortant du restaurant. Il y a quelques couchsurfeurs dans le coin, mais aucun pour m'héberger et je passe donc mes premières nuits dans une auberge de jeunesse, principalement aux toilettes. Lors de mes rares sorties dans le salon, je fais connaissance avec Alejandro, un ancien militaire suisso-urugayen qui, après s'être fait virer de l'armée suisse pour d'obscures raisons, a décidé d'émigrer sur son continent natal pour chercher une vie plus libre. Il voyage depuis plusieurs mois, travaille à ce moment-là comme réceptionniste avec sa copine en échange de l'hébergement. Tous les jours, il est sur la Plaza Sucre pour vendre ses colliers, bagues et autres objets fabriqués en tissu et fil de fer aux touristes du coin. J'avais déjà croisé pas mal d'artisans, ou de hippies comme disent avec mépris les Boliviens, sur la route. Ils sont nombreux ici, ceux qui ont quitté le système, dégoûtés par le monde du travail, et qui parviennent à voyager des années en vivant difficilement de leur production. On les croise souvent sur les places des grandes villes touristiques, assis sur le trottoir avec leurs babioles, essuyant les refus. La galère en échange de la liberté, tout a un prix. Avec mon poker, je me sens privilégié.

La capitale *chapaca* (nom donné aux habitants de la région), sans raison apparente, est un nid à rencontres étonnantes, mais pas forcément toutes bonnes. Je suis hébergé chez Alberto. Un type étrange, obsédé de musique metal qui passe ses journées dans son obscure chambre devant son ordinateur. Puisque chaque couchsurfeur a son « utilité », c'est grâce à lui que j'apprends l'existence du Darknet. Il me montre comment il y accède, comment il y achète de la drogue et puis, optionnellement, comment il en fume à foison. Ses nuits, il les occupe à regarder des documentaires sur la Seconde Guerre mondiale. Mais, j'en ai la désagréable impression, plutôt dans un esprit de fascination morbide que de documentation. Je ne suis pas du tout à l'aise chez lui, dors sur un matelas crasseux et, chose rare, n'ai absolument rien à lui dire. De plus, même si je ne suis pas encore très sensible à tout cela à l'époque, je ne peux m'empêcher de ressentir une énergie malsaine dans cette pièce. Quelque chose de sombre qui me donne envie de me barrer. Une nuit, je me réveille et il est là, sur son ordinateur, à deux mètres de moi, en train de se masturber. Je suis dégoûté. Probablement ma pire expérience de couchsurfeur, et de loin.

Heureusement, tout n'est pas noir. Chez Alberto, un soir juste avant mon départ, un pote à lui débarque. Alberto étant devant son ordinateur à ne pas s'occuper de son hôte, je me mets à parler avec ce dernier, de banalités d'abord, puis de sa vie. Bouleversante. Dilver, le début de la trentaine, peau sombre et queue-de-cheval, est mécano, mais il n'en a pas toujours été ainsi. Il y a quelques années, il bossait dans les mines d'argent à Potosí. Il me raconte les conditions de travail effroyables, le salaire de misère, les explosions, les collègues morts, la fois où les piles de sa lampe se sont épuisées et où il a dû remonter à tâtons pendant des heures dans le noir absolu. Il me parle également des problèmes respiratoires, des maladies non reconnues, de la mort quasi assurée à quarante ans, et des compensations ridicules données aux familles.

— Mais pourquoi les gens bossent là-bas si c'est si dur ?

— Il n'y a rien d'autre à faire tout simplement.

Dans l'Altiplano bolivien, entre trois mille et cinq mille mètres, la seule ressource économique vient des mines, et les populations qui vivent ici sont condamnées à y bosser si elles veulent s'en sortir. Dilver y passe quelques années, arrête avant d'en crever et se reconvertit dans l'unique autre secteur qui fonctionne : la marijuana. Apparemment ça marche bien pour lui. En même temps, après la mine, tout devient facile. Tout quartier connaît son surnom, même les flics n'arrivent pas à mettre un visage dessus. Jusqu'au qu'où il se fait coincer bêtement sur une bêtise d'un ami, et part en taule. De quoi faire passer la prison française pour un quatre étoiles.

Devant mon effarement grandissant, il me raconte aussi cette période de sa vie. Il vit dans une pièce immonde, sans toilettes, partagée sans distinction avec les tueurs, voleurs et violeurs. À l'air libre, à Potosí (quatre mille mètres), il gèle la nuit une bonne partie de l'année, et ses codétenus s'amusent à le réveiller avec un seau d'eau glacée. Il apprend à se battre là-bas, à protéger le peu qu'il possède, à survivre. Au bout de six mois de cet enfer, on le laisse sortir et il a migré à Tarija dans l'espoir d'un nouveau départ.

C'est là qu'il trouve un boulot de mécano, juste pour vivre, dit-il. Sa passion, c'est la musique. Il a sa guitare à côté, je lui demande de jouer, et le voilà qui me chante les larmes aux yeux la mine, la drogue, la prison, la déchéance, et moi-même je suis sur le point de m'effondrer tellement c'est beau. J'ai l'impression d'avoir devant moi le Mano Solo bolivien.

J'aurais adoré pouvoir diffuser sa musique, l'utiliser dans des vidéos. Je lui ai proposé de travailler ensemble, il était enthousiaste, mais finalement l'inertie de la vie ou peut-être une certaine retenue de sa part dont je n'ai pas réussi à identifier l'origine ont enterré le projet. Dommage…

Durant mes derniers jours à Tarija, je rencontre une dernière personne incroyable, Alejandro. On me présente un soir ce géant bolivien au sourire fixé au-dessus d'une malicieuse barbichette. Un ancien avocat qui a lâché son boulot pour voyager, à la dure. Moi qui me croyais aventurier, je me sens ridicule lorsqu'il me raconte sa dernière virée en Amazonie. Son truc à lui, c'est de débarquer quelque part sans argent et, juste grâce à son bagout, se faire des amis et trouver ainsi de quoi manger et dormir. « J'irai dormir chez vous », sans caméra, pendant des mois. Il a un talent d'orateur et un charisme énorme, et je suis, comme la moitié de la ville qu'il salue dans la rue, pendu à ses lèvres quand il me raconte ses histoires de filles, de contrebandiers, de nuit sur les bancs publics et de manifs brésiliennes.

Toutes ces conversations me donnent des envies d'Amazonie. Je pensais au début continuer vers le nord, en direction d'Uyuni, le fameux désert de sel. Pourtant, l'absence de couchsurfeurs pour m'y héberger, le froid qui me suit depuis le nord de l'Argentine et commence sérieusement à m'excéder et la peur de rencontrer des hordes de touristes me font réviser mon jugement. Ajoutez à ça l'invitation d'une charmante couchsurfeuse à Santa Cruz de la Sierra, aux portes de l'Amazonie bolivienne, il n'en faut pas plus pour me décider à continuer vers le nord-est.

La Bolivie est un pays particulier où, à cause de l'état du système routier, on ne compte plus les distances en kilomètres, mais en heures de trajet. Quand je demande à quelle distance je suis de Villamontes, la ville qui fera mon étape avant Santa Cruz, on ne me répond pas les cent cinquante kilomètres qui apparaissent sur la carte, mais huit heures.

En quittant Tarija et en me dirigeant vers l'Amazonie, je quitte les hauteurs sur lesquelles je roulais depuis presque deux mois. Le trajet consiste en une longue descente, et quelques remontées et passages de cols, alternant tronçons bitumés et pistes en état passable. L'altitude moindre que lors du trajet Jujuy-Tarija offre des paysages beaucoup plus verdoyants. Je traverse des forêts sèches aux sols rouge-gris qui rappellent la proximité du nord du Paraguay et m'offre une petite frayeur sur le chemin, quand au hasard d'une déviation, la route devient littéralement, durant une centaine de mètres, une rivière dans laquelle Parkinson manque de noyer son moteur ! À part cette petite surprise, je termine la journée sans problème majeur, les derniers kilomètres sur une piste en terre avec d'un côté la paroi rocheuse à pic et de l'autre des gorges d'une centaine de mètres de profondeur. Magnifique !

À cause de la poussière soulevée sur le chemin, je suis gris de la tête au pied lorsqu'au coucher du soleil j'entre à Villamontes. C'est une sorte de gros bourg sans aucun intérêt touristique, qui n'est fréquenté que parce qu'il est une étape commode entre Santa Cruz de la Sierra et le Paraguay. Pourtant quelque chose a changé : la chaleur. Après cinq semaines à me les cailler entre deux et quatre mille mètres d'altitude, je suis redescendu à quatre cents, dans la ville la plus chaude du pays. Les rues grouillent de filles en minishort, la vie est belle. Après m'être trouvé un hôtel, je sors tout guilleret en T-shirt pour profiter du climat agréable. J'ai envie de me faire des amis pour la soirée, et décide d'utiliser ma technique secrète et infaillible : me faire couper les cheveux…

Quand je suis seul quelque part et que je m'ennuie, je vais chez le coiffeur. Ça peut paraître étrange à première vue, mais c'est une technique que j'ai déjà éprouvée de nombreuses fois au cours de mes voyages : une demi-heure de conversation et de contact physique, c'est probablement la seule profession qui crée une telle proximité entre deux étrangers. Ici à Villamontes, comme à Corrientes ou Curitiba quelques mois plus tôt, la conversation s'enclenche rapidement. Le jeune qui s'occupe de moi s'appelle Marcello, nous nous entendons bien, nous racontons nos vies (lui aussi vient de Potosí et est venu ici pour trouver du travail) et, à la fin de ma coupe, il me propose d'aller manger un poulet grillé, l'unique option en ville, avec lui et son frère Limbert. Je les accompagne à moto, présente Parkinson à tous ses potes auprès desquels sa rareté paraguayenne fait sensation, ils me font visiter la ville puis me proposent de rester le lendemain et de m'héberger.

C'est ainsi qu'au lieu de repartir directement à Santa Cruz le jour suivant, je partage le quotidien de coiffeurs d'une petite ville du Sud bolivien. Un quotidien fait de poisson grillé pêché dans le fleuve qui longe la ville, de vin-Fanta (hérésie !), de drague de serveuses et de coupes de cheveux. Ambiance tranquille dans le salon, on racole parfois les clients, le reste du temps la télé est allumée sur le championnat de foot espagnol. Une bande de potes qui travaillent pour passer le temps.

Le soir venu, Limbert m'emmène chez lui. Je le suis à moto, nous nous éloignons du centre, puis par une piste en terre arrivons dans la *villa* (les bidonvilles). Il m'avait prévenu, je n'en reste pas moins surpris. Ici pas de route, les maisons sont fabriquées à la va-vite avec des parpaings, sans fenêtre, sans eau courante ni électricité (mais je peux actualiser mon statut Facebook, allez comprendre…). Les déchets sont jetés dans la nature et se dispersent au gré du vent, les besoins se font dehors, derrière un tissu à l'arrière de la maison et la douche se prend froide dans des bassines remplies grâce au tuyau du voisin.

À l'intérieur, c'est encore un peu plus violent. Il y a une telle dissonance entre l'apparence soignée de Limbert, ses vêtements propres, sa coupe de cheveux à la mode, sa jolie moto, et le lieu dans lequel il vit. La maison, qui a été construite il y a quelques mois, n'a probablement jamais été nettoyée (il lui manque une femme me dit-il), le matelas non plus… Les rares meubles sont couverts de poussière, et des déchets jonchent le sol partout. Bref, on a connu des conditions de vie plus agréables. Je ne suis pas spécialement content de dormir là cette nuit, mais par respect pour lui, j'oublie mon petit confort d'Européen exigeant et décide de le prendre comme une expérience sociologique. Sans trop regarder autour de moi, je me confine dans mon sac de couchage, ferme les yeux et laisse le jour venir.

Le lendemain, je fais mes adieux à mes nouveaux amis, et reprends la route pour Santa Cruz. Un trajet de presque quatre cents kilomètres en une journée, je n'avais pas roulé aussi vite depuis le Paraguay, et pour cause, la route est en ligne droite pendant quasiment tout l'après-midi. Sauf qu'avec la vitesse j'ai également retrouvé la monotonie. Huit heures de terrain plat, de végétation mi-basse sans grand intérêt. Je passe ce jour-là la barre des cinq mille kilomètres à moto, mais ne m'arrête même pas pour prendre une photo tant je suis pressé d'en terminer. À cent à l'heure pendant des heures sous un soleil de plomb, Parkinson est tellement brûlante qu'elle en perd des boulons.

En fin d'après-midi, les villages sont de plus en plus rapprochés, les déchets plus fréquents, l'horizon plus rare, jusqu'à ce que la nuit arrive, et qu'il ne reste finalement plus qu'une succession continue de bâtiments et un trafic insensé. J'arrive à Santa Cruz de la Sierra, un million et demi d'habitants, la ville la plus peuplée du pays. À travers les embouteillages et la foule agglutinée, je me dirige tant bien que mal vers l'université où vit Thalia, ma nouvelle couchsurfeuse. Et quand enfin, après une heure de recherche, j'arrive devant chez elle et la vois marcher en souriant vers ma moto, je marque un temps d'arrêt et savoure cet événement rarissime : elle est plus belle que sur les photos.

10. Jeunes et immortels

La journée a commencé paresseusement. Lorsque nous avons enfin mis le nez dehors pour manger au petit restaurant brésilien de son quartier, il était midi passé, il faisait chaud et le ciel était magnifique. C'était mon troisième jour à Santa Cruz, j'étais supposé repartir le lendemain, mais nous n'en parlions pas. Tacitement, nous savions tous les deux que je resterais plus longtemps. Nous nous entendions bien, parlions beaucoup, elle me plaisait, et je crois que c'était réciproque. Tout en mangeant, j'observais son visage et me disais qu'elle était belle.

Je souriais sans arrêt, bêtement, comme ça m'arrive souvent dans ce genre de situation. Je devais avoir l'air un peu con, car au moment de sortir, lorsque je lui ai tendu le casque, elle a ri et m'a demandé :

— Pourquoi tu souris ?

— Non, rien, je suis… content

Je me rappelle très bien que j'ai failli dire « heureux ».

Elle est montée sur Parkinson et a posé le bout de ses doigts sur mes hanches. Pas vraiment par sécurité, juste pour le contact physique, rendu acceptable sur la moto. Je commençais à avoir un peu d'expérience en matière de passagère, et j'avais pris l'habitude d'essayer de deviner leur état d'esprit à leur manière de s'accrocher à moi. Les timides qui posent les paumes sur les épaules et se tiennent bien droites. Les excitées qui, sous prétexte du froid ou de la peur, se collent du ventre aux seins et croisent les avant-bras sur le torse. Les protocolaires qui évitent scrupuleusement tout contact, et se tiennent à la barre arrière. Les amoureuses qui enlacent le ventre, et reposent la tête sur l'épaule en fermant les yeux.

Ces bouts de doigts, c'était nouveau. Je crois que c'était de l'orgueil. Cet orgueil qui dit : « Tu ne crois quand même pas que tu vas m'avoir si facilement avec ta pauvre moto ? » Les hanches au contraire, c'était l'espoir d'une évolution. Tout commence par les hanches.

Nous avons roulé une demi-heure pour sortir du centre-ville, dépassé la prison et sommes arrivés à l'entrée du parc. Le gardien, un beau gosse au T-shirt moulant rempli de muscles, nous a montré le chemin des dunes. Il a mangé Thalia des yeux pendant toute l'explication, ça n'avait pas l'air de la déranger, j'ai ressenti une pointe de jalousie. Heureusement nous sommes repartis rapidement. La piste s'est transformée en gravier, puis en sable.

Je déteste conduire sur le sable, sol instable par excellence. Quelques jours plus tôt, j'étais tombé sur une piste similaire sur la route de Tarija. Cette fois-ci non plus, ça n'a pas manqué. En ligne droite à dix à l'heure, je ne sais pas comment, j'ai réussi à dévisser,

Parkinson a glissé et nous sommes tombés tous les deux. Ma première chute avec quelqu'un. Elle a crié de douleur, j'ai eu peur pour elle, elle se tenait la cheville. Quand elle a relevé son jean, j'ai été soulagé de voir qu'elle n'avait qu'un petit coup. Elle aussi, j'imagine. Nous avons ri de nos mésaventures, et un peu plus loin, devant un cours d'eau un peu profond, j'ai décidé de laisser Parkinson. Je l'ai cachée à une dizaine de mètres de la piste, derrière des herbes hautes, puis suis revenu vers Thalia. C'était bien mieux comme ça.

Nous avons marché une bonne heure dans le sable, sans croiser âme qui vive, sous le soleil radieux, avec une petite brise agréable venue d'on ne sait où pour nous rafraichir. La conversation roulait tranquillement, nous parlions des différences culturelles entre la France et la Bolivie. Elle m'expliquait le concept de « justice communautaire », cette justice rendue par les habitants eux-mêmes dans certaines régions reculées où le pouvoir n'a pas de légitimité, et qui consiste généralement en un lynchage spontané du criminel lorsqu'il est retrouvé. Je lui faisais part de mes doutes quand nous sommes arrivés.

Le vent était beaucoup plus fort, nous étions fatigués et, avant d'escalader les dunes, nous nous sommes reposés dans une maison abandonnée dont il ne restait plus que l'ossature. Elle a sorti l'ananas de mon sac, et l'a découpé. Nous l'avons mangé en discutant et en nous souriant. Je voyais bien que je lui plaisais et quand, après la dernière bouchée, elle s'est couchée juste à côté de moi pour se délasser, les yeux fermés, son joli corps presque offert et personne à des kilomètres à la ronde, j'ai eu soudainement de drôles d'idées… En bon joueur de poker, je me suis demandé si c'était un tell de sa part, si c'était le moment de l'embrasser. Le lieu était romantique, l'instant agréable et j'en avais envie. Mais à force d'analyse, j'en ai fini par perdre le moment. Au bout de quelques minutes, elle s'est relevée. Nous avons marché dans les dunes, les minitempêtes de sable nous lacérant les chevilles. J'ai levé les yeux, l'ai vue les yeux plissés, le T-shirt et les cheveux volant dans tous les sens, et pour la centième fois ce jour-là, je l'ai trouvée belle.

Nous avons traversé la dune, marché quelques minutes dans un lac où elle venait enfant avec sa famille, puis fait demi-tour pour rentrer. La même route dans l'autre sens. Une heure de marche, dans l'après-midi qui se terminait. Elle était tout près de moi, je sentais son bras frôler le mien, et je savais que ce n'était pas innocent.

Nous étions dans les moments qui précèdent le premier baiser. Ces ultimes moments où montent la tension et le désir. Le stade de la séduction est terminé, on sait qu'il va se passer quelque chose incessamment et, derrière la façade des mots, les visages et les corps tiennent un autre langage. Cette journée avait été magnifique, l'une des plus belles de mon voyage, et je sentais qu'elle allait se terminer en beauté.

J'étais sur un nuage. Et à cette altitude je n'ai rien vu venir.

J'ai bien vu qu'un homme s'était rapproché et que Thalia m'a lancé un regard bizarre, mais je n'y ai pas vraiment fait attention.

Jusqu'au moment où il était à côté de moi, son flingue sur ma tempe.

— Donne-moi ton argent si tu ne veux pas mourir.

Je ne voulais pas mourir. Pas après cette journée. J'ai sorti ce que j'avais dans mes poches, 20 bolivianos (2 euros), et mon portable.

— Donne-moi tout !

Il a fouillé lui-même mes poches arrière. Fébrilement. J'ai sorti les clés de la moto et les lui ai tendues, mais elles sont tombées par terre. Dans l'autre poche, la GoPro ne voulait pas sortir. Mon jean trop serré. Mais le mec n'a pas fait gaffe. Ou il était trop pressé. J'ai levé les yeux et vu la peur dans son regard. Il a pris l'argent et le téléphone et est parti en courant. Il se retournait en criant, le flingue pointé vers nous. Il est rentré dans les hautes herbes puis a disparu dans la forêt.

Vingt secondes tout au plus.

Et le vide.

Je suis resté sans rien dire. Étonnamment calme, ou plus précisément absent. Sans aucune émotion pendant quelques minutes. Je revois Thalia, paniquée, qui tourne autour de moi, mais je ne l'entends pas parler. Je ne me souviens ni de ce qu'elle dit ni de ce que je lui réponds.

Est-ce une protection du cerveau qui se déconnecte lors des événements traumatisants ? Je ne sais pas. Toujours est-il que je suis comme ailleurs pendant quelques minutes, jusqu'au moment où, d'un coup, le cerveau se rebranche.

— Merde, la moto !

Nous courons la centaine de mètres qui nous séparent de Parkinson et ouf, je la vois, bien cachée derrière les herbes hautes. J'enlève l'antivol, la ramène sur le bord de la route. Nous faisons une pause, reprenons nos esprits et parlons de ce qui vient de se passer. Elle me dit qu'elle peut reconnaître le gars. Pour ma part, je ne me rappelle que l'arme pointée sur moi, un pistolet au canon long, fin et argenté. Une silhouette trapue, un short et au-dessus de la brume de son visage, un bob kaki. Elle me dit qu'il faut le dénoncer aux gardes. Pour ma part, je n'ai qu'une envie, c'est de rentrer chez elle.

C'est à ce moment que j'aperçois à deux cents mètres une moto qui vient vers nous. En un éclair, je comprends. C'est le mec qui revient. Il s'est probablement rendu compte qu'il n'a pas tout pris, il veut récupérer la caméra, la moto, s'en prendre à Thalia… Elle suit mon regard, se retourne, voit le motard. Et je vois dans ses yeux qu'elle comprend elle aussi. Je n'ai rien ressenti lors de la première agression, mais cette fois-ci, sans que je l'explique, la peur est là. Puissante, incontrôlable.

Je suis mort de peur, putain !

— Monte vite !

Nous démarrons et en un instant, je suis en cinquième. Nous sommes à quinze minutes de l'entrée du parc, il faut l'atteindre avant que ce mec nous rattrape. Rapidement, nous entrons dans la partie ensablée. Thalia aussi a peur, mais à cause de la vitesse. Elle est accrochée à moi, me supplie de freiner, me dit que ça n'en vaut pas la peine. Mais à ce moment je ne raisonne plus. Je lui dis de se retourner, elle me dit qu'il se rapproche. À chaque fois un peu plus.

C'est l'un de ces cauchemars où l'on avance aussi lentement que si l'on courait sous l'eau.

Et ce qui devait arriver arrive. Je perds le contrôle, et nous tombons quasiment au même endroit qu'à l'aller. Le sable amortit la chute, nous n'avons pas mal, mais à ce moment, j'ai cette réaction incroyable : je ris. Un rire nerveux, à la fois désabusé et un peu fou.

— Au moins maintenant on va savoir. (On va savoir ? Encore aujourd'hui je ne sais pas pourquoi j'ai dit ça...)

Il est trop tard pour repartir, déjà la moto est là devant nous, et s'arrête.

— Tout va bien ?

Pas de flingue, pas de bob. Je mets bien dix secondes avant de me rendre compte que ce n'est pas le même type que tout à l'heure. Il n'a pas l'air menaçant, juste un peu inquiet pour nous. Thalia parle pour moi.

— Oui, ça va, enfin on vient de se faire agresser.

— Ah bon ? Où ça ?

Elle lui raconte l'histoire. Le mec, un habitant du coin, est choqué. Il nous dit que ça n'est jamais arrivé avant, et qu'il va prévenir les gardes. Il remonte sur sa moto et part à toute allure à l'entrée du parc. Nous redressons Parkinson et repartons. Quelques minutes plus tard, deux quads qui viennent de l'entrée foncent vers nous et s'arrêtent à notre hauteur. Ce sont les gardes qui ont été prévenus. Ils nous demandent une description, Thalia s'en charge, je passe pour un con en disant que je ne me souviens de rien. D'autres arrivent. Un pick-up, d'autres quads. Une dizaine de mecs, tous sur le pied de guerre, au sens littéral : la plupart ont dans les mains une fourche, une machette ou une arme à feu. L'un d'eux s'arrête, et le conducteur me demande, malgré mes réticences, de le raccompagner sur les lieux de l'agression. L'autre à l'arrière, la vingtaine, ne lâche pas un mot. Il tient dans ses mains une carabine et son regard est incroyablement mauvais. On sent qu'il a des envies de sang. Je repense à notre discussion sur la justice communautaire et, d'un coup, j'ai presque envie qu'ils ne le retrouvent pas.

Nous retournons à l'entrée, attendons une heure le retour des gardes qui reviennent bredouilles à la tombée de la nuit. Le voleur a dû s'échapper à moto-taxi par une autre sortie. C'est terminé, on ne le retrouvera pas. C'est bizarre, mais je suis presque soulagé, j'appréhendais de le revoir.

Thalia remonte sur Parkinson, nous repassons le portail d'entrée dans l'autre sens et, petit à petit, sur le chemin du retour, la pression redescend. Le pire est passé. Nous quittons les Lomas de Arena et, alors que nous revenons dans le centre, je sens qu'elle enroule ses bras autour de mon ventre.

Je suis vivant.

11. Marathon

Comment va-t-on après avoir senti le canon d'un flingue sur la tempe ?

En vérité pas trop mal.

Bien sûr, pendant quelques jours, j'ai éprouvé périodiquement ce malaise un peu diffus dans le ventre (le même qu'après une débâcle au poker). Bien sûr, j'ai été surpris le lendemain quand Thalia a arraché mon premier cheveu blanc. Bien sûr, de nuit dans les rues désertes, j'ai commencé à changer de trottoir un peu plus souvent en voyant des silhouettes s'approcher.

Mais pas beaucoup plus que ça, j'en ai même été étonné. Pas de paranoïa, pas de cauchemar, pas de traumatisme. L'envie d'aventure demeurée intacte. J'ai pris la chose avec fatalisme : en voyageant comme je le fais, ce genre d'accident devait m'arriver tôt ou tard. Je pense que j'y étais préparé mentalement, tout comme je suis prêt lorsque je joue aux cartes à me prendre des bad beats sans broncher. D'ailleurs, dès le lendemain soir, je suis décidé à retourner sur les tables.

La Bolivie est le premier pays où il m'est absolument impossible de trouver des parties légales. Le statut des jeux de hasard est ambigu. Pendant des décennies il fut alternativement interdit et autorisé, jusqu'en 2011 où il fut « réglementé », c'est-à-dire soumis à l'autorité de l'État qui imposait des licences hors de prix. Toutes les tables ont disparu par manque de rentabilité. Ou plutôt, elles sont devenues clandestines, d'où une plus grande difficulté à les trouver. Je passe tout l'après-midi à essayer d'en dénicher une.

Une couchsurfeuse vénézuélienne me passe le numéro d'un Américain qui me met en contact avec un de ses compatriotes qui téléphone à un Bolivien qui nous donne l'adresse d'un certain Chuky. Cinq degrés de séparation. Quand il s'agit de jouer une partie clandestine on a connu plus fiable. Lorsque le taxi nous dépose devant un portail rouillé le long d'un périph' de la banlieue de Santa Cruz, Lukus l'Américain et moi décidons d'être prudents et de nous barrer si ça sent mauvais. Il appelle le numéro qu'on lui a passé, nous attendons deux minutes dehors, devant les voitures qui nous éclairent de leurs phares, puis, comme dans un film (j'ai parfois l'impression que ma vie est un film), une petite trappe apparaît dans le portail, des yeux nous regardent, la trappe se referme et le portail s'ouvre en grinçant. Un mec en sort et nous dit de le suivre. Nous passons dans une allée non éclairée, puis un patio. Quelques voitures sont garées, des bruits de voix à l'intérieur, je pousse la porte et entre dans la maison de jeu la plus glauque que j'aie vue de tout mon voyage. C'est une maison classique, sauf qu'elle a été vidée pour laisser la place aux tables. Carrelage sale au sol, murs et plafond laissés bruts, ampoules nues. La décoration est limitée au minimum, une télé connectée à YouTube, deux, trois posters… L'endroit n'a pas été nettoyé depuis des semaines. Les toilettes non plus, visiblement…

Je crois que, si j'avais voulu inventer ce tripot, je n'aurais pas pu trouver plus cliché que la réalité qui s'offre à moi. À notre entrée, tous les mecs nous regardent, surpris de voir débarquer deux gringos. Je ne suis pas serein, et me demande si je ne ferais pas mieux de partir tout de suite, mais l'un d'eux m'adresse son plus grand sourire et dans un anglais parfait :

— *Please take a seat, guys! Where are you from?* (Asseyez-vous, les gars ! Vous venez d'où ?)

Nous nous asseyons avec Lukus, entamons la discussion, et comme à chaque fois, les mecs s'avèrent très sympas. Pour la plupart des trentenaires ou quadragénaires qui viennent se détendre après le boulot. Quelques jeunes aussi, mais plutôt du côté fils de riches qui vient gambler, que fils de pauvres qui vient grinder… De toute manière, les limites sont tellement faibles, avec une cave à 200 bolivianos (20 euros) qu'il faudrait être un génie des cartes pour gagner de quoi vivre, même en Bolivie.

Je vais pourtant jouer quelques soirées à cet endroit, à défaut de trouver mieux. À vrai dire, à part quelques exceptions, le niveau n'est vraiment pas terrible. Je gagne la plupart du temps une ou deux caves, soit 20 ou 40 euros. Ce n'est presque rien, mais en Bolivie où un repas coûte 1 euro, ça me permet de vivre tranquillement.

Un soir, je vais à un « gros » tournoi à 300 bolivianos. L'événement a attiré du monde. En plus des regs habituels que je connais bien désormais, il y a pas mal de nouveaux, qui semblent un peu plus aguerris. Ce soir-là, après sept heures de bataille, je gagne la première place, et les 3 000 bolivianos qui l'accompagnent. C'est mon premier gain important depuis Salta et il me donne de la motivation et des envies de jouer plus haut. Ça tombe bien, en table finale, j'ai sympathisé avec Fernando, un bon joueur, qui m'a donné une autre adresse, où l'on cave à 2 000 bolivianos (200 dollars).

Je me rends donc un après-midi à l'adresse indiquée, dans le centre-ville, une petite rue tranquille près des grands boulevards et d'une étrange place décorée d'un avion écrasé. Ne trouvant pas le numéro, je l'appelle de la rue, et il sort d'une petite cour pour me saluer. Je le suis dans ce qui s'avère être un parking, où un vigile me regarde du coin de l'œil. Quelques 4 × 4 rutilants sont déjà là, je gare Parkinson toute boueuse à leur côté. Fernando frappe à la porte. Il y a une caméra juste au-dessus. Je sens tout de suite que j'entre dans un endroit particulier. Au bout de quelques secondes, une femme vient nous ouvrir et nous mène à l'intérieur.

Je suis dans une grande salle, étonnamment luxueuse après celle dont j'ai été l'habitué durant les derniers jours. Moquette au sol, éclairage d'ambiance. Près de l'entrée est situé un grand bar, avec comptoir, jolie serveuse et un immense écran plat qui ne diffuse pas ESPN comme souvent, mais le flux d'une dizaine de caméras. Je vois la rue, ma moto dans le parking, la salle où je suis, une cour que je ne connais pas encore, et même un gros plan sur les mains des croupiers distribuant les cartes.

Face au bar, il y a deux tables, mais une seule tourne déjà. Je m'y assieds à côté de Fernando. La serveuse s'approche.

— Vous voulez quelque chose ?

— Oui, juste un café, ça ira.

Fernando me précise.

— Tu peux prendre ce que tu veux, tout est gratuit ici. L'alcool et la nourriture aussi, il y a une cuisinière. Et tout à l'heure, il y a une grande *parillada* (barbecue) avec plein de bonnes viandes, tu vas aimer.

Même dans mes luxueuses parties clandestines argentines, on n'offrait pas un tel service. Je suis étonné. De Santa Cruz, je n'avais vu pour l'instant que le chaos et la pauvreté, mais pourtant je sais que la ville est la plus riche du pays. Je l'ai entraperçu en me baladant à moto avec Thalia dans certains quartiers aux grilles fermées derrière lesquelles on devine de magnifiques maisons, ou encore sur la route, où entre les voitures passées d'âge on croise de temps en temps des Hummer flambant neufs, musique à fond, et jeunes conducteurs à l'attitude hautaine et méprisante, typique de ces endroits aux écarts de richesse si élevés. Je savais bien que tous ces gens existaient, et qu'il était probable qu'ils jouent au poker. Mais dans une ville sans casino difficile de les trouver. Désormais, j'y suis. Avec les joueurs les plus riches du pays le plus pauvre où il m'ait été donné d'aller jusqu'à présent.

On peut se demander comment un tel endroit peut être rentable. Des serveuses, de la nourriture et de l'alcool gratuit. Mais tout cela en Bolivie ne coûte pas grand-chose. Les 5 % de commission qui sont pris à chaque main jouée (si je gagne 100 dollars, on m'en

André, en mode chanteur de charme, Rio.

Ambiance Far West, Piquete.

Auto-stoportrait.

Joana et Thais, São Paulo.

Poker, São Paulo.

Jacques et Gloria, Curitiba.

Chez Richard, Ciudad del Este.

Richard fait les ccurses.

Mario devant chez lu .

Diana, Lauri et Alexandra, Asunción.

Dernière soirée au casino America, Ciudad del Este.

Parkinson devant la Casa Amarilla avant le grand départ pour l'Argentine.

Franco dans sa boutique à Aviá Teraí, un village perdu dans la pampa.

Ambiance clandestine, Tucumán.

Moments de grâce.

Partie clandestine, Salta.

Sur la route d'Iruya

Magnifique panorama sur la route de Tarija.

Ambiance tripot, Santa Cruz.

Bitia, La Paz.

Parkinson face au Titicaca.

Parkinson, 5000 m d'altitude dans le sud du Pérou.

Yanina au Machu Picchu.

En panne près de Lima.

Magnifique route dans le centre du Pérou.

Un tripot dans l'arrière-salle d'un billard, Piura, dans le nord du Pérou.

Sur les routes de Colombie.

Cali en fête pendant les qualifications de la Coupe du monde de football.

Sur Vegas, ma seconde moto.

garde 5 et on m'en donne 95), et ce pendant toute la nuit, doivent très probablement leur faire gagner beaucoup plus que ce qu'ils dépensent. À 200 dollars la cave, un mois d'un salaire de base, je ne m'inquiète pas pour les gérants, qui sont probablement ceux des anciens casinos fermés. Un peu plus pour moi, par contre. Je m'attends à ce que l'endroit soit rempli, en dehors des riches joueurs habituels, de requins, voire de professionnels, attirés par l'odeur de l'argent.

Et mon intuition ne me trompe pas. Il n'y a presque aucun mauvais joueur à table. Même les hommes d'affaires semblent savoir ce qu'ils font. Pire même, au bout de quelques tours, j'ai repéré trois requins. C'est censé être une mauvaise nouvelle, mais pourtant, en m'asseyant et en posant 400 dollars, soit 200 blindes, je ne suis pas nerveux. C'est une table très dure. Probablement la plus dure depuis la France. Je sais qu'il va falloir se battre sur chaque main, sur chaque spot, et que si je veux sortir gagnant d'ici, je vais devoir tout donner. C'est un marathon qui commence. Une course d'endurance et de technique où le premier qui flanchera sera sanctionné. Et c'est précisément cela qui est excitant. Affronter d'excellents joueurs est l'un des plus grands kifs qu'on puisse avoir dans ce jeu. Je suis en orbite. Concentré et très excité. Je n'ai jamais été aussi éveillé à une table.

Il est 17 heures, les premières passes d'armes commencent. Nous sommes dix à table. J'essaie de repérer les profils et les faiblesses, de m'adapter à chacun, d'éviter les bons joueurs autant que possible. Je suis relativement prudent en début de partie. Après deux heures de jeu, mon stack est sensiblement identique.

J'ai pris un peu, perdu un peu. Je n'ai pas eu spécialement d'ouverture. Un joueur semble plutôt en forme ce soir. Il a la fin de la quarantaine, le visage creusé et barbu, semble sérieux. Quand je le vois arriver et poser ses 200 dollars, je me dis que c'est un joueur prudent et peu créatif. Plusieurs fois, nous entrons dans des coups ensemble, et je lui donne beaucoup de crédit à chaque fois qu'il m'agresse. Mais il monte, petit à petit, sans jamais trop révéler sa manière de jouer. J'aime son calme, un peu moins le fait qu'il s'en prenne souvent à moi. Et quand au bout de deux heures il a déjà plus que doublé, je révise mon jugement. Un point aurait dû m'alerter. Il n'a visiblement pas l'air d'appartenir au même monde que les hommes d'affaires qui plaisantent à table. Et s'il n'est pas de ceux qui sont là pour perdre leur argent, dans une partie aussi chère, cela veut dire qu'il est capable de le gagner. Je me suis trompé, il n'y a pas trois, mais quatre requins a cette table. Et celui-ci m'a spotté, a fait de moi sa cible.

Je reçois 88 en début de parole et relance à 4 blindes à 80. Je suis payé par un joueur et quand la parole lui arrive, deux sièges plus loin, le voilà qu'il nous surrelance, à 320. Ça doit être la cinquième fois ce soir, et je me suis toujours couché, soit avant le flop, soit après. Tout le monde se couche, la parole me revient. J'ai environ 4 000 de tapis, lui me couvre. L'action standard ici est de payer et de voir un flop. J'ai la main parfaite pour le faire, si je touche un brelan et qu'il a effectivement la main qu'il représente (JJ/QQ/KK/AA/AK), je vais lui prendre beaucoup d'argent. Mais le problème, c'est que je suis presque certain qu'il a une main moyenne ici, et qu'il essaie juste de profiter de ma tendance à trop me coucher. Si je touche mon brelan et que je lui mets beaucoup de pression, il abandonnera, car il n'aura rien et je n'arriverai pas à rentabiliser. Si je ne touche pas, ce qui aura lieu sept fois sur huit, je serai toujours dans une situation très inconfortable avec ma petite paire et ses mises où je jouerai dans le noir. Je n'aime pas me laisser faire. Il est temps de me rebeller un peu. Je n'ai peut-être pas la main idéale, mais je décide de surrelancer : 900.

La parole lui revient, et il se passe quelque chose d'extrêmement intéressant : il paie immédiatement. Je ne sais pas si c'est un geste involontaire de sa part, ou s'il l'a fait exprès pour me faire peur, mais c'est réussi. Alors que je devrais plutôt être rassuré, les actions instantanées étant rarement signe de force, je vois le pot déjà énorme, ma main faible, et je me dis que je suis dans la merde.

Flop : K♥ T♠ 6♣ (pot 1 910).

Je déteste ce flop. Je déteste l'action que je viens d'effectuer, je suis complètement déstabilisé par le fait qu'il a payé si rapidement, et je me maudis de ne pas avoir juste payé moi aussi. Complètement désorienté, et comme le faible joueur que je suis, je décide d'abandonner. Je check. Il réfléchit une dizaine de secondes, et voilà qu'il check lui aussi. Nous voyons la turn :

5♦ (pot 1 910).

Il arrive parfois au poker que des erreurs commises tournent à notre avantage. S'il avait misé au flop, je crois que je me serais couché sans l'ombre d'un doute. Mais il ne l'a pas fait. Je suis extrêmement étonné de le voir checker lui aussi, et me mets à réfléchir quelques instants, avant de comprendre. Si c'est un joueur observateur, et je sais que c'est le cas, il a remarqué ma tendance presque systématique à miser les flops où j'avais l'initiative. Or ici, j'ai changé d'attitude. Et au poker, tout changement d'attitude est suspect. Ce check, qui a été dicté par la peur, peut paradoxalement lui faire croire que je suis très fort. Désormais je comprends qu'il me met soit sur une main énorme comme AA/KK ou AK qui essaie de le piéger, soit sur une main faible qui a abandonné. De son côté, son action signifie qu'il n'a aucun intérêt à miser. Je suis quasiment sûr qu'il aurait déjà tenté de prendre le pot avec un bluff pur, ou un tirage. Je suis également presque certain que s'il avait un brelan de TT ou de 66 (KT et surtout KK étant exclu vu son snap call de mon 4bet préflop) il aurait misé flop pour faire payer un éventuel K slowplayé.

Selon moi, il a donc une main intermédiaire qui ne veut pas prendre de risque, et se contenter de prendre le gros pot déjà existant. Peut-être JJ/QQ/99, un K moyen comme KJ. En langage poker, on dit qu'il est cappé* (il n'a aucune main très forte) alors que je ne le suis pas. Je viens sans le vouloir de créer un spot parfait. Avec mon image très sérieuse et un peu de courage, je peux représenter la main puissante sur laquelle il me lit à ce moment-là. Je peux lui faire coucher absolument tout.

Je n'ai qu'une vulgaire paire de 88 en main, d'après mon analyse, je sais que je battu. Pourtant, je décide de miser, comme je le ferais avec AA : 1 000.

Le voilà qui se met à réfléchir. Je vois qu'il m'observe, à la recherche d'un tell, mais j'ai déjà adopté ma *poker face* depuis le tout début de la main. Au bout d'une minute, je le vois poser les jetons avec précaution. Il n'est clairement pas en train de simuler, il a l'air authentiquement stressé. Mon cœur lui aussi s'accélère. Même si la pression devient de plus en grande, le plan se déroule comme prévu. S'il a une des mains que j'ai imaginées, il va très souvent payer une fois, histoire de voir ce que je fais ensuite et abandonner si je continue à miser. Tout ce dont j'ai besoin, c'est de suivre ma lecture, et d'y aller à fond.

River : 2♦ (pot 3 910).

Il y a 200 blindes au milieu, c'est l'un des plus gros pots de la soirée. J'ai le cœur qui bat à cent à l'heure, mais je ne peux plus m'arrêter là. Il faut continuer à raconter mon histoire. Il me reste 2 200. Je fais un geste de la main en annonçant « *todo* ». Mais probablement à cause de la pression, je parle trop doucement. Il ne m'entend pas, et a un doute.

— Tu as checké ?

— Non ! J'ai mis tapis.

— Ah…

Il n'a pas l'air spécialement ravi. C'est une bonne nouvelle. De mon côté j'espère que la tension ne s'est pas entendue dans ma voix et que mon plan ne tombe pas à l'eau. Il est trop tard désormais. J'ai repris ma *poker face*. Tout le monde s'est tu et la tension est palpable. J'ai l'impression de revivre cette scène contre la Chinoise à Ciudad del Este quelques mois plus tôt. Sauf que cette fois-ci, je bluffe pour mon tapis entier.

C'est l'un des plus gros bluffs depuis le début de mon aventure.

Il réfléchit. Longtemps.

C'est interminable.

Je n'en peux plus. Je ne bouge pas, attends, respire difficilement, regarde du coin de l'œil. Désormais je suis certain qu'il a une bonne main et que la décision est très difficile. Peut-être même hésite-t-il à jeter un roi...

Puis, au bout d'une éternité, il finit par pousser doucement ses cartes à la défausse.

Victoire ! Je suis au bord de l'arrêt cardiaque, mais le plan a fonctionné ! Il a dû penser que j'avais deux as, comme à peu près tout le monde à table. Au moment où je récupère mes jetons, je décide de lui mettre une petite gifle. Je retourne un 8. Le genre de carte que je ne devrais vraiment pas avoir en main. Je le vois tirer une gueule de deux mètres de long. Désormais il ne m'emmerdera plus.

Ce bluff me donne de l'air, et du respect à table. Et le respect amène l'un des éléments les plus sécurisants du poker : la garantie qu'on ne va pas tenter le diable contre moi. Pendant un moment je sens que je me fais un peu moins malmener. La nuit avance, il est 23 heures, mais j'oscille toujours entre 5 000 et 6 000, sans jamais réussir à décoller. Je pourrais m'en aller maintenant, avec mon petit bénéfice, mais cette table a quelque chose d'addictif. J'ai envie d'y rester, de m'y frotter le plus longtemps possible. Je sens que j'apprends à chaque main.

Vers minuit, dans un pot surrelancé, contre toute attente, je couche QQ sur T852 quand un businessman m'envoie son tapis. Il montre 55 et je passe entre les balles. À 1 heure, je lui monte un petit bluff et parviens à lui faire coucher une paire moyenne en misant fort flop et turn. Il se venge une demi-heure plus tard, en me faisant un bluff énorme à la turn. J'hésite à payer pendant cinq minutes, flairant l'arnaque, mais me couche finalement. Il me montre sa main avec un grand sourire de fierté.

La nuit est faite de ces petites dynamiques, de ces guerres d'ego, de ces adaptations permanentes. À une table aussi dure, personne ne fait de grosses erreurs dans son état normal, et la seule manière de prendre un tapis (en dehors d'un énorme coup de chance) est de réussir à profiter du tilt d'un joueur, c'est-à-dire de sa perte de contrôle émotionnel. Mais ces choses-là n'arrivent pas aussi rapidement, elles viennent petit à petit au cours de la soirée… Il faut sentir qui est steamy*, qui est sur le point de craquer, de faire un bluff en trop. Il faut repérer qui est fatigué, se relâche peu à peu et va faire une erreur… Ces parties-là ne se jouent pas en quelques dizaines de mains, elles se jouent toute une nuit.

À 5 heures du matin, la table s'est vidée de moitié. Les plus grands gagnants et perdants sont partis. Il ne reste que ceux qui comme moi sont encore dans une zone incertaine, et qui veulent profiter de la fatigue pour trouver un spot. C'est également le cas d'un des très bons joueurs que j'avais repéré au tout départ.

Il choisit ce moment pour me faire l'un des plus beaux bluffs qui soit. Dans un pot que j'ai surrelancé, il me lit parfaitement et profite d'un board très menaçant pour représenter une couleur alors qu'il n'a qu'un tirage manqué. Quand il me montre une hauteur 8 alors que j'ai couché KK, je sens la vapeur monter. J'essaie plus ou moins de me contrôler, mais ce moment signe la dégradation de mon jeu. Petit à petit, frustré par l'absence de cartes, je commence à jouer un peu trop large, à vouloir forcer les coups. Mon tapis qui était à presque 7 000 descend à 6 000, puis 5 000 main après main. Ce devrait être le signal, je devrais partir tant qu'il est encore temps, et que je suis positif. Je connais mon corps et je sais que cette descente aussi rapide, après avoir tenu si longtemps, est très mauvais signe. Je suis en train de tilter. Mais pourtant je reste.

Il est 7 heures du matin. Cela fait quatorze heures que je joue. J'aurais dû partir il y a cinq heures, quand j'avais 7 000 devant moi, mais il est trop tard. Désormais, je suis assis devant 4 000, ce que j'avais mis au tout départ. J'ai fait tout ce travail pour rien, et si je suis encore ici à cette heure, ce n'est plus pour cette envie de challenge, mais par esprit de revanche, envie de me refaire et à cause de l'inertie de la fatigue. De mauvaises raisons. Ce qui arrive à ce moment-là est évident.

Nous ne sommes plus que quatre à table. Un mauvais joueur, le très bon qui m'a bluffé auparavant, un quinquagénaire solide et moi. À cet instant, je pense naïvement que nous sommes tous les trois en train de rester pour le mauvais joueur, mais la réalité, c'est qu'il n'y a pas qu'un poisson à cette table. Je suis le deuxième.

Le mauvais joueur limp, l'autre se couche, le quinqua qui est en petite blinde complète. J'ouvre T3, une poubelle, et check. Nous sommes trois à voir le flop :

8♠ 8♦ J♠ avec un tirage pique (pot 60).

Voilà que mon poisson mise 30. Il est payé rapidement par le quinquagénaire. Ne me demandez pas quel est mon raisonnement à ce moment-là. Après quatorze heures de jeu, il doit ressembler à quelque chose du genre : « Celui-là a dû miser avec n'importe quoi. L'autre paie simplement, ça ne doit pas être très fort tout ça. Je vais les bluffer ! »

Je décide donc avec mon magnifique T3 de relancer mes adversaires à 110. Le mauvais joueur réfléchit un instant, et décide de payer. Quand la parole revient au quinquagénaire, il effectue une action tout à fait inattendue, puisqu'il relance à 400. Pour moi, le coup devrait être terminé. Le premier a certainement un bon tirage, ou un J. L'autre a très certainement un 8, c'est obligatoire. Parfois même mieux. Que se passe-t-il dans ma tête ? Je n'en ai aucune idée. Absolument aucune idée. J'imagine que je me level* totalement, que je me fais un film, me dis qu'il est forcément en train de bluffer, qu'il a un tirage couleur ou quinte, alors qu'il n'a pas dévié de sa stratégie solide depuis le début de la partie et que c'est strictement impossible. Peu importe, je prends l'une des plus étranges décisions concevables en décidant de payer, envisageant vaguement de bluffer plus tard.

Le mauvais joueur qui ne doit plus y comprendre grand-chose, nous regarde tous les deux, et décide de se coucher.

Turn : A♥ (pot 1 030).

Comment ai-je réussi à gonfler un pot aussi fortement avec ma poubelle ? Il check. Je croyais avoir atteint le fond, mais m'enfonce encore. Je décide sans aucune raison valable que cette carte est parfaite pour bluffer. Mise 800. Il réfléchit un instant, et paie.

River : Q♠ (pot 2 630).

Les piques sont rentrés. S'il a un 8, cette carte doit lui faire peur. Notez l'incohérence totale du raisonnement. Si je me suis enfoncé dans un tel bluff, c'était parce que je le mettais sur un tirage. Et maintenant qu'il est rentré, je le mets sur le contraire... Mais rien n'est logique dans ma tête à ce moment-là. Je mise 1 700 en toute décontraction. Une mise presque aussi élevée que celle de mon bluff du début de la nuit, sauf que cette fois-ci je n'ai aucune raison de le faire. Il paie rapidement. Je retourne piteusement ma main. Il montre J8. Il avait un monstre depuis le départ, ne l'a jamais sous-joué, et j'ai trouvé le moyen de perdre presque 2 920 sur cette stupidité.

Il est désormais 8 heures du matin. Il ne me reste plus assez pour revenir, et cette main ridicule est le signe qu'il est temps de m'en aller. Enfin, je me décide à rassembler mes jetons. Alors que je me lève pour quitter la salle, délesté de mes 3 000 bolivianos, je vais saluer les trois derniers joueurs restants, je sens dans leur regard une certaine forme de respect. Nous avons bataillé toute la nuit, ce fut dur et éprouvant, et même s'il y a des gagnants et des perdants, il reste cet incroyable combat que nous avons mené ensemble.

Quand je sors dans le parking, l'air frais me fouette le visage. Il me faut quelques secondes pour m'adapter. J'avais totalement oublié le reste du monde, et suis surpris de voir que le soleil est levé depuis longtemps et que la ville est déjà bruyante. En m'installant sur Parkinson, à moitié somnolent, je m'engage sur les boulevards périphériques. Et alors que je me dirige vers le quartier universitaire où vit Thalia, je réalise deux choses. La première, c'est que je viens de terminer la session la plus longue de ma vie. La seconde, c'est que pour la première fois depuis le début du voyage, je me suis fait totalement surclasser. Manque d'expérience peut-être. En tous les cas, la chance n'a rien à voir là-dedans. Je me suis fait grignoter petit à petit. Malmener. Et quand j'ai été à point, ils ont simplement profité de mes erreurs. Bravo à eux.

Contrairement à Tucumán quelques semaines plus tôt, je ne me sens pas mal, bien au contraire. Ces parties sont celles qui restent gravées dans la mémoire. Celles qui nous ont tout appris. Celles dont on se souvient deux ans après avec précision, sans avoir pris une seule note. Les vrais joueurs de poker sont des esthètes. Ils préfèrent perdre avec style que gagner sur un coup de chance. Cette nuit, j'ai combattu avec les meilleurs, à la régulière.

Et j'ai perdu avec les honneurs.

12. La *flojera*

Rapidement, je me retrouve à passer beaucoup plus de temps que prévu à Santa Cruz. La ville n'a pourtant pas un grand intérêt touristique. En dehors de quelques *cuadras* de l'hypercentre aménagées pour les touristes, avec des bâtiments coloniaux et une jolie place centrale, la ville la plus peuplée de Bolivie est avant toute chose un immense bordel, où tout est laid et sans harmonie. Comme souvent en Amérique du Sud, la ville a explosé subitement durant les quelques dernières décennies, s'étendant sans limites et sans règles. L'urgence de construire a évacué toute notion d'esthétique, la cohérence est absente, car chacun a monté son bâtiment sans se soucier un instant de son environnement. Les rares édifices un peu plus travaillés sont vulgaires et tape-à-l'œil, cherchant manifestement à montrer à quel point ils ont coûté cher.

Malgré un urbanisme moins inexistant que dans le reste du pays (organisé en *anillos*, des sortes de périphériques concentriques, il y en a douze, pour vous donner une idée de l'étendue de la ville !), le trafic est un enfer : les voitures, vélos et motos roulent n'importe comment, se garent n'importe où, et les embouteillages sont constants. Les Boliviens n'ayant aucune conscience écologique et jetant leurs déchets partout, toute la banlieue est sale et polluée.

Et pourtant, en dépit de tout cela et de mon agression, je m'y sens bien. L'homme superficiel que je suis y trouve la vie agréable : il fait beau, et après un mois et demi à me les cailler dans les montagnes, j'apprécie de pouvoir enfin sortir en T-shirt. On y mange bien, des tonnes de fruits, jus, légumes de la jungle dans une cuisine variée et équilibrée. Les filles sont plus belles, les gens plus détendus, la vie nocturne plus intense que dans les régions plus froides que j'ai traversées dernièrement. Santa Cruz a un esprit beaucoup plus brésilien que bolivien, et ce n'est pas pour me déplaire. Si l'on ajoute à ça le fait que j'ai déjà un petit groupe d'amis avec Thalia, ses copines et Harim (un couchsurfeur colombien hébergé en même temps que moi), et que je peux jouer au poker presque tous les jours dans deux tripots différents, je me vois bien rester un moment dans le coin.

Finalement, il ne me manque qu'une famille, mais je règle ce point un dimanche après-midi lorsque je rencontre Pati qui nous a tous invités à un repas chez elle. Elle vit dans une maison typiquement régionale. Une demeure de plain-pied construite par son père qui fait face à un beau jardin. Deux chiens, les gamins qui courent et jouent au foot, une grande table sous la véranda qui accueille chaque week-end toute la famille et les amis. J'apprécie immédiatement cette ambiance bouillonnante et la chaleur d'un foyer qui me faisait défaut depuis la France. Je demande à Pati de rester pour la nuit, elle accepte, et naturellement, je finis par m'installer une dizaine de jours dans la chambre de son petit frère.

Ma vie à ce moment devient des plus agréables. Pati est une fille géniale, ouverte, sympa, joyeuse. Je la suis un peu partout en balade ou aux fêtes de ses tantes et cousins qu'elle a nombreux. Hormis son père, je suis le seul homme de la maison et je vis avec la mère, les trois sœurs, et les deux couturières qui travaillent dans l'atelier (les fameux T-shirts « Made in Bolivia » sont fabriqués ici). Dans ce pays conservateur et encore très machiste, je combine les statuts d'homme et d'invité, ce qui me donne droit à une vie de prince. Je suis nourri, logé, blanchi, courtisé. Je n'ai pas le droit de lever le petit doigt quand il s'agit de laver une assiette, et j'avoue qu'au bout de quelques jours je ne me bats plus pour le faire. J'ai laissé de côté ma culpabilité européenne, et le prends comme un agréable « choc culturel ». Vingt-cinq ans d'éducation française progressiste fondus sous le soleil.

À leurs côtés j'apprends un nouveau mot : la *flojera*. Littéralement, la flemme, mais avec cette connotation positive qui n'existe pas en français, évoquant la tranquillité et la douceur de vivre. Dans la maison de Pati, je me laisse complètement envahir par cette agréable paresse, et la petite routine que je développe est presque une vie de rêve pour moi : je passe mes journées à lire ou écrire, bien manger, répondre aux interviews qui depuis quelques mois se font de plus en plus nombreuses, mes soirées à roucouler avec Thalia, mes nuits au poker. Et vice versa.

Pour mon vingt-sixième anniversaire, mon premier en dehors de la France, Pati organise une soirée chez elle et invite du monde. Je vois débarquer une dizaine de filles de quatorze à trente ans, toutes maquillées, parfumées et préparées pour la soirée de l'année. En Bolivie, plus que nulle part ailleurs, j'ai l'impression d'être l'homme à marier. Peu leur importe que je sois tueur en série ou laid comme un pou, ma simple nationalité semble être suffisante pour faire de moi un excellent parti. Ce soir-là pourtant, une seule occupe mes pensées, et elle sait se faire désirer. Thalia arrive avec deux heures de retard, et il est évident aux yeux de tous que je n'en ai que pour elle. Après la désormais traditionnelle quiche lorraine et le karaoké, alors que les premières déçues s'en vont, je lui demande :

— Quand est-ce que je reviens chez toi ?

C'est ainsi que début septembre, je retourne m'installer chez Thalia, dans son petit studio du quartier étudiant. Nous y vivons quelques semaines de bonheur.

L'état de grâce.

Je me souviens de tout.

Du film que nous regardions lorsque nous nous sommes embrassés pour la première fois. De nos multiples balades à moto (mille kilomètres !). De ce qu'elle m'a dit lorsqu'il a commencé à pleuvoir au retour de notre virée à Samaipata. Du regard qu'elle m'a lancé un midi au *mercado nuevo*. De sa longue robe d'été, ma préférée. Des petites phrases devenues rituelles, qui nous faisaient beaucoup rire, elle me disant :

— Reste !

Moi, répondant avec ma voix grave et théâtrale :

— J'peux pas Thalia, j'suis un aventurier, je dois voir le monde !

Un après-midi, après que je l'ai accompagnée au boulot, peut-être grisée par la moto, elle me dit pour la première fois :

— *Te quiero.*

J'ai été tellement pris de court que je n'ai pas su quoi lui répondre.

— Je t'attends au cybercafé.

J'ai vu son sourire disparaître et son regard s'éteindre. Instantanément. Elle est partie, et moi, honteux, j'ai commencé à me poser des questions.

J'avais eu envie de lui répondre la vérité, que moi aussi je commençais à tomber amoureux d'elle, mais je pressentais très bien ce que cela impliquait. Entre autres, l'impossibilité de continuer à faire ce que je faisais depuis plusieurs semaines, à savoir repousser mon départ tous les trois jours sans vraiment réfléchir à la suite. Le fait de commencer à me poser le genre de questions que tous les voyageurs se posent un moment ou un autre : « Et si c'était la bonne ? Et si je restais pour elle ? »

Et au milieu de ce beau ciel bleu ont commencé à apparaître quelques nuages. « Qu'est-ce que je pourrais bien foutre en Bolivie ? Pourrais-je abandonner le rêve de ma vie alors que j'étais parti depuis si peu de temps ? Que deviendrait mon blog, qui commençait à peine à percer et dont je sentais déjà qu'il pourrait peut-être m'ouvrir une porte de sortie vers autre chose ? Et au final, m'aime-t-elle vraiment pour moi ou comme toutes ces autres filles à mon anniversaire, pour le potentiel futur que je peux lui offrir ? »

Un sérieux dilemme, sans solution intermédiaire envisageable. Me mettre en couple avec elle, et continuer à écrire de Santa Cruz aurait été trahir le projet initial. Au contraire, continuer le World Poker Trip et l'emmener avec moi sur la moto n'avait pas beaucoup de sens non plus : de quoi vivrait-elle ? Pourrais-je jouer au poker sereinement ? Ne perdrais-je pas en baroudant à ses côtés cette liberté absolue qui me faisait tant vibrer ?

La balance des sentiments.

Elle ou mon rêve.

Pendant plusieurs jours, j'ai été totalement tiraillé par l'incertitude, incapable de prendre une décision. Puis un vendredi soir, mon inconscient a réglé le problème à ma place. À un concert qui m'ennuyait, je l'ai laissée avec d'autres potes pour aller manger avec sa meilleure amie, un peu trop jolie pour que l'acte ne soit pas une déclaration de guerre. J'avais juste faim et, naïvement, je ne me suis même pas rendu compte de l'affront que je lui faisais. Un peu plus tard, en boîte, elle s'est vengée. En revenant des toilettes, je l'ai vue danser avec un autre mec, collée et sensuelle.

Ce fut un coup de poignard dans le ventre.

J'ai littéralement perdu l'équilibre, et j'ai dû m'asseoir sur une chaise. Thalia ne m'avait pas vu, elle continuait à danser. J'étais à la fois fasciné et dégoûté par ce spectacle, je ne pouvais plus m'en détacher. Je suis resté assis là à les regarder une bonne dizaine de minutes. Un Bolivien qui sortait avec nous a vu mon air déconfit et a voulu me rassurer. Je ne me souviens même pas de sa tête, mais je n'ai pas oublié l'unique phrase qu'il a prononcée à cet instant :

— *Hay miles de culos en el mundo.* (Il y a des milliers de culs dans le monde.)

Je devais vraiment être au fond du trou, car ces quelques mots si vulgaires prononcés par ce semi-inconnu ont eu un impact profond sur moi. C'était tellement loin de la réalité de notre histoire et, pourtant, à ce moment-là, j'ai tout oublié. Oui. Il y avait des milliers de culs dans le monde. Pourquoi allais-je briser mes rêves pour l'un d'eux ?

Et la douleur s'est transformée en colère. J'étais furieux. Je ne peux pas écrire tous les qualificatifs qui me sont passés par la tête. Heureusement, je ne les ai pas prononcés non plus. Un moment, j'ai vu qu'elle me cherchait des yeux. Je me suis levé pour qu'elle me voie, et voyant ma tête elle a immédiatement quitté son partenaire pour me rejoindre. Je me suis contenté d'un sobre : « Merci de m'avoir aidé à prendre ma décision. »

Elle n'a pas compris, je lui ai montré le gars, elle a ri devant ce qui lui paraissait être insignifiant. Ça l'était peut-être, mais j'ai été encore plus blessé. Et je me suis enfermé dans mon mutisme. Furieux. J'avais tellement la haine que je préférais ne plus lui parler. Malgré la musique, les amis ont senti que l'ambiance était plombée. Nous les avons salués, et sommes rentrés tous les deux, à pied, moi marchant à cent mètres derrière elle, c'était ridicule. Cette nuit-là, j'ai dormi par terre. Le lendemain, je n'avais plus qu'un seul choix possible : partir.

Je n'ai compris que quelques semaines plus tard que cette dispute n'avait été qu'un prétexte. Qu'il aurait été facile de se réconcilier. L'événement était mineur. Mais j'avais inconsciemment trouvé ma porte de sortie. La pression était trop grande. Je n'avais pas encore assez voyagé pour renoncer à mes envies d'aventure. Peut-être deux mois plus tard aurais-je réagi différemment.

Lundi 22 septembre 2013, 7 heures du matin, je n'ai pas beaucoup dormi, elle non plus. La tension insupportablement lourde qui imprégnait le studio tout le week-end a éclaté la veille comme un orage. Nous nous sommes enfin réconciliés, et désormais ne reste qu'une bruine mélancolique. Je pense qu'elle s'attend encore à ce que je renonce à mon départ, mais mon sac est prêt. Il est trop tard pour faire marche arrière. Ou plutôt, il est encore temps, mais nous avons tous les deux beaucoup trop d'orgueil pour lâcher prise.

Je fixe mon sac sur Parkinson, elle monte derrière moi et je l'accompagne au boulot. Pour la première fois depuis plusieurs jours, il fait gris et un peu froid. Durant tout le trajet nous parlons peu, j'ai une boule dans la gorge, j'imagine qu'elle aussi. Puis nous arrivons sur cet horrible rond-point et je m'arrête.

Je n'oublierai jamais l'instant qui a suivi.

Elle se plante face à moi, nous nous embrassons sur le bord de la route, au milieu des voitures. Puis elle éloigne son visage et me gifle en un mot :

— Reste !

Il n'y a pas de rire dans sa voix. Au contraire, son ton est traînant, tremblant, presque plaintif. Pour la première fois, elle me l'a dit avec sincérité, sans jouer. Ses yeux sont rouges et brillants. Je baisse les miens.

— Non, je ne peux pas. C'est trop tard.

Elle m'enlace un moment, puis me lâche et part d'un coup, sans se retourner. Je la regarde s'éloigner, remonte sur Parkinson et m'engouffre dans les embouteillages.

À la sortie de la ville tombent les premières gouttes.

13. Le pigeon voyageur

Les premières heures de route sont difficiles. Je ne cesse de penser à Thalia, à nos adieux, à ce qu'il lui en a coûté de me demander les yeux dans les yeux de rester. Une telle mise à nu de sa part, elle que je sais si fière, me remue profondément. Je me sens lâche d'avoir été si égoïste et honteux d'avoir été si lâche. Pendant les premières heures, je ralentis, hésite plusieurs fois à faire demi-tour. J'ai un très bon prétexte pour le faire puisque depuis quelques kilomètres il pleut à verse. À mesure que mes vêtements se trempent et que mon corps tremble de froid, je sens ma détermination faiblir… Finalement, c'est un coup du sort qui va me distraire de mes tentations et me permettre de continuer. Pour la première fois de mon voyage, je crève.

J'ai à peine eu le temps de m'arrêter sur le bord de la route et de couper le contact qu'une moto s'arrête à côté de moi. Quand le conducteur relève sa visière, je découvre un jeune Bolivien, le début de la vingtaine, typé *indígeno*, visage joufflu et sourire sympathique. Pedro, intrigué par ma plaque d'immatriculation paraguayenne, a décidé de me donner un coup de main.

Pendant une heure, sous le déluge, nous (ou plutôt lui seulement) changeons la roue et faisons connaissance. Pour le remercier, je l'invite à déjeuner dans un *comedor* de Samaipata à quelques kilomètres de là. Tout en mangeant, je commence à lui raconter mes aventures. Au moment du café, le voilà qui se livre lui aussi. Pedro a une histoire à la fois terrible et tristement classique en Bolivie. Aîné d'une famille de dix enfants, il a vu son père les abandonner un jour pour une femme plus jeune, laissant sa mère sans ressources s'occuper d'eux. Le père, sans honte, a déménagé dans un autre village, et a simplement décidé de ne plus revenir. Pedro a dû arrêter ses études pour gagner de quoi nourrir sa famille. Il travaille le jour comme moto-taxi, la nuit comme cuisinier, et visiblement trouve encore le temps de donner un coup de main aux Français qui crèvent sous la pluie… Humblement, il m'annonce que c'était dur les premières années, mais qu'il commence à voir le bout.

— D'ici un ou deux ans, ça ira beaucoup mieux.

Comment s'apitoyer sur son sort après avoir écouté ça ? Lorsque nous nous séparons un peu plus tard, la pluie a cessé, j'ai décidé de ne plus remuer mes idées noires, et suis résolument décidé à parcourir les cinq cents kilomètres et deux jours de route qui me séparent de Cochabamba, ma prochaine destination.

Ma nouvelle volonté va être mise à rude épreuve. Après avoir dormi à Comarapa, une petite bourgade déprimante à mi-chemin, je vis une deuxième journée de route horrible et cumule un nombre insensé de galères. Dès le matin, je roule sur l'une des plus périlleuses pistes de mon voyage. À cause des pluies de la veille, la terre s'est transformée en boue et je manque de tomber plusieurs fois. À midi, je me retrouve avec mon portable volé, une seconde crevaison et une rustine facturée à prix d'or dans un village perdu à quatre mille mètres au nom prédestiné, Miseria.

En début d'après-midi au sortir d'une station essence, je pousse pendant une demi-heure jusqu'à un mécano Parkinson qui fait sa capricieuse. Peu après durant une pause, le vent emporte mes gants dans le ravin et je ne récupère que le gauche. En fin d'après-midi, alors que je suis à bout de nerfs, une troisième crevaison et l'absence de rustine me font craquer. Dans ces paysages déserts et magnifiques, je hurle ma haine au petit démon sadique qui a décidé de me torturer pour venger une Bolivienne à l'honneur bafoué.

Après les douze heures de route les plus dures de mon voyage, j'arrive à Cochabamba de nuit, sur mon pneu arrière complètement à plat. J'ai renoncé à le réparer pour la quatrième fois de la journée et j'ai décidé de faire les derniers kilomètres à vitesse réduite, priant pour ne pas glisser à chaque virage.

Épuisé, je suis soulagé d'arriver enfin à destination et de rencontrer mon nouveau couchsurfeur, un compatriote qui répond au drôle de nom de Bernie Noël.

Bernie Noël, si si, comme le personnage du film de Dupontel. Et si de même que certains flics boliviens vous en doutez, il vous montrera sa fausse carte d'identité pour le confirmer. Évidemment, vu la perfection du document, pas une seconde vous ne penserez qu'elle a été fabriquée par un faussaire thaïlandais…

Bernie est un mec incroyable, au sens littéral du terme : il est difficile de croire qu'il existe. Il pourrait facilement être le personnage principal d'un film que je crève d'envie de voir, une sorte de mix entre *Scarface*, *Carnets de voyage* et *L'Homme qui voulait vivre sa vie*. Ce jeune Marseillais a quitté la France il y a cinq ans pour parcourir le monde. Quand, au lendemain de notre rencontre, tous les deux sur Parkinson dans les rues ensoleillées de Cochabamba, je lui demande comment il a fait pour financer cinq années de voyage, il me répond un mystérieux : « J'envoie des cartes. »

J'ai beau essayer, je n'arrive pas à l'imaginer facteur.

Au fur et à mesure de nos pérégrinations à moto à travers la ville, il va m'en dire un peu plus sur lui.

À dix-huit ans, il a déjà quitté l'école depuis longtemps. Il bosse comme couvreur, gagne pas mal sa vie en faisant une mission par-ci par-là, mais c'est surtout le deal qui finance son train de vie. Voilà son vrai taf, il le fait bien et il est tellement connu que les jours de vente, les mecs font la queue devant chez lui. Mais ce n'est pas suffisant. Bernie en a marre de la France, il veut tenter un gros coup puis s'arracher. Dans le milieu comme dans la vie, il n'y a qu'une seule manière de s'en sortir : vendre sa propre production.

Avec son meilleur pote, ils commencent tout de suite gros, remplissent les combles de graines et s'improvisent botanistes. Quelques mois de pousse, une seule récolte. Il vendent tout en quelques jours, empochent une dizaine de milliers d'euros et, avant que les flics ne s'excitent, ils sont déjà en Australie.

Là-bas, ça devient épique. Ils s'achètent un van et mènent la grande vie. La dope, les meufs, la fête. En quatre mois ils ont déjà tout fumé, et il faut bien trouver un moyen de continuer à vivre sans rabaisser leur standing. Ils se mettent à vendre des pilules aux backpackers sur la plage, carottent la bouffe et l'essence dans les supermarchés. Un jour ils découvrent un hôpital abandonné et le démembrent littéralement pendant des semaines pour vendre le cuivre aux ferrailleurs.

Tout le monde a commencé à parler de ces deux Français qui avaient rasé l'Australie pendant des mois. Les mecs étaient devenus des légendes. Là où ils passaient, l'herbe ne repoussait pas. Si vous avez été dans le coin au début de la décennie 2010, vous avez forcément entendu parler d'eux. Si vous y avez été un peu plus tard, vous avez peut-être remarqué qu'à chaque fois qu'un Français entre dans un supermarché il se fait filer par le vigile : c'est en grande partie à cause d'eux.

Après quelques mois de folie, Bernie rentre en France pour taffer un peu. Du biz, quelques missions d'intérim pour justifier ses allocs, puis il repart sur la route. Il débarque en Amérique, baroude à droite à gauche et, quand il entre en Bolivie, il se rappelle d'une scène mythique de *Scarface* qui a lieu à Cochabamba et décide que c'est un bon endroit pour se poser. Au moment où je le rencontre il y est depuis six mois, et les cartes qu'il envoie ne contiennent pas des bonnes nouvelles pour ses parents, mais de la bolivienne, l'une des meilleures cokes du monde. Il se fournit à quelques heures de là, dans la province du Chapare. Les labos sont directement implantés dans les champs de coca et la poudre qui en sort est presque pure. Il l'achète pour rien et la revend une petite fortune en Europe. Après découpage et pertes liées aux contrôles, il fait une plus-value d'environ 1 000 %. De quoi vivre comme un ministre dans l'un des pays les plus pauvres du monde.

J'avoue que, quand il m'a écrit un message sur Couchsurfing pour me dire qu'il aimait bien lui aussi le poker et la moto et qu'il était chaud pour m'héberger, je ne m'attendais pas à ça. De ma vie, je n'ai jamais fréquenté un mec comme Bernie. Nous sommes différents à tous les points de vue : langagier, social, scolaire, « professionnel », moral… Et pourtant malgré toutes nos différences, lui comme moi avons conscience que quelque chose de beaucoup plus profond nous relie : la volonté de ne pas subir nos vies. Ce point, mais également une certaine admiration pour son intelligence émotionnelle et son courage créent en moi un étrange sentiment contradictoire, mélange de réprobation et de fascination, de distance et d'empathie. Il y a quelque chose qui ressemble au syndrome de Stockholm là-dessous.

Un après-midi, Bernie m'annonce qu'il doit aller régler un deal. Quand il revient une demi-heure plus tard, il a l'air agité, va directement dans la cuisine, et je l'entends crier :

— Ah, l'enculé. Il m'a carotté !

Il n'avait pas de balance sur lui, et on lui a fourni seulement la moitié de la came. Il ressort régler le problème, et à son retour il n'est pas seul. Il est venu avec le dealer, un Bolivien, la quarantaine bien cramée, grand maigre au visage creusé et à la petite moustache de faux-cul. Le mec ne me revient pas dès le départ, et je suis stressé que Bernie l'ait ramené à l'appart. Ils posent la balance à côté de mon ordi, et commencent leur petit cirque. Bernie qui lui montre qu'il manque cinquante grammes, l'autre qui trouve des excuses de raccroc pour s'esquiver. Il me prend à partie, j'aime pas du tout, je ne veux pas être mêlé à ça. Au moment où je me dis que je ferais mieux de me casser, ça explose pour de bon. Bernie menace de le balancer par la fenêtre, le mec est stressé, met la main dans son sac et menace.

— Tu veux vraiment que je sorte mon arme ?

— Bah, vas-y, sale bâtard, sors-la ton arme !

(Ta gueule, Bernie, putain !)

— Tu veux vraiment ?

— Ouais, vas-y ! Putain, j'te jure, si tu me donnes pas ma came tout de suite, je vais te buter !

Le mec ne sort évidemment pas son arme, car il n'en a pas. Bernie est chaud comme la braise (il a probablement dû essayer la bolivienne avant de la peser) et ne tombe pas une seconde dans le panneau, contrairement à moi qui ne suis pas loin de m'évanouir. Finalement, le dealer accepte d'annuler la transaction. Il rend l'argent et récupère sa came moins une partie que ce renard de Bernie a réussi à lui piquer. Ouf, c'est terminé.

Je ne suis pas fait pour ce milieu…

Le lendemain, je reçois un coup de fil que j'attendais depuis mon arrivée en ville. Mon contact poker m'invite à venir jouer. Je n'ai aucune idée de qui il est : je ne l'ai jamais rencontré en personne, c'est le contact d'un contact d'un contact de Fernando, le mec sympa avec lequel j'ai joué à Santa Cruz. Ce n'est pas spécialement fiable, mais quand je regarde sur Google Maps l'adresse de la partie, dans les beaux quartiers de Cocha, je me dis que je ne risque pas grand-chose.

Juste avant de partir, Bernie me propose d'essayer sa bolivienne…

— Hmm, je suis pas sûr, en plus je vais jouer, là, faut pas que je fasse n'importe quoi.

— Vas-y, t'inquiète, tu vas voir, ça va t'aider à te concentrer.

— Je sais pas franchement, Bernie…

— Mec, tu te rends pas compte, t'auras jamais une seule occasion de ta vie d'en tester une aussi bonne. Fais-moi confiance, tu vas kiffer.

Il part récupérer dans son frigo un paquet qui ressemble à ceux qu'on voit dans les films et trace deux grosses lignes bien épaisses.

— Euh, t'es sûr de la quantité, là ? J'en ai jamais pris de ma vie quand même…

— Vas-y, prends ce que tu veux.

Il divise l'une des lignes en trois, et voilà comment, dans un mélange de curiosité et d'appréhension, je me retrouve à vingt-six ans à vivre une nouvelle expérience que je n'aurais jamais pu connaître autrement qu'en voyage. Une expérience cette fois-ci, je dois bien l'avouer, plutôt du côté obscur de la culture sud-américaine… Maman, si tu me lis, désolé.

Bernie prend d'un coup tout ce qui reste sur la table, éructe, et guette ma réaction.

— Alors ?

— Bah… pas grand-chose pour l'instant.

— Ah bon ? Tu te sens pas plus chaud d'un coup ?

— Bof.

Après quelques minutes, je ressens une sorte d'engourdissement bizarre au niveau des gencives, pas vraiment agréable, et peut-être, oui, peut-être une petite stimulation… Mais pas plus grosse que celle que pourrait me procurer un café. Malgré l'appréhension que j'avais, je dois avouer que je suis un peu déçu. Bernie le semble encore plus que moi.

— T'en reveux ? Vas-y, t'as presque rien pris. Essaies-en encore un peu.

— Euh… Non, tant pis, ça va aller. Je vais jouer.

C'est ainsi qu'en ce vendredi 20 septembre 2013, à 22 heures, c'est chargé d'une nouvelle substance dans le sang que j'arrive sur Parkinson dans une rue vide et tranquille. Des rangées de portails fermés derrière lesquels on entraperçoit des maisons cossues, des jardins bien entretenus et de grosses voitures. À l'adresse indiquée, je sonne et le portail s'ouvre. Je me présente à un jeune gars, début de la trentaine, qui me dit de le suivre. Dans la cour, quelques 4 × 4 et une voiture de sport. Je ne suis pas tombé chez des clochards…

La maison correspond aux goûts de la bourgeoisie bolivienne. Une façade avec des bow-windows, l'entrée sous un petit toit en tuile supporté par des colonnes doriques. À l'intérieur, le carrelage en marbre, les tables recouvertes de nappes en dentelle, les tableaux aux cadres dorés, le lustre et les boiseries partout jusqu'à l'indigestion. Ici on marque sa différence avec le reste de la population en affichant un goût immodéré pour les éléments de culture étrangère. Peu importe que les colonnes soient grecques, les bow-windows anglais, les dentelles belges, le toit japonais, et que l'ensemble soit bling-bling et bordélique, ce qui compte c'est de bien montrer qu'on a de la maille, et qu'on n'est pas comme tous les autres *campesinos*[1] du pays.

Je m'avance dans le salon. Au fond, la table du dîner a été recouverte d'un tapis vert. Le mec qui m'accompagnait et qui se révèle être le croupier me présente au boss. Un Bolivien d'une soixantaine d'années (celui que j'ai eu au téléphone) qui me place sur le dernier siège libre. Comme souvent, l'arrivée d'un petit Blanc aux yeux bleus déclenche la surprise. Je commence à m'y faire. On me pose des questions, je raconte mon voyage autour du monde (en omettant que je vis du poker évidemment, c'est pas une très bonne idée en général). Les mecs sont agréablement surpris, m'intègrent rapidement, et je commence à jouer.

C'est une grosse partie.

Déjà parce qu'il est très rare de se trouver dans un salon avec deux croupiers professionnels, les boissons et la bouffe offerte. Ensuite, car les montants sont équivalents à ceux que je joue en France : 200 dollars. Comme à Santa Cruz, quelques jours plus tôt. Et comme à Santa Cruz, à Tucumán, à Salta et à toutes les grosses tables où j'ai jouées en Amérique du Sud, je m'attends à trouver deux profils de joueurs : les gros poissons et les requins.

Je mets 100 dollars sur la table, le temps d'observer à qui j'ai affaire. Dès les premières mains, je repère facilement les poissons. La grosse surprise de cette soirée, c'est qu'après quelques tours de table, je n'ai toujours pas repéré de requin. Aucun jeune joueur venu d'Internet techniquement très bon, pas un seul livetard

1. Littéralement « paysan », au sens figuré « beauf ».

intuitif et psychologiquement aguerri. Je me laisse un peu de temps pour en être sûr, mais après deux heures de jeu, j'en viens à la conclusion qu'il n'y a pas un seul bon joueur à cette table. Je me sens comme le loup au milieu d'un troupeau de neuf brebis. Il est minuit, j'ai déjà 300 dollars et je me lèche les babines.

Le récit de cette partie n'a pas un très grand intérêt. À une table facile, toutes les décisions deviennent évidentes, et aucune main ne vaut réellement la peine d'être contée. Ce qui importe, c'est que malgré une poisse incroyable (notamment un énorme pot AA vs AA < QQ pour un énorme pot à 1 700 dollars...), je fais un véritable massacre. Au petit matin, j'ai multiplié mon tapis de départ par vingt, et suis passé de 100 à 2 000 dollars ! Cerise sur le gâteau, je suis toujours en pleine forme. Alors que la moitié des joueurs est partie dormir, et que l'autre moitié est affalée sur la table, restant mollement éveillée, je suis vif, lucide, et précis dans mes lectures. Je n'ai pas fait une seule erreur de la soirée et malgré la poisse, je n'ai jamais eu un seul moment de déconcentration. Je me demande finalement si la came de Bernie n'aurait pas agi à retardement... Il est 8 heures du matin, je suis à la deuxième plus grosse victoire de mon voyage et j'annonce que je m'en vais.

C'est à ce moment que commencent les embrouilles.

D'abord, ils essaient de me convaincre de rester encore un peu. Réaction naturelle, j'ai rasé la table, et ils ont probablement l'espoir de récupérer un peu de leurs pertes. Vu qu'il est tôt, que je n'ai pas envie de réveiller Bernie, et que j'ai l'intention de revenir jouer, j'accepte de rester un peu plus, même si je commence à fatiguer.

Quelques minutes plus tard, j'ouvre 77 en milieu de parole (tapis 2 000). Le Boss de la partie (tapis 400) a limpé à 2 en début de parole. Je décide de le relancer à 10. Tout le monde se couche jusqu'à un mauvais joueur prudent en petite blinde qui paie (tapis 1 600). Boss complète.

Flop : A♥ 7♥ 9♣ (pot 32).

Bingo !

Prudent check, et Boss décide de miser 20. C'est un joueur très serré, et cette action est pour moi une excellente nouvelle : il a touché ce flop, a probablement un as, et je vais lui prendre beaucoup. Je décide de le relancer tout de suite à 60 pour faire grossir le pot.

Quand la parole revient à Prudent, je suis extrêmement surpris de le voir check/raiser* à 170. Boss paie très rapidement, et la parole me revient. J'ai joué toute la nuit avec Prudent, et il n'est vraiment pas le genre à s'envoyer en l'air avec un tirage, surtout avec cette profondeur. Cette action signifie qu'il a au minimum un excellent as, mais plus probablement au moins double paire. Habituellement, un brelan de 7 sur un tel board est une main extrêmement puissante qui vaut la peine de tout mettre, mais ici, j'ai un mauvais pressentiment. La fameuse intuition du livetard, je crois. Est-ce sa manière de balancer les jetons ? La rapidité avec laquelle il a relancé ? Quelque chose dans son regard ? Une posture ? Une tension dans l'air ? Franchement, je n'en ai aucune idée, et pourtant, une petite alarme vient de sonner dans ma tête et me dit de rester... prudent. Je décide de simplement payer.

Turn : K♦ (pot 452).

Prudent mise 200 dollars. C'est petit par rapport à la taille du pot, mais pour lui, je sais que c'est énorme. Boss n'hésite pas longtemps avant d'envoyer son tapis de 250. Je suis quasiment sûr d'être devant Boss qui pour moi a probablement un bel as, du genre AJ/AQ/AK qu'il aurait sous-joué préflop. Prudent par contre m'inquiète de plus en plus. Désormais, j'exclus tout bluff de sa range. Il est incapable de bluffer ou même de semi-bluffer autant après avoir été payé deux fois au flop. La main la moins forte qu'il peut avoir est une double paire.

79 et A7 sont improbables car j'ai deux bloqueurs* sur le 7. K9 de cœur a du sens, mais c'est improbable vu le profil et l'action flop. AA quasiment impossible vu l'action préflop et les profondeurs. Il n'y a en fait que deux mains crédibles : A9 que je bats et 99, brelan supérieur.

J'ai toujours une main un peu trop forte pour abandonner, mais mon mauvais pressentiment est de plus en plus fort... Je décide de payer une deuxième fois et d'aviser selon l'action à la river.

River : 2♥ (pot 1 332).

Prudent a l'air emmerdé que la couleur tombe. Il réfléchit une dizaine de secondes, mais mise quand même 280. Encore une fois, c'est tout petit par rapport à la taille du pot, mais c'est quand même énorme pour lui.

Lorsque la couleur rentre et qu'il mise quand même aussi cher, il ne peut plus avoir double paire.

C'est impossible. Il a toujours 99, je suis dégoûté.

— Tu as 99, non ?

Je le vois littéralement sursauter.

— ... Euh, non, ahaha !!

Il a été tellement surpris qu'il n'a même pas eu la lucidité de trouver une excuse. Il a 99, c'est évident.

Je suis battu, et il n'y a que deux possibilités : abandonner ou transformer ma main en bluff en relançant et représentant la couleur. Je regarde son tapis, il lui reste encore environ 800 dollars, et je pourrais parfaitement jouer une couleur de cette manière. Mais Prudent est un mauvais joueur et, par expérience, je sais que les mauvais joueurs sont incapables de lâcher un brelan, peu importe l'action. Bluffer ici serait une erreur. Je n'ai qu'une seule chose à faire ici, me coucher.

Mais je n'arrive pas à m'y résoudre. Je suis convaincu qu'il a mieux, mais lâcher mon brelan de 7 est au-dessus de mes forces. Sur le coup, je suis moi aussi très mauvais. Après deux bonnes minutes de réflexion, je paie mourant*, posant mes jetons.

Boss montre AK qu'il a slowplayé* préflop et Prudent 99. Je jette mon 77 dépité. Putain, je le savais...

Je vois le pot astronomique de 1 892 dollars s'éloigner. C'est le plus gros de tout mon voyage et je l'ai perdu. Je décide qu'il est temps de m'en aller avant de tilter. Je rassemble mes jetons : 1 200 dollars. Ce n'est pas un si mauvais résultat si l'on considère cette dernière main. C'est même une excellente soirée à l'échelle de mon voyage, mais je ne peux pas m'empêcher d'être dégoûté. Je me lève, le croupier se lève aussi et me dit de le suivre dehors.

— Écoute, Jonathan, on ne peut pas te payer maintenant. Tous les joueurs se connaissent ici, sont amis, et jouent à crédit, on n'a pas de liquide dans la maison.

Hmmm, je le sens mal… On discute, je m'énerve un peu, insiste. Au bout de vingt minutes, il cède. Ils vont me payer la moitié aujourd'hui, et l'autre moitié dans deux jours lors de la prochaine partie. Je suis à la fois rassuré et en même temps méfiant. Le simple fait qu'il ait menti quelques minutes plus tôt en me disant qu'il n'avait pas l'argent, puis qu'il ait soudainement décidé de me payer la moitié n'est pas le meilleur gage de fiabilité.

Je pourrais insister encore plus lourdement, mais il est 9 heures du matin, je suis un peu abattu par le déroulé de la matinée, et seul contre dix. Je n'ai pas d'autres choix que leur faire confiance. Nous rentrons à l'intérieur, il me paie mon dû, j'ai la présence d'esprit de prendre une vidéo de mon stack au cas où. Avec mes 600 dollars dans la poche, je rentre chez Bernie.

Le bougre ne m'accueille pas tout seul. Il me présente la petite bombe tout droit sortie d'un clip de rap qu'il a ramenée la veille. Au moins, il y en a qui se sont bien amusés cette nuit… Je lui raconte ma soirée incroyable, mais j'omets l'embrouille finale, ça ne sert à rien pour l'instant. Après avoir dormi un peu, il me propose de fêter ma victoire en allant m'acheter un nouveau téléphone. Je passe la journée avec lui à la Cancha, au sud de la ville, le plus grand marché à ciel ouvert d'Amérique du Sud. Une véritable ville dans la ville, avec son quartier des chaussures, son quartier des guitares, des ampoules, des fruits, etc. Il y a absolument tout et, en ce samedi après-midi, j'ai l'impression que toute la Bolivie s'est donné rendez-vous ici.

Le lendemain, la veille de la deuxième partie de poker, je reçois un coup de fil de Boss. Le cauchemar continue.

— On ne va pas te payer.

— Quoi ?? Pourquoi ?!

Le mec ne s'embarrasse même pas de salades.

— Parce que personne ne te connaît ici, que c'est une partie entre amis, et qu'ils refusent de payer un inconnu. Tu n'aurais jamais dû jouer avec nous.

— Quoi ?! Mais si vous aviez gagné mon argent, vous ne vous seriez pas privés de me le prendre, hein ! Tu es l'organisateur de la partie, tu dois assumer, je ne partirai pas d'ici tant que je n'aurai pas ma thune.

— Tu insinues quoi ? Que je dois payer de ma poche ?

— Ouais. Je refuse de me faire voler comme ça.

— Tu me traites de voleur ! Ne me manque pas de respect, petit con. Cette discussion est terminée.

— Je viens demain soir récupérer ma thune. Je ne sais pas comment ça se passe en Bolivie, mais en France, quand on se fait voler, on a des lois pour nous protéger.

— Il n'y aura pas de partie pour toi demain. Ne t'avise pas de venir. Et ne t'avise pas d'appeler la police, *atrevido de mierda*.

Il me raccroche au nez et je reste bouche bée. Non seulement je me suis fait royalement entuber, mais en plus il s'est offert le luxe de m'insulter. Je me souviens avoir cherché dans le dictionnaire pour comprendre le joli qualificatif dont il m'avait gratifié : « effronté de merde ». Une insulte créative et originale, que je n'ai toujours pas oubliée.

Mon mauvais pressentiment s'est réalisé. Et petit à petit, je remets les éléments en place. Je repense au déroulement de la partie, à certaines phrases prononcées, aux nombreux bad beats (au moment où j'écris ces mots, je viens de réaliser que dans le AA vs AA < QQ, c'était Prudent qui avait QQ et qui a pris l'énorme pot de 1 700 dollars !). Et surtout je repense à ce qui s'est passé lorsque j'ai annoncé mon départ à 8 heures du matin : leur refus, ma pause dehors et à mon retour l'énorme confrontation qui aurait dû me coûter mon tapis si je n'avais pas eu cette intuition salvatrice.

Je réalise petit à petit…

Je me croyais le loup au milieu des brebis, mais j'étais probablement la seule brebis à table. Boss et Prudent complices, et les croupiers de mèche pour sortir les bonnes cartes au bon moment. Cette partie était truquée dès le départ, ils ont dû préparer leur coup avant même de me connaître.

Je me suis fait totalement dominer. Mon orgueil en prend un sacré coup.

Après quelques minutes d'hébétude, je reprends mes esprits. Le premier sentiment qui arrive est puissant : la haine. Cet enculé va me le payer, je vais me venger. Dans un premier temps, l'humiliation me fait envisager les solutions les plus folles : aller le tabasser, brûler sa caisse, taguer sa porte, balancer de la merde sur sa façade. J'en parle à Bernie qui comprend de suite l'affaire. Il est presque plus énervé que moi, je le sens chaud-bouillant. Il me propose d'aller ensemble récupérer la thune. Le voir aussi excité me fait reprendre mes esprits : je refuse. Avec Bernie en copilote, la situation va devenir incontrôlable en un instant. Il se propose d'y aller seul, je refuse également.

J'abandonne vite les solutions violentes, je suis bien trop gentil pour ça. Je considère une vengeance plus civilisée et a priori moins risquée : les balancer. Après tout, le poker est illégal en Bolivie. À Santa Cruz, on m'a raconté des histoires d'organisateurs qui sont allés en taule lorsque leur partie privée a été dénoncée. Je n'ai pas de photos de leurs visages, mais j'ai plusieurs vidéos avec leur voix, une plaque d'immatriculation, mon stack avec le T-shirt du croupier, etc. J'ai pas mal d'éléments pour les mettre vraiment dans la merde.

J'y réfléchis sérieusement. Tellement sérieusement que j'envoie un SMS à Boss et au croupier : « Si je n'ai pas ma thune à 20 heures, je vais chez les flics. »

En attendant, je demande conseil à des joueurs de poker français sur Internet. Surprise. Absolument tous, sans exception, me disent de lâcher l'affaire, et leurs arguments sont percutants. Ils me font comprendre que je suis seul ici, probablement facile à retrouver. En Bolivie, particulièrement à Cochabamba, haut lieu du narcotrafic international, il vaut mieux que je n'entre pas en confrontation, et encore moins avec des gens puissants. Je ne sais finalement pas du tout qui sont ces mecs, comment ils se sont enrichis ni ce dont ils sont capables. Ils me disent à raison que souvent dans ce genre de parties, les flics sont déjà au courant, et protègent le boss en échange d'une *mordida*. Ils insistent sur le fait que seul Français au milieu des Boliviens, ma parole ne vaut rien. Le jeu en vaut-il la chandelle ? Suis-je prêt à risquer ma vie pour quelques centaines de dollars ?

Une gifle salvatrice.

C'est dur à accepter, mais ils ont raison. Grâce à eux, je prends conscience de l'incroyable fragilité de ma situation : un jeune étranger voyageant seul à moto dans un pays aux lois instables. Je suis une cible parfaite pour un scam*... À ce moment du voyage, je réalise à quel point j'ai été chanceux que cela n'arrive qu'une fois.

À 20 heures, l'ultimatum est passé, mais je ne vais pas chez les flics. Le lendemain, au moment où je sais qu'a lieu la partie, je résiste à la tentation d'y aller pour tenter un coup de Trafalgar. J'ai pris la seule décision valable : m'asseoir sur mon orgueil, accepter de m'être fait pigeonner et mettre les voiles.

Au poker, il existe des situations inextricables où, quelle que soit l'action que l'on effectue, on sortira perdant. On les appelle les setups*. La main que j'ai jouée l'autre soir en était un. La seule manière de m'en sortir aurait été de suivre mon intuition, et de me coucher le plus vite possible. Dans la vie, il nous arrive parfois de nous retrouver dans des setups. Savoir repérer ces moments, être capable d'évaluer que les rapports de force sont en notre défaveur et ne pas être aveuglé par notre ego permet d'arrêter les dégâts avant qu'il ne soit trop tard. Je suis arrivé en Amérique du Sud le sourire aux lèvres, à la fois naïf et trop sûr de moi. Il m'a fallu quelques centaines de dollars et une petite humiliation pour ouvrir les yeux. Pas si cher payé finalement quand on imagine ce à quoi j'ai échappé...

Mercredi matin, je fais mes adieux à Bernie. La pire semaine de mon voyage vient de se terminer. Je quitte Cochabamba la queue entre les jambes. Désormais il faut passer à la suite.

Ce soir, je serai à La Paz, la capitale de la Bolivie. Une nouvelle aventure commence.

14. La Paz

Dès la sortie de la ville, la route monte abruptement. Cochabamba, dans sa cuvette à deux mille cinq cents mètres était la ville frontière entre deux Bolivie. À l'est, l'Amazonie, les basses terres, les jolies filles et les nuits tièdes. À l'ouest, les Andes, les bergères avec leurs troupeaux, le froid.

C'est une magnifique étape, mais aussi l'une des plus dures. Je roule toute la journée dans des paysages spectaculaires, traverse des cols de la hauteur du mont Blanc, manque d'écraser moutons, ânes et chiens. À la tombée de la nuit, je suis encore loin de La Paz. La fatigue se fait de plus en plus forte et mes yeux piquent. Parkinson est brûlante, exige une pause que je ne lui accorde pas, je suis pressé d'en finir. Quand dans la nuit sans lune apparaît enfin une immense tache lumineuse, je souffle un peu.

Petit à petit, les habitations se font plus denses et le trafic plus soutenu. Sans que je me rende compte exactement à quel moment, je suis entré dans El Alto, une banlieue de la capitale devenue en cinquante ans la troisième plus grande ville de Bolivie. Après Santa Cruz, je pensais avoir tout vu, mais mon arrivée ici me fait découvrir un nouveau degré dans le chaos. El Alto est probablement la ville la plus laide et désagréable que j'ai vue de ma vie. Pour cause, à quatre mille cent cinquante mètres d'altitude, le froid et le manque d'oxygène l'ont rendue incroyablement inhospitalière. La ville est un agrégat de bâtiments construits à la va-vite, tous presque identiques dans leur laideur, trois étages, structure béton, remplissage en parpaings rouges laissé à nu. Les boulevards sont immenses et surchargés, les trottoirs, quand ils ne sont pas une simple bande de terre battue, sont défoncés et envahis de détritus. Sur le terre-plein central, les misérables buissons qui ont été plantés sont moribonds, empoisonnés par un air tellement chargé en gaz qu'il donne l'impression d'être visqueux.

Ceux qui vivent ici n'ont pas les moyens d'aller plus bas. Des hommes et femmes petits, gras, à la peau sombre, tirée et aux joues violacées par la dureté du soleil. C'est une population de *cholas* claudicantes, de flics débordés et de jeunes déjà édentés au sourire métallique. Une cour des Miracles emmitouflée marchant entre les files de centaines de minibus qui klaxonnent, se dépassent, se font des queues-de-poisson dans l'anarchie la plus totale.

À 22 heures, épuisé et couvert d'une pellicule de crasse, je passe enfin le péage qui marque la sortie de la banlieue. La route forme un belvédère qui surplombe la capitale. En contrebas, la vue qui m'est offerte à ce moment est d'une beauté totalement inattendue. C'est une vallée gigantesque, abrupte, dans laquelle la ville emplit tout mon champ de vision. La Paz, de nuit, dessinée par ses millions de lumières. On y devine les grandes avenues, les places, les différents quartiers. Des bidonvilles éclairés à l'ampoule, sombres, tirant vers le rouge aux zones plus riches, jaunes et brillantes, en passant par les rivières et montagnes que l'on devine à leur obscurité totale. C'est l'une des plus belles arrivées de mon voyage. Magique.

Après une nuit de repos dans un hostel (je n'ai pas trouvé de couchsurfeur), je pars le lendemain explorer le centre. Par sa topographie extrême, La Paz n'a rien à voir avec les autres grandes villes que j'ai traversées en Amérique du Sud. Ici, on n'y trouve pas l'organisation coloniale en *cuadras*, les grands boulevards tirés sur des kilomètres, le développement géométrique et rationnel dans de grandes plaines bien plates. Dans cette vallée aux pentes raides, il aurait été trop compliqué d'appliquer cet urbanisme rigoureux, et la ville s'est formée de manière organique en fonction du relief et des opportunités locales, un peu comme nos centres historiques européens. Durant les premiers jours, ayant perdu l'habitude de ce genre d'agencement, j'ai beaucoup de mal à me repérer dans ces artères étroites et zigzagantes qui changent de nom à chaque virage, montent parfois avec des pentes insensées et sont continuellement surchargées. Mieux vaut y avoir de bons freins d'autant plus que, comme à Santa Cruz, les Boliviens conduisent atrocement mal. Un peu déboussolé, je suis plusieurs fois à deux doigts de me faire percuter, et je comprends rapidement pourquoi les motos sont si rares ici, alors qu'elles constituent traditionnellement l'un des véhicules de prédilection.

Vu que j'ai l'intention de rester un certain temps dans le coin, j'ai décidé de rencontrer du monde dès la première journée. Je mange avec Grace et Franz le midi, visite les gigantesques marchés sur les hauteurs du centre-ville avec Laura pendant l'après-midi, et bois un coup avec Patricia le soir venu. Nous nous entendons bien et décidons de nous joindre à sa sœur avant de continuer la soirée. C'est ainsi qu'en ce 28 septembre, Plaza del Estudiante en plein centre-ville, je rencontre Bitia (on ne rit pas). Elle arrive une bonne demi-heure en retard, s'excuse à moitié et rigole avec sa sœur. Je suis rapidement intrigué par son assurance, peu commune chez les Boliviens que j'ai rencontrés jusqu'à maintenant. La tête haute, un joli sourire, cheveux tirés en arrière, bien sapée, un petit côté sophistiqué différent des autres filles que j'ai croisées dans la capitale. Nous discutons, elle répond évasivement, avec une petite distance ironique, s'intéressant plus à son portable qu'à moi. Elle bosse comme psychologue et, je ne sais pas si c'est une déformation professionnelle, il semblerait qu'elle ait bien compris la psychologie masculine : désintéressez-vous du mec pour qu'il s'intéresse à vous.

Tous les trois, nous rejoignons Ronny, un couchsurfeur qui est avec ses potes en train de boire des coups dans un café de Sopocachi, le quartier de la vie nocturne et des étrangers. Nous y rencontrons Xavier, un Français, et pour la première fois de mon voyage ma réputation me précède :

— Ah ! c'est toi, le joueur de poker qui voyage ? Je suis tombé sur ton blog, cool ce que tu fais, si tu veux tu peux dormir à la coloc.

Petit gonflement de cheville, j'accepte. La conversation tourne tranquillement, nous sommes trois Français, deux Boliviens et les deux filles. Je vois bien que les Boliviens sont intéressés par leurs compatriotes féminines. Intéressant.

Subtilement l'affrontement commence, et nous jouons au petit jeu inconscient de la séduction. Il n'y a que sourire et bonne humeur à table, mais derrière les visages, c'est une lutte symbolique qui est engagée dans laquelle chaque phrase, chaque mouvement, est une offensive. C'est une table de poker, sauf qu'au lieu d'essayer de gagner de l'argent nous essayons de décrocher l'intérêt des filles. Ça mise, ça bluffe, ça relance, ça se couche. À ce petit jeu, je m'en sors plutôt bien, j'ai plus de cartes que mes adversaires. Je parle du jeu, du voyage, du blog et je vois bien que je suis en train de dominer la partie.

À la fin d'une tirade particulièrement lyrique, je vois Bitia réagir. Un vrai tell de poker. Une sorte de sursaut quasiment imperceptible, la pupille qui s'agrandit et les yeux qui brillent. Exactement la même réaction que quand un mauvais joueur touche sa double paire. À ce moment, je sais que j'ai gagné. Un peu plus tard, dans le deuxième bar, je suis le seul à récupérer son numéro.

Vingt-quatre heures dans la capitale, et j'ai déjà les clés d'une coloc, un début de groupe d'amis, et une rencontre prometteuse. C'est ce qu'on appelle un bon départ, et mon expérience de voyageur m'a souvent démontré que les meilleures expériences commencent avec ce genre de dynamique très positive. Il ne me reste plus qu'à trouver une table de poker et je serai comblé.

La partie truquée de la semaine passée est encore fraîche dans ma mémoire, et je ne veux pas aller n'importe où. Fernando que j'ai recontacté entre-temps pour lui raconter l'histoire, et qui ne semble pas être impliqué dans ma sombre arnaque, avait bien un lieu à me proposer à La Paz, mais désormais ni lui ni moi n'avons envie de prendre le risque de tenter le coup. J'ai décidé d'arrêter les plans foireux, de ne plus aller chez l'ami du collègue de l'oncle d'un barman rencontré par hasard. L'erreur que j'ai commise à Cochabamba a été d'arriver en étant un inconnu total, sans aucun référent, et donc facile à arnaquer. Pour éviter ce problème, j'ai décidé d'adopter une règle très simple qui devrait m'éviter des problèmes : désormais, je n'entrerai dans des clandestines que si j'y ai un contact de confiance qui m'y introduit personnellement. À La Paz, je viens de rencontrer Carlos, un couchsurfeur, et c'est donc lui qui va jouer ce rôle important. Trois jours après mon arrivée, il me donne rendez-vous chez lui dans la Zona Sur, les beaux quartiers de La Paz.

Lorsque j'étais étudiant en architecture, ma matière préférée était la sociologie urbaine. J'adorais ces cours durant lesquels nous observions les comportements des différents types de population en ville. Un aspect m'intéressait plus particulièrement : la manière avec laquelle les ségrégations sociales se répercutaient de manière géographique. Nous observions comment les populations riches et pauvres, ou de différentes ethnies, avaient tendance à se séparer naturellement, chacune dans leur différent quartier, suivant des dynamiques bien précises. Je trouvais captivant le fait que ces divisions se formaient de manière parfois si limpide qu'on pouvait les résumer à un schéma. Jamais pourtant nous n'avons étudié une ville où cette séparation se matérialise de manière aussi « pure » et radicale qu'à La Paz.

La Zona Sur se situe à plusieurs kilomètres du reste de la ville. Sur une autre montagne. On ne peut y accéder qu'en voiture, soit en traversant un immense pont qui enjambe la vallée, soit en descendant une petite route en lacet qui débouche cinq cents mètres plus bas que le centre-ville, mille mètres plus bas qu'El Alto. La Paz est une des rares villes au monde où la ségrégation sociale ne se fait pas selon le modèle traditionnel centre-banlieue, mais bas-haut. La raison est simple : à trois mille mètres, l'air est de nouveau respirable, le temps plus clément, les journées sont plus douces et, forcément, les loyers beaucoup plus chers. Dans ces avenues larges, bordées de parcs et de banques à l'architecture internationale, je suis entré dans un nouveau pays.

J'arrive chez Carlos qui monte sur Parkinson et me guide à notre partie, dans un quartier résidentiel tout proche. Il y a la rue, vide, le trottoir, vide, et un mur continu de trois mètres de haut qui entoure la *cuadra*. On devine à peine par endroits un toit ou quelques arbres. Il m'arrête devant un portail et passe un coup de fil. Une jeune fille nous ouvre, dans la cour à l'entrée sont garés deux 4 × 4, j'ai comme une impression de déjà-vu.

Je vais être vite rassuré. C'est une jolie maison, parquet au sol, mobilier moderne, pierre apparente. Carlos me présente comme un ami français de passage et je m'assieds à table. Une table tout à fait singulière, aux joueurs bien différents de ceux que j'ai l'habitude de côtoyer. Ce qui frappe tout de suite ce sont les femmes.

Dans un univers pokéristique très machiste, il est rare de voir des joueuses s'aventurer aux tables. Pourtant ici, elles occupent facilement un tiers des sièges. La cinquantaine passée, toutes chargées de colliers, mains parées de bagues et ongles manucurés. Clairement pas un profil courant. Elles sont venues ici avec leur mari, costard rangé au vestiaire, chemise décontractée, whisky sur la table. Petite session détente après le boulot. Quelques jeunes également, des petits minets de la Zona Sur, apparemment un groupe de potes. L'endroit a beau être illégal, géré par un organisateur avec des croupiers professionnels, l'ambiance est des plus familiales. Tout le monde se connaît, s'appelle par son prénom et demande des nouvelles du petit neveu qui vient de rentrer au collège. J'ai l'impression d'être entré à la table de bridge du Rotary Club.

Dès mes premières mains, je me rends compte que le niveau est très faible. La majorité des joueurs ne vont me poser aucun problème. De toute manière, il est clair que la plupart sont là plus pour passer le temps agréablement que pour gagner de l'argent. On ne joue d'ailleurs pas grand-chose, 50 dollars la cave, ça aide probablement à se détendre. Et même si ça reste un montant relativement important pour la Bolivie, visiblement, la population locale de *jailones* (de « riches », sans connotation, mot formé à partir de l'anglais *high* prononcé avec l'accent !) n'est pas vraiment à ça près. Excellente nouvelle pour moi. Je me félicite d'avoir pu entrer dans un tel endroit et, comme à Cochabamba la semaine précédente, je me lèche déjà les babines.

La petite originalité vient du fait qu'on joue en dealer's choice*, c'est-à-dire que c'est au bouton* de choisir la variante de poker qu'il souhaite jouer : Texas ou Omaha. Si je connais bien le Texas, je suis totalement inexpérimenté en Omaha. J'ai vaguement appris à jouer à ce poker à quatre cartes quelques mois plus tôt au Brésil, où dans de nombreux clubs on en distribuait une main à chaque tour. J'y ai rejoué un peu en Argentine, mais pas vraiment depuis. J'ai donc un tout petit peu d'expérience, mais mon edge* est inexistant. Qu'à cela ne tienne, ça me fera un apprentissage à moindres frais et, de toute manière, je me sens tellement meilleur qu'eux en Texas que je ne peux pas perdre d'argent à cette table. Je décide de jouer serré lors des phases Omaha, en espérant qu'il n'y en ait pas trop.

Mais à mon grand désespoir, c'est cette variante qui est choisie quasiment 80 % du temps. Il faut dire qu'elle est beaucoup plus ludique, et amène bien plus d'action. Contrairement au Texas, le fait d'avoir quatre cartes en main donne l'impression de toujours toucher quelque chose et de pouvoir retourner toutes les situations. Au début ça ne se passe pas trop mal. Je perds un peu, recave, gagne un peu, reviens à l'équilibre. Vu le montant de la partie, je m'autorise à recaver trois fois, et quand vers minuit ils réunissent les deux tables, j'ai un tapis de 250 dollars. Tout va bien, il n'y a pas grand monde qui m'inquiète à table, et il y a même quelques joueurs faibles avec de gros tapis.

Je n'ai pas vraiment compris ce qu'il s'est passé ensuite. Je ne me souviens plus des détails, je n'ai pas noté. C'était une main d'Omaha. Je jouais serré, j'ai ouvert AAxx, relancé, payé par quasiment toute la table comme d'habitude, et j'ai touché un brelan d'as au flop, sans tirage. Une bien belle main. Sauf que totalement inexpérimenté, je ne savais pas à quel point elle était fragile. J'ai mis tout ce que je pouvais, et me suis fait retourner par un adversaire un peu trop collant. – 250 dollars en deux minutes. Paie ton inexpérience.

Il est 1 heure du matin, je suis un peu K.-O. et décide de rentrer chez Xavier. La table me salue cordialement, l'armateur me propose de revenir « quand je veux », et son petit sourire me donne l'impression très désagréable d'être le dindon de la farce. Les 300 blindes que j'ai perdues ont beau ne représenter qu'une somme relativement faible, la défaite reste lourde.

Après une bonne matinée de sommeil, pour me changer les idées, j'envoie un message à Bitia et lui propose d'aller boire un café. Elle arrive un colis à la main, me dit qu'elle vient de le récupérer à son boulot, l'ouvre devant moi et en sort quelques magazines. C'est apparemment son éditeur qui les lui a envoyés. Elle m'explique qu'en plus de ses consultations elle a sa double page psycho dans quelques revues féminines. *Señora Bitia* répond aux courriers de *changas* (jeunes filles) soucieuses de l'équilibre de leur couple et de garçons qui se demandent si la masturbation les rendra vraiment aveugles. C'est semble-t-il une minicélébrité, et j'ai l'impression de rencontrer la version bolivienne de Caroline Dublanche, cette animatrice-psychologue d'Europe 1 que j'écoutais souvent sur le chemin de mes sessions nocturnes en France.

Ce n'est pas tous les jours qu'on a le droit à une psychanalyse au prix d'un Frappuccino. J'ai saisi l'opportunité. Nous avons d'abord beaucoup parlé de moi. Ça ne la dérangeait pas, je sentais que, par ma radicalité, j'étais pour elle un objet d'étude intéressant. Nous avons parlé de mon voyage, de mes choix, du poker, d'amour, d'attachement et évidemment de Thalia. Elle m'a fait comprendre les vrais motifs de ma rupture avec elle, à savoir non pas cette dispute futile que j'avais invoquée, et à laquelle je croyais sincèrement, mais toutes sortes de peurs. Elle m'a cerné tout de suite, savait appuyer là où il fallait.

Nous en sommes rapidement venus à la conclusion que j'étais un narcissique à tendance schizoïde et histrionique. Dit comme ça, ça a l'air impressionnant, mais en réalité, ce n'est pas si grave. Juste un mec un peu plus concerné par lui-même que par les autres, à la fois désintéressé des relations de groupe et ayant besoin de capter l'attention. Quand j'y ai réfléchi sérieusement, mis en perspective ce modèle théorique sur ma vie, j'ai été choqué de constater à quel point il était pertinent. J'étais devenu un cas d'école : mon tour du monde en solitaire, je le faisais à moto, véhicule individuel et séducteur par excellence, en jouant au poker, activité on ne peut plus égoïste, et le summum de tout ça, en devenant une sorte d'écrivain autobiographique, c'est-à-dire ce qui peut se faire de plus antisocial, nombriliste, et quémandeur d'attention.

Nous avons parlé tout l'après-midi, c'était passionnant. Puis nous avons parlé d'elle. De sa passion pour l'écriture (tiens donc), de son passé avec un architecte (tiens donc), de sa fille (j'ai sursauté, haha !), de ses relations actuelles, notamment l'une d'elles avec un Allemand qui était fou d'elle sans visiblement que ce soit réciproque. Et ça a été à mon tour de lui faire comprendre quelques points, de la débloquer. Je pense qu'elle a été surprise que moi, le joueur de poker, puisse l'aider à voir plus clair sur certains aspects de sa vie. Ça a duré huit heures !

Huit heures de l'une des conversations les plus intenses et les plus intéressantes de ma vie. Huit heures extraordinairement sincères, pour un mec et une fille qui ne se connaissaient pas deux jours plus tôt. Nous étions en dehors des conventions sociales, au-delà de la séduction ou de l'amitié. Il s'agissait juste de la confrontation de deux pensées authentiques, et de l'explosion qui en résultait. Nous avions tous les deux conscience qu'il se passait quelque chose d'important et de rare. Ça faisait des années que je n'avais pas vécu ça.

La nuit est venue. Nous avions parlé et réfléchi tellement longtemps qu'en m'arrêtant j'ai réalisé que j'étais épuisé. Ma tête tournait, comme après un jogging un peu trop intense. Il était temps d'y aller.

Quand elle s'est installée sur la moto et qu'elle s'est collée à moi, beaucoup plus serré qu'à l'aller, ses bras croisés sur mon torse, j'ai compris deux nouvelles choses.

Elle était en train de tomber amoureuse de moi, et moi, j'étais encore amoureux de Thalia.

15. Les amours dissymétriques

Dix jours après mon arrivée, mes journées se ressemblent déjà toutes. Comme à Tucumán, Salta ou Santa Cruz, je me suis inconsciemment installé dans une petite routine quotidienne. Attitude à première vue paradoxale de la part d'un voyageur, mais finalement plutôt naturelle : entre la fatigue de six mois de route et les rencontres chaque fois plus intéressantes, continuer avec le même rythme qu'au début n'a désormais plus trop de sens. Depuis quelques semaines, malgré le fait que le poker ne fonctionne plus aussi bien qu'au départ, je sens que mon voyage durera plus que l'année initialement prévue, et le sentiment d'urgence a cédé la place à un certain besoin de stabilité.

Trois ou quatre fois par semaine, je me rends à ma partie privée des beaux quartiers. J'y perds et gagne beaucoup, fais le yoyo d'une session à l'autre. À une table aussi facile, je considère cette stagnation comme un échec, mais les enjeux sont tellement faibles que la vexation reste supportable. Je me console en faisant connaissance avec la haute société de La Paz. Un soir, je me retrouve à la même table que l'un des conseillers du président Morales qui, à moitié ivre, me raconte son projet d'aéroport international de Santa Cruz.

À la fin de la deuxième semaine, à ma demande, je suis invité à une partie plus grosse. C'est le croupier de la première table, avec lequel j'ai sympathisé, qui m'y introduit. Je le rejoins un soir, le fais monter sur ma moto, nous traversons toute la Zona Sur, et parvenons à un quartier encore plus isolé que l'autre, littéralement à l'autre extrémité de la ville. Cette fois-ci je suis passé véritablement dans le haut de gamme. Nous arrivons devant un portail fermé, sonnons et un colosse nous ouvre. Il fait nuit, mais derrière lui on devine l'ombre d'une énorme villa. À l'intérieur, un hall immense, marbre au sol, entrée double hauteur et escalier d'apparat. Au fond, on entend des voix de femmes qui rient dans le salon. Notre hôte en sort et se présente. Fin de la trentaine, grand, beau gosse, barbe taillée. Je suis face à l'ancien manager poker de la plus grande enseigne de casinos de Bolivie, à l'époque où ceux-ci étaient encore légaux. Il nous emmène dans une belle pièce adjacente à l'entrée, visiblement aménagée exclusivement pour le poker. Un cabinet tout en bois, du parquet aux meubles, au milieu duquel trône une table magnifique, surplombée d'une unique lampe pendante qui donne à la pièce une petite lumière tamisée des plus appropriées.

Avec mon ami croupier, nous sommes les premiers. Il s'assied, discute boulot avec le colosse, et les joueurs arrivent peu à peu. La plupart ont la trentaine ou quarantaine, tous apparemment amis de mon hôte, même niveau social, à part probablement ce jeune Asiatique, fin de la vingtaine, typé joueur d'Internet. On sent la partie hebdomadaire bien rodée, les mecs qui ont l'habitude de jouer ensemble en toute détente malgré la cave à 200 dollars. Deux croupiers pros, boisson et nourriture à volonté. Je commence à me faire à cette spécificité bolivienne : contrairement au reste de l'Amérique du Sud, le poker live y est ici majoritairement une activité de l'aristocratie.

J'ai tout de suite une impression de déjà-vu : le souvenir de ma partie des avocats à Salta, quelques mois plus tôt. La même table privée aux gros enjeux avec des profils de joueurs gambler-agressif. Le même contexte un peu compliqué, à savoir une perte de confiance dans mon jeu et la même situation financière tendue. De fait, je suis venu avec juste deux caves sur moi (400 dollars), et je n'ai pas vraiment droit à l'erreur. Jusqu'à présent, je n'ai pas réussi à réellement décoller en Bolivie, et suis à peine positif. Le problème, c'est que cela fait déjà deux mois que je suis ici, et qu'évidemment je dépense tous les jours. Ma bankroll baisse petit à petit. Pour l'instant, rien d'alarmant, mais c'est suffisant pour se serrer la ceinture.

Je décide instinctivement d'opter pour la même stratégie serrée qui m'avait réussi à l'époque. Sauf que contrairement à la dernière fois, je n'arrive pas à avoir la même discipline. Jouer serré est très éprouvant nerveusement. Devoir jeter de jolies cartes sur la base de certains principes mathématiques, particulièrement quand autour de soi on voit tout le monde jouer n'importe quoi, c'est difficile. À Salta, j'avais la patience, la solidité. Après seulement trois mois de voyage, je me sentais également un certain sens de la responsabilité, il fallait que je gagne pour continuer. Cette fois-ci, il se passe quelque chose de différent. Et en couchant mes mains les unes après les autres, l'agacement arrive. Je sens la chaleur qui monte petit à petit, les mains moites, les pieds qui s'agitent, les pensées qui s'accélèrent, une certaine nervosité. Je connais très bien cette sensation. La même qu'à ma partie marathon à Santa Cruz. Ça fait des années que je l'ai identifiée. C'est l'ennemi absolu de tous les joueurs de poker : le tilt.

Je ne vais pas développer longuement cette partie. Je la bâcle, et perds 400 dollars en moins de deux heures. À ce moment précis, je viens de passer perdant sur l'ensemble de mon séjour en Bolivie. Ma bankroll elle, vient de franchir la barre des 5 000 euros.

À 1 heure du matin, je suis déjà sur le chemin du retour, seul avec Parkinson à trois mille cinq cents mètres d'altitude. Dans les rues désertes et glaciales de la capitale, je n'arrive pas à m'apaiser. La partie a beau être terminée, je sens que je suis encore en tilt. Je ne sais pas ce qui m'énerve le plus, le fait d'avoir perdu ou d'avoir si mal joué. Car ce soir, je le sais pertinemment, ce n'était pas de la malchance. C'était ma faute. J'ai accumulé trop de fatigue depuis six mois de voyage, et surtout en jouant beaucoup trop depuis mon arrivée ici. Il est temps de faire une pause et d'arrêter les dégâts, même si cela implique d'admettre deux faits déplaisants. Le premier est que la Bolivie est mon premier pays négatif. Le second, c'est qu'avec ma bankroll qui commence à bien tirer la gueule, je ne pourrai pas voyager éternellement.

Le cafard arrive.

Le lendemain, j'ai droit à une conversation avec Xavier. Il me fait subtilement comprendre que j'ai un peu trop profité de son hospitalité, et je suis mort de honte quand je constate qu'il a raison. Cela fait presque deux semaines que je suis chez lui, à aller et venir, rentrer au beau milieu de la nuit et me lever à midi bien après qu'il est parti au travail. J'occupe le salon, ne suis pas particulièrement présent pour participer à la vie de la coloc, et mes derniers échecs au poker m'ont rendu plutôt sombre, pas spécialement coopératif.

Comment ai-je pu me retrouver dans cette situation ? Depuis quelques semaines je me sens fatigué, fragile, je manque de motivation. L'altitude extrême de la ville, qui me donne parfois d'étranges picotements dans les jambes et m'essouffle à la moindre accélération y est probablement pour quelque chose, mais pas que. En fait, depuis que j'ai quitté Santa Cruz, j'ai l'impression que l'univers conspire contre moi : les galères à moto, les arnaques de Cochabamba, l'absence d'envie d'écrire, les relations mal gérées, le poker. Il n'y a qu'avec Bitia finalement que tout va bien, mais même avec elle, je me sens parfois coupable d'entretenir une certaine ambiguïté sachant qu'elle éprouve un intérêt pour moi que je ne partage pas. Elle me traite comme l'écrivain que je rêve d'être, me propose de m'héberger chez elle, dans son superbe appartement avec vue sur la capitale. Elle me propose même les clés pour être tranquille, avoir l'inspiration. Je sais que sa bienveillance n'est pas innocente, mais comment refuser. Faiblesse masculine. Faiblesse d'orgueil. Je sais que ce n'est pas une excellente idée, mais je décide de m'y installer après avoir fait mes adieux à Xavier et ses colocs.

Il est temps d'arrêter de jouer au poker et se remettre à l'écriture. Je passe mes journées au Blueberry, ce beau salon de thé anglais de Sopocachi converti tous les après-midi en cyber pour geeks expatriés en manque de wifi. J'y suis supposé écrire mes aventures argentines, mais passe le plus clair de mon temps à procrastiner sur Facebook. Depuis quelques jours, je me suis remis en contact avec Thalia. La distance que j'avais volontairement installée après mon départ n'a pas résisté aux derniers événements et au froid de La Paz. Tous les jours nous nous racontons un quotidien beaucoup plus gris que celui que nous vivions ensemble, elle, s'étant définitivement remise au boulot, moi à moitié démoralisé. J'ai la nostalgie de notre courte vie de couple, et petit à petit le désir de se revoir se fait de plus en plus fort. Seule la distance me retient de rentrer, jusqu'à ce jeudi soir, sur Internet.

« La Paz-Santa Cruz, huit cent cinquante kilomètres. C'est vraiment trop loin. S'il n'y avait que la moitié je viendrais maintenant haha.

— Ahhhh oui c'est loin. En bus, c'est une nuit entière.

— Trois jours à moto, j'ai pas le courage. Ça a été tellement dur le trajet Santa-Cocha.

— Eh oui. Il faut aller de l'avant maintenant.

— Et un vol coûte 250 dollars, je peux pas me permettre en ce moment.

— En bus c'est 8 dollars.

— Sérieux ? 80 non ?

— Non, 8. Et si tu viens dans un bus super confortable, c'est 12.

— C'est rien du tout. Merde.

— Mmmm…

— Mmmm… Tu as quelqu'un chez toi en ce moment ?

— Non.

— Tu voudrais ?

— Oui. »

Santa Cruz n'est qu'à 8 dollars et une nuit de bus. Je réalise après cette conversation que la seule barrière que j'avais était mentale, que le trajet à moto était une fausse excuse et que je peux rentrer immédiatement. Je lui propose de venir trois jours plus tard, elle accepte. La motivation est de retour, je me remets au boulot, et comme par miracle, tout se remet à fonctionner. En quelques heures, j'écris l'article sur lequel je piétinais depuis des semaines. Et les dynamiques s'enchaînant, je sens un certain frémissement autour de moi durant quelques jours. Ma première interview par un média généraliste, puis des retours de lecteurs de plus en plus prestigieux. Un midi, je reçois un mail d'un certain Cyril André *aka* Don Limit, l'un des meilleurs joueurs de poker français. Il me raconte qu'il aime bien mon blog et se fend même de me donner quelques conseils sur une main que je raconte dans mon dernier article. Un peu comme si Cristiano Ronaldo m'envoyait un message pour m'aider à mieux tirer mes coups francs…

Bitia, depuis qu'elle sait que je veux repartir, me semble de plus en plus attachée. Je me rappelle d'elle, distante et ironique lors de nos premiers échanges, et maintenant que j'ai manifesté mon attachement à une autre, voilà que les rôles se sont inversés. Durant mes quelques jours d'attente, nous passons la majeure partie de notre temps ensemble. Nous sortons presque tous les soirs, je l'emmène en balade à moto, vis chez elle, dors chez elle… Sans jamais qu'il se passe rien entre nous. J'avoue que par moments, je ne suis pas loin de me laisser aller, mais la perspective de rentrer en Amazonie me rend sérieux. Supposément pourtant, elle a bien un mec, un Allemand rencontré dans une boîte de La Paz. Il l'attend au pays, transi d'amour pour elle. Elle reçoit chaque jour ses appels, et traite le bonhomme avec un détachement total. Je suis surpris de cette attitude, moi le grand naïf un peu trop sincère. Elle le gère tranquillement, répond aux crises les plus importantes, se le garde comme une roue de secours pour les coups durs. Aucune culpabilité de sa part. Ce qui n'est pas dit n'existe pas. Ma psychologue m'apprend les vertus du mensonge par omission.

En parallèle, à huit cents kilomètres de là, il se passe des choses étranges. Thalia me demande de rallonger le délai de ma venue pour des raisons professionnelles. Qu'à cela ne tienne. Mais à la fin de la semaine, elle a trouvé une autre excuse pour repousser encore. Petit à petit, les nuages refont leur apparition. Un mauvais pressentiment. Elle est moins présente, moins chaleureuse dans nos échanges. Je le lui reproche, devient irritable, impatient, et la sens s'éloigner. Quand je lui fais part de mes inquiétudes, elle devient glissante, ne me répond plus. Je parle seul, fais les questions et les réponses, et perds le contrôle de mes émotions, encore une fois. Sauf que cette fois-ci je ne joue plus au poker, je tilt dans la vraie vie. Le silence rend fou.

Je vis les joies des relations à distance. L'impuissance, et le cafard qui revient. Je n'ai personne d'autre à qui en parler que Bitia, qui, malgré ses analyses psychologiques, ne m'apaise guère. Après quelques jours moroses, c'est pourtant elle qui va me donner une clé de compréhension de manière involontaire : un soir dans un bar, entre deux discussions, je la vois gérer son Allemand sur WhatsApp. Lui, amoureux, jaloux, énervé, pressentant le fossé qui s'agrandit, lancé dans de longues tirades et elle qui discute avec moi, jette un œil sur le téléphone, répond distraitement un ou deux mots et revient à notre conversation.

C'est en voyant leur dialogue complètement déséquilibré qu'apparaît une autre image, nette. Je me revois quelques heures plus tôt devant l'ordinateur à monologuer et à essayer d'obtenir une réaction. Et je comprends instantanément.

Je l'ai perdue.

Je suis en train de vivre exactement la même situation que ce pauvre Allemand.

Inutile de se faire plus de mal et de continuer à perdre du temps. Le lendemain, je lui annonce que je ne viendrai pas. Elle proteste à peine, à ma grande déception, et quand je lui propose de me rejoindre plus tard sur la route, au moment où elle arrêtera de travailler, elle accepte immédiatement, voyant probablement dans cette offre une porte de sortie des plus commodes.

Elle ne m'a jamais rejoint. Elle a pourtant quitté son boulot quelques mois plus tard et s'est mise à voyager, mais après quelques péripéties, elle est finalement partie seule. J'imagine qu'elle avait envie de vivre sa propre aventure.

J'ai mis longtemps à comprendre la raison de ce soudain revirement. À chaque fois que j'ai voulu aborder le sujet, elle a gardé cette attitude vague et fuyante que j'avais déjà déplorée dès les prémices de notre rencontre. Mais j'ai su un an plus tard, sans qu'elle me le dise personnellement, quand j'ai vu sur Facebook qu'elle avait débarqué en France et s'était installée dans un petit village perdu au fond de la Picardie. Le matin même de mon départ de Santa Cruz, j'avais brièvement salué le couchsurfeur qui allait me succéder chez elle : un Picard. Je ne sais pas combien de temps il a fallu pour qu'elle me remplace. Quelques jours tout au plus. J'imagine qu'au moment où elle cherchait des excuses elle était déjà avec lui.

Je ne lui en veux pas. Le temps a passé, je m'en fous maintenant. Et surtout je peux la comprendre. À l'époque, je commençais à peine mon voyage, je n'avais pas eu les expériences que j'ai eues par la suite. Ces expériences qui m'ont fait peu à peu percevoir la nature un peu plus cynique des relations amoureuses dans ce continent. Du haut de mon petit confort de Français, habitué à la sécurité, à un discours sur l'ascenseur social et la relative égalité des chances, je n'avais aucune idée de ce que pouvait être la vie d'une jeune Bolivienne. Aucune idée de ce que peuvent générer la laideur, l'insécurité ou la pauvreté, quand elles deviennent un horizon indépassable. Je traversais tous ces pays qui m'enchantaient, car ils n'étaient pour moi qu'un décor excitant à mes aventures. J'avais cette possibilité de m'en aller à tout moment. Il suffisait que je le décide, et j'étais ailleurs. Ce n'était pas le cas pour Thalia, ni pour la très grande majorité de ses compatriotes. J'imagine que la laideur, l'insécurité ou la stagnation deviennent véritablement douloureuses quand elles constituent un horizon indépassable…

Aujourd'hui, je me trouve naïf de ne pas avoir vu plus tôt cette dimension de notre relation… Je crois que j'étais pourtant un mec un minimum conscient, éduqué, intéressé par les rapports de classe et la sociologie. À croire que l'amour rend vraiment aveugle.

J'en ai vu beaucoup, des voyageurs comme moi, des étoiles plein les yeux. Nous traversons des pays où des filles magnifiques semblent nous trouver absolument charmants. Nous le sommes probablement un peu plus, il est vrai, avec l'exotisme, la barbe mal rasée, et notre parfum d'aventure, plutôt que derrière un bureau, à faire un boulot ennuyeux. Nous faire aimer par ces filles stimule notre orgueil, et nous donne l'occasion de vivre ce grand frisson absent de nos vies. C'est peut-être ce qui nous empêche de voir que de l'autre côté, c'est parfois plus calculé. Quand tous les horizons sont bouchés, nous, les jeunes Occidentaux naïfs, représentons parfois l'une des seules portes de sortie.

Ce n'est pas systématiquement le cas, évidemment. J'ai vécu par la suite des histoires où je suis certain de la sincérité de mes partenaires, mais j'ai toujours eu ce doute avec Thalia et c'est aussi un des arguments qui a pesé dans la balance au moment de mon départ. Une fille de ce calibre ne m'avait jamais vraiment regardé avant. Elle était belle, sexy, intelligente, marrante, mais elle partait de trop loin dans l'échelle sociale pour s'en sortir sans aide. Même si nous avons vécu des moments authentiquement beaux, même si je sais que son bonheur durant ces quelques semaines n'était pas feint, je pense qu'elle a toujours eu en tête la perspective de ce billet d'avion pour la France. C'était une sorte de bonus. Elle l'a raté avec moi, et quand l'opportunité s'est présentée, quelques jours plus tard avec un autre, il aurait été stupide de ne pas la saisir.

Ya fue, comme on dit ici. C'est fini. Avec cette petite connotation fataliste qui sous-entend « oublie ».

J'ai décidé que cette dernière déception était le signe que je devais m'en aller. Je ne suis pas resté beaucoup plus longtemps à La Paz. Le 21 octobre, j'ai fait des adieux émus à Bitia et suis parti en début d'après-midi vers le nord-ouest. J'ai retraversé pour la dernière fois le centre-ville, les marchés bondés, suis remonté vers la banlieue, et après quelques dizaines de kilomètres le gris des horribles zones périphériques d'El Alto a enfin laissé place aux verts, jaunes et bleus du lac Titicaca. Le soleil est apparu au moment où je longeais ses rives et a allumé de magnifiques paysages de champs et de montagnes.

Parkinson s'est offert sa première virée en barge pour rejoindre Copacabana, dernier village avant la frontière. Après un mois dans l'une des villes les plus chaotiques du monde, revenir à la nature et à l'excitation de l'aventure m'a fait un bien fou. Le soir même, en regardant le coucher de soleil sur le lac, j'y ai apprécié ma solitude. Et en traversant la frontière le lendemain matin, la moto à fond le long de l'eau, la musique à fond dans les oreilles, j'étais de nouveau bien. Projeté vers l'avenir.

Après deux mois et demi, je suis enfin arrivé dans un nouveau pays.

Le Pérou.

PÉROU

16. Oublier

J'ai noyé ma peine dans une ivresse d'aventure, avalant des milliers de kilomètres avec une frénésie que je n'avais connue qu'au tout début du voyage. Sauf que durant ces premières semaines, c'était une tout autre soif qui m'animait. Une soif de vie et de découverte. Cette fois-ci, c'était complètement différent. Je buvais la route pour oublier. Pour ne pas être statique trop longtemps et me mettre à réfléchir.

En fait, j'étais simplement déprimé. En Bolivie, en l'espace de quelques semaines, j'avais vécu beaucoup d'expériences douloureuses, voire parfois traumatisantes. Comme n'importe qui d'autre, j'avais simplement besoin de repos, de solitude, et de peu m'exposer, le temps de récupérer. Ce qui est bizarre, c'est que ce qui me saute aux yeux aujourd'hui semblait ne pas être évident à l'époque. Je refusais l'idée que j'étais malheureux, même provisoirement. J'avais été tellement habitué à la joie, à l'intensité, à ce sentiment profond d'être sur la bonne route que c'était presque comme si mon cerveau refusait d'accepter une information qui lui paraissait si incongrue.

J'étais devenu un aventurier. Dans mon esprit, un aventurier ne cille pas devant les épreuves. Il se prend un flingue sur la tempe avec le sourire blasé de celui qui en a vu d'autres. Il se fait arnaquer et menacer dans une partie clandestine et s'en sort juste avec une nouvelle histoire à raconter. Il ne vit pas de chagrin d'amour, il est bien trop habitué aux femmes pour cela. J'y croyais vraiment, à cette image de dur à cuire. Je m'étais d'ailleurs découvert une résistance et un optimisme dont j'ignorais l'existence. Mais une partie de moi, que j'enfouissais autant que possible, vivait tout ça difficilement et me le rappelait à ce moment-là.

Peut-être gardais-je cela très loin de ma conscience aussi parce que, pour la première fois de ma vie, j'avais sur les épaules une « image publique » à assumer. Je ne pouvais pas me laisser aller totalement à mon mal-être, à mes envies de repos. Je ne pouvais pas rentrer en France non plus. Je l'aurais peut-être fait si j'avais voyagé seul, mais là, j'étais non seulement engagé vis-à-vis de mon propre objectif de tour du monde, mais aussi devant ce qui était désormais une « communauté » de presque un millier de personnes.

Un millier de personnes ! Un millier de personnes qui me suivaient, qui aimaient mon côté aventurier, mon optimisme, ma personnalité… Qui, je le croyais à l'époque, n'auraient pas aimé lire mes états d'âme et mes pulsions fugaces d'abandon.

Pour ne pas les décevoir, au lieu de leur raconter ce que je vivais, j'ai simplement arrêté d'écrire mon blog. Je n'avais plus la flamme. Pour la première fois, j'expérimentais le fait que cette communauté que j'étais si fier de voir grandir pouvait aussi être un poids dans des moments où j'étais plus fragile. Que je pouvais me sentir redevable envers eux. Coupable de ne pas leur donner de nouvelles. Coupable de ne pas faire en sorte que leur nombre continue à augmenter. Intuitivement, je sentais que ce lien que j'avais avec eux, et avec la France, avait de plus en plus d'influence sur moi. Une influence qui me posait problème, parce qu'elle venait contredire l'idée de mec libre et sans attaches que je me faisais désormais de moi-même. C'était encore majoritairement inconscient, mais l'énergie que me coûtaient toutes ces tensions était bien réelle.

Pendant quelques semaines, je me suis contenté du minimum aussi bien au niveau du poker, que j'ai complètement cessé, que de ma « communication ». Les seuls écrits qui me restent sont les quatre ou cinq brefs posts que je me suis forcé à publier sur Facebook pour tenir un minimum mes lecteurs au courant. Cette absence de trace est peut-être la raison pour laquelle, au-delà de la métaphore littéraire, je garde de cette période une impression réelle de lendemain de cuite, de laquelle n'émergent, au milieu d'une vague succession de paysages, que quelques moments d'euphorie ou de tension extrême dont je me surprends de m'être tiré sans dommage.

Était-ce le coup de blues qui me faisait prendre plus de risques ? Peut-être cela, ou juste ces régions désolées qui le voulaient. J'ai vécu certaines des aventures les plus folles de mon voyage durant ces quelques milliers de kilomètres entre la frontière sud et Lima.

L'une d'elles a lieu à peine quelques jours après la traversée du Titicaca. Je vis chez Juan Manuel, il est militaire, vient de Lima, mais a été affecté ici, à Puno, dans une caserne où il travaille au captage des messages radio autour du lac. Encore un étonnant profil. Ce matin, 6 heures, il reçoit l'appel d'un autre couchsurfeur français qui est censé arriver chez lui.

— Il y a une manif, ils ne laissent pas passer les bus. Je suis bloqué à Juliaca, à une heure de chez toi.

Je me propose d'aller le chercher à moto et suis témoin de mon tout premier *bloqueo*. Quelques semaines plus tôt, le gouvernement a promulgué une loi pour éradiquer le statut des *mineros informales*, ces mineurs travaillant dans des petites structures privées en dehors des compagnies étatiques, et leurs normes sociales et environnementales. Ceux-ci refusent d'être empêchés de travailler. L'État campe sur ses positions. Le conflit social est à son apogée. À mon arrivée sur place, il y a des pierres sur la route, des pneus enflammés, des tessons de bouteille partout. Je traverse les premiers obstacles qui ne sont pas trop difficiles à esquiver, mais bientôt, je suis obligé de rouler au pas tant il y a du verre partout. Il y a une bonne dizaine de barrages sur près d'un kilomètre. Plus je m'approche du centre, plus les tessons et les pierres se densifient. Aucune voiture ne passe, juste quelques motos et vélos. Et beaucoup de piétons. La foule grossit elle aussi à l'approche du centre. Elle est divisée entre les bloqueurs et les simples habitants. Je sens les premiers de plus en plus excités. Ils boivent beaucoup, mettent de la musique fort, semblent déterminés à rester plusieurs jours ici. Les autres marchent, de plus en plus nerveux. Je le suis moi aussi. J'essaie de faire profil bas, me doutant que, dans un contexte aussi tendu, je n'ai pas spécialement intérêt à trop attirer l'attention. Le fait que je sois sur ma petite moto chinoise est une bonne nouvelle, puisqu'aucun étranger ne se déplace ainsi. J'ai d'ailleurs baissé la visière de mon casque pour qu'ils en voient le moins possible, mais je suis en T-shirt et ne pourrai pas faire illusion trop longtemps.

À un moment, l'un des bloqueurs, un peu plus bourré que les autres, voyant peut-être la blancheur de mes bras ou ma plaque paraguayenne, me lance en se marrant une bouteille qui vient se briser à un mètre de mes roues. Je sens des éclats sur mon jean, et la situation pas loin de dégénérer. Le principe du *bloqueo*, c'est de bloquer la route et, en esquivant ainsi à travers les obstacles, je suis un peu en train de casser leur délire…

Cent mètres plus loin, alors que je suis au milieu de tout ce monde, je surprends le regard d'un des mecs qui me fixe intensément, derrière ma visière. Il doit voir mes yeux bleus, puisqu'il s'arrête d'un coup et crie :

— *¡Turista!*

Toutes les têtes se tournent vers moi.

Ils voient mes bras blancs, mes yeux d'étranger, et se mettent tous à crier eux aussi :

— *¡Turista! ¡Turista!*

En un instant, il y a dix personnes autour de moi, je ne peux plus avancer.

C'est chaud !

J'ai pendant une seconde l'horrible image de la une du lendemain racontant l'histoire de ce Français lynché au beau milieu d'une manif dans le sud du pays, mais heureusement, ceux-là ne me veulent pas de mal. Au contraire, ils me protègent :

— Ne continue pas ! Ils vont te crever les pneus ! Ils vont te lancer des pierres ! Ce sont des *rateros*[1].

---

1. Des voyous, je vous laisse deviner l'étymologie.

Tous insistent et me disent de m'en aller tout de suite. Je décide de suivre leurs conseils, je ne vais pas jouer au héros, j'en ai déjà assez vu. Demi-tour, j'arrête la moto à deux kilomètres du centre et attends là le couchsurfeur qui va finalement me rejoindre à pied, tout moyen de transport depuis la ville étant définitivement bloqué. Pendant la demi-heure d'attente, une bonne dizaine de personnes qui arrivent me demandent si je peux les prendre en stop. Ils m'assurent qu'ils vont me payer, qu'ils veulent juste s'en aller rapidement. Ils voient bien que je suis étranger, et que ce n'est pas mon boulot, mais tentent quand même leur chance. Ça ne m'est jamais arrivé avant…

Finalement le Français arrive, son taxi s'est fait caillasser, il ne fait pas le fier lui non plus. Il monte, et vu que les premiers barrages que j'ai passés sont désormais verrouillés et les Péruviens qui les gardent encore plus agressifs, je décide de couper à travers champs.

Les manifs françaises sont connues dans le monde entier… Je crois que le monde entier n'est pas allé au Pérou.

J'ai quitté Puno peu après cette frayeur et, au lieu de tirer tout droit vers Lima, j'ai zigzagué de manière assez étrange sur plusieurs milliers de kilomètres dans le sud du pays. Probablement cette ivresse qui n'en finissait pas, et faisait de mon chemin une errance désormais sans but. Je suis allé voir Arequipa, où je me suis globalement ennuyé malgré la beauté de la ville, puis la capitale inca, Cuzco. J'y ai vécu là encore l'ivresse, cette fois-ci au sens propre, en traînant dans une coloc de couchsurfeurs qui accueillaient sans arrêt une dizaine de voyageurs et vivaient dans une fête permanente des plus folles. Le point d'orgue de ce séjour resta malgré tout le seul moment où j'ai quitté la ville pour une virée au Machu Picchu. J'avais rencontré à la coloc une Argentine, une certaine Yanina. Une vraie aventurière qui était partie seule en Afrique et était donc la candidate idéale pour m'accompagner dans les montagnes tropicales qui entourent ces ruines incas. Il n'y avait qu'une trentaine de kilomètres à vol d'oiseau de Cuzco, pourtant il nous a fallu trois jours pour y parvenir. Un tiers de route, un autre de piste, et la fin à pied, en longeant les rails du train des autres touristes qui avaient payé à prix d'or le droit d'arriver en une seule journée. Nous n'en avons que mieux apprécié le spectacle. Je garde avec un souvenir ému l'image fascinante de cette gigantesque cité en ruine se dégageant peu à peu de la brume matinale, apparaissant dans un décor de montagnes escarpées à trois mille mètres d'altitude.

Avec toutes ces déambulations, ces allers-retours illogiques, Puno-Arequipa, Arequipa-Cuzco, Cuzco-Nasca, j'ai traversé trois fois la cordillère des Andes, deux fois d'est en ouest, une fois dans l'autre sens. Ce sont des routes que prennent généralement les autres backpackers quand ils voyagent en bus, sauf qu'ils la font de nuit, sans s'arrêter. Parkinson m'obligeait à voyager de jour et à faire en trois étapes ce qu'un bus parcourait entre 20 heures et midi. Ça aurait pu être une corvée, mais ce fut probablement l'une des meilleures choses qui soient.

J'aimais ces étapes difficiles. J'aimais aller là où personne n'allait. Je ressentais un certain apaisement à rouler des heures durant dans ces paysages gigantesques et vides, sans croiser âme qui vive. C'est durant ces quelques allers-retours que j'ai passé les plus hauts cols de tout mon voyage, à plus de cinq mille mètres d'altitude. J'ai roulé dans le froid, la neige, la pluie, sur ces routes à peine tracées, en terre le plus souvent, avançant parfois à peine d'une centaine de kilomètres par jour. Je ne préparais jamais mon chemin, roulais sans GPS, avec une vague carte de tout le pays au millionième qui ne me montrait que les grands axes. Après mes dix heures de route quotidiennes, quand perdu dans un hameau sans nom, je dînais d'une énième soupe de poulet sous le regard intrigué des habitants, il m'arrivait de me demander ce que je foutais là. Eux aussi d'ailleurs. Ces régions minières, totalement reculées et en dehors des circuits touristiques n'apparaissaient sur aucune guide. Pas même sur Google. Les seules mentions que j'avais trouvées étaient des articles de journaux relatant des manifs violentes de mineurs, quelques années plus tôt.

Je dormais où je pouvais, c'est-à-dire dans un des trois ou quatre bleds que je traversais pendant la journée. Souvent dans des *hospedajes* que je partageais avec quelques camionneurs. J'ai même passé deux nuits à quatre mille six cents mètres. Presque le sommet du mont Blanc. Le matin, Parkinson mettait une bonne heure à se réchauffer. Je crois qu'elle a souffert encore plus que moi. Même si je tombais de temps en temps en glissant sur des cailloux dans un virage, ou en prenant mal une butte dans un passage enneigé, je ne me faisais jamais plus que de gros bleus. Avec le froid si intense, pour une fois, j'étais bien protégé et portais toujours des gants et un gros manteau. Le moto en revanche s'est vue rafistoler à chaque fois un peu plus. La plaque attachée avec des fils de fer. Le rétro droit foutu. Les sacoches fabriquées sur mesure à La Paz déchirées à la première chute et accrochées tant bien que mal à mes épaules. À Arequipa, j'étais même arrivé en la poussant. Moteur noyé, système électrique grillé. Il lui avait fallu quelques jours pour s'en remettre.

J'ai passé mon dix-millième kilomètre sous l'œil indifférent d'un troupeau de *bicuñas,* ces sortes de biches locales. Le même jour j'ai enfin quitté les plateaux enneigés que je suivais depuis ma sortie de Santa Cruz, deux mois plus tôt. La descente de quatre mille mètres à zéro s'est faite en à peine deux heures, et l'arrivée au coucher du soleil sur les montagnes désertiques qui précèdent le rivage fut l'une des plus belles de mon voyage. Je suis arrivé à Nasca de nuit, empaquetant d'urgence manteau et pull dans mon sac, pour supporter la chaleur extrême du désert qui longe l'océan.

J'ai admiré les lignes de Nasca, ces quelques motifs dessinés dans le désert, vieux de plusieurs siècles et d'autant plus mystérieux que la seule manière de les observer est de prendre l'avion. Puis j'ai tenté ma chance vers l'océan. Depuis plusieurs semaines, j'avais cette image mentale : moi, lisant un bouquin, assis sur une terrasse face à la mer. Après des semaines de montagne, je rêvais d'un horizon linéaire. J'ai repéré sur Google Maps un petit village perdu sur une péninsule qui me paraissait être un emplacement géographique tout à fait approprié. Je ne savais rien de cet endroit, à part son nom : Puerto de Lomas. C'était suffisant.

En sortant de la ville, j'ai entamé une succession de premières fois. J'ai emprunté pour la première fois cette route mythique que je suivrais désormais jusqu'en Amérique du Nord : la Panaméricaine. J'ai roulé une bonne heure dans le tout premier désert chaud de mon voyage. Une étroite bande de sable et de poussière, enserrée entre l'océan et la cordillère des Andes, de quelques dizaines de kilomètres de large sur plusieurs milliers de long. C'était tellement nouveau que j'ai même apprécié le vent ensablé lacérant mes mollets et mes bras. Puis je suis arrivé à un minuscule embranchement où j'ai suivi une route perpendiculaire menant au village. Cela faisait huit mois que j'avais commencé ma route. Huit mois que j'avais quitté Rio et l'Atlantique. Quand au loin, d'une colline, j'ai vu pour la première fois de ma vie les vagues du Pacifique, les larmes sont arrivées. J'avais traversé le continent d'est en ouest.

Quelques minutes plus tard, j'ai débarqué à Puerto de Lomas. C'était un village de pêcheurs d'une centaine d'habitants. Ma présence totalement incongrue ici a attiré l'attention bienveillante des gens du coin, mais j'ai eu beau sympathiser avec tout le monde, parcourir les rues dans tous les sens, je n'ai réussi à y trouver aucun logement pour accomplir mes fantasmes de vue sur la mer. Déçu après un après-midi de recherche, je m'apprêtais à repartir quand, à l'entrée du village, j'ai vu une bâtisse bien plus belle que toutes les autres, neuve, en haut d'un petit promontoire en retrait. Je me suis dit qu'il était là, l'hôtel que je cherchais, me suis approché, ai parlé au type qui était planté devant, qui était en fait le propriétaire. La mauvaise nouvelle, c'est que ce n'était pas un hôtel, mais sa maison. La bonne, c'est que je lui ai inspiré suffisamment confiance pour qu'il m'héberge pour la nuit. Puis la suivante. Puis la troisième…

Il s'appelait Miguel, avait passé sa jeunesse en Amérique centrale où il avait été propriétaire d'une mine d'or, et était revenu au pays où il dirigeait une boîte de construction dans son village natal à quelques kilomètres de là. Cette maison-là était en l'occurrence sa résidence secondaire en construction, et peut-être aussi à ce moment sa garçonnière, vu les deux femmes qui y gloussaient dans la cour le premier soir… Il m'a proposé d'y rester pour la garder (la maison) avec le concierge le temps que je voulais. Puis, si je le désirais, d'aller faire un tour à sa résidence principale. Et pourquoi pas également de rencontrer sa fille, et de discuter un peu affaires ? Je n'ai accepté que la première proposition.

Puerto de Lomas n'était clairement pas une station balnéaire. Trois *comedores*, deux épiceries et un bordel constituaient toute l'animation du village. Il y avait bien quelques plages, mais, était-ce la saison ?, pas un touriste pour s'y prélasser. Les rues étaient en terre battue pour la plupart, les hommes occupés à boire quand ils ne travaillaient pas, les femmes retirées dans l'ombre des maisons, presque toujours invisibles. Mais pour moi, c'était parfait. Tranquille. Paisible. Complètement isolé. Il n'y avait même pas une ampoule dans les cinq chambres de la terrasse que j'occupais, mais j'y étais seul. Je dormais sur un matelas en mousse, dans une chambre avec vue sur les étoiles, différente chaque nuit. Au bout d'un moment, le temps s'est distendu. Je vivais sur un autre rythme et, naturellement, je me suis adapté à la course du soleil. Je me levais à 6 heures et me couchais à 20 heures. Je me suis remis à lire et à écrire intensément. À passer mes journées assis sur ma terrasse, une chaise et une table, l'horizon pour inspiration.

Il paraît que le Pacifique n'a pas de mémoire. C'est du moins ce que dit Andy Dufresne, le héros des *Évadés*, mon film préféré, et je crois qu'il a raison. Quand à l'étape suivante, début décembre 2013, je suis arrivé à Lima, la douleur était passée. Thalia, oubliée.

17. L'été de grâce

La capitale du Pérou est une immense mégalopole de onze millions d'habitants, construite au beau milieu du désert par des Espagnols qui voulaient un grand port sur le Pacifique. Moins intéressante que les grandes cités historiques du Sud, éloignée de l'Amazonie, des grandes ruines incas et de toutes les merveilles naturelles du pays, perpétuellement couverte par une brume de pollution et de nuages qui lui a donné son peu ragoûtant surnom de « Lima la grise », son seul intérêt touristique réside dans son statut de capitale, et donc son côté plus libéral, plus culturel, plus moderne. La plupart des voyageurs se contentent d'y passer un jour ou deux, le temps de profiter de ses restaurants et de sa vie nocturne, avant de prendre l'avion vers Cuzco et le Machu Picchu. Mais on m'avait parlé depuis longtemps de cette destination idéale pour jouer au poker, et j'avais programmé, avant même d'y arriver, d'en faire une étape importante, voire d'y vivre un temps afin de profiter de l'été austral, tenter de gagner un peu d'argent et rattraper mon retard dans le blog.

Après huit mois sur la route, j'aspirais à une certaine tranquillité. Même si j'en avais pris plein les yeux, les récentes aventures m'avaient épuisé, physiquement autant que psychologiquement. J'avais besoin d'un endroit aussi paisible que Puerto de Lomas. Mais dans une capitale, qui plus est sud-américaine, là où la vie déborde partout et à toute heure, les seules zones qui assurent silence et repos sont celles des plus riches. Je me suis installé à San Isidro, l'un des quartiers résidentiels les plus *fresas* (littéralement « fraise », au figuré « bourge ») de la capitale. Ce n'était clairement pas le genre d'endroit où le couchsurfeur que j'étais avait coutume de s'installer, mais j'y ai trouvé via Airbnb une jolie chambre étonnamment bon marché dans une belle maison juste en face de celle de l'ambassadeur de France, à cinquante mètres du golf. Deux jours après avoir quitté mon village de pêcheurs, je vivais avec ce qui se faisait de plus riche dans le pays. Quand le matin j'allais faire mon jogging, je croisais des hommes d'affaires en costume, des gringas avec leur poussette, et des septuagénaires marchant péniblement, accompagnés d'aides-soignantes en blouse blanche, peaux mates, parmi les seules du quartier. Entre les gratte-ciel et les villas de luxe, dans les avenues arborées où les BMW klaxonnaient presque poliment, j'avais l'impression de me trouver dans une enclave étrangère au milieu du Pérou.

La simple banalité de ces rues, leur propreté, leur ordre après tant de chaos agirent comme un baume apaisant. Je me suis tout de suite senti à mon aise. J'ai adopté, comme c'était désormais devenu mon habitude, un petit rythme routinier, en total décalage avec la plupart des *Limeños* certes, mais du reste plutôt sain. Je me levais tard, après une bonne matinée de sommeil, et consacrais mes journées à écrire, bien manger et faire du sport. Voulant créer une bonne dynamique, j'avais rapidement rencontré des personnes sympas, noué quelques amitiés, et je les voyais de temps en temps pour me balader ou boire des verres. Le soir vers 22 heures, je partais jouer au poker. J'allais généralement dîner au casino, le repas étant offert, puis commençais à grinder. J'ai pris mes habitudes dans trois établissements de Miraflores, un des quartiers les plus centraux, qui ouvraient quotidiennement de belles tables de cash game.

Je n'avais toujours pas compris comment j'avais pu perdre de l'argent en Bolivie, à des parties pourtant plus simples que celles que j'avais connues en France. Je ne savais pas si je devais l'imputer à un bad run, à un coup de mou, à ce tilt qui m'avait frappé plusieurs fois ou encore à autre chose. Néanmoins, avec ma bankroll déclinante, et après avoir quasiment arrêté pendant les deux derniers mois, je n'avais plus le luxe de faire une pause en espérant que les choses s'arrangent d'elles-mêmes. Maintenant que je vivais dans de bonnes conditions, il fallait s'y replonger sérieusement. Je me suis mis au travail, comme avant, en visionnant des vidéos de coaching, en faisant des comptes rendus de sessions, et en soumettant mes mains problématiques au regard acéré d'autres requins du Net. Ces derniers m'ont permis de constater que mon jeu, que je croyais de niveau égal à celui que je pratiquais au début du voyage, s'était en fait chargé de nombreux leaks. Il était à l'image de ces contrefaçons que l'on trouvait sur les marchés du centre-ville. A priori identique en tout point à l'original, mais dont on se rendait compte en s'approchant d'une couture un peu lâche, ou d'une lettre changeant le nom de la marque. Mon thinking process* s'était teinté d'une conjonction d'erreurs, si petites individuellement que je les avais adoptées sans même m'en rendre compte au cours des derniers mois, mais qui, cumulées, m'avaient rendu beaucoup moins solide et me faisaient donc perdre de l'argent.

Je jouais trop passivement, parfois trop agressivement, trop large ou un peu trop émotif de manière générale. Je manquais de rigueur, de discipline ou de patience. La faute à la fatigue du voyage probablement, mais aussi tout simplement au fait que je ne me remettais plus vraiment en question. J'avais manqué de temps. Et peut-être également d'un peu d'humilité. Le plus dur était d'en prendre conscience. De faire le diagnostic exact de ce qui n'allait plus. Redresser la barre n'était qu'une question de temps et d'adaptation.

Après des débuts laborieux, en quelques sessions, je suis revenu à mon meilleur niveau, mon A-game*. Peu après, je l'ai même dépassé. Don Limit, le fameux pro de high stakes qui m'avait écrit quelques semaines plus tôt sur mon blog pour me donner des conseils techniques était désormais mon ami sur Facebook. C'était pour moi une surprise de voir un mec d'un tel niveau accepter ne serait-ce que de parler avec moi, mais j'ai cru comprendre qu'il respectait ce que je faisais et avait envie d'y contribuer d'une manière ou d'une autre. À chaque retour de session, je lui soumettais les mains qui avaient posé problème et, de Macao où il jouait contre des millionnaires chinois sur les tables les plus chères du monde, il les commentait avec son œil de génie du poker.

« Salut mec, j'ai eu un spot un peu compliqué hier, si t'as le temps, ça serait cool de me donner ton avis. Ça se passe en 5/5 (cave 500, c'est-à-dire 130 euros) au casino Majestic. Mon adversaire est un très bon joueur, apparemment finaliste d'un EPT (tournoi international), très agressif, probablement trop sur ces tables super passives d'ailleurs. On a un petit historique, où je l'ai relancé deux fois avant le flop et il s'est sagement couché. Cette fois-ci, un fish limp 5 en début de parole, j'ouvre A♣ A♥ et décide de l'isoler à 25, et voilà que notre finaliste qui est en grosse blinde décide de payer. L'autre couche. Nous avons 1 500 de tapis tous les deux.

Flop : A♠ 8♠ 6♥ rainbow* (pot 60).

Il check, je balance 45, il call.

Turn : J♠ (pot 150).

Il check, je fais 90, il call.

— Tu penses qu'il te call avec quoi au flop ?

— Attends. River 7♣ (pot 330). Il check, je fais 250 et bam, il me met à tapis, 725... Spot de merde. Je fais quoi ?

— Pourquoi tu mises turn ?

— Non, mais je veux juste savoir la décision à prendre river.

— Non, l'important dans cette main, c'est pourquoi tu mises turn.

— Ben, j'ai un brelan, une main énorme, même si la couleur rentre, j'ai des tas de mains contre lesquelles je dois prendre de la value. Pour 99 % des joueurs, dont moi, il n'y avait aucune réflexion à avoir dans cette main jusqu'à la river. J'avais un brelan, j'étais énorme, il fallait miser, cela s'arrêtait là.

— Cite-les. »

Il faisait partie du 1 % restant. Il pensait complètement en dehors des schémas habituels. Avec lui, il n'y avait aucune évidence, et tout était matière à réflexion. Il remettait tout en question. Je l'interrogeais sur un point, et il m'obligeait à réfléchir de manière plus globale, à penser *out of the box*, à revoir mes stratégies, même celles qui semblaient les plus naturelles.

Cette main, précisément cette main, et la discussion qui l'a accompagnée ont eu un énorme impact sur mon jeu. J'avais beau l'avoir lu des dizaines de fois avant, j'ai enfin assimilé pourquoi je devais adapter ma stratégie non pas en fonction de la main que j'avais contre la probable main que mon adversaire possédait, mais en fonction de toutes les mains potentielles que je pouvais posséder *versus* toutes les mains potentielles qu'il pouvait posséder. Pour les techniciens, j'avais fait mon entrée dans le merveilleux monde de la GTO*. Cela correspondait à peu près au pas conceptuel qu'on peut faire aux échecs en passant d'une réflexion de trois ou quatre coups... à beaucoup plus. C'est un peu compliqué, un peu technique, et je suis désolé, mais peu importe. Ce qui compte, c'est que j'ai eu ce qu'on appelle un *aha moment*.

Au poker, comme dans de nombreuses disciplines telles que le sport ou les sciences, on progresse par paliers. On s'entraîne, ou on cherche pendant très longtemps, on stagne, puis d'un coup, à force de travail, on perçoit un concept, on maîtrise un mouvement, et cette découverte nous permet d'accéder à un univers nouveau dans lequel on a l'impression d'évoluer de manière fulgurante. Cette nuit-là, en échangeant avec Don Limit, j'ai compris quelque chose que presque personne à Lima ne connaissait, et j'ai pris sur eux un avantage décisif.

Pendant un moment, j'ai littéralement dévalisé les tables des casinos de Miraflores. J'y passais plusieurs nuits par semaine, gagnais systématiquement une ou deux caves et rentrais à moto les poches pleines au lever du soleil. En un mois, et une dizaine de sessions, j'ai gagné environ vingt-quatre caves, 12 000 soles (3 000 euros), soit huit salaires moyens péruviens. J'avais de nouveau une bankroll plus confortable, vers les 7 000 euros. Je me suis remis à croire que je pourrais vivre éternellement des cartes. J'étais riche et la vie était belle.

J'ai acquis avec ces succès une confiance en moi que j'avais rarement eue auparavant. Je faisais beaucoup de sport, avais une bonne hygiène de vie, et m'étais mis à lire un certain Robin Sharma, un coach de vie online, qui avait un impact très positif sur moi. Ce n'est pas un hasard si c'est à cette époque que j'ai commencé à rencontrer pas mal de filles. Je me souviens d'un succès inattendu. Bien plus grand qu'en Bolivie ou au Paraguay. Je plaisais aux croupières. Je générais quelques regards appuyés dans la rue et, quand j'écrivais seul à une terrasse de café, il y avait souvent une jolie fille, seule elle aussi, pour s'asseoir pas trop loin de moi. C'est également à ce moment que j'ai découvert Tinder, dont je ne savais pas encore à l'époque qu'il allait modifier la physionomie de mon voyage dans les mois à venir.

Un couchsurfeur américain m'en avait parlé lors d'une sortie avec des Péruviennes, et j'ai installé sur mon mobile cette application qui était déjà devenue un phénomène culturel et sexuel massif en Occident. Tinder est devenu tellement connu depuis que je ne sais pas si cela vaut le coup d'expliquer son fonctionnement, mais dans le cas où vous auriez vécu dans une grotte ces dix dernières années, ou que vous me lisiez de Jupiter en 2054, je vais quand même m'en charger.

Le principe est simple : on effectue une recherche géolocalisée dans un rayon d'une dizaine de kilomètres autour de soi. Un profil de fille qui est dans ce rayon apparaît. Quelques photos, une description sommaire. Si elle nous déplaît, on fait un *swipe* gauche et apparaît la suivante. Si elle nous plaît, on va vers la droite. De son côté, la fille fait la même chose avec des profils de mecs, et si elle aime également nos photos, c'est un *match*. Une fenêtre de conversation s'ouvre, dont le but est en général la drague puis, si tout va bien, la rencontre. Aussi simple que cela.

Tinder a métamorphosé la drague. Il l'a fait entrer dans le XXIe siècle. Je suis sûr que, dans un avenir plus ou moins proche, on analysera les années 2010 en les comparant avec la fin des années 1960. La deuxième révolution sexuelle. Révolution, c'en fut une en tout cas pour moi, et certainement pour tous les gars dans mon genre, qui avaient toujours été des galériens de la drague dite « à l'ancienne ». Finie la frustration permanente de ces beautés de la rue, de bars, de fêtes ou de boîtes, à jamais inaccessibles car impossibles à accoster. Tinder nous a permis d'enfin pouvoir leur parler, de chez nous. Il a élargi le spectre des potentialités, jusqu'alors limité aux cercles d'amis. Il a garanti la drague sans traumatisme et, en présélectionnant les couples qui se plaisent déjà, a permis de largement limiter la probabilité d'échec. Mieux encore, quand bien même le râteau aurait lieu, il ne serait plus cet humiliant spectacle devant des inconnus dans la rue, mais un discret message écrit sur smartphone, à l'abri des regards indiscrets.

Du côté des filles, il a également tout changé, particulièrement en Amérique latine, et ce de deux manières. Premièrement en leur facilitant la tâche. Dans ces pays aux mœurs traditionnellement conservatrices, où le sexe pour le sexe est encore extrêmement mal vu et où les filles sont sévèrement contrôlées par leur famille, l'application leur a permis d'enfin vivre toutes les expériences qu'elles désiraient sans avoir à subir les regards pesants de leur entourage. J'ai connu quelques filles à Lima, et plus tard tout au long de mon périple, qui rencontraient facilement une dizaine de mecs par mois, et se créaient leur petit harem perso, avec facilité et décontraction.

Deuxièmement, il les a déculpabilisées. Tinder, en faisant de la drague un jeu, où il suffit de swiper vers la droite ou vers la gauche, et en assumant totalement sa superficialité, a rendu le processus cool et léger. Elles ont commencé à en parler entre elles, puis entre potes de confiance. Elles ne sont certainement pas encore au point d'en rigoler avec leurs frères et leurs pères, mais ce n'est qu'une histoire d'années.

À Lima en décembre 2013, l'application n'en était encore qu'à ses prémices et, comme tous les phénomènes un peu nouveaux, généraient pas mal de curiosité, ce qui facilitait les rencontres. La concurrence étant encore faible, et avec mon profil de motard-écrivain français, j'ai probablement matché plus ces quelques semaines que durant mes vingt-six premières années de vie. J'étais en permanence sur mon téléphone. Je les draguais sur la cuvette des toilettes, chopais leur numéro en faisant la queue pour acheter un sandwich, et allais les rencontrer le soir pour boire un verre quand je n'allais pas jouer. À cette époque, les seules qui connaissaient l'application étaient celles qui fréquentaient souvent les étrangers, c'est-à-dire la jeunesse dorée des beaux quartiers. Elles étaient toutes magnifiques. Par la suite, j'ai toujours dit, à la surprise de mes interlocuteurs qui imaginaient une autre réponse, que les plus belles filles d'Amérique se trouvaient ici. C'était biaisé évidemment, puisque je n'avais jamais fréquenté des filles pareilles. Elles découvraient à peine l'application, fascinées par tant de facilité, ayant l'impression de faire leurs courses gratuitement, et elles me sont redevenues inaccessibles quelques mois plus tard, quand Tinder est devenu massif. Peu importe, pendant un temps, j'ai profité de cet état de grâce et j'ai eu quelques passagères de choix sur Parkinson.

Toutes les rencontres n'étaient pas concluantes néanmoins. Certaines ne cliquaient pas et nous nous séparions dans l'indifférence. D'autres se terminaient par des échecs fracassants. Une fois, j'avais rencontré Clara. Elle avait vingt ans, était étudiante, mais je n'exagère pas en affirmant qu'elle aurait probablement pu être mannequin. Je n'en revenais pas d'avoir réussi à la matcher. Je n'en revenais pas d'avoir décroché un rencard et de m'en être plutôt bien sorti. Je n'en revenais pas qu'elle en ait accepté un second.

Je l'ai emmenée à l'observatoire de Lima, aux abords de Chorillos, un quartier un peu chaud, à la limite de la ville. Nous regardions le coucher du soleil, assis sur une falaise poussiéreuse, l'océan cinquante mètres plus bas. Je me souviens que j'osais à peine l'approcher au tout début, tant elle me paraissait inaccessible. J'avais beau avoir fait des pas de géant dans ma confiance avec les filles, celle-ci venait d'un autre monde. Elle me faisait complètement régresser. Je combattais ma nervosité en la saoulant d'histoires de voyages, et j'ai halluciné quand elle a commencé à se montrer plus tactile. J'ai enfin compris que je lui plaisais, et qu'elle était disposée à se laisser conquérir. Il m'a fallu un certain temps pour que les innocents contacts deviennent des massages joueurs, et encore un peu plus pour qu'ils se fassent plus sensuels, plus assumés. Mais j'y étais. Je lui caressais la nuque, le bras, la main, je frôlais parfois ses seins. Je respirais dans son cou, mes lèvres touchant à peine sa peau. J'entendais son souffle un peu plus fort. Elle aimait ça. Je continuais à lui parler, en remontant doucement. Jusqu'à son oreille. Je m'approchais de sa bouche. J'y croyais à peine. Le soleil venait de se coucher. J'étais sur le point de l'embrasser. Mais ils sont arrivés.

Six piranhas. C'est ainsi qu'on nomme ces gamins qui attaquent en meute et sont extrêmement agressifs. Ils ne faisaient pas plus d'un mètre quarante, n'avaient apparemment pas d'arme, mais ils ont commencé à nous fouiller et à nous crier dessus. J'ai eu un instant d'hésitation. Je pouvais probablement en maîtriser deux ou trois, facilement. Ils étaient petits, et leur fouille, qui se voulait dure, n'était pas des plus viriles. Mais tout s'est passé si vite. J'ai regardé Clara, j'ai regardé la falaise en bas. J'ai repensé à toutes ces conversations où l'on m'avait toujours dit de ne pas faire le malin en cas d'agression, qu'on ne sait jamais de quoi sont capables ceux qui vivent de la rue. Je les ai laissés nous fouiller.

Ils nous ont tout volé. Argent, carte bleue, sac à main, portables, casques, clés. Heureusement les clés de Parkinson étaient dans le sac, et dans l'urgence, quand ils sont arrivés à la moto, ils ne savaient pas comment la démarrer. Alors ils se sont enfuis en courant, et le rendez-vous romantique s'est transformé en une énorme galère. Nous avons dû soulever Parkinson jusqu'à un taxi qui nous a emmenés chez moi à prix d'or. La pauvre Clara était à moitié traumatisée.

J'ai repensé à cette agression pendant des semaines, bien plus qu'à la toute première en Bolivie. Avec Thalia, j'étais sûr de n'avoir rien à me reprocher. J'avais pris un flingue sur la tempe, fin de l'histoire. Dans ce cas, c'était différent. Je m'étais laissé plumer par des gamins, avec une nana que j'étais censé protéger. Je perdais non seulement mes affaires, mais aussi ma fierté d'homme. J'ai retourné la scène dans tous les sens pour savoir si j'aurais pu faire quelque chose. Je me suis mis à rêver que je les défonçais un par un. Je regrettais tellement de ne pas l'avoir tenté. Autour de moi, on avait beau me convaincre que j'avais bien fait de leur donner mes affaires, que peut-être un couteau était caché quelque part et qu'ils n'auraient pas hésité à l'utiliser, il m'a fallu du temps pour l'accepter. Il m'arrive d'y repenser parfois, quand Clara publie une nouvelle photo en maillot de bain sur Instagram et qu'une pointe de frustration vient me vriller le ventre.

Hormis cet échec, et quelques autres heureusement un peu moins spectaculaires, je ne m'en sortais pas trop mal, et la confiance demeurait au plus haut. Lima était gigantesque, et j'ai commencé à connaître ses différentes ambiances grâce à ses habitantes, reflétant les quartiers où elles vivaient : Barranco la bobo, Miraflores la cosmopolite, Pueblo Libre la conservatrice, La Molina la bourgeoise…

Cecilia vivait à Jesús María. Un quartier de la classe moyenne, dont elle était issue, avec son père fonctionnaire de police et sa mère au foyer. Elle avait vingt-cinq ans, et un bon boulot dans une boîte de logistique. Je n'ai jamais compris exactement ce qu'elle faisait, mais ça semblait plutôt pas mal pour une fille de son âge. Je l'ai tout de suite bien aimée, plus que les autres. Elle avait un charme fou. J'ai une image gravée en tête : nous sommes dans la rue, à Miraflores, où nous venons à peine de nous rencontrer.

Tout en marchant, je lui dis quelque chose, la voilà qui rit pour la première fois, et j'aime immédiatement son rire, ses petites rides au coin des yeux, ses belles dents blanches. Il y a quelque chose de malicieux et de profondément sincère que je découvre ici et qui me séduit complètement. Une autre image, un peu plus tard, le même soir. La nuit est tombée, nous sommes dans un bar face au Pacifique. Elle me fait découvrir le pisco sour, ce cocktail typique, à la fois un peu acide avec le citron, et très doux grâce à ses blancs d'œufs montés en neige. Je suis déjà un peu égayé par l'alcool, et probablement aussi par le fait qu'elle me plaît, et que je sens que c'est réciproque. Elle m'annonce que son ex est motard et qu'ensemble ils ont rêvé de voyager ensemble en Amérique du Sud. Rêve avorté au moment de leur séparation, et dont elle regrette l'inaccomplissement. Elle me le dit en souriant, comme si elle savait déjà que j'allais lui permettre d'enfin le réaliser. Le Jonathan du début du voyage aurait été troublé, gêné, ou tout au moins surpris d'une telle révélation. Mais celui-ci, du haut de l'immense confiance accumulée depuis des semaines ne fait que sourire en retour. C'est normal. Évident. Je ne la connais que depuis quelques heures, mais je sens que quelque chose de grand se prépare entre nous.

Nous avons commencé à nous voir tous les jours. Au-delà de l'attirance physique, nous avions une vraie sympathie l'un pour l'autre et sommes devenus amis. La fin d'année approchant, je lui ai demandé ce qu'elle faisait pour les fêtes. Si j'en avais envie, elle m'invitait à passer Noël en famille. Génial. Et ensuite ? Elle ferait le nouvel an avec quelques amis, à boire des coups dans une fête. Si je voulais, elle pouvait probablement me faire inviter.

Je me suis souvenu de ma dernière Saint-Sylvestre, en France, quelques mois avant de partir. Le même délire que chaque année. La même soirée inutile, trop d'alcool, quelques potes, pas mal d'inconnus, et cette pression absurde, presque superstitieuse, de réussir sa soirée, de s'amuser à tout prix. Car quand même s'il y a bien un jour où l'on doit s'amuser c'est celui de la nouvelle année. Je me suis souvenu du retour à pied, seul. À 2 heures du matin, juste assez tard pour sauver les apparences, ne pas avoir à avouer qu'on a passé une soirée de merde. Je me suis souvenu du vide, du coup de blues. Comme à presque chaque nouvel an. Cela faisait si longtemps que je n'avais plus pensé à ces moments sinistres. Je n'avais aucune envie de revivre la même chose. Je lui en ai parlé, et j'ai senti qu'elle me comprenait. Peut-être même l'avait-elle vécu.

— Viens avec moi, on prend la moto et on part au hasard. Je ne veux pas passer un nouvel an pourri comme tous les autres. Cette année, je veux faire un truc complètement différent. Juste à deux.

Elle m'a dit qu'elle adorerait, qu'elle en avait marre elle aussi de faire toujours la même chose, mais qu'elle ne pouvait pas. Qu'elle n'avait pas passé un 31 décembre sans ses amis depuis dix ans. Qu'elle ne saurait pas quoi dire à sa famille. Qu'elle n'aurait jamais le droit de partir plusieurs jours à moto avec un mec qu'elle connaissait à peine.

Pourtant, le 28 décembre, à 8 heures du matin, elle était en bas de chez moi, avec un casque dans la main, et son petit sac sur le dos.

Prête pour l'aventure.

18. Les gitans

Nous sommes partis sans rien préparer. Sans même savoir où nous dormirions le soir venu. Le plan était simple et excitant. Nous avions une direction, l'est, et quatre jours. Pour le reste, nous verrions bien en chemin.

En quittant Lima, j'ai eu comme une impression de déjà-vu. J'ai repensé à Tucumán, ou Santa Cruz quelques mois plus tôt. Une fille, un matin frais et l'émotion des grands départs, cette excitation croissante du grand saut dans l'inconnu. Et quand j'ai vu Cecilia dans le rétroviseur, le regard ailleurs et le sourire aux lèvres, j'ai su qu'elle éprouvait quelque chose de semblable. Je lui ai passé un écouteur, ai pris le second et ai lancé *Les Gitans*. La voix cassée de Mano Solo a résonné dans les banlieues de Lima et a donné du sens et de l'intensité à notre départ. Ces gitans, c'était nous. Jeunes et libres. Nous avions l'impression de vivre quelque chose de grand. D'être dans une scène du film de nos vies. Le début du film. Un début prometteur…

Mais l'enthousiasme fut de courte durée. Lima n'était pas Hollywood, et la réalité péruvienne nous rattrapa bien vite. À la sortie de la capitale, la route montait déjà, et avec l'altitude, le froid est arrivé. Nous avons d'abord enfilé les pulls, puis un peu plus loin, nous nous sommes arrêtés une seconde fois pour mettre les vestes. Cecilia avait suivi mes conseils avisés et, comme moi, n'avait pas emporté grand-chose. Au niveau du col du Ticlio, à quatre mille huit cents mètres, nous n'avions plus rien pour nous couvrir, et le pire était à venir. Alors que les températures étaient passées sous zéro, nous avons bu chez une dame qui vivait là un café brûlant pour nous donner du courage et, avant de ressortir, avons enfilé nos chaussettes comme des gants. Nous n'étions clairement pas équipés pour la montagne. À la descente du col, il a commencé à grêler, et nous avons été immédiatement trempés et frigorifiés. En arrivant dans la vallée, roulant insupportablement lentement sous le déluge à cause du bitume glissant, j'étais si engourdi par le froid que je n'arrivais pas à me lever de la moto ni à tourner la clé pour ouvrir le réservoir d'essence. J'ai sérieusement envisagé de proposer à ma passagère de nous réchauffer en collant nos corps l'un à l'autre. Mais il faut croire qu'effectivement nous n'étions pas dans un grand film, puisque je n'ai pas osé. Failli, mais pas osé.

Nous sommes entrés en grelottant dans un petit restaurant du coin, le sourire triste, les chaussures couinantes, trempés partout sauf la tête qui était restée protégée par le casque. Devant cette apparition inattendue, la grand-mère qui était là n'a pu s'empêcher de rire.

— Oooh *pobrecitos* (mes pauvres petits) ! Venez, je vais vous trouver quelque chose pour vous sécher !

Elle nous a préparé des matés et des *cachangas*, ces sortes de pains frits et sucrés, passé de vieux journaux avec lesquels nous nous sommes épongés et emmenés derrière ses fourneaux pour nous réchauffer près de ses plaques. Peu à peu, dans un picotement désagréable, je me suis mis à sentir de nouveau mes membres. Puis c'est le restaurant qui s'est mis à nous sentir quand nous avons posé nos chaussures et nos chaussettes près du feu pour les sécher.

Une heure plus tard, pieds nus dans la cuisine, nous étions encore humides, mais la nuit tombait déjà, et il fallait partir rapidement pour ne pas rouler dans le noir en pleine montagne. Peine perdue. En sortant du village, avec les phares pourris de Parkinson, je ne voyais plus à vingt mètres. J'ai dû relever la visière sale, pleurant à moitié à cause du vent dans les yeux. Le trajet est devenu insupportable. Nous n'avions parcouru que deux cent quarante kilomètres en huit heures, mais dans ces conditions, il était difficile d'aller beaucoup plus loin. Quand nous avons enfin atteint un endroit où rester pour la nuit, j'étais épuisé, mais soulagé. Nous étions à Tarma, la capitale provinciale.

Capitale, c'était un bien grand mot pour cette bourgade aux quelques quartiers coloniaux répartis autour de l'église, aux boutiques de babioles, et aux restaurants servant du poulet frit. Et même si les rues étaient loin d'être endormies, bouchonnées qu'elles étaient par les vieilles voitures et les motos-taxis, il y avait dans l'air comme un parfum de XIXe siècle. Beaucoup d'habitants étaient vêtus d'habits traditionnels, jupes, ponchos et *chullos*. Ils étaient plus petits, plus trapus. En somme, plus ruraux. C'était un Pérou montagnard et profond, Un Pérou qui avait des similitudes avec celui de Cuzco, mais moins andin, moins flamboyant, et radicalement différent de Lima, qui était définitivement plus moderne. Nous étions si près de la grande cité grise et, pourtant, le contraste était saisissant.

Nous sommes entrés dans le premier hôtel bon marché venu, et la tenancière a provoqué un instant d'hésitation :

— Vous avez des chambres doubles ?

— Oui, 35 soles la chambre double, lit commun.

— Euh… Non. Deux lits séparés.

— Séparés ?

— Oui oui !

Nous voulions voyager avec peu, d'où l'unique chambre, mais nous n'étions encore que deux potes, et la journée qui venait de passer, honteusement peu romantique, n'avait pas aidé à accélérer les choses. J'étais mort de fatigue, mais il était hors de question pour Cecilia de ne rien faire alors qu'elle n'avait plus que trois jours avant de retourner au boulot. J'ai réussi à négocier une sieste, sauf qu'à 23 heures tout était déjà fermé, les rues remplies une heure plus tôt étaient déjà désertes. Il nous a fallu marcher un moment pour trouver le seul endroit ouvert qui ne soit pas sinistre, un karaoké où quelques familles chantaient des tubes péruviens. L'ambiance était ringarde à souhait, la musique campagnarde, et les clips diffusés sur grand écran avaient un style années 1970 tellement kitsch qu'il en devenait presque d'avant-garde. C'était drôle, et ça le devint encore plus après quelques *calientitos*, ce cocktail chaud au pisco, typique des régions centrales. Un petit groupe de jeunes était là. L'un d'eux prenait le micro de temps en temps. Il chantait horriblement faux, à notre plus grande joie, mais y mettait un tel cœur qu'au-delà de la première impression comique je me suis mis à admirer son enthousiasme. Je lui ai lancé quelques mots d'encouragement et, quand il est allé chercher à boire un peu plus tard, il en a profité pour s'asseoir avec nous et tenter de draguer Cecilia.

J'avais essayé toute la journée de trouver un moyen de passer la barrière de la *friend zone* qui semblait s'enraciner de plus en plus profondément entre nous, et ce fut le prétexte pour le faire. Quand il lui demanda si elle était libre, pour qu'il ne l'importune pas, elle m'a désigné et, l'ambiance rigolarde aidant, je l'ai enlacée. Devant mon manque évident de talent d'acteur, il n'y a pas tellement cru au début, alors, vu que ça n'avait pas l'air de la déranger, nous avons continué à jouer à ce petit jeu au cours de la soirée, augmentant chaque fois un peu plus le degré de réalisme de notre couple. Quand il nous a invités à sa table et présentés à ses potes, nous devenions de plus en plus crédibles. Ils semblaient apprécier l'étrange paire que nous formions et nous ont invités à passer le 31 avec eux. En attendant, ils nous ont emmenés en discothèque.

L'ambiance était encore plus ringarde. On aurait même pu dire minable. La nuit était bien avancée, les plus bourrés commençaient à s'endormir au milieu de la boîte, les célibataires désespérés profitaient de la cumbia pour conclure dans l'urgence et ne pas rentrer seuls.

En amour, comme un peu partout, la réalité est souvent très éloignée de nos attentes. J'avais imaginé un autre décor pour la conclusion de notre film, un scénario un peu moins pathétique que cette journée de galères. J'étais parti de Lima des images plein la tête. Je m'étais vu l'embrassant au coucher du soleil face à un lac, après une belle discussion romantique, mais force était de constater que nous n'y étions pas du tout. Nous étions deux potes qui dérapaient un soir de cuite et qui s'emballaient comme des morts de faim dans une boîte pourrie, près d'une flaque de vomi. Ce n'était pas très glamour. C'était même plutôt la honte, mais au moins, c'était marrant et, des années plus tard, je ne changerais pour rien au monde cette journée bancale. Ce sont précisément ces cafouillages qui donnent de la saveur à notre histoire, qui la rendent plus belle. Plus réelle. Elle n'était pas une grande romantique, j'étais un galérien de la drague, nous étions imparfaits, mais nous nous sommes trouvés. Au lever du soleil, ivres morts dans les rues qui s'éveillaient, nous nous embrassions fougueusement dans l'ombre des portes cochères.

L'après-midi était bien entamé lorsque nous sommes repartis le lendemain, vers l'est, encore une fois. Mais à peine étions-nous sortis de Tarma que j'ai repéré sur le bord de la route une belle entrée fleurie. Je me suis retourné, l'ai regardée, elle l'avait vue elle aussi.

— On va voir ?

— *¡Vamos!*

C'était si simple. C'était ce que nous faisions depuis la veille, et nous étions tous les deux enthousiasmés et surpris de la liberté avec laquelle notre chemin se dessinait. J'ai fait demi-tour, et nous sommes entrés dans une vaste cour pavée, entourée de beaux corps de ferme en rectangle. Toits en tuile, coursives de bois, grandes portes cochères. L'endroit était magnifique.

Deux beaux bergers australiens se sont approchés de Parkinson, et au lieu d'aboyer comme la plupart de leurs congénères, ils se sont gentiment laissé caresser. Nous étions déjà conquis. Le propriétaire des lieux est arrivé, c'était son hacienda, et il louait des chambres. Le prix était bien trop élevé pour nos budgets, nous qui pensions dormir sous la tente ce soir-là, mais l'endroit était trop parfait pour passer à côté, et nous avons décidé de casser la tirelire.

Nous avons déposé les sacs et sommes partis explorer les environs, la musique dans le casque. Nous étions au milieu d'une campagne de moyenne montagne, sur des routes de terre bordées de champs de fleurs et de légumes. De temps en temps, nous nous arrêtions pour laisser passer un berger et ses troupeaux de vaches ou de moutons. Une autre fois, un bulldozer refaisant la route. Nous passions parfois un village endormi, à peine bitumé. Contrairement à Tarma où l'on croisait encore des citadins, il n'y avait ici quasiment que des paysans.

J'aimais ces ambiances. Cecilia, elle, était aux anges. Sortant de plusieurs mois de métro, boulot, dodo dans le gris de la capitale, elle n'en revenait pas d'être si dépaysée. Chaque virage dévoilait une nouvelle scène étonnante, un paysage superbe, un aspect culturel intéressant. À l'arrière de la moto, son reflex dans les mains, elle prenait des photos à ne plus savoir qu'en faire. Sur l'une d'elles, on voit une mère tenant sa fille par la main et, derrière elles, deux autres enfants. La mise au point sur la moto étant difficile à cause de la vitesse, celle-ci est complètement floue. On pourrait croire qu'elle est ratée, elle l'est probablement, et pourtant, c'est précisément cela qui la rend magnifique à mes yeux.

Cette photo combine tout. La vitesse de Parkinson, les paysages de la campagne péruvienne, leurs habitants et notre face-à-face étonné. Chaque fois que je la revois, tout me revient. Je me souviens des émotions de ce voyage. Le plaisir de la route. Cette sensation euphorisante de liberté. L'impression que le monde est ouvert et que tout est possible. Je me souviens de l'amour naissant, de notre entente parfaite, et de la surprise d'une telle entente.

À deux, c'était différent de ce à quoi j'étais habitué. Les gens ne réagissaient pas de la même manière, nous abordaient autrement, ou ne nous abordaient pas. En réalité, nous nous suffisions à nous-mêmes, et cela marchait parfaitement ainsi. Nous étions sur la même longueur d'onde. Elle aimait l'inconnu, loin d'en avoir peur, se plaisait à le découvrir. Le confort ne l'intéressait pas. Elle voulait vivre la route, l'intensité du moment. J'avais emmené quelques filles sur la moto, les émotions étaient fortes, nous étions enchantés, mais avec Cecilia, c'était différent. Ce n'était pas juste la griserie de la vitesse. C'est ce qu'elle était profondément. Elle avait beau vivre depuis des années dans la routine de son boulot à responsabilité, être même compétente dedans, elle semblait être faite pour une autre vie. Une vie d'art et de voyage. Je suis sûr qu'à ce moment-là elle le sentait déjà, mais ne pouvait pas encore l'assumer. Il ne lui manquait qu'un peu de temps et d'immersion. Comme moi au tout début de mon voyage. Cette fille, en réalité, c'était moi. Je n'avais jamais rencontré quelqu'un qui me ressemblait autant. Cette photo est comme un rappel. Elle me permet de me souvenir de qui nous étions à ce moment-là. De qui je suis profondément.

Nous avons roulé jusqu'à la nuit, puis sommes rentrés à l'hacienda. Après la cascade d'images de la journée, nous nous sommes posés pour n'en voir qu'une seule, fixe : celle des étoiles.

Couchés dans un hamac au fond du jardin, nous regardons le ciel. J'ai passé mon bras sous son épaule et la serre légèrement. Elle est collée contre moi, ses cheveux bouclés dans mon cou. La chaleur de nos corps et la bouteille de *calientito* compensent l'air frais de la nuit. C'est la première fois que je vois un ciel aussi pur, aussi rempli d'étoiles. Il y en a des milliers. Pas une lumière pour parasiter le spectacle. Nous sommes loin de tout. Le bourbier de la veille est bien loin.

Nous ne parlons plus. Nous n'en avons plus besoin. Les minutes passent, mais le silence demeure. Nous sommes si bien.

Une ombre s'approche dans la nuit, et nous entendons une respiration à quelques centimètres de nous. Cecilia se tend, mais c'est un cheval qui vient se faire caresser. Plus rien ne nous surprend. L'interruption nous sort néanmoins de notre contemplation. Je l'observe dans le noir, et sens son regard posé sur moi. Nos lèvres se touchent. Un ange passe.

— Pourquoi on ne s'est pas embrassés aujourd'hui ?

Elle est surprise de la question.

— Ah bon ?

— Je viens de le réaliser. Pas une fois.

— Tiens, c'est vrai ça. Je sais pas. C'est bizarre.

Nous oscillons encore dans cet entre-deux. Plus tout à fait amis, pas tout à fait amants. Nous avons passé la barrière de l'intimité, profitons parfois comme maintenant du romantisme de l'instant, mais après trois semaines à se connaître comme des potes, la transition n'est pas encore tout à fait naturelle.

— Passe-moi l'alcool.

— La bouteille est finie.

— Nooooon !

— Hahaha, t'inquiète, j'ai laissé la deuxième dans la chambre.

Je me lève du hamac, mais tout au fond du jardin, la lourde porte de bois est verrouillée. Après quelques minutes de tentatives infructueuses, force est de constater que, sans le vouloir, quelqu'un nous a enfermés dehors. La perspective de dormir l'un contre l'autre dans le hamac pour se protéger du froid n'est pas dramatique, bien au contraire, mais après avoir raclé les fonds de tiroir pour nous payer une chambre ici, je ressens un petit pincement au cœur. Je pars en exploration dans le jardin, histoire de voir s'il n'y a pas une solution à notre problème.

— J'ai une bonne et une mauvaise nouvelle.

— Haha, j'en étais sûre ! Il s'est passé quoi, ça fait un quart d'heure que t'es parti. T'as perdu la bouteille ?

— Ils nous ont enfermés dans le jardin, on peut pas accéder à la chambre.

— Quoi ? C'est une blague ?

— Non…

— *¡Pucha!* Et la bonne ?

— J'ai repéré quelque chose. Viens, je vais te montrer.

Elle se lève du hamac et nous marchons à la blême lueur de nos téléphones de l'autre côté du jardin. Nous passons un petit muret en pierre et faisons face à une maison. La porte est entrouverte, je tape, mais n'obtiens pas de réponse. Après quelques secondes, je la pousse et allume la lumière. Nous sommes dans un grand salon, double hauteur, poutres apparentes, cheminée, plancher et murs en bois. Un bel espace, meublé avec goût dans un style ranch.

— *¡Hola!* Il y a quelqu'un ?

Pas de réponse. Je ne me sens pas parfaitement à l'aise de pénétrer ainsi chez un inconnu et ose à peine franchir le seuil, mais Cecilia ne semble pas avoir les mêmes scrupules. Une balançoire est suspendue à la mezzanine, elle s'y installe immédiatement en riant. Cette fille est folle.

Je prends l'escalier vers l'étage. En haut, un grand lit aux draps encore défaits. Il est évident que quelqu'un vit ici, y a probablement dormi la nuit dernière. Il y a un livre laissé ouvert, une bouteille d'eau à moitié pleine. Même s'il est minuit passé et qu'il est improbable que quelqu'un revienne, je suis quand même un peu nerveux. Cecilia est montée. Elle me regarde avec un petit sourire. Je lis dans ses pensées.

— On peut pas dormir ici. Le mec peut revenir n'importe quand, imagine si on se fait griller.

— Tu peux aller sur le canapé si tu veux.

Elle me l'a dit avec malice, avec ce même sourire de certitude que j'avais déjà vu dès notre première soirée à Lima. Elle sait ce qu'il va se passer. Et elle a raison. Elle se faufile sous la couette. Je la rejoins. Nous sommes des cambrioleurs esthètes qui allons faire l'amour dans le luxe des draps d'une victime. Ils semblent encore chauds de la veille. Ou peut-être est-ce nous qui brûlons.

Vingt-quatre heures ont passé. Nous avons continué à explorer les environs de Tarma, puis sommes repartis vers l'est. Toujours vers l'est. Toujours plus loin de Lima, dans la profondeur du Pérou. Au sens propre comme au figuré. À une vingtaine de kilomètres de Tarma, les paysages ont commencé à changer. Sur Google Maps, la transition est très claire. On passe d'une zone blanche, montagneuse, à une zone verte, amazonienne. En réalité, il nous a fallu environ une heure pour passer d'une région géographique à l'autre. D'abord, le dénivelé de la route, et l'atmosphère qui s'est faite petit à petit plus chaude et humide. Puis la végétation a changé. Les montagnes sèches, les herbes hautes et les conifères ont disparu et ont été remplacés par une immense masse verte de palmiers. Une forêt dense et impénétrable, parfois percée d'une grande cascade. La route traçait une saignée grise qui serpentait dans ce paysage, traversant quelques villages fleuris jusqu'à La Merced, la capitale de l'État de Chanchamayo.

À l'image de Tarma, La Merced n'était elle aussi qu'une grosse bourgade, mais les similitudes s'arrêtaient là. Hormis l'église du centre, tout était récent, assez laid, et l'architecture de mauvaise qualité avait cet aspect provisoire qui donnait l'impression que la ville était en perpétuelle construction, ou en lente décrépitude. Les vieux ponts délabrés, les trottoirs boueux, la végétation un peu trop envahissante témoignaient des difficultés d'installation dans un endroit si lointain. On sentait la nature à peine domes civilisation en lutte pour repousser la jungl blait jaillir de toutes parts. Les habitants au différents. En quelques heures de route, nous avions pris vingt degrés, les ponchos avaient laissé la place aux T-shirts, et la timidité des montagnes n'était plus. Avec Parkinson, nous faisions quelques curieux, qui contrairement à ailleurs n'hésitaient pas à nous aborder. Nous avons passé la première soirée en compagnie de lycéens qui nous ont baladés en ville, et le matin, au petit déjeuner, nous étions prêts pour une dernière aventure. Nous étions le 31 décembre 2013 et, sans l'avoir planifié, nous étions au fin fond du Pérou, au beau milieu de l'Amazonie.

Les trois premiers jours de moto m'avaient épuisé, et je craignais un peu la difficulté des routes de jungle. Je ne sais plus qui a convaincu l'autre, mais dans un moment d'oubli, nous avons décidé de laisser Parkinson dans un garage et de nous payer une balade touristique pour la journée. Grave erreur. Je faisais tellement rarement ce genre de visites que j'avais oublié à quel point je les détestais. Après l'extrême liberté que nous avions vécue depuis Lima, nous nous retrouvions bloqués comme des cons dans un minibus, à devoir prendre des photos à droite à gauche quand quelqu'un d'autre nous disait de le faire. Une belle bande de moutons à smartphones. Nous ne contrôlions ni le temps ni l'espace, contraints à un programme précis, à la minute près, où nous n'étions autorisés à faire aucun écart. Le pire était le choix des lieux. La jungle semblait magnifique, les possibilités immenses, la faune impressionnante, mais ils nous arrêtaient toujours dans les endroits les moins intéressants. Les plus touristiques. Les plus vides d'âme. Il y avait toujours un restaurant trop cher pour traire les touristes ou des vendeurs à la sauvette trop insistants. Étonnamment, tout le monde semblait satisfait. Nous deux étions horriblement frustrés. Nous nous sommes même fait la gueule une partie de la matinée, sans trop savoir pourquoi. Il ne pouvait rien se passer d'intéressant dans un cadre tellement rigide. C'était l'antithèse du voyage.

Le clou de la journée était censé être la visite d'un village ashaninka, une ethnie indienne vivant dans la jungle. Nous arrivons en fin d'après-midi dans un parking où sont déjà garés quatre autres bus. L'organisateur, qui a probablement envie de rentrer tôt ce soir pour le réveillon, nous annonce que nous sommes en retard et que nous ne resterons pas plus d'une heure. Pourtant, pour la première fois aujourd'hui, nous voyons quelque chose d'intéressant : d'autres êtres humains. Quelques jeunes filles s'approchent, nous prennent par la main et nous emmènent sur une étendue herbeuse d'une centaine de mètres de côté. Tout autour, le village. De petits édifices aux poteaux et poutres de bois, fermés par des parois de bambou et surmontés de toitures en pente recouvertes de paille séchée. Les Indiens sont là. Ils sont une dizaine devant nous, debout sur l'herbe, les bras ballants. Ils nous attendent.

Ils nous accueillent avec un grand sourire, dans leur tenue traditionnelle, une belle tunique brune s'arrêtant au genou, le visage peint de motifs rouges et noirs. Les hommes portent un anneau rigide autour de la tête, les femmes des bracelets et des colliers de perles.

— *¡Hola!* Des Indiens.

— *¡Hola!* Des touristes.

Et puis c'est tout. La conversation ne se déclenche pas. Les sourires sont là, la convivialité est de mise, l'ambiance se veut légère, mais personne n'a rien à se dire. Ou peut-être que si, mais les conditions sont tellement artificielles que personne ne sait vraiment comment s'adresser à l'autre. Il y a quelque chose d'étrange dans ce moment. D'incommodant. De toute manière, bien vite, les téléphones sont de sortie et évitent d'avoir à se parler. Tous les touristes sont là, à prendre des photos de ces gens, à un mètre d'eux, qui se laissent faire, dociles, habitués. Les seuls qui semblent différents sont les plus jeunes enfants. Ils courent un peu partout en riant, évitant les photographes les plus insistants, et faisant plus ou moins ce qui leur chante. Ce sont les seuls ici qui se comportent de manière naturelle.

Au bout de quelques minutes, un bus arrive, un autre s'en va. Le village tourne à plein régime. Des femmes nous donnent la tenue traditionnelle que les sortants viennent de porter. Nous sommes désormais tous déguisés en Ashaninkas. Quelques coups de pinceau sur le visage, et nous sommes prêts pour le discours du chef. Alors que les arrivants du premier bus nous rejoignent sur l'herbe, nos Indiens emmènent notre groupe d'une trentaine de personnes un peu plus loin, dans une maison sans murs et à la haute toiture où nous nous asseyons sur des bancs. Le chef porte deux grands colliers symétriques autour de la poitrine et quelques plumes de perroquet sur l'anneau posé sur sa tête. Il nous offre à tous le *masato*, une sorte de sirop alcoolisé ressemblant à la *chicha* de maïs, et nous raconte l'histoire de son peuple. Les Ashaninkas sont la plus grande ethnie indienne d'Amazonie, avec une population d'environ cinquante mille personnes, soit 20 % de la totalité des *nativos*. Ils sont répartis en une centaine de villages dispersés dans la jungle péruvienne et brésilienne. Il nous parle une dizaine de minutes dans son dialecte, traduit en espagnol, puis vient le moment pour les jeunes célibataires de choisir leur époux.

Deux filles qui étaient en retrait s'approchent. Elles ont environ vingt ans, et le chef annonce qu'elles vont choisir parmi les touristes les deux heureux élus qui passeront la nuit avec elles. Tout le monde sait bien qu'il s'agit de théâtre, mais un petit frisson d'excitation parcourt l'assemblée. La jeune fille arrive, une lance en main, et observe les touristes un à un. Quand elle s'approche de moi, nos yeux se croisent. Je soutiens le regard, sans ciller. Cela ne dure qu'une demi-seconde, et pourtant il se passe quelque chose. Je vois comme un tell de poker. Un imperceptible sursaut des pupilles. Celui de l'intérêt. Elle continue son tour du groupe, mais je sais que j'ai gagné. Après une minute, elle revient vers moi, et me désigne de sa lance, sans un mot. Gloussements dans la foule. Je regarde Cecilia. Nous éclatons de rire au même instant.

Elle me tend la main, je la lui prends, et elle m'emmène en dehors du groupe, sur l'herbe où nous étions auparavant. Voici enfin l'occasion rêvée d'essayer de passer la barrière visiteur-local. Elle me montre les plantes, m'explique leur utilité, l'artisanat de son village, les…

— Comment tu t'appelles ?

— Clara, et toi ?

— Haha, Clara ? T'es sérieuse ?

— Euh… Oui pourquoi ?

— On dirait que je ne fais que rencontrer des Clara. Je crois que j'ai un truc avec ce prénom, je m'entends toujours bien avec vous.

— Héhé, c'est marrant. Tu t'appelles comment ?

— Jonathan. C'est cool de m'avoir choisi en tout cas… Alors comme ça on va dormir ici ce soir ?

— Haha, oui bien sûr.

L'idée ne lui vient pas une seconde que je suis sérieux.

— Non, mais je demande pour de vrai, tu crois que ce serait possible ? J'aimerais vraiment voir comment c'est ici. Je veux dire, en temps normal, sans tous les touristes. Vous allez faire un truc ce soir pour le réveillon ? C'est dans vos coutumes ?

— Non, chez nous c'est différent, ça n'existe pas, mais bon, on fait quand même la fête pour la nouvelle année, on a toujours fait ça depuis que je suis petite.

— Tu as quel âge ?

— Vingt-deux, et toi ?

— Vingt-six. Bon écoute, sérieusement, j'adorerais rester ici ce soir. Je suis avec ma copine, la fille là-bas. On n'est pas exigeants, on n'a pas besoin d'un truc fou. On peut dormir sur un hamac, chez tes parents, n'importe où. Enfin, ce que tu veux.

— Je vais demander au chef.

Elle part le voir et revient quelques minutes plus tard, le sourire aux lèvres. Il accepte de nous louer une cabane pour une somme modique. Le reste du groupe nous rejoint. Ils se mettent à jouer des instruments à percussion, les Indiens dansent avec les touristes dans une ambiance festive. Je m'approche de Cecilia.

— Tu veux passer le réveillon ici ?

— Ici… ici ?

— Oui, j'ai demandé, ils sont d'accord.

— *¿En serio?* Mais je dois être au boulot après-demain, on n'aura jamais le temps de revenir à Lima.

— Si, on partira demain super tôt. J'ai demandé, y a des motos-taxis qui vont à La Merced, qui passent sur la route là-bas.

— Waouh. Je sais pas… Si j'arrive en retard, je vais me faire tuer.

— C'est l'occasion d'une vie ! On va passer le nouvel an avec des Indiens au milieu de l'Amazonie !

— Mais on n'a rien avec nous, on n'a même pas pris d'affaires de rechange…

— …

— Oh et puis merde, *¡vamos!*

Grands sourires. Nous regagnons enfin notre liberté.

Nous annonçons notre départ à l'organisateur. Il n'en croit pas ses oreilles. Il n'a probablement jamais vu personne rester ici. Les autres passagers nous regardent avec des yeux ronds, ne comprenant pas non plus ce qui peut bien nous passer par la tête. Nous sourions, laissons partir le bus, le cœur léger et allons rejoindre Clara qui est assise sur l'herbe avec des copines. En me voyant, elles se mettent à glousser, apparemment au courant de l'histoire de notre mariage. Je leur présente Cecilia. Elles me présentent au petit singe domestiqué qu'elles tiennent en laisse et nous donnent de quoi grignoter. Nous discutons tous ensemble, le rapport est différent. Personne n'est en train d'essayer de vendre quelque chose à l'autre. Nous sommes juste des étrangers qui apprennent à se connaître.

Alors que le soleil se couche, les derniers bus s'en vont, et le village redevient beaucoup plus calme. Les températures et la lumière se font plus douces. C'est la fin de la journée de boulot. Les Indiens vaquent quelque temps à leurs occupations, rangent les affaires, puis un par un disparaissent. Je demande à Clara où ils vont.

— Ils rentrent chez eux.

— Ah bon, ils ne vivent pas ici ?

— Non, ici c'est juste pour les visiteurs, on a des maisons en dur en bas, près du fleuve.

Première surprise. La seconde arrive un peu plus tard, quand nous revenons de la cabane où nous nous sommes reposés. La nuit est tombée, et nous rejoignons un petit groupe d'hommes. Ils se sont tous changés. Ils sont habillés à l'occidentale, pantalon et chemise. Les tuniques, l'anneau, et le maquillage sont restés à la maison. Une radio diffuse de la cumbia, et même le *masato* a été remplacé par une bonne vieille bière. Il n'y a plus rien d'ashaninka ici. Tout le spectacle de l'après-midi était factice…

Nous parlons un peu, mais bien vite la conversation s'essouffle, et je n'arrive pas à la relancer. Il y a comme une gêne dans l'air. C'est le même inconfort que j'ai ressenti à notre arrivée. Nous buvons en silence. Ils se resservent, nous en proposent, nous acceptons. Une autre. Je n'ai pas fini la deuxième. Eux si. Nouvelle tournée. Et encore une. Il n'est pas minuit, mais ils boivent beaucoup trop pour juste célébrer la nouvelle année. Avec Cecilia nous nous regardons, gênés. Le spectacle est désagréable. Il n'y a même plus de plaisir. On sent l'habitude et la souffrance. Ils s'enivrent pour oublier.

Peut-être est-ce cela la raison de leur gêne. Être vus ainsi, dans leur vérité. Leur nudité. Ils étaient des Ashaninkas, un peuple fier de l'Amazonie, aux traditions et à la culture centenaires, et aujourd'hui, ils sont les moins-que-rien du Pérou. De pauvres hères condamnés pour survivre à faire semblant d'être ce qu'ils ne sont plus. Les dernières statues vivantes d'un musée qui n'est visité que par des touristes en mal d'authentique. Touristes qui rentreront chez eux avec de belles photos en disant : « Ils ont si peu, et pourtant ils ont l'air si heureux ! » Non. Ils n'ont rien. Même plus la dignité. Tous les litres de bière ne sont plus suffisants pour cacher la misère.

Étrange sensation que d'être témoin de l'agonie d'un peuple. Un déclin qui n'est pas dû à l'éradication physique, mais à sa lente dilution dans une culture dominante. Est-ce ainsi dans toute l'Amazonie, ou juste ici, dans ce Disneyland trop proche du reste de la « civilisation » pour ne pas être contaminé ? Je ne sais pas. J'aurais aimé voir d'autres communautés, plus reculées, mais nous n'avons pas le temps. J'espère que c'est différent autre part.

La radio annonce les douze coups de minuit. Nous nous enlaçons.

Il n'y a pas assez de femmes pour danser, alors ils restent là et dansent seuls. Puis ils se rasseyent et boivent encore. Avec Cecilia, nous nous éloignons un peu, et nous asseyons sur une petite butte à une centaine de mètres de là. Ce côté du village est plus joyeux. Quelques familles ne sont pas trop loin. Des enfants allument des feux d'artifice tout près en riant. Nous les regardons, silencieux, assis dans la nuit, éclairés de temps en temps par une fusée.

— Tu vas faire quoi en rentrant à Lima ?

— Je sais pas trop.

— Tu vas continuer ta route ?

— Oui, peut-être. Enfin tu sais, ça fait bientôt un an que je voyage. C'était censé être la date limite, je devrais rentrer en France maintenant, mais j'en ai pas envie.

— Pourquoi ?

— Je ne sais pas. Toute cette année a été folle. Vraiment folle. Je ne sais même pas comment décrire tout ça. Tu sais, c'est rare de vivre quelque chose, et de penser à l'instant où tu es en train de le vivre que c'est incroyable. Pas plusieurs années après, avec nostalgie, non, d'en être conscient exactement au moment où tu le vis. Ça fait bizarre de te dire ça. De le verbaliser. Mais là, par exemple, je suis sûr que tu es en train de le sentir. Ça fait quatre jours qu'on est ensemble, et tu vois très bien comment c'est. C'est juste tellement intense. Tarma, la moto, l'Amazonie, les Indiens, nous deux. Il se passe un truc non ?

— Oui… C'est bizarre… Je suis là, je pense à ma famille, mes amis. Je les aime. J'avais toujours passé le nouvel an avec eux. Mais pourtant, je suis là, et ils ne me manquent pas. Ça ne m'était pas arrivé avant.

— Cette année, ça m'est arrivé une dizaine de fois. Je te jure. J'ai eu l'impression de vivre ce genre de moments tout le temps. Tu sais, le genre de trucs dont tu te souviendras toute ta vie, le genre de trucs qui t'arrivent une fois tous les cinq ans. Ça m'arrivait tous les mois. Tous les mois, j'exagère pas. La moto. L'aventure. La liberté. Le poker. Thalia. Toi, maintenant. Il s'est passé tellement de choses. Il s'en est passé plus depuis que je suis en Amérique que dans mes vingt-cinq premières années. Je sais pas si je pourrai revenir à une vie normale. La routine. Les journées devant un ordinateur. Je sais vraiment pas.

— Je comprends.

— Tu sais, il y a quelques jours, j'ai réalisé un truc. Je suis parti le 1er avril. On est le 1er janvier. Neuf mois. Tout pile. Je crois que c'est pas un hasard, tu sais. J'étais vraiment le genre de gars qui aurait rigolé avant de ce genre de phrases, mais je sais pas. C'est pas un hasard. Neuf mois, c'est le temps d'une gestation. D'une renaissance. J'ai l'impression d'être une nouvelle personne. Je n'ai plus rien à voir avec le mec que j'étais avant.

— Tu vas faire quoi ?

Le ciel depuis quelques minutes est devenu plus lourd. Les étoiles sont peu à peu cachées par les nuages. Assis dans l'herbe, nous sentons un vent frais se lever. De notre butte, légèrement surélevés, nous voyons la cime des arbres sur plusieurs kilomètres. Très loin, un éclair vient zébrer le ciel. Un orage commence en Amazonie. L'instant a quelque chose d'irréel. De presque magique. De totalement différent.

— Je ne peux plus rentrer maintenant. C'est impossible. Je ne vais pas revenir en France. Désormais, ce voyage, c'est ma vie.

TROISIÈME PARTIE : L'ATTERRISSAGE

19. Un bon gars

Peu après notre retour d'Amazonie, j'ai pris définitivement la décision de continuer mon voyage au-delà de l'année que j'avais envisagée à la base. Un an, c'était une durée symbolique maximale pour redevenir architecte. Au-delà, avec tout ce temps sans bosser, ce trou dans le C.V., j'aurais du mal à retrouver un boulot.

C'était un vrai pari, car même si le poker remarchait plutôt bien depuis mon arrivée à Lima et me permettait d'envisager de tenir plus longtemps, je savais que je ne pourrais pas durer éternellement. Il fallait être réaliste. Je dépensais trop. J'allais me broke tôt ou tard. Dans six mois, un an, peut-être deux, selon ma réussite. C'était une question de temps. Et avec cette certitude désormais que je n'allais pas revenir à ma vie d'avant, il fallait commencer à réfléchir au long terme. Il me fallait trouver d'autres portes de sortie.

La bonne nouvelle, c'est que des opportunités étaient en train de se créer. Le blog était de plus en plus visité, et je devenais connu dans le petit monde du poker français. Je passais désormais régulièrement à la radio pour raconter ma progression, voyais paraître des articles dans des médias de plus en plus importants, et commençais même à avoir des propositions de sponsoring. Même si je n'avais encore concrètement rien gagné, je voyais de plus en plus clairement quelque chose se dessiner. Une perspective professionnelle qui n'était ni dans l'architecture ni tout à fait dans le poker. Quelque chose qui concernait mon voyage, la vidéo, et l'écriture…

Mi-janvier, j'ai été interviewé par RMC. Une longue interview d'une heure, qui s'est merveilleusement bien passée. Avec le décalage horaire, j'ai raccroché le téléphone à 3 heures du matin. Je n'arrivais pas à dormir, encore trop excité par ce qui venait d'avoir lieu. J'ai consulté mes mails, et constaté que j'en avais reçu un du journaliste qui avait mené l'interview.

« Salut, Jonathan,

Daniel Riolo, Docteur Poker.

Outre mes activités de journaliste, je suis également directeur de collection dans une maison d'édition. Tu as déjà eu des propositions pour raconter ton histoire dans un livre ? Ça te plairait ?

Dispo pour échanger avec toi à ce sujet. Ciao, à bientôt. »

Je me revois encore en pleine nuit dans ma chambre, sur mon lit devant mon ordi. Il y a un côté étrange à cette scène. D'habitude dans les films, quand une vie change, il se passe un truc de fou. Il y a de la musique, des larmes, des gens qui se serrent dans les bras. Ici, rien. Juste moi en caleçon dans une chambre silencieuse à 3 heures du matin. Mais j'étais heureux. J'avais réussi une partie de mon pari.

Le lendemain, j'ai pensé à fêter ce grand moment avec Cecilia, mais elle n'était pas disponible. La vérité, c'est que quelques semaines à peine après notre virée en Amazonie, nous ne nous fréquentions déjà plus autant. Quelque chose bloquait. Peut-être que, après une aventure d'une telle intensité, les sorties au ciné nous avaient paru fades. Ou peut-être que finalement, nous étions mieux en tant que potes... Alors je me suis tourné vers Dany.

J'avais rencontré Dany un mois après mon arrivée à Lima, peu après mon retour d'Amazonie. Je savais qu'un couple louait une chambre à côté de la mienne, mais avec mes horaires décalés, je ne les avais jamais croisés. Un après-midi, alors que je m'apprêtais à sortir, un type a ouvert la porte d'entrée et s'est planté devant moi. J'ai eu un moment d'hésitation. Il était immense, un bon mètre quatre-vingt-quinze à vue de nez, et pas spécialement maigrichon. Blanc, cheveux ras, tatoué sur les bras et les mollets. Je n'aurais pas aimé le croiser dans une ruelle à 4 heures du matin, sauf que cette fois-ci, il sortait de chez moi en tongs et short de plage, et me regardait de ses yeux étonnamment bleus avec un air plutôt avenant. Il s'est adressé à moi en anglais.

— Hey, *buddy*, c'est à toi la moto ?

— Euh... oui.

Il a souri.

— Tu l'as vraiment ramenée du Paraguay ?

— Aha oui, c'était un long trajet...

— *Wow, nice, man!* Ça fait pas mal de temps que je la voyais ici et je me demandais vraiment à qui elle était. Moi aussi, j'avais une moto avant, au Canada.

— Ah ouais ? C'est toi qui vis ici avec ta copine ?

— Oui, je suis Dany, *nice to meet you, man.*

Il m'a tendu la main et on a continué à parler un peu. Il vivait ici depuis quelque temps avec sa copine péruvienne, Diana. Elle était enceinte de cinq mois.

— Dis-moi tu vas au centre, là ?

— Ouais, pourquoi ?

— Je vais voir un pote vers Miraflores, tu pourrais me déposer sur la route ?

— OK, pas de problème, c'est justement par là que je vais.

Je me suis installé sur Parkinson, lui est laborieusement monté derrière moi. Il était tellement grand sur ma petite 150 cc qu'il avait du mal à replier suffisamment ses jambes sur les cale-pieds. Beaucoup plus lourd également que les petits gabarits que j'étais habitué à emmener en balade. On a démarré en zigzagant, manquant de se manger la Pontiac de Jose, le proprio de la maison, puis on a remonté la rue en rigolant. Laurel et Hardy sur une moto chino-paraguayenne dans les rues de Lima. Nous devions avoir une sacrée dégaine, vu comme tout le monde nous regardait en souriant. Après une dizaine de minutes de chevauchée instable, je l'ai déposé à un rond-point. On s'est checkés comme deux vieux potes et il a éloigné sa carcasse de géant. En redémarrant, je me suis marré tout seul.

Dans les semaines qui ont suivi, nous nous sommes souvent croisés à la maison. Lui qui était invisible les premiers temps apparaissait un peu partout. Je lui rendais des services en le déposant à droite à gauche, il me laissait un peu de bouffe quand il cuisinait. On est devenus amis. En dépit de son physique de grand gaillard effrayant, Dany s'est avéré être gentil tout plein. Il se ramenait de temps en temps dans ma chambre avec un milk-shake maison, et se posait là une heure pour discuter. On s'entendait bien tous les deux avec nos parcours un peu marginaux. À trente-cinq ans, il avait essayé à peu près tous les jobs possibles. Videur, barman, technicien informatique, il avait même été pêcheur.

« Ça paie bien mec, mais c'est un dur boulot... Vraiment dur... », m'avait-il dit en me montrant une déformation bizarre qu'il avait à son épaule, suite à un accident sur un bateau en Alaska.

Un soir il avait rencontré Diana dans un bar et ils étaient tombés amoureux. Ils avaient roucoulé quelques mois ensemble au Canada et, lorsqu'elle était rentrée chez elle à la fin de son stage, cette fois-ci c'est lui qui l'avait rejointe à Lima. Les choses étaient devenues sérieuses. Quand elle était tombée enceinte, ils avaient décidé de vivre ensemble et louaient désormais cette chambre en attendant de trouver un appart. Je les voyais de temps en temps ensemble dans la cuisine, elle avec son ventre un peu plus gonflé chaque jour, lui avenant et attentionné. Ils formaient un joli couple.

Malheureusement, tout n'était pas rose. Ils attendaient depuis plusieurs mois le visa d'émigration de Diana qui n'arrivait pas. Le couple avait envie d'élever leur enfant au Canada, là où les perspectives d'avenir étaient plus dégagées, et où Dany avait sa famille, ses amis, et beaucoup plus d'opportunités professionnelles. Il peinait à trouver un boulot stable au Pérou, gagnait un peu en réparant quelques ordis, voulait monter une affaire dans le textile sans pouvoir réellement la concrétiser. J'ai compris qu'il avait des problèmes d'argent quand il est venu me voir quelques fois pour m'emprunter des sommes dérisoires qu'il me rendait peu de jours plus tard. J'imagine que ça n'aidait pas à vivre sereinement la grossesse de Diana. Plus son ventre gonflait, et plus Dany semblait préoccupé. Je savais qu'ils se disputaient de temps en temps, car il disparaissait quelques nuits puis revenait. Un jour, au détour d'une conversation dans ma chambre, il m'avait montré sa bière.

— *Oh man*, j'ai eu des gros problèmes avec ça...

— Ah bon ?

— Oui...

Ça m'avait surpris. Je ne l'avais jamais vu faire d'abus et suis resté muet. Je crois que ce jour-là il avait envie de m'en dire plus. Il y a eu un silence de quelques secondes, mais je n'ai pas su comment enchaîner, et nous avons continué sur autre chose.

En réalité, je vivais tout ça de loin. À partir de février, mon agréable vie d'expatrié s'est dégradée. Mes résultats au poker étaient beaucoup plus irréguliers. Malgré mes progrès techniques, je traversais un sale bad run et la bankroll stagnait. L'autre mauvaise nouvelle, c'est qu'après des semaines de lente dégradation, j'avais rompu avec Cecilia. J'ai failli quitter Lima à ce moment-là, mais j'ai rencontré Jackelyn, dont les jolies jupes remontaient sur la moto et me donnaient droit à la sympathie de tous les chauffeurs de taxi de la ville. Je suis donc resté.

Vers la fin mars, vu que je n'avais désormais plus l'intention de rentrer dans l'immédiat en France, ce sont mes parents et mon frère qui ont débarqué à Lima pour souffler la première bougie du voyage. Nous avons décidé de rattraper le temps perdu à l'occasion d'une virée à Cuzco.

La veille du départ, Dany est venu me demander si je pouvais lui prêter Parkinson en mon absence. Je n'y voyais pas d'inconvénient et ai accepté, à condition qu'il me change mes pneus usés. Je lui ai donné l'argent nécessaire pour en acheter de nouveaux, les papiers et les clés de la moto. Une petite voix me disait que ce n'était pas une très bonne idée, mais Dany était mon pote, et je suis parti le cœur léger. Trois jours plus tard, dans le froid de Cuzco, j'ai reçu sur Facebook un message du proprio :

« Bonjour, Jonathan. Je voulais juste que tu saches que Dany ne vit plus à la maison et que la moto n'est plus là. »

J'ai senti un vide dans mon ventre. Putain de mauvais pressentiment. Pendant une seconde, j'ai envisagé toutes les possibilités, mais par miracle, je n'ai pas eu le temps de les ressasser : Dany était connecté.

« Hey, t'es là ?

— Oui.

— J'ai entendu que tu n'étais plus à la maison ?

— Qui t'a dit ça ?

— Jose. »

Quelques secondes de silence.

« Ah oui, je vis chez un pote en ce moment. Je me suis disputé avec Diana, c'est un peu chaud en ce moment, mec…

— Ah, OK. Il paraît que tu es parti avec la moto aussi ?

— Oui, t'inquiète, elle est avec moi à Miraflores.

— J'espère que tu n'as pas de mauvaise idée... Tu sais cette moto, c'est ce que j'ai de plus précieux. Sans elle, je suis à la rue. »

Autre silence. Interminable.

« Non, pas de soucis, mec. Quand tu rentreras lundi, je la laisserai à la maison. *No worries, man, seriously*.

— OK. Tu as pu changer les pneus ?

— Ah non, pas encore, j'ai pas eu le temps. Je le fais demain. Écoute, mec, je dois sortir, là. Mais ne t'inquiète pas pour la moto, vraiment. »

Je l'ai laissé, nerveux et résigné. De toute manière, j'étais à mille kilomètres de là et je n'avais pour le moment pas d'autres choix que de lui faire confiance. Le lendemain, j'ai reçu un message du proprio qui m'annonçait que Parkinson était de nouveau garée dans l'entrée. J'ai pu profiter de mes derniers jours à Cuzco. Nous avons parcouru la vallée sacrée en famille, et quand eux ont continué vers le Machu Picchu que j'avais déjà vu, Jackelyn, qui était venue par elle-même, m'a rejoint dans un pub de la Plaza de Almas. Elle était si belle et sexy ce jour-là avec son haut semi-transparent, que je me sentais presque gêné de marcher avec elle dans la rue. Je sentais la réprobation jalouse des femmes tassées dans leurs tenues traditionnelles, et les regards lubriques des hommes aux cheveux longs et au style inca. L'ambiance n'avait rien à voir avec Lima. Les meutes de chiens traînaient en ville. On vendait de la drogue sur les marchés. Le ciel était gris et lourd, il pleuvait de temps en temps et malgré les baisers nous avions tout le temps froid. Nous avons passé trente-six heures à jouer les tourtereaux entre les vieilles pierres, et bien que le décor fût parfaitement romantique, il y avait dans l'air comme un parfum de solitude. Je ne sais pas si ça venait d'elle ou de moi. Probablement de moi. Je ressentais comme une pression dans le ventre, un sentiment d'inconfort. Je commençais de nouveau à avoir des fourmis dans les jambes, et mon esprit était déjà parti en Équateur. Il était temps de continuer ma route.

À mon retour dans la capitale, Parkinson était garée dans l'entrée de la maison. Exactement là où je l'avais laissée, comme si elle n'avait jamais bougé. Jusqu'à ses vieux pneus qui étaient toujours en place. Dany est réapparu juste après le départ de ma famille. Il est entré dans ma chambre presque sur la pointe des pieds, la lèvre pincée, un air grave sur le visage. Je n'ai pas été surpris par l'annonce qu'il m'a faite :

— Écoute, mec, je suis tellement désolé pour la moto. Je suis parti samedi changer les pneus et je me suis fait arrêter sur la plage. La moto était pas à mon nom, ils voulaient l'embarquer au poste, j'ai dû leur donner tout l'argent que tu m'avais filé pour pouvoir repartir.

Je dois avouer que je ne l'ai cru qu'à moitié. Je m'étais fait emmerder tellement de fois par la police au cours de mon voyage pour un défaut d'assurance, un phare défectueux ou juste la couleur de mes yeux que je connaissais désormais presque toute la grille tarifaire de la corruption. Les Péruviens étaient des flics faciles, qui prenaient beaucoup plus de plaisir à racoler les clients sur le bord des routes et leur faire cracher de l'argent qu'à véritablement faire leur boulot. Et s'ils prenaient un peu plus cher que leurs collègues boliviens ou paraguayens, ils restaient dans la moyenne basse du continent. La petite passe de Dany coûtait à tout casser 150 soles, certainement moins avec un peu d'humour ou un joli sourire. C'était la moitié de ce que je lui avais prêté.

— Pas de bol, mec… Écoute, je vais bientôt quitter Lima. Quand est-ce que tu peux me rembourser ?

— J'ai de l'argent qui va tomber après-demain, je pourrai te le rendre à ce moment-là, sans faute, ça te va ?

— Oui. Penses-y, mec… Au fait, ça va mieux avec Diana ?

— Ah ouais, beaucoup mieux… C'était vraiment chaud dernièrement, mais là ça va beaucoup mieux… Mieux que jamais.

Le surlendemain il m'a demandé un délai. J'étais occupé à une vidéo pour mon blog, et lui ai dit que je me barrais le lundi suivant. Je m'attendais à ce qu'il m'esquive pendant tout le reste de la semaine, mais j'ai eu la surprise de la voir presque tous les jours. Il venait me proposer des arrangements, des services ou des deals chelous. Il me parlait de jouer ensemble au poker, le lendemain de louer un ordi qu'on lui avait donné en réparation, une autre fois un casting pour une pub qui ne donnait rien. Tout cela sentait l'urgence. Il semblait torturé, au pied du mur. J'ai cru comprendre qu'il devait de l'argent à d'autres types, apparemment des Péruviens. Et à sa nervosité, j'imagine que ce n'étaient pas ses potes. Je lui ai conseillé de chercher un boulot de barman, de réceptionniste, *lo que sea*[1], pour pallier la crise, mais il semblait réticent à l'idée sans que je comprenne pourquoi.

1. N'importe quoi.

Le lundi est arrivé et il n'a pu me rendre qu'un tiers de la somme. Ça me convenait, j'avais décidé de lâcher l'affaire. Au final ce n'était qu'un petit montant devenu symbolique. Je n'avais pas besoin de cet argent. En tout cas beaucoup moins que lui. Et même si j'avais été déçu et un peu vexé par la tournure des événements, je ne voulais pas rester bloqué dessus comme un chien rongeant son os. Ma vidéo était terminée, ma relation avec Jackelyn également, et rester à Lima à attendre me coûtait désormais plus cher que de reprendre la route.

— Laisse tomber. Je pars la semaine prochaine. Si tu peux me rembourser d'ici là, c'ést cool. Sinon tant pis.

— Écoute Jonathan… Je peux pas te rendre le reste tout de suite… Je suis désolé, sérieux… Je te promets que je vais te rembourser. C'est chaud en ce moment, mais dans quelques semaines, je te ferai un virement OK ?

J'ai lâché un « ouais » probablement un peu trop ouvertement indifférent. Ça a eu l'air de le miner. Il était prostré sur mon lit, baissait les yeux. Il avait l'air tellement mal, ce mec que j'avais connu si rigolard. Je n'oublierai jamais la phrase qui a suivi.

— *I'm not a bad guy, buddy... I'm not this guy, I swear.* (Je ne suis pas un mauvais gars, mon pote… Je ne suis pas ce mec, j'te jure.)

J'étais mal à l'aise. Je sentais qu'il avait dit ça en parlant d'autre chose qui me dépassait. C'était comme s'il l'avait dit pour lui-même. Pour se rassurer. Se déculpabiliser. Il avait autre chose en tête à ce moment-là. Il devait déjà penser à ce qu'il allait faire… En écrivant ces mots si longtemps après, j'en suis désormais certain.

Ce fut notre dernière conversation. Deux jours plus tard, Diana a toqué à ma porte pour me demander si je savais où était Dany. Je n'en avais pas la moindre idée. Elle non plus. Il avait mis les voiles, mais cette fois-ci, pour la première fois, il avait pris avec lui son sac et toutes ses affaires.

Diana était enceinte de huit mois.

Quand j'ai enfourché Parkinson le lundi suivant et enfin quitté Lima après cinq mois d'arrêt, Dany n'était pas revenu. Ce n'est que deux semaines plus tard, alors que j'étais dans l'extrême nord du pays, que j'ai vu sur Facebook les photos du couple réuni. Ils étaient debout, Dany dans le dos de Diana, embrassant son front, les mains posées sur son ventre nu plus gonflé que jamais. La photo avait été prise en studio, la lumière était douce, ils souriaient sereinement. On aurait dit une pub pour un plan-épargne. J'ai été content de les voir de nouveau réunis, et encore plus quand, à mon entrée en Équateur, j'ai appris la naissance de Lucio, 3,3 kilos, cinquante-six centimètres, un géant, comme son père. Pendant les deux semaines qui ont suivi, mon fil d'actualité fut inondé de photos de la petite famille réunie et heureuse. J'étais content de voir qu'ils semblaient avoir repris du poil de la bête. Dany avait l'air tellement serein, comparé à l'état dans lequel je l'avais vu durant les dernières semaines, que je me suis dit qu'il avait enfin réussi à régler ses problèmes.

Le choc n'en a été que plus grand quand j'ai appris son suicide.

Le 4 juin 2014, il a avalé une boîte d'analgésiques, une bouteille de rhum et s'est laissé glisser. Dans le lit d'hôpital où il s'est réveillé quelques heures plus tard, il a dit à Diana qu'il regrettait, qu'ils allaient recommencer à zéro, ensemble avec le bébé. Mais le lendemain il ne s'est pas réveillé.

J'ai mis longtemps à comprendre ce qu'il s'était passé. J'étais triste et choqué, et je n'osais imaginer dans quel état était Diana. Je n'osais pas lui parler. Je n'osais pas lui demander pourquoi mon pote avait décidé de la laisser toute seule avec son fils de deux semaines.

Le temps a passé, plusieurs mois, j'ai continué ma route. Puis j'ai commencé à voir Diana poster de nouveau des photos de Lucio, lors de sorties en famille. Elle souriait, avait l'air mieux. Je l'ai recontactée et elle m'a expliqué.

Dany avait effectivement un problème avec l'alcool. Et les médicaments. Et la drogue. Je n'en avais été que témoin partiel, mais il était régulièrement sujet à de violentes crises d'angoisse. Ce sont ces crises qui le faisaient parfois soudainement s'enfuir de la maison. C'est l'une d'elles qui l'a terrassé.

Diana avait connu un mec bon, généreux, solide. Elle l'a vu devenir petit à petit instable et dépressif. Il avait dit à Diana qu'il partait parce qu'il ne se supportait plus. Parce qu'il pensait qu'il n'arriverait pas à être suffisamment solide pour sa femme et son fils. Parce qu'il croyait qu'il serait un terrible exemple pour Lucio. Parce qu'il n'était pas un mauvais gars, et se voir changé ainsi le rendait profondément malheureux.

Non, mon pote, tu n'étais pas un mauvais gars. Tu n'étais pas ce gars-là, crois-moi. Tu étais juste un mec normal qui s'est laissé submerger par quelque chose qui le dépassait.

Je pense souvent à toi, tu sais, mec. Je parle de toi aux gens que je rencontre sur la route. Je leur raconte nos conversations, les moments où tu avais l'air mal, ceux où j'avais l'impression que tu voulais te confier, mais où tu te taisais. Je leur raconte nos embrouilles autour de la moto. Je me demande parfois si j'aurais pu t'aider, te soulager. Changer quelque chose. J'en sais trop rien.

J'ai longtemps hésité à écrire ce chapitre. Tu n'imagines pas combien de fois je l'ai abandonné après quelques lignes. La cicatrice était encore trop sensible, et je ne pouvais pas la gratter de la pointe de mon stylo au risque de la déchirer comme un mouchoir humide. Mais maintenant tellement de temps a passé depuis notre dernière conversation, que les larmes de Diana ont séché et que je vois souvent la petite bouille pleine de vie de Lucio sur Facebook, je me suis dit que je pourrais te faire revenir, l'espace de quelques lignes. Et, qui sait, les montrer un jour à ton fils.

Pour qu'il sache que son père n'était pas un mauvais gars.

Pas ce gars-là.

Un bon gars.

20. Les petites frappes

Cinq mois à Lima. Le temps s'est envolé. En sortant vers midi des banlieues surchargées de la capitale, je m'attendais à ressentir de la nostalgie, mais il n'y avait qu'impatience et excitation. À ce moment, Dany, bien qu'ayant quitté la maison, est encore vivant, et moi, je le suis plus que jamais. Sur le périphérique, j'ai demandé mon chemin à un motard.

— C'est par où la sortie nord ?

— Tu vas où ?

— En Équateur.

Je le vois sursauter. Il me regarde surpris, et un grand sourire se dessine sur son visage. Il me dit de le suivre, et nous discutons quelques minutes en slalomant entre les files de voitures. À la sortie de la ville, j'accélère et me retrouve sur la Panaméricaine, la route mythique qui longe le continent sur toute sa longueur. À gauche, en contrebas, les plages et le Pacifique, à droite, une grande étendue désertique, jaune et poussiéreuse, avec au loin des collines escarpées. Au centre, la route, droite, plate, infinie. Et à mille deux cents kilomètres, la frontière.

Je roule à fond pendant plusieurs heures sans autre distraction que les camions à dépasser, et ponctuellement un fleuve et ses cultures pour venir rompre de leur verdure la monotonie des paysages. Vers 18 heures, j'entre dans Huarmey, gros bourg à la bifurcation des deux routes du nord du Pérou : vers l'est, les montagnes de Huaraz, puis Cajamarca et l'Amazonie, au nord, les déserts de Trujillo et l'Équateur. J'avais prévu d'arriver chez une couchsurfeuse dans les montagnes après une journée, mais le soleil se couche déjà et je ne me vois pas rouler sur une piste de nuit. Dans les rues en terre envahies de motos-taxis, je trouve rapidement un hôtel et après un passage chez le mécano, je pars dormir, épuisé.

Le lendemain matin, après un *quinoa y palta*, ce petit déjeuner typique de la montagne composé d'une boisson à base de céréales et d'un sandwich à l'avocat, je récupère Parkinson. Ma deuxième journée de voyage commence de la pire manière : en chargeant mon sac à dos, je réalise avec horreur que je n'ai plus de plaque d'immatriculation ! Le support sur lequel elle était fixée a été arraché, probablement par mon sac lors d'une secousse de la moto.

Énorme galère en perspective…

Faire la plaque d'immatriculation de Parkinson avait déjà été à l'époque l'une des plus grosses galères de mon voyage. Il m'avait fallu passer les barrages de trois semaines d'attente, d'un combat quotidien avec l'administration paraguayenne et de fonctionnaires corrompus. Mais à l'époque, j'étais dans le pays d'achat de la moto… Là, je suis au Pérou.

Revenir au Paraguay, à cinq mille kilomètres de là, est simplement inenvisageable. Il faut que je trouve une solution ici… De Huarmey ou Huaraz, qui sont de petites villes, je ne vois pas trop comment débloquer la situation. Je décide donc de changer mon plan initial et de continuer directement jusqu'à Trujillo, la capitale du Nord. Je termine mon trajet avec une moto sans plaque, essayant de me faire le plus discret possible, tel un contrebandier traversant la frontière, évitant les patrouilles, passant les péages comme un voleur et, malgré une crevaison à mi-chemin, j'arrive finalement à destination sans embrouille.

J'y rencontre Raphael, le couchsurfeur qui va m'accueillir pendant quelques jours. Un prof de maths à l'Alliance Française, passionné de fitness, et le genre à donner les clés à ses hôtes et les laisser vivre leur vie. Pas spécialement ma conception du voyage, mais dans ce cas précis, ça tombe plutôt bien, car je vais avoir besoin d'indépendance pour régler mes problèmes.

Je fais mon repérage en ville, un peu inquiet à l'idée de me faire arrêter, mais me rends rapidement compte que tout le monde se fout de moi. Ici, on roule à trois sur la moto, sans casque, avec une plaque en bois voire rien du tout, et les quatre flics et demi qui circulent en ville semblent plus occupés à draguer leur collègue qu'à poursuivre les petites frappes dans mon genre. Après Lima, ses caméras, barbelés, gardes armés, et contrôles à chaque feu rouge, j'ai l'impression d'être sorti de prison.

Je rencontre le premier soir Cervantès, un couchsurfeur du coin, à qui j'évoque mes problèmes. En parlant avec lui, je réalise que, vu ma situation, je n'ai pas beaucoup de solutions : dans l'impossibilité technique de passer par les moyens légaux, fabriquer une fausse plaque semble l'option la plus pratique. Cela peut paraître étonnant, voire choquant de France. Je n'aurais moi-même jamais ne serait-ce qu'envisagé un tel acte il y a un an, mais je crois qu'il faut avoir vécu quelques mois dans le coin pour le comprendre.

En Amérique du Sud, la corruption et les « arrangements » avec la loi sont monnaie courante. Il y a bien des lois, mais aucune n'est incontournable. Rien de bien différent de chez nous, me direz-vous, et vous aurez raison, à deux aspects près : la banalisation et l'impunité. Grillez un feu rouge en France et essayez de soudoyer le policier, il vous enverra au poste, voire pire. Faites-le en Bolivie, et vous le verrez commencer son cirque de lui-même :

— C'est très grave ce que tu viens de faire, c'est très dangereux, je vais devoir immobiliser la moto, toi aussi, tu vas devoir payer une amende (généralement énorme)… Hmmm, c'est compliqué.

Si vous avez l'habitude, vous réaliserez que c'est le moment de lancer avec un ton traînant et plaintif :

— Hmmm, je suis désolé, je ne l'ai pas vu, je ne le ferai plus, regardez, je suis jeune et je n'ai pas beaucoup d'argent, il doit y avoir un moyen de s'arranger, non ?

Sans honte, il vous proposera donc de payer une somme donnée, que vous baisserez, et vous vous accorderez tous les deux sur un billet plus raisonnable. Vous avez également la possibilité de ne pas céder et d'exiger de faire les choses de manière officielle… Si vous avez de la chance, le policier fatigué ou de bonne humeur s'en ira de lui-même (cela marche beaucoup mieux si vous êtes une jolie fille et que vous avez la larme facile). Dans l'autre cas, plus fréquent, vous le suivrez au poste. Vu que vous l'avez énervé, il vous fera attendre toute la journée, et vous partirez le soir venu avec l'amende légale, beaucoup plus élevée. Le pire, c'est que même si vous choisissez cette procédure, rien ne vous garantit que dès que vous aurez le dos tourné, les billets ne termineront quand même pas dans sa poche…

La deuxième grande différence avec l'Europe, c'est l'impunité totale de ceux qui ont de l'argent. En France, bonne nouvelle, à peu près tout le monde peut être condamné. Certes, il faut de l'obstination, des contre-pouvoirs et une mobilisation populaire, mais au moins, c'est possible. En Amérique du Sud, vous pouvez faire absolument tout ce que vous voulez à partir du moment où vous pouvez payer. Absolument tout. Si vous avez la chance d'être né dans une famille puissante, vous n'aurez jamais de problème. Pas besoin de passer des concours pour entrer dans les meilleures écoles, avoir les meilleurs pistons, peu importe votre compétence, même vendre de la drogue si ça vous chante. Mieux, vous pourrez conduire bourré et écraser un homme sans jamais être poursuivi. Il vous en coûtera beaucoup d'argent, et un peu de discrétion durant quelques semaines, mais pas beaucoup plus. Si vous êtes un politique, vous pouvez détourner l'argent destiné à la restauration d'un quartier entier, déloger des familles et tout laisser à l'abandon pour vous payer des villas. Tout le monde le saura, certains vous haïront, la plupart, habitués, s'en foutront complètement. Surtout, personne ne vous en empêchera. Les pauvres délogés n'auront pas leur mot à dire, et les rares citoyens ou journalistes qui oseront remuer la vase seront, proportionnellement à leur insistance, ignorés, méprisés, mis en difficulté et pire, s'ils persistent.

Ainsi fonctionne la vie quotidienne en Amérique du Sud : les passages de frontière, les écoles, les assurances, les crimes, l'administration, le trafic de drogue, les parties clandestines de poker. Celui qui ne s'adapte pas est pauvre, ou naïf.

Au début de mon voyage, en bon Français élevé à l'ascenseur social et à l'égalité des chances, j'étais révolté par ces incroyables injustices et surtout par l'absence totale de honte de ceux qui les pratiquaient. Je me refusais à toute *propina*[1]. Je préférais parler des heures et régler les choses dans les règles plutôt que participer à ce système pourri. J'ai commencé à m'y résoudre à l'achat de Parkinson. À l'époque, j'ai attendu pendant des semaines et je n'ai pas compris pourquoi cette enflure de *gestor* ne me faisait pas ma plaque. Il m'était, à l'époque, totalement inconcevable qu'il puisse attendre son petit billet afin de terminer un boulot pour lequel il était déjà payé. Évidemment, il s'est bien gardé de l'avouer ouvertement. Il laissait juste les choses en plan, et moi, je n'y comprenais rien. Il a fallu remuer ciel et terre pour ne pas rester bloqué deux mois au Paraguay. J'ai ensuite compris que 10 malheureux dollars auraient tout simplifié.

1. Littéralement « pourboire ». Dans le langage courant, « dessous-de-table ».

Je l'ai compris en vivant cette situation presque chaque mois, chaque fois que j'étais confronté à une personne ayant un tant soit peu d'autorité.

Et puis, à force de vivre ici, d'en parler avec la population, d'observer le quotidien, j'ai commencé à devenir moi aussi sud-américain, par adaptation. Par facilité. J'ai commencé à préférer donner 10 balles au flic qui m'arrêtait pour mon défaut d'assurance plutôt que de passer une semaine dans une institution compliquée et corrompue pour en souscrire une. Donner une pièce au douanier *para la gasolina* (pour l'essence) histoire qu'il ne commence pas à me créer des problèmes. La fausse plaque ne représentait pas grand-chose de plus : à Trujillo, un bon tiers des plaques sont peintes, les flics s'en foutent. Quand ils ont besoin d'argent pour Noël, ils arrêtent plus que d'habitude, et demandent 10 soles (2,5 euros) pour fermer les yeux. Je suis de toute manière en règle, j'ai les papiers de la moto, j'ai la preuve que je ne l'ai pas volée.

Cervantès accepte de me donner un coup de main pour réaliser mes méfaits. De la ville je ne verrai pas grand-chose de touristique durant les jours qui vont suivre. Il faut dire que la mission que je me suis fixée ne me fait pas explorer les quartiers recommandés dans les guides… Trujillo est réputé dangereux, mais accompagné de mon couchsurfeur qui va se révéler un guide passionnant et cultivé, je vais prendre plaisir à m'y balader un peu partout et à toute heure. Je réalise qu'à force de traîner avec les *pitucos*, les riches de Lima, j'avais moi-même commencé à m'embourgeoiser, et errer dans les rues en discutant me rappelle aux joies simples du voyage.

— Attention à tes poches, me dit Cervantès alors que nous partons par un midi brûlant, à Mayorista, l'un des marchés bondés de la banlieue.

Nous cheminons entre les stands de légumes et les ordures où fouillent des chiens errants. J'achète un sandwich au *palta* à une grand-mère et regrette immédiatement quand elle me le tend de sa main aux ongles noirs. L'ambiance me rappelle les marchés à ciel ouvert boliviens dans lesquels tout est regroupé par thèmes. La rue des sacs, celle des ceintures, l'autre des ampoules. Nous arrivons chez les ferrailleurs. L'un d'eux, la quarantaine, marteau à la main, débardeur sale et bide de biéreux, regarde Cervantès avec méfiance puis se tourne vers moi.

— Une fausse plaque ? Non, on fait pas ça ici.

— Vous n'avez pas une idée ?

— Non.

— Autre part dans le marché peut-être ?

Il nous jauge encore une fois, puis lâche l'info :

— Allez voir avenida Perú, chez les mécanos.

L'avenida Perú, à quelques kilomètres de là, est la rue des motos. *Soldadura*, *llantería*, *repuestos*, *ferretería*, *talleres*, *venta*. Tout ce que vous trouvez normalement chez un seul garagiste en France est ici dispersé dans une centaine de boutiques le long d'un immense boulevard surchargé de détritus. Les motos-taxis y roulent à toute allure, klaxonnant sans arrêt et chargeant l'air déjà brûlant d'une pellicule de poussière et de pollution. Les deux premiers ateliers ne nous donnent aucune information, le troisième est un peu plus crade, ce doit être le bon. On m'y oriente vers un certain Diego. Au fond d'une cour ensablée, derrière des cadavres de motos, dans l'ombre d'un toit en tôle ondulée sont assis trois vieux compagnons de biture, bière à la main.

— Je cherche Diego.

— Qui le demande ?

Je lui explique l'histoire, il regarde Cervantès.

— Tu connais le restaurant La Guisara, à côté de la pompe à essence ?

— Celle de la rue Cesar Vallejo ?

— Oui, celle-là. Tu vas là-bas et il y a un *pata* (un mec) qui fait ça.

Nous prenons un taxi et cette fois-ci je sens qu'on s'approche du but. Cervantès est un peu nerveux, il me dit qu'on est à l'entrée des *barrios*, les quartiers, sous-entendu en péruvien comme en français les quartiers chauds. Ça fait longtemps que l'on a abandonné les rues propres du centre. Ici la route est en gravier, certains morceaux en sable. Les bâtiments sont dans un sale état, les trottoirs envahis par les mauvaises herbes. Mieux vaut rester dans la rue principale et ne pas s'aventurer à l'intérieur. Justement dans la rue, un mec est en plein dépeçage d'un microbus. À ses côtés, deux adolescents poncent la peinture d'une voiture sans roues. Je m'approche d'eux au moment où le mec s'attaque à une portière avec sa disqueuse. Même introduction, même question.

— Vous voyez le portail gris là-bas ?

— Celui de la discothèque ?

— Oui, vous entrez à la porte à côté et vous demandez le maestro Alberto. Il fait ce que vous cherchez.

Nous arrivons au portail, entrons dans la cour arrière qui se révèle être une boîte de strip-tease. Au fond, derrière un grillage et un énorme panneau publicitaire, je vois des voitures entreposées dans l'ombre. Ça ressemble à ce que je cherche… Nous allons passer le grillage quand j'entends quelqu'un crier derrière nous. Un jeune habillé dans un jean fashion est accompagné d'une adolescente trop maquillée, probablement une des strip-teaseuses.

— Vous allez où ?

— Nous cherchons le maestro Alberto.

— Vous lui voulez quoi ?

Je lui explique et il part le chercher. Enfin nous touchons au but. Mon cœur bat un peu plus fort au moment où je l'entends descendre l'escalier. Je me sens nerveux. La même nervosité que lorsque je me rends pour la première fois dans une partie clandestine. Mais il est trop tard pour partir désormais. J'essaie de deviner à quoi va ressembler mon faussaire et je m'attends à tout, sauf au petit vieux qui finit par ouvrir la porte. Il a bien soixante-dix ans, s'approche à petits pas et quand il me salue je suis surpris par la douceur de sa voix. Il nous demande de le suivre, et nous emmène dans une minuscule pièce envahie de pots de peinture, d'outils et de plaques de toutes tailles et couleurs.

Je lui raconte l'histoire, ça n'a pas l'air de l'intéresser spécialement. Il m'explique que la plaque étant paraguayenne elle sera plus dure à fabriquer. Après maintes précautions et circonvolutions, il finit par m'annoncer le prix : 200 soles, 50 euros. Pas tellement cher vu le travail exigé, mais plutôt exorbitant vu le niveau de vie du Pérou où le menu du jour coûte 5 soles. D'autant plus cher qu'il me met déjà en garde sur la difficulté du travail, l'absence des tampons nécessaires, des couleurs, etc. Je crois que le bonhomme aime bien mes yeux bleus de gringo naïf, et j'ai un mauvais pressentiment. Je ne doute pas de sa capacité à faire le boulot, mais je sens que la note va enfler. À la péruvienne, petit à petit, par la loi de l'engagement progressif, celle qui te fait dire « maintenant que je suis allé si loin, ça serait con de renoncer pour quelques dollars de plus… ». J'ai connu ça avec certains mécanos qui sont experts en la matière, et au poker, en voyant des joueurs s'enfoncer malgré les pertes, dans une absence totale de lucidité. Je n'ai pas envie d'être le fish aujourd'hui. C'est dommage de faire marche arrière après toutes ces recherches, mais je ne le sens pas. Je lui dis que je reviens le lendemain.

Retour dans le centre-ville, ses rues embouteillées, ses bâtiments coloniaux à deux étages, son marché aux fruits et son commissariat. Je décide en désespoir de cause d'aller y faire un tour, histoire de voir si par miracle je pourrais passer par les moyens légaux. Peine perdue. Le processus est imbitable : paiement d'un reçu au *Banco de la Nación*, déclaration de perte, demande d'une nouvelle plaque au ministère du Commerce, réclamation d'une… Le policier lui-même n'est pas capable de me dire la suite, et m'annonce que j'en ai au bas mot pour trois semaines d'attente… Je m'attendais à ça. Voyant mon air déprimé, il cherche à me donner un coup de main.

— Si tu fais une déclaration de perte, tu peux temporairement rouler avec une plaque peinte.

— Ah bon ?? J'ai le droit de faire ça ?

— Oui, regarde.

Il me montre une moto entreposée dans le jardin.

— Je fais ça où ?

— Chez n'importe quel charpentier.

Nous sommes à la veille de la semaine sainte, fériée au Pérou, et dans son commissariat endormi mon policier vient d'accomplir un miracle. Je regarde Cervantès en souriant, et lui aussi a compris : je vais rouler provisoirement avec ma plaque temporaire… Un certain temps.

Le lendemain nous partons à la recherche d'un charpentier. Cette fois-ci tout se fait beaucoup plus rapidement. Celui-ci nous donne directement l'adresse d'un « artiste », un mec spécialisé dans les plaques temporaires. Le mec scanne ma photo, imprime un autocollant et en une demi-heure j'ai récupéré ma plaque en bois : 10 soles. Doté de ma nouvelle vraie fausse plaque flambant neuve, ma déclaration de perte dans la poche, je roule enfin avec soulagement. Et quand vient le soir et que je suis censé me rendre à une partie de poker dans un quartier chaud de la ville, je décide que j'ai eu ma dose de risque pour le moment. Pour la première fois depuis le début de mon voyage, je refuse une partie. Je verrai ça à ma prochaine étape.

Après presque une semaine à arpenter ses rues, je quitte Trujillo. Vendredi 18 avril, je fais mes adieux à Raphael, Cervantès et ses amis. Parkinson n'est pas des plus légales, mais j'ai de quoi négocier. Il est midi, je prends la route. Et après deux heures de route à travers le désert brûlant, je vois au loin ma destination floutée par la chaleur. Me voilà à Chiclayo.

21. Stratégies de survie

Chiclayo est l'une des dernières villes avant la frontière équatorienne. À mille kilomètres de Lima, dans la profondeur du Pérou, au sens propre comme au figuré. On y arrive de Trujillo après deux heures de route à travers un désert brûlant, sec et poussiéreux, interrompu par quelques villages peu attrayants le long des plages. Les conditions extrêmes semblent avoir laissé des séquelles dans la ville. Je retrouve des ambiances que j'avais oubliées depuis la Bolivie, plus chaotiques, anarchiques, bien éloignées de l'atmosphère policée des beaux quartiers de Lima. À part dans l'hypercentre, la plupart des rues sont en gravier ou en sable. La chaleur extrême combinée à la multitude de taxis et moto-taxis (il n'y a quasiment pas de voiture particulière) ont contribué à soulever un nuage sec et poussiéreux qui voile le soleil aux heures de pointe. Cela n'empêche pas les gens de vivre dehors. Je marche dans des rues bondées et vivantes, où les habitants se regroupent et s'asseyent sur les trottoirs, devant les boutiques, discutant tranquillement, parfois une bière à la main, accompagnés en fond sonore par une radio omniprésente qui crache à fond cumbia et reggaeton.

Malgré les jolies plages, un musée réputé et la bonne bouffe qui attirent quelques touristes, c'est une région difficile, pauvre, où les options et les perspectives sont limitées. Naître dans une bonne famille, avoir des contacts et des appuis y est un avantage non négligeable. C'est le cas de Gabriel, mon couchsurfeur, qui m'accueille chez ses grands-parents et donne à première vue l'impression d'avoir une vie facile. Pourtant malgré son origine sociale favorisée, sa situation n'est pas des plus évidentes. Il a découvert son homosexualité durant son adolescence, et dans une ville conservatrice d'un pays conservateur, autant dire que cette partie de sa vie se déroule dans la clandestinité. Presque personne n'est au courant, et surtout pas sa famille qui, bien que charmante avec moi, vivrait une telle révélation comme une humiliation. Seuls une amie et son meilleur pote Dani connaissent son secret, ainsi que les étrangers de passage à la maison chez lesquels il perçoit plus de tolérance que dans son entourage. Étonnant paradoxe d'une ville où il est plus facile de s'ouvrir à un parfait inconnu qu'à ses proches.

Nous nous entendons bien assez vite, et il me décrit sa double vie. L'une, de jour, officielle, d'étudiant en médecine de vingt ans et l'autre, de nuit, cachée, *en el ambiante* (dans le « milieu »), où Dani devient son amant et l'accompagne dans les boîtes gays. Leur secret est bien gardé. Dani a d'ailleurs une copine officielle, une présentatrice télé, plutôt réputée dans le coin, ce qui lui permet d'éviter les questions gênantes. Personne non plus ne sait que depuis quelque temps ils sont devenus des petites stars pornos du Net grâce à des webcams où leur visage juvénile attire des adultes du monde entier en quête d'ambiguïté. De quoi gagner un peu d'argent, et se faire offrir quelques voyages à Lima ou en Colombie par des « amis » apparemment haut placés que Gabriel se limitera à n'évoquer que par sous-entendus. Étonnante rencontre.

Il me parle souvent de Dani, et je fais sa connaissance un après-midi à la maison. Le mec est impressionnant : beau gosse, peau mate, musclé, coiffure à la mode, sourire Colgate, sapes de luxe. Un vrai dieu grec, dont la beauté semble à l'étroit dans ces contrées poussiéreuses. Je suis tellement surpris de le voir ici plutôt que dans une revue de mode que j'en viens à me demander ce qu'il fait avec Gabriel. Non pas que ce dernier soit repoussant, loin de là, mais à côté de l'éphèbe il contraste par sa normalité. D'autant que le couple ne partage pas grand-chose, l'un est étudiant, urbain, venant d'un milieu favorisé, a de nombreuses relations dont il s'enorgueillit, l'autre est sans activité, sans ressources malgré ses goûts de luxe, oiseau de nuit, issu d'une famille extrêmement modeste d'un village de l'arrière-pays de Chiclayo… Il paraît que rien n'explique les mystères de l'amour, mais je dois avouer que treize mois en Amérique du Sud m'ont rendu assez cynique sur la nature des relations sur ce continent.

J'avais commencé à me déniaiser avec Thalia, mais j'ai réellement mesuré la différence avec ce que je connaissais de l'Europe pour la première fois à Cuzco dans le sud du Pérou, six mois plus tôt. J'avais fait une rencontre étonnante. Un couchsurfeur, un certain Mauricio, début de la vingtaine, musicien fauché, beau gosse typé inca aux cheveux longs. Malgré son jeune âge, il avait déjà pas mal vécu. Il me racontait ses histoires, ses galères et ses conquêtes. À vrai dire il parlait surtout de ses conquêtes. Pour la plupart des gringas, des filles d'Europe ou d'Amérique du Nord qui étaient venues comme touristes à Cuzco, et qui étaient restées pour lui.

Mauricio passait ses journées dans la rue, à traîner avec sa guitare en accostant tout ce qui bougeait. Je l'ai suivi un après-midi dans ses errances urbaines, et j'ai compris assez vite qu'en fait... il bossait. C'était un étrange boulot qui consistait à se balader, rencontrer des filles, les séduire, et en tirer un bénéfice. Soit en les volant dans leur hôtel pendant la nuit (court terme) soit, s'il en pressentait la possibilité, en les transformant en *novias* (petites amies) et s'assurer ainsi plusieurs mois de cadeaux, de loyer et qui sait, un visa pour l'étranger. Pas de sentiment là-dessous, en tout cas pas de son côté. Il n'avait aucun remords à en cumuler plusieurs à la fois, histoire d'améliorer son niveau de vie. Aucune honte non plus, bien au contraire. Il se voyait plus comme un don Juan et semblait assez fier de son efficacité. J'ai même eu l'impression par moments qu'il faisait de son mode de vie un combat idéologique. Lui, la réincarnation de la virilité inca, abusant les descendantes de ceux qui avaient colonisé son peuple cinq cents ans plus tôt dans une sorte de vengeance symbolique.

À Cuzco, la ville la plus touristique d'Amérique du Sud, là où les écarts de richesse entre la population locale et les hordes de visiteurs sont criants, le phénomène est devenu tellement massif que ses pratiquants ont désormais un nom qui n'existe qu'en péruvien : les *bricheras* (ou *brichero* dans le cas de Mauricio). Durant mon voyage, j'ai rencontré pas mal de mecs et de filles comme Mauricio. La réalité sud-américaine étant ce qu'elle est, la dureté de la vie et la violence des rapports économiques tendent dans certains cas à flouter le concept d'amour, et faire de la relation de couple une sorte d'échange d'intérêts bien compris. Il est facile de s'en rendre compte par exemple dans un casino de Lima, quand on voit la multitude de retraités blancs, généralement européens ou nord-américains, en compagnie de charmantes trentenaires. On peut également l'observer très facilement dans les régions les plus pauvres du pays, où ce sont les femmes qui draguent les touristes dans la rue. Il est beaucoup plus difficile de le détecter quand il s'agit de deux personnes du même âge, et encore plus quand ça nous concerne directement.

À ce moment de mon voyage, même si mes doutes deviennent de plus en plus grands, je n'en ai encore qu'une perception confuse. Au moment où j'écris ces mots, des années plus tard, je ne suis désormais plus assez naïf pour croire que l'étonnant succès que j'ai eu avec les filles d'ici, moi qui avais toujours été un galérien sur ce point en France, était dû à ma moto chinoise ou au charme de mon accent. J'ai eu plusieurs fois l'impression très forte d'être une sorte de bouée de sauvetage plutôt qu'un être humain désirable. J'en ai profité quelques fois, je l'ai regretté pour d'autres. J'ai eu parfois la très désagréable sensation de sentir une part de stratégie dans le cerveau de mes partenaires, et je peux attribuer l'échec de certaines de mes relations en partie à ça.

Évidemment, il faut relativiser, tous les locaux en couple avec des gringos ne sont pas des *bricheros* et lire les relations amoureuses sous l'angle purement socio-économique serait une erreur. Des retours des copines que j'ai eues, les Occidentaux plaisent en Amérique du Sud aussi parce que les Latinas apprécient le respect plus important qu'ils leur montrent, leur exotisme, ou leur culture, mais il ne faut pas non plus se voiler la face.

À Chiclayo, où les touristes sont beaucoup plus rares que dans le sud du Pérou, mais où la violence économique est tout aussi forte, la séduction est une stratégie comme une autre et la concurrence est rude. Ce soir-là, en saluant un Dani entretenu par son amant, et habillé par sa copine officielle, j'ai l'impression d'assister à l'une de ces relations ambiguës. Difficile de les juger, chacun semble y trouver son compte, même si à ce moment de leur histoire, leur situation est des plus instables. Quelques semaines plus tôt, Gabriel a reçu un mail dans lequel un mystérieux spectateur de leurs webcams les a reconnus, sait où ils vivent, et menace de les balancer à toute la ville. Ce qui n'était au début qu'un délire excitant est devenu un cauchemar. Le justicier de la morale ne veut pas d'argent, juste punir ce qu'il considère comme un sacrilège. Quelques jours plus tôt, il a envoyé une photo compromettante à la copine officielle de Dani. Désastre. Je passe une semaine à assister à ce mélodrame aux rebondissements quotidiens, et suis à la veille de mon départ le jour où la mère de Dani est mise au courant. Le cataclysme est déclenché, mais je ne connais pas la suite de l'histoire. Je suis sur le point de quitter la ville et là, le poker occupe mon esprit.

Je ne m'attendais pas à trouver de tables légales dans une ville de cette dimension, mais j'ai la bonne surprise d'y trouver une, voire deux qui y tournent quotidiennement dans le casino WinMeier. De tout petits montants certes, environ six fois inférieurs à ce que je joue en France, mais compensés par un niveau excessivement faible. Ici, la plupart des joueurs sont des reconvertis de la roulette, ayant connu le poker récemment, et n'ayant pour la plupart jamais étudié ne serait-ce que superficiellement le jeu. Je fais quatre soirées positives sur cinq dans ce casino à l'ambiance cumbia, et termine mon passage à Chiclayo suffisamment positif pour assurer mes dernières semaines péruviennes sans trop me poser de questions. Cerise sur le gâteau, après une discussion productive avec le manager qui a été impressionné par mon aventure, j'ai même droit à la venue de journalistes de Lima qui m'offrent ma toute première interview vidéo sur le plus grand site de poker péruvien. Je quitte Chiclayo filmé par un journaliste, et me rends à ma dernière étape : Sullana.

Je n'ai pas prévu de jouer au poker là-bas, et au moment où j'entame cette étape avant d'entrer en Équateur, c'est le bilan. J'ai gagné environ 9 000 soles au Pérou, soit 2 300 euros, en grande partie aux tables de Lima. Pas mal, mais rapporté aux plus de six mois que j'y ai passé, c'est insuffisant, et cela a juste suffi à financer une partie de mon train de vie. Ma bankroll est désormais légèrement inférieure à celle que j'avais quand j'y suis entré : 4 500 euros. Préoccupant.

Je rumine ces résultats insuffisants sur la moto. Il faut dire que j'ai le temps. La route n'offre aucune distraction. Elle est la même depuis que j'ai quitté Lima, huit cents kilomètres plus tôt : droite, monotone, désertique. Je roule à fond depuis une heure et demie dans la chaleur du désert quand à travers la musique j'entends soudain un énorme claquement, suivi d'une décélération de Parkinson. Très mauvais signe… La dernière fois qu'une telle mésaventure m'était arrivée, c'était avec Jackelyn lors d'une virée hors de Lima, l'alternateur avait grillé, et j'avais dû m'arrêter sur place. Même galère. Parkinson s'arrête et ne démarre plus. Je me range sur le côté de la route. Une petite fumée sort quelques secondes du moteur, et puis plus rien.

Parkinson a claqué au beau milieu du désert.

La nouvelle n'est pas des plus rassurantes. Cela doit bien faire une demi-heure que je roule sans avoir croisé âme qui vive, et je ne sais pas où se trouve Piura, la prochaine ville… Il est 16 heures, il me reste au maximum deux heures de soleil et il faut agir vite. De nuit, personne ne m'aidera, et je n'ai aucune envie de planter ma tente ici. Je décide de pousser la moto, espérant croiser quelqu'un et miracle, après quelques minutes, je perçois au loin une maison. Ouf ! Un énorme chien commence à me suivre lorsqu'il me voit arriver et ses aboiements attirent son propriétaire à l'extérieur.

— J'ai l'impression que le moteur a grillé, vous ne connaissez pas un mécano dans le coin ?

— Olaaa non hahaha, il n'y a personne ici, il faut que tu ailles à Piura, c'est à quarante kilomètres d'ici.

— Hmm, impossible en poussant la moto…

— Tu peux bien demander au type là-bas (il désigne une maison), il te chargera la moto, mais ne t'emmènera pas à Piura. Tu peux essayer à Nuevo Tallan, c'est à quatorze kilomètres, et il y a un gars qui s'y connaît un peu en motos par là-bas.

Je m'avance vers la maison qu'il m'a désignée, un peu en retrait de la route. Je suis dans une sorte de bidonville, quelques maisons construites à la va-vite, des poules qui caquètent, et des regards intrigués d'enfants qui n'ont peut-être jamais vu un Blanc en vrai.

Devant sa maison, un quadragénaire me toise, je repère à côté sa moto-remorque, l'objet de mon désir. De l'extérieur de sa maison, à dix mètres de distance, je lui explique mon problème et il refuse d'abord de m'aider, méfiant. Non, sa moto ne fonctionne pas, il ne peut m'emmener nulle part. J'essaie de parler pendant cinq minutes, mais sens bien que le mec ne me fait pas confiance. Dans ces contrées si reculées, la méfiance semble être l'attitude par défaut. Dégoûté, je m'éloigne quelques minutes pour chercher quelqu'un d'autre, mais je constate bien vite que je n'ai pas vraiment le choix. Quand je reviens, peut-être a-t-il eu le temps de constater que je n'étais pas le voleur qu'il craignait, le voilà qui m'interpelle :

— Elle a quoi, ta moto ?

— Je ne sais pas, elle a claqué pendant que je roulais. Je suis venu de Chiclayo sans m'arrêter, ça doit être le moteur.

— Le problème, c'est que le mécano est loin, très très loin, et la nuit va bientôt arriver…

On a beau être au milieu de nulle part, le langage est le même partout. Treize mois en Amérique et je n'ai eu aucun mal à traduire sa dernière phrase : « Tu vas casquer, gringo. » Après une bonne dizaine de minutes de discussion durant lesquelles je deviens le plus misérable Français en voyage au Pérou depuis 1993, j'arrive à négocier une solution convenable. Il m'accompagnera à mi-chemin, chez un ami serviable qui me fera le reste de la route, en échange de 20 soles (5 euros), je m'en sors bien. Nous chargeons la pauvre Parkinson sur sa remorque, et partons à trente à l'heure sur la route alors que le soleil se couche.

Comme prévu nous débarquons chez l'ami. Surprise, puis grands sourires, Luis a l'air beaucoup plus avenant que son ami, et je me vois bien passer la nuit chez lui si la moto ne redémarre pas. Ses fils chargent Parkinson sur leur remorque, et nous rejoignons le patelin du mécano, qui m'annonce d'emblée qu'il ne pourra pas la réparer avant le lendemain. Qu'à cela ne tienne, j'ai trouvé des amis. À notre retour, il fait nuit, mais toute la famille est assise sur des chaises devant l'entrée, ils m'attendent.

Nous discutons joyeusement, je leur parle de mon voyage, et j'apprends que j'ai eu de la chance de m'arrêter près de la maison de son ami, car le désert qui le précède est un repère connu de *rateros*. L'année précédente, un Chinois qui voyageait en bicyclette y a été détroussé et, voulant se défendre, y a été tué. Un habitant du coin également, quelques semaines plus tôt, lors d'un vol au gourdin… Luis me présente à sa mère, sa sœur, et ses filles d'une dizaine d'années. Il insiste particulièrement pour que ces dernières me fassent la bise, m'apportent à manger, soient aimables avec moi, et je comprends rapidement qu'il a de grandes ambitions de voyages pour elles. Dans ces contrées où la *chicha morada* (alcool à base de maïs) coule à flots, et où les filles sont mères à treize ans, j'imagine qu'il voit en moi un gendre parfait. Stratégies de survie… Malgré les gloussements de ses gamines qui n'ont pas l'air contre l'idée, je me vois dans l'obligation de refuser, prétextant une épouse qui m'attend en France. Il ne se formalise pas, garde sa bonne humeur, et ce soir-là, il m'emmène dans sa maison aux murs en terre et toits en tôle. J'y dors sur un matelas posé à même le sol en terre battue de son salon.

Le lendemain, Luis ne déroge pas à son rôle d'hôte parfait. Malgré l'évident dénuement dans lequel il vit, je suis traité comme un roi. J'ai droit à un petit déjeuner copieux et à une balade dans l'arrière-pays, où je rencontre d'autres de ses amis. La curiosité est mutuelle. La beauté des voyages réside aussi dans ces rencontres totalement inattendues, dans ces moments partagés pour rompre la distance entre des existences si éloignées.

Ils m'avouent qu'ils sont loin d'être satisfaits de leur vie dans le désert. Les distractions sont rares, le seul travail est la culture du maïs et la production de la *chicha*, peu rémunératrice. Les discussions reviennent systématiquement vers la France, sur la possibilité d'y émigrer, et je suis bien en peine d'expliquer sans les vexer que des paysans péruviens qui ne parlent qu'espagnol n'y seraient probablement pas accueillis à bras ouverts.

Vers 13 heures, la moto est prête. Un des pistons du moteur avait littéralement explosé, il a été remplacé à prix d'or (je hais les mécanos) et le reste a été bricolé.

Parkinson n'a pas fière allure, avec son moteur réparé avec des fils de fer et son pot d'échappement crachant un bruit d'enfer. Après un an de bons et loyaux services, je la sens de moins en moins fiable. Depuis Lima, j'ai une galère presque à chaque trajet et, après ma mésaventure chanceuse dans le désert, j'appréhende l'Équateur où je passerai des zones de haute montagne. Ajoutez à cela la fausse plaque d'immatriculation, le fait que depuis trois mois la moto roule illégalement (son permis de passage n'était accordé que pour quatre-vingt-dix jours et j'ai été trop négligent pour le renouveler), et mon permis de conduire paraguayen qui va bientôt arriver à son terme... Depuis quelques semaines, ma moto devient plus un fardeau qu'un instrument de liberté. Pour la première fois, j'envisage de m'en débarrasser. Et comme un signe, à quelques kilomètres de Sullana, je croise un étonnant panneau.

« Las Vegas ».

Un petit village paumé en plein milieu du nord du Pérou.

À partir de maintenant, quoiqu'il advienne, Parkinson aura accompli sa mission.

22. Dans les tripots de Piura

Il est 18 heures, le soleil est déjà presque tombé, et enfin l'air brûlant de Piura redevient respirable. Je suis dans la rue à attendre un certain Eduardo, un type dont je ne connais que la voix au téléphone. Quelques jours plus tôt, j'ai bu quelques piscos dans un bar avec l'ami d'une couchsurfeuse, et en racontant mon histoire j'ai eu le plaisir d'entendre que son frère était croupier dans une *clandestina*. Le mec était sympa, l'opportunité était bonne, j'ai pris le contact. Parkinson réparée, j'ai pu terminer mon étape désertique et arriver ici, dans la dernière grande ville du nord du pays, à une cinquantaine de kilomètres de l'Équateur. Après avoir passé mes deux premiers jours avec Eva, ma couchsurfeuse, j'ai reçu l'invitation pour la partie de ce soir.

Au bout de la rue, un jeune à capuche a l'air désœuvré. Il fait des allers-retours, me regarde de temps en temps, mais ne semble pas décidé à me parler. J'imagine que c'est mon homme.

— Eduardo ?

— *¡Si!* Tu es Jonathan ?

— Oui !

— …

— On est loin ?

— Non, c'est juste à côté, tu vas voir.

Nous marchons côte à côte et arrivons rapidement sur une petite place tranquille et arborée. Dans l'un de ses coins, une porte peinte et un drapeau Inka Cola. Ça ressemble à l'entrée d'un café. Deux hommes discutent devant, Eduardo les rejoint et me fait entrer.

Je me trouve dans une toute petite salle, probablement cinq mètres sur trois. Des néons blanchâtres y éclairent les murs décrépis, le sol sale, un ventilateur et un réfrigérateur pour seul mobilier. À gauche, une table de poker déjà presque pleine occupe tout l'espace disponible. À travers une porte ouverte, je vois un salon dans lequel une femme assise sur un vieux canapé regarde la télévision. Le tripot a été installé chez l'organisateur. Pourquoi pas.

Eduardo m'y installe péniblement une chaise entre deux Péruviens suants, et j'ai à peine le temps de me demander ce que je fais ici que déjà je reçois mes premières cartes. On me demande combien je désire miser, et je suis surpris du montant de la partie : il s'agit de la plus petite table de mon voyage, 100 soles la cave, une « micro-limite ». Vu la situation de Piura, ville complètement isolée dans le désert du nord du Pérou, la jeunesse des joueurs présents et le dénuement des lieux, j'aurais dû m'y attendre. En France, à ma connaissance ce genre de partie n'existe que sur Internet. Ici, le prix de la main-d'œuvre étant dérisoire, le rake* de 5 % à chaque main est suffisant pour permettre à ce genre de lieux d'exister et aux croupiers d'être payés.

L'endroit est folklorique. Un bon décor de film probablement. Comme d'habitude, mon arrivée a déclenché quelques regards étonnés. On s'enquiert de savoir qui je suis, je raconte le minimum. Pour être honnête, les quelques lycéens séchant les cours et autres trentenaires oisifs qui sont ici en ce jeudi après-midi ne me mettent pas particulièrement en confiance. En plus des mises vraiment faibles qui sont jouées et donnent un côté amateur à l'ensemble, l'atmosphère me semble un peu trop festive et alcoolisée. Je sens que c'est tout à fait le genre de parties où l'on n'hésite pas à marquer ou plier les cartes, jeter un œil par-dessus une épaule, donner un billet au croupier en échange d'un peu d'aide. Dans la profondeur du Pérou et la misère d'un tripot qui n'a même pas de quoi se payer un local, je suis probablement le premier étranger qui s'installe ici, et n'ai pas spécialement envie d'y être leur pigeon.

Ma mauvaise impression se confirme rapidement. La toute première main me met dans l'ambiance.

Après plusieurs limpeurs, un trentenaire balance son tapis de 20 blindes, et se fait payer dans l'instant par un jeune à casquette. Le premier montre AJs, le second, goguenard, table 93o, la poubelle ultime. Un 3 au flop déclenche l'hilarité générale, y compris celle du trentenaire.

Les sommes sont tellement minimes, même pour eux, qu'ils ne cherchent pas à jouer sérieusement. Ce n'est pas du tout le poker que j'aime. Cette compétition saine, l'amour du beau jeu, la compréhension et la stratégie face à des adversaires tous différents.

La plupart jouent extrêmement mal, connaissent à peine les bases. Ils ont cavé le minimum, c'est-à-dire presque rien, et à ce niveau-là, la part de technique devient négligeable.

C'est le degré zéro du poker, une vraie loterie. Ici on joue parce qu'on aime la surprise et l'argent, parce qu'on adore voir quelle sera la prochaine carte et comment elle va retourner la situation. On joue parce que c'est le seul endroit où l'on peut tranquillement boire avec ses potes après les cours ou le boulot, loin du regard des femmes. Parce que, même si l'on perd la plupart du temps, la décharge d'adrénaline qui inonde le cerveau lorsqu'on finit par avoir un peu de chance nous fait oublier tout le reste. Parce qu'il n'y a rien de plus excitant que de démonter un bon joueur avec une poubelle. Le punir d'être meilleur que soi en essayant de le mettre à terre, en l'humiliant à travers les cartes. Il y a quelque chose de vraiment malsain là-dessous.

Je reste deux heures, sans qu'il se passe grand-chose. Dans ce genre de partie au niveau extrêmement faible, bluffer est inutile. La seule stratégie rentable est d'attendre de recevoir du jeu et de le valoriser. Mais comme avec Parkinson quelques jours plus tôt, je suis tombé en panne en plein désert. Ennui… Vers 20 heures, ma couchsurfeuse qui vient me chercher pour aller dîner m'offre un prétexte parfait pour m'enfuir. J'ai gagné quelques soles, de quoi m'offrir le dîner. Alors que nous nous dirigeons vers le restaurant, je parle avec Aida, sa meilleure amie, qui nous héberge ce soir.

— Tu te rappelles que je t'avais parlé de mon ami qui jouait souvent ici ? Je l'ai appelé, il y a une partie ce soir ! Je lui ai parlé de toi, et il m'a dit qu'il n'y avait pas de problème pour que tu viennes. Tu veux que je te fasse inviter ?

Deux clandestines dans la même soirée… J'ai été un peu frustré du déroulement de la première, et ne suis pas mécontent de pouvoir enchaîner. Elle appelle Tiago, le contact en question, qui nous rejoint tout de suite pour aller manger. Fin de la vingtaine, typé étudiant, sympa. Il est passionné de poker, me raconte qu'il gagne sa vie grâce aux cartes, ce qui est rare en Amérique du Sud. Il s'est qualifié récemment pour le LAPT São Paulo (étape du Latin America Poker Tour, tournoi international, dont le prix d'entrée est de 1 500 dollars), et pense lâcher ses études pour devenir pro. Nous mangeons notre soupe de poulet en discutant tous ensemble, Tiago semble hypnotisé par Aida, et je me rends compte que s'il a été si réactif pour m'aider, c'est probablement un peu intéressé. D'une certaine manière, ce n'est pas plus mal. S'il veut faire bonne impression auprès d'elle, il voudra être bien vu par ses amis, en l'occurrence moi. C'est l'assurance que je n'aurai pas de problème à ma partie clandestine.

Il fait désormais nuit à Piura, et nous nous rendons à moto-taxi au local. Dans une rue déserte, quelques motos sont garées devant une double porte ouverte. Nous entrons dans une grande pièce peinte en vert, lumières tamisées, musique discrète, des jeunes qui ne s'occupent pas de notre présence, et des tables… de billard !

Tiago m'emmène au fond. Quelques hommes passent le temps sur un jeu de cartes que je ne connais pas. Juste derrière, un comptoir derrière lequel est assis un trentenaire aux cheveux mi-longs et frisés. Il me repère, lance un regard interrogateur à Tiago qui me présente succinctement. À côté, un écran divisé en carrés diffuse en direct la capture de six caméras de surveillance. Trois transmettent l'activité de la rue, les motos, les trottoirs déserts, un taxi qui passe de temps à autre. Une me montre la grande salle, les tables de billard et les joueurs de cartes. La cinquième est un plan fixe de couleur verte et sur la dernière je vois une salle vide, quelques chaises en plastique et une table de poker en son centre.

C'est du sérieux. Beaucoup plus que dans ma partie précédente. Nous restons quelques minutes à attendre que les joueurs de billard terminent leur partie. À leur départ, le gérant se lève, revient vers l'entrée et abaisse le rideau métallique. Désormais le club est fermé, et nous sommes complètement isolés de la rue.

Puis il contourne les tables et ouvre l'une des portes. J'entre et reconnais la salle que j'avais vue sur l'écran de surveillance. Les joueurs de cartes se sont eux aussi levés et nous ont suivis.

Nous sommes neuf dans la pièce. Huit Péruviens et moi.

En m'asseyant au centre de la table et en sentant les regards de tous ces inconnus pointés vers moi, je réalise que je suis étranger, seul, complètement isolé dans un club de billard fermé dans le nord du Pérou.

Vulnérable.

Pourtant, même si une pointe d'anxiété vient me titiller, ce n'est pas ce sentiment qui domine chez moi à cet instant, mais un autre, bien plus positif et stimulant. Ce trouble que j'ai ressenti à chaque fois que la tension et les enjeux montaient. Celui qui arrivait quand deux as, enfin, promettaient de changer le cours de tout un voyage, quand l'asphalte se terminait brusquement et devenait une piste en terre, quand la musique se faisait plus lente et les corps transpirants : l'excitation. Cette excitation qui efface tout le reste, qui rend la peur si agréable. Celle qui fait sourire les marins juste avant la tempête.

Je réalise à ce moment précis, et avec une immense satisfaction, que je suis exactement là où je veux être. Le genre d'endroit où je m'évadais quand, somnolant devant des maquettes dans la chaleur assommante du sud de la France, je fantasmais mes futurs voyages. Je rêvais d'aventures, d'amours et d'ailleurs. Mais aussi de dangers et de galères. De tout ce qui pouvait éloigner ma vie des sables mouvants. J'en avais construit des scénarios, mais ce club de billard dissimulant une salle de poker clandestin, jamais je n'aurais pu imaginer y débarquer un jour…

Tiago ne s'est pas installé avec nous. Quelques minutes plus tôt, après avoir essuyé un premier refus auprès d'Aida, il m'a demandé de lui prêter l'argent pour participer à la partie. Notre futur professionnel supposé jouer prochainement un tournoi à 1 500 dollars n'a malheureusement pas les moyens de débourser les 200 soles pour tenter sa chance avec nous. Son image en prend un coup, mais pas autant que sa carrière qui risque d'être compromise… Il s'assied sur le côté et commande sa seconde bière.

En dehors du croupier, les six autres sont là pour en découdre. J'en repère rapidement deux qui semblent sortir du lot. La trentaine, l'attitude calme et réservée des bons joueurs, la concentration durant la partie, pas d'alcool, et surtout, l'attention fixée sur l'adversaire à chaque fois qu'ils jouent une main. L'un des deux, T-shirt noir, me regarde si intensément lors d'une de nos premières confrontations que je détourne les yeux, déstabilisé.

Je n'avais pas observé une telle attitude depuis la rencontre de quelques bons réguliers de Lima, et suis impressionné de la trouver à cet endroit, dans une partie supposée relativement faible. Par chance, les deux sont assez éloignés de ma position et je n'aurai pas à craindre de les avoir tout le temps dans mes pattes à chaque main jouée.

Les quatre autres semblent à ma portée. Juste à ma gauche, un grand maigre, la quarantaine, semblant être venu pour s'amuser. À peine installé il entame son premier litre de bière, joue 80 % des coups en rigolant avec ses amis. À sa gauche, l'organisateur. Il n'a pas l'air mauvais, mais son attitude générale et ses premières mains me laissent penser qu'il ne sera pas particulièrement surprenant ou agressif. Un joueur ABC. À gauche des deux bons joueurs, un trentenaire type chef d'entreprise. Son attitude froide pourrait à première vue le faire passer pour un bon joueur, mais le fait qu'il a cavé le strict minimum me fait penser le contraire. Enfin, juste à ma droite, un dernier Péruvien rigolard, bière sur la table et bide bien en place, complète le tour de table.

C'est lui qui m'adresse la parole en premier et veut en savoir plus sur moi. Nous parlons quelques minutes et en arrivons à mon voyage. Étonnamment, mon histoire qui déclenche généralement sympathie et bonne humeur semble les laisser relativement insensibles.

T-shirt noir m'écoute parler en me regardant dans les yeux, mais ne décroche pas un sourire.

— Et tu fais quoi ici ?

— Je suis à Piura pour quelques jours, ensuite je pars en Équateur.

— Et comment tu finances tout ça ?

Aujourd'hui encore, je ne sais toujours pas pourquoi j'ai eu ce geste hésitant vers les jetons.

— En jouant au poker ? Tu es professionnel ?

— Non… Enfin pas vraiment… Enfin juste pour ce voyage, avant j'étais architecte.

Quel con ! La conversation s'arrête là, le mec a l'air pensif. Il y a des endroits où je raconte avec plaisir l'histoire du World Poker Trip. Ça anime la table, enclenche la conversation. Ce genre de club clandestin, où les joueurs n'ont pas l'habitude de recevoir des étrangers n'en fait clairement pas partie. Je comprends tout de suite que j'ai fait une erreur, mais il est trop tard. Je me contente de jouer, et ça tombe plutôt bien, car j'ai tout de suite un rush énorme. Première main, double paire, j'envoie mon continuation bet, tout le monde se couche. Deuxième main, les as, je surrelance préflop, tout le monde se couche. Troisième main, je paie avec 34 assortis, flop 256. Je relance Rigolard, le miseur initial, probablement déjà agacé, il s'envoie en l'air avec sa paire de 99, nous jouons depuis dix minutes et j'ai déjà doublé à 400.

J'opte pour une stratégie adaptée à la nature de la table. Je joue serré contre les deux requins, et essaie de rentrer dans un maximum de coups contre les autres, qui de toute manière rentrent à presque chaque main. Lorsque je touche quelque chose, j'essaie de le valoriser, ce qui n'est pas très compliqué, car, à l'instar de Tiago qui enchaîne désormais bière sur bière, les autres sont bientôt beaucoup moins lucides. Contre ceux qui restent sobres, je me construis petit à petit une image de joueur sérieux, qui me permet de prendre quelques spots.

L'un d'eux arrive vers 1 heure du matin. Au bouton, je reçois A♠ J♠ et relance deux limpeurs, T-shirt noir et Chef d'entreprise, à 12 soles. Tout le monde se couche, jusqu'à Chef qui décide de payer. Le flop arrive :

10♥ 6♥ 2♣ (pot 30).

Chef check. Ce flop est l'un des meilleurs que je puisse espérer, en dehors de ceux que je touche directement. Mon adversaire aura rarement une main puissante ici, et même s'il paie, je vais souvent pouvoir lui mettre la pression sur les futures cartes.

— C'est qui, ça ?

Je décide de faire mon continuation bet en bluff à 20. Il ne réfléchit pas longtemps avant de payer. Les possibilités sont nombreuses. Il a probablement n'importe quelle paire du board, ou paire servie jusqu'à 99. Il a quelques fois un tirage couleur, d'autre fois un tirage quinte avec des mains du genre 78/79, parfois juste un as qui paie une fois pour voir ce que je vais faire ensuite. Il est encore un peu tôt pour réduire sa range.

— C'est le même que la dernière fois ?

Turn : K♠ (pot 70).

La carte parfaite. À part un as ou un valet, je ne pouvais pas espérer mieux. La première bonne nouvelle, c'est que ce roi de pique m'offre un tirage quinte invisible, qui, si je le touche, me donnera la combinaison maximale. De plus, le roi, comme carte supérieure à celle du flop, peut effrayer mon adversaire et me permettre de bluffer une grande partie des mains avec lesquelles il m'a payé au flop. En terme technique, je viens de gagner en équité* et en fold équité*.

— Oui, c'est le même ! Il fait quoi ?
— Je sais pas, on dirait qu'il est sur les motos.

Si je mise fort ici, que peut-il faire s'il a 77 ou 56 ou A2 ? La plupart du temps, il n'aura pas d'autre choix que de se coucher. Je peux très bien avoir ce roi, et même si je ne l'ai pas, plane la menace d'une troisième salve... L'autre bonne nouvelle, c'est que la plupart des mains avec lesquelles il va décider de continuer sont très souvent derrière moi : les tirages cœur et quinte, que je bats souvent avec hauteur AJ. C'est une situation ultraclassique au poker, celle de la scare card*. Contre un bon joueur, ce serait presque une erreur de miser ici, car l'action est tellement évidente qu'elle pourrait se retourner contre moi, mais dans ce cas précis, mon adversaire est mauvais, il faut bluffer.

Avant de miser, je commence à préparer mes jetons, et lève la tête pour observer sa réaction.

Il est debout. Toute la table est debout. Et ils ne s'intéressent pas du tout à moi. Tous regardent dans la même direction : les caméras. Je me retourne pour voir l'écran.

— On fait quoi, on y va ?

— Je sais pas.

Il me faut quelques secondes pour voir sur l'écran de gauche cette ombre qui s'est approchée furtivement des motos. Elle regarde autour d'elle et, ne voyant personne, commence à s'activer autour du guidon de l'une des bécanes. À l'intérieur, plus aucun bruit. Je me suis moi aussi levé, et regarde les joueurs s'approcher doucement de l'entrée, Gérant en tête.

La suite se passe en un instant. Dans le silence de la rue, on entend soudain le vacarme du rideau métallique qui se relève d'un coup. Le mec sursaute si fort que je le vois sur l'écran. Il regarde vers nous. Les huit sortent en hurlant. L'ombre disparaît en un instant. Des bruits de course, des insultes. Et une détonation.

J'ai d'abord cru à un pétard, mais qui viendrait faire exploser un pétard dans une rue déserte à 2 heures du matin ? En même temps, jamais de ma vie je n'avais entendu en vrai le bruit d'un tir. Je suis resté quelques secondes de plus à l'intérieur et, quand j'ai vu dans les caméras les mecs revenir, je suis sorti aussi. Ils inspectaient la moto.

— Il a pris quelque chose ?

— Oui regarde, le rétro, il l'a laissé tomber là-bas.

Il manque Gérant et T-shirt noir, qui reviennent transpirants après un petit moment. Dans la main du second, un revolver noir, au long canon fin. Presque le même que celui avec lequel j'avais été agressé à Santa Cruz.

— Vous l'avez eu ?

— Non, il s'est enfui, ce *huevón* (con) courait vite.

— Putain, il m'a tué, c'est plus de mon âge, ces conneries, ajoute Gérant à bout de souffle.

Tout le monde se marre. Ils replacent le rétro sur la moto, et rentrent dans le local en plaisantant. Au bout de quelques secondes, tout le monde est installé, la partie reprend.

— On en était où ?

La partie reprend. Comme si de rien n'était. Au total, il n'y a pas eu plus de cinq minutes d'interruption. Il est décidé d'annuler la main en cours. Nous reprenons les jetons, et le croupier distribue. La discussion tourne rapidement autour de ce qui vient de se passer, puis de l'arme de T-shirt noir, où il l'a achetée, si elle lui plaît. Il la sort de son jean et la pose sur la table tout en discutant, raconte comment il l'a utilisée quelques semaines plus tôt lorsqu'un voleur a voulu dévaliser son magasin. Cette fois-ci, il ne l'a pas raté, le mec a été refroidi. J'imagine qu'à cet instant je dois faire une drôle de tête, car il me regarde et pour la première fois me lâche avec un grand sourire :

— Ben, tu vas en avoir, des histoires à raconter maintenant !

Il ne croit pas si bien dire… Tout le monde se marre, moi aussi, nerveusement probablement. C'est une discussion entre potes, il n'y a aucune tension dans l'air, mais je ne sais plus trop ce que je fous ici. Il est temps de mettre les voiles. De toute manière, les gros perdants sont déjà en train de s'en aller. J'ai moi-même engrangé un bénéfice de 400 soles qui, vu le déroulement de la soirée, me convient parfaitement, et me permet de terminer tranquillement mes derniers jours au Pérou sans souci d'argent. Je reste environ une heure de plus, histoire de rester poli, puis demande à Tiago s'il veut partir. Le bougre qui est resté toute la soirée sur le côté à picoler est désormais complètement bourré et ne répond plus de rien. Peu importe, je rentre en taxi.

Je suis presque surpris de récupérer mon dû sans mauvaise surprise. Je salue tout le monde et lâche un *hasta luego* peu convaincu avant de demander au chauffeur de m'emmener chez Aida.

Il est 3 heures du matin lorsque je pousse la porte laissée entrouverte de son studio. Il fait complètement noir et je mets quelques secondes pour distinguer l'unique lit de la pièce où dorment les deux meilleures amies. On n'entend pas un bruit, si ce n'est celui des respirations. Elles m'ont laissé une place au milieu, dans laquelle je me faufile, de côté, face à Eva. Et au moment d'arriver à sa hauteur, je constate que ses yeux sont grands ouverts. Elle ne dort pas.

Elle m'attendait.

23. La Pacha

Je n'aurais jamais dû rester aussi longtemps à Sullana. Ce n'était qu'un nom sur une carte. Une petite ville choisie comme étape d'une ou deux nuits pour ne pas faire un trajet trop long entre Chiclayo et l'Équateur. D'ailleurs, dès mon entrée en ville, j'ai eu envie de partir. Assis quelques minutes sur le trottoir au carrefour des deux rues principales, j'y ai été accosté par un passant, puis un glacier ambulant qui voyant un innocent gringo aux yeux bleus sont venus spontanément le mettre en garde contre la dangerosité de la ville.

Eva, ma couchsurfeuse, est arrivée et nous avons roulé jusqu'à chez elle dans des rues dignes d'un pays en guerre. Littéralement. Presque tout le centre était creusé d'immenses tranchées de deux mètres de profondeur donnant l'impression de rouler dans Verdun. Quelques mois plus tôt, le maire y avait ordonné la réfection des canalisations, commencé l'ouvrage, puis laissé le chantier à l'abandon. Il avait promis que s'il était réélu il terminerait les travaux. En attendant, le trafic était infernal, les rues réduites à une voie envahie de motos-taxis roulant dans une totale anarchie. Nous avons passé les grandes artères défoncées et sommes arrivés dans son quartier. Quelques *cuadras* étrangement tranquilles comparées au chaos qui avait précédé, composées d'allées en terre où les portes entrouvertes laissaient entendre le générique étouffé d'une énième *telenovela*. La chaleur était telle que presque personne ne s'aventurait dehors. Tout juste quelques enfants jouant au foot, des vieillards torse nu laissant passer le temps dans l'ombre d'une entrée et à la tombée du jour, enfin quelques groupes buvant des bières autour de *parrillas* aux viandes grésillantes.

À notre arrivée à la maison, une bande de gamins, ses neveux, ont déboulé de la rue pour m'accueillir en riant. Ils ont couru autour de nous et de Parkinson dans un joyeux brouhaha qui a contrasté avec l'accueil beaucoup plus froid réservé par sa mère. J'ai ressenti en elle une étonnante méfiance, peut-être due au fait qu'Eva m'avait demandé de me présenter comme un ami d'ami argentin, ce que je n'étais visiblement pas. Je n'ai pas posé de questions. Hormis cette bizarrerie, je n'avais pas à me plaindre, ma couchsurfeuse était on ne peut plus accueillante. À vrai dire, cela faisait plusieurs jours que nous parlions sur Internet, et que je me faisais méchamment aguicher. Le petit cinéma a continué à notre rencontre.

Elle était plutôt jolie avec sa peau mate, son nez en trompette, son joli cul, et sa grosse masse de cheveux crépus qui lui donnaient l'air d'une Brésilienne. Pourtant, je n'ai pas trop su comment réagir. Non pas qu'elle ne me plaise pas, c'est plutôt son physique très juvénile qui m'a rebuté. Tous ses potes l'appelaient la

Pacha, la Petite. Il faut dire que du bas de son mètre cinquante elle portait bien son surnom. Je me suis senti obligé de lui demander sa carte d'identité histoire de vérifier qu'elle était majeure.

Elle l'était. Depuis quatre mois.

La dernière fois que j'étais sorti avec une fille aussi jeune… j'avais dix-neuf ans. Je ne pouvais décemment pas goûter à ce pain-là, et j'étais décidé à ne pas me laisser aller et quitter Sullana rapidement. Ça aurait pu s'en tenir à ça, mais au retour de la plage, en passant un dos-d'âne un peu trop vite, Parkinson a percuté la route et le pot d'échappement est tombé. J'imagine que si cet incident n'avait pas eu lieu, si les réparations ne m'avaient pas bloqué sur place deux jours de plus, je n'aurais pas eu ces innombrables discussions avec elle, et n'aurais pas non plus commencé à me demander si elle était vraiment la gamine que son physique laissait supposer. En l'espace de quelques heures, je suis passé de l'indifférence à la curiosité puis à l'ébahissement. La Pacha a beau n'avoir que dix-huit ans, elle a déjà vécu trois vies, et elles sont à l'image des rues dans lesquelles elle a grandi : tumultueuses.

La première ne commence pas de la meilleure des manières, puisqu'à sa naissance son père décide de foutre le camp à Lima et sa mère s'en décharge. Elle est confiée à sa grand-mère qui l'élève durant ses jeunes années. Malgré quelques remous, elle file plus ou moins droit. Elles s'aiment, se considèrent comme mère et fille, finalement la vie est belle. Un beau matin, elle a quatorze ans, elle part au collège. À son retour, la maison est vide. La grand-mère est tombée dans l'escalier, elle est morte.

Elle devient adulte ce jour-là.

Sa mère n'a pas d'autre choix que la faire revenir, leur relation est tendue et forcément, ça commence à partir en live. Elle se désintéresse petit à petit du collège, boit du whisky dans les toilettes, et finit par sécher et traîner dehors. Elle rencontre des compagnons de galère, souvent des mecs. Elle aime les mecs… À l'âge où les filles rêvent encore du prince charmant, elle enchaîne. À quinze ans elle a déjà compris que son corps qui n'est plus celui d'une fillette peut les rendre fous et, en pleine dérive, voilà enfin un domaine où elle a le contrôle. Elle baise avec n'importe qui, n'importe comment. Elle les veut beaucoup plus vieux, avec de préférence un parfum d'aventure, de danger. Et, tant qu'à faire, que ça brille. Il ne lui reste que les durs.

Si elle était née en Californie, elle serait probablement devenue l'une de ces filles qui se déhanchent en string dans les clips de rap. Mais ici, à Sullana, pas de rap, tout juste du reggaeton, et certainement pas de clips. La seule manière de traîner sur le bord des piscines, c'est d'être « fille de », ou de se taper les *narcos*. Pas de bol, le père étant à mille kilomètres de là occupé à d'autres affections, elle n'a pas eu le choix. Quand elle entre au lycée, son mec est un dealer de dix ans son aîné, d'une des familles les plus puissantes de la ville. Le genre de types pour lequel a été inventé le terme « mauvaise fréquentation ». C'est avec lui qu'elle commence à *parchearse*, sniffer de la poudre. Trois doses quotidiennes, 4 euros. Un incroyable sentiment de puissance et enfin l'impression qu'on ne la regarde plus comme une gamine.

Sa vie devient une sale routine. Elle baise à corps perdu, se drogue, et elle se sent tellement sale qu'elle se punit en baisant encore plus. Des relations sans lendemain pour oublier son présent. Un été, elle fugue à Máncora, la station balnéaire du nord du Pérou où les backpackers de toute l'Amérique viennent se perdre dans un délire permanent. Elle suit des mecs qu'elle rencontre sur la plage, partage leur errance pendant quelques semaines. Pendant un temps, l'école et la famille ne sont plus qu'un souvenir. Elle s'acoquine avec un autre dealer, un vrai fumier qui fait d'elle sa chose. Il lui fait vendre de l'herbe sur la plage, la traite comme une merde, mais aussi étonnant que ça puisse paraître, elle le kiffe. Un soir, elle monte dans un van avec des Australiens qu'elle vient à peine de rencontrer. Ils consomment tout et n'importe quoi, et voilà qu'elle s'envole.

La Pacha frôle l'overdose à seize ans. Elle se réveille à l'hôpital, seule, traumatisée. Son dealer n'en a évidemment rien à foutre. La pensée qu'elle vient d'échapper par miracle à une mort solitaire agit comme un choc salvateur. Elle réalise enfin qu'il est temps d'arrêter les conneries, et rentre à la maison.

Ainsi commence sa troisième vie. Grâce à sa mère qui l'éloigne des mauvaises fréquentations, elle arrête la dope, retourne à l'école, passe on ne sait trop comment son année et entame des études. Quand je la rencontre, elle est loin d'être devenue un ange, mais au moins, elle a plus ou moins apaisé ses relations familiales, est devenue clean et a changé d'amis.

Comme avec Bernie en Bolivie quelques mois plus tôt, j'ai éprouvé pour elle des sentiments contradictoires dès le départ. À la fois horrifié et fasciné par son histoire de vie, par cette gamine qui avait vécu plus que moi. C'est probablement ce qui a eu raison de ma volonté. Le deuxième soir, sa meilleure amie qui nous hébergeait est partie faire une course dont elle n'est pas revenue. La Pacha a continué sa drague. J'aurais pu croire à une embuscade tellement la situation semblait faite pour dérailler. J'ai déraillé. Il faut croire que je n'en avais pas spécialement envie, puisque ça a été un vrai fiasco. Je me suis fait copieusement insulter, me suis couché honteux puis, pendant la nuit, par on ne sait quel miracle, mon corps s'est réveillé.

— Maintenant tu sais pourquoi on m'appelle la Pacha.

Le lendemain, j'étais censé partir, mais évidemment, ça aurait été un peu grossier, et je n'étais plus trop sûr. Je suis allé chercher Parkinson et j'ai constaté que cette fois-ci c'était le moteur qui faisait un bruit bizarre. Suite à ma mésaventure dans le désert, j'avais paré au plus pressé, rafistolant avec des fils de fer, mais ce n'était pas suffisant. Depuis bien trop longtemps, je n'avais pas terminé une étape sans galère. Parkinson qui m'avait tant fait rêver dans sa jeunesse fougueuse était devenue une vraie fautrice de troubles. Suffisante pour me balader à Lima, elle ne l'était plus quand il s'agissait de traverser des zones désertiques, et encore moins les montagnes qui m'attendaient en Équateur. Cela faisait pas mal de temps que je m'en étais rendu compte, mais me refusais à l'admettre, pour la simple raison que cela signifiait qu'il me faudrait agir en conséquence : m'en débarrasser.

C'est fou ce qu'on peut s'attacher à un tas de ferraille... Vendre ma chère moto paraguayenne a probablement été l'une des décisions les plus difficiles de mon voyage. J'ai décidé de laisser des annonces dans le quartier, et d'en publier sur Internet. 1 200 soles, 300 euros, à peine le tiers de son prix. Il faut dire qu'elle ne valait plus grand-chose, et que maintenant que la décision était prise, je voulais m'en défaire rapidement. Ça a été un bon prétexte pour rester, et même si ça semblait agacer sa mère qui avait décidé de me bouder pour je ne sais quelle raison, ça convenait à Eva qui m'a dit que je pouvais séjourner chez elle aussi longtemps que je voulais.

Pendant les jours qui ont suivi, j'ai commencé à la connaître un peu plus, et j'ai réalisé que ses histoires passées, bien que terminées, avaient toujours une emprise sur elle. Les accidents de la route laissent parfois des blessures invisibles à l'œil nu. La Pacha n'avait pas pu éviter le traumatisme crânien. À l'image de certains chiens qui sont restés trop longtemps dehors, elle avait développé une sorte d'instinct de survie qui la rendait compliquée à vivre. Insouciante et légère comme l'est normalement une fille de dix-huit ans, elle pouvait devenir irrationnellement méfiante, fière, ou agressive dans les situations où elle pensait percevoir une atteinte à sa personne. Elle pouvait passer du rire à la colère en un instant, pour une broutille. Un soir, dans la cuisine, elle voulait sortir, moi pas, et elle a commencé à faire monter la sauce, à lâcher les grands mots pour pas grand-chose. Je l'ai regardée, cette orgueilleuse, cette petite chose sans défense, avec pour seule arme sa minijupe et son corset. Je me suis rendu compte que sa vie allait être compliquée, que le chemin était long et qu'elle n'y arriverait probablement pas. Ça m'a rendu profondément triste. J'ai failli chialer.

J'ai eu envie de l'aider, de la protéger, la guider. C'était quelque chose d'unique, que j'avais rarement ressenti pour une fille avant et qui devait peut-être tenir de l'instinct paternel. Malgré la houle, j'ai décidé de maintenir la barre. Je ne voulais pas être l'énième connard qui l'utiliserait et s'en débarrasserait comme d'un mouchoir sale. J'ai voulu lui donner des conseils, mais elle était incapable de recevoir la moindre critique, aussi bien intentionnée soit-elle. Un tel orgueil, c'en était désespérant. Elle avait la tête trop dure, du coup, nous sommes passés par le corps.

Entre mes parties clandestines dans les tripots de Piura, les sorties nocturnes dans les rues brûlantes de Sullana, et la pression qui montait avec Eva, la semaine a été chaude à tous les niveaux. Aussi étonnant que ça puisse paraître, elle avait beau avoir eu une adolescence dépravée, il lui était formellement interdit d'avoir son copain à la maison. Contrevenir à cet ordre, c'était pour moi le risque de me faire virer et elle de recevoir une raclée. On ne rigole pas avec l'honneur dans le nord du Pérou. Contraints à la clandestinité, sans pouvoir partager le même lit, nous avions régressé au stade de collégiens découvrant l'amour, profitant d'une absence temporaire, ou d'une course dans la nuit pour nous voler une caresse ou un baiser nerveux, les yeux ouverts. Nous esquivions la mère dans la chambre d'à côté, l'oncle à l'étage, les neveux courant partout dans la maison.

Un matin, la maison était miraculeusement vide. Nous ne savions pas combien de temps nous avions, alors elle s'est assise sur moi en jupe, sans préliminaire. Les yeux dans les yeux, lentement, dans un silence absolu, à l'affut du moindre bruit. Parfois, on entendait un craquement, et elle s'arrêtait brusquement, se levait pour vérifier qu'il n'y avait personne. C'était à la fois stressant et terriblement excitant. Mais il était écrit que nous ne pourrions rien faire à la maison. Son oncle est rentré trop tôt et, dans un moment de panique, elle a couru aux toilettes pour faire comme si de rien n'était. Nous n'avons pas pu terminer, la tension est montée d'un cran. Elle a commencé à m'envoyer des photos sous la douche, et nos discussions sont devenues de plus en plus… animées.

— Tu sais ce qui m'exciterait ?

Elle est dos à moi, en train de se maquiller dans sa chambre d'adolescente. Je ne réponds pas.

— Que tu me filmes pendant qu'on baise.

Silence.

— J'ai des déguisements, tu sais ? Infirmière, collégienne, ça pourrait être bien.

Je vois ses yeux dans le miroir, et elle se retourne enfin, sourit en voyant ma tête. Elle sait qu'elle vient de déclencher un tremblement de terre.

Ainsi passaient nos journées, nous nous entendions vraiment bien. À vrai dire, un peu trop bien. J'ai commencé à voir chez elle des signes de tendresse. Elle qui était sortie avec tant de mecs, qui trouvait le romantisme ridicule et ne jurait que par le sexe, voilà qu'elle commençait à se montrer plus douce, à me regarder avec un air bienveillant. Dehors, elle n'hésitait plus à me tenir la main et m'embrasser. Pour moi, c'était différent.

— On ne peut pas s'attacher, tu sais, je vais partir bientôt.

— Ahaha ! Arrête de me répéter ça tout le temps, tu crois vraiment que je vais m'attacher à toi ? Pour qui tu te prends ?

Elle aurait évidemment préféré mourir que de l'admettre, mais je voyais bien qu'elle changeait, et ne voulais pas prendre le risque d'ajouter à ses problèmes un chagrin d'amour. Il était temps de partir. Je le lui ai dit. Elle était d'accord. Pourtant j'étais encore là le jour suivant. J'avais beau savoir qu'il fallait que je m'en aille, mon sac restait toujours défait. Après tout, j'avais des raisons de rester, nous nous entendions bien, je m'étais attaché à elle et à ses neveux, et surtout il fallait bien que je vende Parkinson. Au bout d'une semaine, je n'avais même pas reçu un appel pour l'acheter. Un soir, nous avons regardé ensemble l'un des films que je choisis lorsque j'ai besoin de radicalité, *Into the Wild*, et en revoyant pour la dixième fois la scène ou le héros brûle son argent et abandonne sa voiture pour être libéré de toute contrainte matérielle, je me suis rappelé qu'il avait raison, que l'argent n'avait aucune importance et n'était bien souvent qu'une excuse pour ne pas faire de choix. Je restais bloqué à Sullana pour récupérer 300 euros dont je n'avais pas besoin. Le week-end approchait, je savais qu'il fallait partir. J'ai pris ma décision. Ce serait lundi. Peu importe si la moto n'avait pas été vendue, je les quitterais.

Toutes les deux.

Le dimanche était donc notre dernier jour. Elle avait la permission de minuit, et nous avons pris le bus, enfin seuls. En sortant de la ville, nous avons vu défiler les paysages secs et désertiques de la Panaméricaine. Au moment où sont arrivés les premiers puits de pétrole et les vautours, elle s'est couchée sur mes genoux pour dormir. Je suis resté éveillé pour regarder le Pacifique, Talara, son port à l'odeur de poisson pourri, et la route en pierre jusqu'à la plage de Lobitos. J'ai été surpris par la beauté du lieu. Une colline avec quelques cabanes surplombant une plage immense et presque vide. Au loin quelques surfeurs. Le bruit du vent et de la mer. Relaxant.

Après plus d'un mois dans le no man's land du nord du Pérou, voir un endroit tellement paisible m'a immédiatement fait du bien. Nous y avons mangé une salade de fruits et sommes partis à la recherche d'un bédo. La Pacha avait été une habituée des lieux en d'autres temps moins illustres, y connaissait tout le monde et chaque rencontre était l'occasion de longues retrouvailles. Nous n'avions que quelques heures devant nous, j'ai commencé à m'agacer de ces pertes de temps répétitives, mais après quelques lattes, toute frustration s'était dissipée dans les épaisses volutes de fumée. Ça s'est passé ensuite très vite. Nous sommes partis brusquement, complètement *volados*. Il paraît que j'étais tellement à l'ouest que j'ai commencé à lui parler français. Et puis d'un coup, nous nous sommes retrouvés dans la chambre. Elle s'est couchée sur le ventre, j'ai commencé à la caresser, à la déshabiller. Elle s'est tournée vers moi et on a baisé tout de suite.

Malgré la capote, j'ai senti qu'elle était brûlante. Et trempée. Et tellement serrée que j'avais du mal à bouger.

Elle criait de temps en temps.

— Tu as mal ?

— Oui.

— Tu veux que j'arrête ?

— Non, j'adore ça. Vas-y plus fort. Parle-moi en français, insulte-moi.

— … *¿Qué?*

— Dis-moi des insultes en français !

Puis d'elle-même elle s'est levée, a pris la GoPro et m'a filmé en train de m'occuper d'elle. Je suis devenu acteur de cinéma indépendant. Après quelques scènes dignes des productions les plus exigeantes, nous nous sommes reposés un court instant. J'ai mis de la musique, pris la caméra et suis devenu cette fois-ci réalisateur. Nous avons tourné quelques minutes et malgré le manque de moyen, elle a offert une prestation digne d'une grande professionnelle. De mon côté, je filmais consciencieusement, m'imaginant dans la catégorie POV de… Bref, vous avez compris.

C'était torride. Toute la frustration qui s'était accumulée au cours de la semaine était en train de sortir brutalement. Au bout d'un moment, j'ai lâché la caméra, suis descendu, et ai lui ai montré quelques spécialités typiquement françaises. Il m'a semblé qu'elle aimait beaucoup cet échange culturel. Elle tremblait, gémissait, s'agitait dans tous les sens, criait, jurait. Je n'avais jamais vu une fille dans un tel état.

— *¡No puedo con la vida!* (Je n'en peux plus de la vie !)

Ça m'a fait beaucoup rire, et j'ai décidé de me la jouer cruel, en continuant jusqu'à ce qu'elle n'en puisse vraiment plus. Ça a duré le temps qu'il fallait. Quand pour la dixième fois elle m'a supplié d'arrêter, j'ai consenti, et me suis couché aux côtés d'une Pacha épuisée mais heureuse. Nous avions tous les deux un sourire niais sur la face, elle dans une sorte de torpeur hébétée, moi parce que j'étais plutôt fier de ce que je venais d'accomplir.

— Il était fort, ce pétard non ?

Et on est partis tous les deux d'un énorme éclat de rire. C'était tout simplement génial. Une des meilleures baises de ma vie.

Quand nous sommes sortis de la chambre, il faisait nuit. Nous avons marché jusqu'à la terrasse où tout le monde nous regardait avec un petit sourire en coin. C'était probablement une illusion, juste des gens aimables, mais il nous a semblé qu'ils étaient tous au courant du moment historique qui venait d'avoir lieu. Là encore, ça nous a fait beaucoup rire. J'étais dans cet état qu'on ne connaît quasiment qu'après le bon sexe, conquérant, confiant, ailleurs. J'étais Christophe Colomb et venais de découvrir l'Amérique.

Puis d'un coup, j'ai réalisé qu'il était 20 heures passées, et que nous venions de rater le dernier bus. Au téléphone, sa mère était furieuse. Elle se doutait bien qu'il se passait quelque chose entre nous, et elle voulait voir sa fille immédiatement. C'était évidemment impossible, il faisait nuit et nous étions à cent kilomètres. Peu importe, nous avons pris la chambre pour la nuit en décidant de partir à l'aube le lendemain matin.

Dire que nous n'avons pas dormi de la nuit serait un mensonge. En vérité, nous n'avons pas beaucoup dormi. À 5 heures, le réveil a sonné. Pendant que la Pacha prenait sa douche, je suis sorti marcher dans le sable. La plage était vide et silencieuse, le soleil se levait à peine dans un ciel magnifique, une journée parfaite pour des adieux. Je me suis retourné et l'ai vue marcher vers moi. Elle m'a souri, nous nous sommes enlacés, et sommes partis main dans la main.

À 9 heures, nous étions de retour à la réalité : Sullana, les embouteillages, la laideur. Par chance, j'ai échappé à sa mère, ce qui était plutôt une bonne nouvelle, je n'avais pas envie de l'affronter. Parkinson, elle, était toujours dans le salon. Elle n'avait pas trouvé d'acheteur, et je l'ai donc offerte à Eva, comme un cadeau de départ. J'ai pris un couteau, dévissé la fausse plaque d'immatriculation puis arraché le compteur kilométrique arrêté à seize mille deux cent quatre-vingt-dix-huit kilomètres (en réalité environ mille de plus à cause des diverses ruptures du câble qui le reliait aux roues !). J'ai mis le tout dans mon sac que j'ai refermé.

Il était temps de nous séparer, mon amour.

Nous en avons vécu, de beaux moments tous les deux et, en toute honnêteté, je ne croyais pas que notre aventure durerait bien plus longtemps. Mais tu as été si capricieuse avec moi dernièrement, je crois que tu en avais marre. Je te laisse te reposer désormais, loin de ton lieu de naissance. Si un jour tu veux venir me rejoindre en France, sache que je t'y accueillerai toujours à bras ouverts.

Adieu, Parkinson.

En fermant la porte, j'ai eu une boule dans la gorge. Eva m'a accompagné à la gare des bus. Nous y avons passé nos derniers moments, elle m'a dit que je pouvais encore rester si je voulais, et comme avec Thalia à Santa Cruz neuf mois auparavant, je lui ai dit qu'il était trop tard.

— On peut encore se voir si tu veux, je peux venir en Équateur la semaine prochaine, j'ai des vacances.

En la voyant ainsi, les larmes aux yeux, je n'ai pas eu le courage de lui refuser. J'ai bafouillé un oui, en me disant que je pourrais toujours revenir sur ma décision plus tard. Ça a eu l'air de la calmer. Le bus est arrivé, nous nous sommes enlacés une dernière fois, et je suis monté.

8 mai 2014. Sept mois après y être entré, je quitte enfin le Pérou. Et pour la première fois depuis un an exactement, je voyage complètement seul, sans partenaire ni moto. Je suis partagé entre la tristesse des adieux, l'excitation du nouveau départ, et une certaine angoisse. Je ne sais pas comment ça va se passer, si après avoir goûté à la liberté totale que m'offrait Parkinson je ne vais pas détester les contraintes du bus. Nous verrons bien. Dans une heure, je serai en Équateur. Un nouveau pays, une nouvelle aventure.

La consolation du voyage en bus, c'est que désormais j'aurai plus de temps pour écrire. En repensant à cette dizaine de jours de folie, je sors mon cahier pour prendre quelques notes et tombe sur une page griffonnée d'une écriture féminine. Eva m'a laissé un mot, probablement pendant que je dormais au retour de Lobitos. Elle me rappelle quelques bons moments que nous avons vécus ensemble, majoritairement d'ordre sexuel, et termine sur une note plus émotive :

« Peut-être ne nous reverrons-nous jamais, mais j'aimerais que tu saches que ce furent les plus beaux jours de ma vie. »

Je peux vous dire que ça fait quelque chose, surtout quand c'est la première fois. La Pacha, cette petite conne pleine d'orgueil, incapable du moindre sentiment. Cette excitée baisant avec tout le monde et par conséquent avec personne. Cette gamine invivable et attachante. Voilà que je suis devenu quelqu'un pour elle, et qu'elle se souviendra de moi.

Pacha, moi non plus je ne t'oublierai pas.

Bonne chance.

Équateur

24. Si si la famille

En regardant défiler à travers les vitres du bus les derniers paysages désertiques du nord du Pérou, je repense à la dizaine de jours écoulés à Sullana. L'abandon de Parkinson, de la Pacha, le mot qu'elle m'a laissé... Divaguant à travers les souvenirs, je commence à somnoler, bercé par les courbes de la route qui monte doucement. Au bout de quelques dizaines de minutes, le bus qui s'arrête me fait reprendre conscience. Nous sommes arrivés à la frontière.

L'Équateur a une histoire chargée de disputes, de batailles et de guerres territoriales avec ses puissants voisins, la Colombie et le Pérou. Malheureusement pour lui, souvent en sa défaveur ; c'est l'un des plus petits pays du continent. Les vieux Équatoriens, leurs pères, et les pères de leurs pères, par vexation ou par orgueil, racontent depuis toujours que pour punir les envahisseurs du vol de leurs terres, Dieu a transformé le nord du Pérou en une région aride et stérile, sur laquelle personne ne pourrait jamais prospérer. Certains en arrivent même à expliquer la supposée laideur des Péruviennes comme un châtiment divin.

En sortant du bus pour faire tamponner mon visa, j'en viens presque à me demander quelle est la part de vrai dans cette légende, tant le contraste est saisissant. Nous avons à peine roulé une cinquantaine de kilomètres vers le nord, et pourtant avec l'altitude, la température a facilement chuté de dix degrés et pour la première fois depuis des semaines, je sors le gilet de mon sac. En traversant à pied le pont qui sépare les deux pays, je constate que les plaines ensablées et poussiéreuses ont laissé place à des montagnes à la végétation dense et verdoyante, presque tropicale, qui m'accompagnera désormais pendant les prochaines semaines.

À la tombée de la nuit, j'arrive à Loja, la grande ville du sud du pays. Marcelo, mon nouveau couchsurfeur, vient me chercher au terminal de bus et m'emmène avec un pote faire quelques tours dans une ville déjà presque déserte. La différence avec le désordre des villes du nord du Pérou est frappante. Terminées les rues à moitié défoncées, sans trottoir, remplies de motos-taxis et entourées de bâtiments construits à la va-vite. Ici, on roule sur des allées parfaitement goudronnées, nettoyées tous les jours, où les voitures particulières sont reines. Le centre-ville à la belle architecture coloniale est animé de places pavées, d'églises et de parcs. Un fleuve à l'eau claire passe le long d'un grand boulevard arboré. À son extrémité, quelques femmes seules se prennent en photo devant la porte de la ville à l'architecture médiévale. Tout est joli, tranquille et vert. L'Équateur a beau être un petit pays, il est probablement l'un des plus développés du continent. J'ai l'étrange impression d'être revenu en Europe.

Le lendemain matin, je réalise que cette comparaison ne se limite pas à la ville, mais concerne aussi ses habitants. En rencontrant la famille de mon hôte autour d'un copieux petit déjeuner de *plátano* (sorte de grosse banane cuisinée) et de chocolat directement cueilli dans leur *finca* (ferme familiale), je découvre les *Lojanos*, fiers habitants d'une ville à l'histoire pluricentenaire. Je ressens dans leurs phrases un véritable orgueil de vivre ici, plutôt que dans la capitale où n'importe quel autre endroit d'Amérique. De fait, Loja, ses deux cent mille habitants et deux mille mètres d'altitude, possède à la fois les avantages d'une ville d'une certaine dimension sans ses inconvénients. Les montagnes et la nature qui ne sont jamais très loin, le climat agréable, la nourriture saine et locale, produite dans une région aux cultures variées. Une population éduquée et fière de son art de vivre. Ici, l'insulte la plus répandue n'est pas le fameux *hijo de p…* comme à peu près partout ailleurs, mais *malcriado* (mal élevé). Plutôt révélateur… À cela il faut ajouter les universités et la jeunesse dans la rue, et surtout un amour immodéré pour la culture et la musique, ayant généré au fil des décennies un nombre anormalement élevé de musiciens et d'intellectuels célèbres pour une ville de cette dimension. À Loja, tout le monde joue d'un instrument, et chez Marcelo, de la grand-mère – qui fut en son temps une soliste au succès national – à la petite nièce, on chante, joue de la guitare et du piano à toute heure de la journée.

Je ne voulais passer qu'en coup de vent par l'Équateur, pressé que j'étais d'arriver en Colombie dont on me parlait depuis des mois et d'y acheter ma nouvelle moto, mais dès ma première étape je commence à traîner. La vie est agréable à Loja, je passe mes journées dans leur grande villa aux coursives bâties autour d'un magnifique jardin, à me faire chouchouter, manger chaque jour la cuisine délicieuse des femmes de la maison, écrire des chansons et passer du bon temps avec Marcelo qui m'offre avec sa famille beaucoup plus qu'un simple toit.

Je m'entends particulièrement bien avec sa mère avec laquelle j'ai, un après-midi, l'une des discussions qui reviennent le plus fréquemment lors de mes rencontres, cette question venant généralement d'une femme, posée avec des yeux pensifs, et un ton dans la voix qui tient à la fois de l'étonnement et de l'angoisse :

— Un an en Amérique ! Et tes parents ?

Pour la mère de Marcelo, et pour un grand pourcentage de parents latinos, la simple idée de se trouver séparée de son enfant, même adulte, est tout à fait insupportable. Mon couchsurfeur en est l'exemple même, lui qui quelques années plus tôt, s'était exilé pour ses études à Guayaquil, la seconde métropole du pays, et était rentré quelques mois plus tard, tant aucun n'était capable de vivre sans la présence de l'autre.

De fait, en Amérique latine beaucoup plus qu'en France, les enfants restent à la maison durant la totalité de leur vie de célibataire, bien souvent jusqu'au mariage, et parfois même après. Il n'est pas rare de voir cohabiter dans la même maison trois ou quatre générations, de la grand-mère aux petits-enfants mariés et déjà parents. J'ai souvent été étonné à mon arrivée ici de voir autant de jeunes de mon âge continuant à vivre chez papa-maman après vingt-cinq, voire trente ans ou plus, et apparemment peu disposés à changer de situation.

La raison d'une telle organisation est avant tout la nécessité. Contrairement à nos terres européennes où une partie de la jeunesse quitte la maison dès que possible, l'argument économique empêche souvent les jeunes Latinos de les imiter. La plupart des familles ne peuvent pas se permettre de financer l'éducation d'un jeune au-delà de sa majorité, et encore moins son logement. La plupart des étudiants qui veulent s'émanciper sont contraints non seulement de travailler après les cours pour aider leur foyer, mais souvent d'y rester pour contribuer à l'effort familial.

L'autre raison est plus culturelle. Malgré l'énorme hétérogénéité ethnique et culturelle de l'Amérique du Sud, le catholicisme, ici bien plus qu'ailleurs, fait presque partout l'unanimité. Au-delà même de la foi, c'est la vie elle-même qui est imprégnée de morale religieuse, et cette morale encourage un modèle familial traditionnel où tout le monde reste bien groupé. Dans ces foyers élargis, les rôles sont précisément définis, souvent de manière assez attendue. Les femmes à la cuisine et aux tâches ménagères, les hommes chargés de la subsistance du foyer, les enfants contribuant aux tâches selon leurs capacités, et les plus âgés profitant tranquillement de leurs vieux jours assis sur une chaise dans le salon, entourés d'une agréable compagnie.

Il règne dans ces foyers étendus une ambiance souvent chaleureuse et frémissante, et surtout très accueillante. Quand il y en a pour huit, il y en a pour dix, voire vingt. On invite du monde, le dimanche est souvent prétexte à un grand repas où tout le reste de la famille est convié, et on se retrouve dans une sorte de petite tribu soudée et sympathique. Ici, pas d'abandon des personnes âgées, et encore moins d'envoi en maison de retraite. Une solidarité beaucoup plus grande entre les membres d'une même famille, et une éducation par le groupe plutôt qu'uniquement par les parents.

Le revers de la médaille, ce sont les millions de Tanguy qui passent de la cuisine de maman à celle de bobonne sans jamais être capable de se cuire un œuf, et de manière générale, sans développer un grand sens pratique ni beaucoup de curiosité sur le monde. C'est l'absence de nouvelles expériences et de modèle extérieur en dehors de la famille et des amis d'enfance, et par conséquent la reproduction perpétuelle de ce qui existe déjà : le machisme, la peur de l'inconnu, le conformisme. C'est la perte de liberté individuelle au profit du groupe, et le fait que Marcelo ne deviendra jamais musicien professionnel malgré son indéniable talent et la réputation qu'il avait commencé à acquérir à Guayaquil. Ses parents sont contents, ils vont enfin avoir un médecin dans la famille. Lui compte déjà les années qu'il lui reste à tirer.

La chaleur et le confort du nid familial deviennent parfois pesants.

C'est de tout cela que nous parlons plusieurs heures avec sa mère. Une mère à la fois consciente que les oisillons doivent être poussés hors du nid pour apprendre à voler, mais terrifiée à l'idée que, sans elle, ils ne s'écrasent. Je lui raconte l'histoire d'un gamin qui a quitté la maison trois jours après son dix-huitième anniversaire, avide d'une indépendance que ses parents ne lui ont accordée qu'avec une grande difficulté. L'histoire d'un jeune gars alors complètement immature, incapable de laver un T-shirt, ne sachant rien de la vie, et qui à force de chercher, seul, en se confrontant au monde, en se brûlant parfois, et surtout en rencontrant des personnes et des inspirations si différentes, a fini par trouver sa voie et s'est épanoui. Je lui parle de ce garçon qui est devenu un homme, et qui n'a jamais été aussi heureux que depuis qu'il fait ce qui lui plaît profondément, même si c'est difficile, incertain et parfois dangereux[1].

Après une semaine passée à Loja, je décide de continuer ma route. Malgré une ouverture, je choisis de ne pas jouer l'unique partie de poker trouvée dans le coin : une clandestine dans un club de billard pour des sommes ridicules. Le lieu est original, mais je n'aime pas la gueule des types qui me regardent à mon arrivée. Peut-être également me reste-t-il en tête le souvenir désagréable de ma dernière clandestine à Piura… Toujours est-il que je n'insiste pas, ayant compris par expérience que c'est dans ce genre de tripots miteux

1. En relisant ces paragraphes quelques années plus tard, je me trouve bien radical et bien jugeant… Juste pour contredire le Jonathan de l'époque, j'ai appris récemment que Marcelo avait sorti un disque en duo avec sa tante, et qu'il était sélectionné pour participer à un festival national de musique traditionnelle… Comme quoi, tout n'est pas blanc ou noir. On peut être médecin et musicien. Proche de sa famille et artiste. Et surtout, on peut s'épanouir, quel que soit le modèle de vie qu'on a choisi, si c'est celui qui nous semble valable… Prends ça dans la face, jeune Jonathan qui croyait tout savoir sur tout ! Tu le comprendras bien assez tôt de toute manière…

que la triche et les problèmes sont les plus fréquents. De toute manière, j'ai déjà un contact fiable à Cuenca, ma prochaine étape.

Je reprends le bus en emportant avec moi un CD de la grand-mère, et en délestant de kilos superflus un sac devenu trop lourd depuis que je voyage sans moto. La route jusqu'à Cuenca est rapide. Après plusieurs jours de pluie, les sols sont détrempés, les paysages verdoyants, et les fleuves débordants, presque marrons de la terre charriée des rives. Nous passons quelques vallées et cols, et traversons des paysages de moyenne montagne, qui ressemblent à ceux du Massif central. Les vaches, les chevaux, les pick-up sales de boue, l'architecture typique avec les maisons en pierre aux toitures à deux pentes.

Le ciel qui était gris toute la journée s'assombrit peu à peu. J'arrive de nuit dans une Cuenca pluvieuse. En prenant un taxi qui m'amène au centre, j'ai à peine le temps de voir la ville magnifique que je suis déjà chez ma nouvelle couchsurfeuse, Priscilla, étudiante en droit m'ouvrant gentiment les portes de son studio. Nous faisons connaissance, nous entendons bien, et alors que nous nous apprêtons à partir faire un tour dehors, je regarde mes mails et constate que la Pacha m'a envoyé un message. Elle vient d'acheter son billet pour l'Équateur. Elle arrive cette semaine à Cuenca.

25. Le spleen

— *¡Listo!*

Depuis une demi-heure la ratatouille sur le feu embaume tout le studio de Priscilla et la faim est devenue intolérable. Lorsque je lève le couvercle du plat, une épaisse vapeur blanche et l'odeur plus puissante encore dessinent un sourire de satisfaction sur le visage de ma couchsurfeuse. Nous nous jetons sur le plat comme deux geeks dans un nouvel Apple Store, et en dix minutes il ne reste plus rien.

J'adore ces nuits françaises.

Elles sont devenues presque obligatoires, quand je sens venir le mal du pays. De temps en temps.

Un bon vin rouge, une quiche lorraine, une ratatouille, Brel ou Mano Solo dans l'ordinateur, un film typiquement français du genre *Amélie Poulain* et je suis requinqué. Oui, le vin est souvent chilien, Brel est belge, aucun Parisien digne de ce nom ne sort à Montmartre, mais peu importe. Ce qui compte, c'est que tout ça me fait un bien fou.

Avec Priscilla, nous développons rapidement ce genre de petites habitudes agréables. La visite de Cuenca magnifique, l'une de ces rares villes coloniales qui n'ont pas été ravagées par les guerres ni déformées par l'explosion démographique des dernières décennies. Les glaces quotidiennes Plaza San Blas, suivies de promenades digestives dans les belles rues pavées, jusqu'à la cathédrale en briques aux immenses dômes, ou sur la falaise longeant le fleuve. Les *almuerzos* (menu du jour) dans ces restaurants familiaux traditionnels, à l'élégance modeste, attirant chaque jour une population de riches Équatoriens et d'étrangers qui, charmés par le climat doux et la qualité de vie, se sont installés en nombre pour y vivre leurs vieux jours.

Je profite également du confort du studio de ma couchsurfeuse pour avancer dans mon écriture et mes projets. Avant de quitter Lima, peu après avoir été contacté pour l'édition du livre, j'ai reçu la réponse de Montagne Poker, une entreprise de poker en ligne qui semble intéressée par l'idée d'un partenariat. Les échanges de mails et les discussions sur le contrat occupent une partie de mon temps. À cela il faut ajouter des sollicitations désormais régulières de la part des médias, dont beaucoup ont découvert mon existence quelques semaines plus tôt, suite à la publication d'une vidéo récapitulative de la première année qui a pas mal buzzé sur les réseaux sociaux. J'accepte toutes ces interviews, conscient qu'avec ma bankroll qui s'approche désormais des 4 000 euros, la médiatisation m'ouvre des portes qui vont me permettre de changer de vie, voyage ou pas.

J'y vois également certains avantages au quotidien : la sympathie venant d'inconnus, la drague facilitée, certaines invitations se faisant plus facilement… Mon introduction aux tables underground de Cuenca a probablement été l'un de ces avantages.

Lors d'une de mes dernières étapes péruviennes à Chiclayo, j'avais sympathisé avec l'un des managers du casino qui, étonné par mon histoire, avait fait venir des journalistes de Lima pour m'interviewer. C'est lui qui m'a mis en contact avec les gérants de Cuenca. Je ne sais pas exactement ce qu'il a raconté au type que j'ai rencontré un soir, un restaurateur péruvien expatrié dans le coin, mais j'ai eu droit au tapis rouge : on m'a offert le dîner, accueilli en grande pompe, montré le flyer superbe qu'ils avaient préparé en l'honneur de ma venue.

Je savais avant d'y arriver que les jeux de hasard, poker compris, étaient interdits en Équateur depuis l'élection de Rafael Correa et d'un référendum adopté par la population. En 2011, le poker était passé des guirlandes lumineuses clinquantes des casinos aux néons des salles clandestines. Arrivant dans le pays, j'avais hâte de voir à quoi ressemblerait ce monde souterrain. Jorge, le directeur du All in Club, me permet ce jour-là d'assouvir ma curiosité.

Nous montons ensemble dans un 4 × 4 flambant neuf, parcourons quelques rues du centre et il s'arrête devant un portail fermé. Une caméra devait probablement être cachée quelque part, puisque le portail s'ouvre immédiatement, et nous entrons. D'une cour intérieure non éclairée, je suis Jorge qui a ouvert une porte et commencé à monter un bel escalier en bois. De loin j'entends les premiers cliquetis des jetons et les éclats de voix des joueurs. En haut de l'escalier, nous arrivons dans un vestibule, d'où j'aperçois la grande salle à travers une paroi en verre fumé. Du fait de la récente illégalité du poker dans le pays, je m'attendais à jouer ma clandestine dans un endroit sans âme, aménagé à la va-vite comme ça avait été le cas la plupart du temps en Amérique. Quelle n'est pas ma surprise en faisant mon entrée dans la pièce principale !

Je me trouve dans le salon d'une *casona*, l'une de ces maisons traditionnelles typiques de la région. Vaste, haute, probablement cinq mètres ou plus, parquet au sol et boiseries sur les murs. Au plafond, un petit renfoncement, surmonté par une élégante verrière. En bas, autour d'une sorte de mezzanine, une fosse creusée à environ un mètre en dessous du niveau de la salle avec la table et les joueurs déjà installés. La pièce est meublée de manière contemporaine. Quelques canapés, une énorme télévision à écran plat. Je n'ai aucune idée de comment ils peuvent maintenir un tel endroit avec l'unique table à 100 dollars, mais peu importe, je suis entré dans le lieu le plus luxueux et agréable où il m'ait été donné de jouer de tout le continent.

Je m'installe à table, commence à observer les joueurs. Pour la plupart jeunes, entre vingt et trente ans, mais pas spécialement profil Internet. Quelques quinquagénaires en costard. Pas une seule femme. A priori pas une table très compliquée, mais ce soir-là c'était différent. Ils ont été prévenus de mon arrivée, ils savent déjà qui je suis, sont venus juste pour moi et pour participer au spectacle qui s'annonce. Cette fois-ci contrairement à d'habitude, je ne peux pas jouer la carte de l'innocent Français en voyage, et le fait que j'arrive démasqué a deux effets importants. Le premier, c'est qu'ils ont tous envie de voir le pro de leurs yeux, le tester, probablement essayer de gagner une main contre lui. Je comprends rapidement que même si la table n'est en apparence pas trop difficile, ils vont jouer leur meilleur poker ce soir. Ils vont éviter les moves stupides, et seront probablement plus collants qu'à l'accoutumée, histoire de voir si je vais bluffer.

Il m'a fallu un certain temps pour comprendre le deuxième effet, plutôt inattendu. Après avoir discuté un peu avec eux, j'ai senti que l'histoire du voyage leur plaisait, qu'ils rêvaient tous un peu de faire la même chose, et j'ai presque eu l'impression qu'ils auraient été heureux que je les rase. Je crois qu'ils avaient juste envie de pouvoir confirmer l'image valorisante qu'ils s'étaient déjà créée à mon propos. Je l'ai particulièrement senti quand sur une main jouée de façon assez classique où je fais couleur à la rivière et parviens à me faire payer mon value bet, j'ai entendu les rires moqueurs des autres joueurs dirigés vers le perdant de la main, ces rires qui sous-entendaient : « Non, mais tu croyais vraiment que tu pouvais t'en sortir contre lui ! » La sympathie était de mon côté. Au bout d'une heure de jeu, j'étais invité pour le week-end à la *finca* où avait lieu un tournoi par équipe et j'avais déjà mes coéquipiers…

J'ai eu envie de leur donner le spectacle qu'ils espéraient. J'en avais vraiment envie. Tellement que j'ai commencé à faire n'importe quoi. Sans le vouloir, ils avaient touché à un des leaks les plus dangereux au poker : l'orgueil. Cet orgueil qui amène avec lui tellement de conséquences négatives : l'esprit de revanche, la perte de contrôle émotionnel, l'envie d'impressionner… Quand on fait des cartes son métier, on comprend qu'il n'y a qu'une seule manière de survivre. Être émotionnellement détaché du jeu et pratiquer sans cesse l'action optimale, de manière froide, presque scientifique.

J'ai commencé à prendre des lignes étranges, juste pour pouvoir me la jouer pro. J'ai joué la plupart de mes mains à l'opposé de ce qui était raisonnable, surrelançant plus que de raison, prenant des spots de bluff improbables en sachant pertinemment que les gars crevaient d'envie de m'attraper, et jouant de manière bien trop créative, euphémisme pour ne pas dire débile. J'étais atteint d'une forme de tilt assez subtile au nom révélateur, le fancy play syndrom*.

En début de parole, un joueur prudent ouvre à 4 dollars, payé à sa gauche par un large passif, très calling station. Je suis en milieu de parole et j'ouvre pour la première fois de la soirée une bombe : AA. Nous avons tous des tapis de 100 blindes, j'ai joué de manière très agressive récemment, et je sais donc que l'action optimale dans ce spot est une bonne surrelance pour faire grossir le pot et profiter de mon image de dégénéré. Mais à ce moment, dans mon cerveau embrumé, il n'y a aucune logique. Je ne réfléchis pas très longtemps et décide de simplement payer pour dissimuler la force de ma main. Le reste des joueurs se couche et nous ouvrons un flop :

7♥ 9♥ J♠ (pot 14).

Prudent fait son continuation bet à 8, payé par Station. Je pourrais relancer immédiatement, c'est probablement le mieux à faire ici, cela me permettrait de partir à tapis contre des mains dominées et des tirages couleur, en étant donc favori. Pourtant, encore une fois, je décide de prendre la ligne passive en me contentant d'un call.

Turn : 6♦ (pot 38).

Prudent envoie sa deuxième salve à 20. Station paie rapidement comme à son habitude. Ce 6 ne change pas grand-chose à l'action. Il renforce probablement certaines mains faites en y ajoutant un tirage (88, 78, 89, etc. par exemple qui ont désormais plus de possibilités de s'améliorer), mais les laisse derrière mon AA. Station ne m'inquiète pas trop, car je sais qu'ici il paie avec tout et n'importe quoi. Prudent par contre, qui mise encore une fois contre deux joueurs, annonce de la force, même si le montant de sa mise est peu élevé. Ce qui est sûr, c'est qu'il ne bluffe pas. Je pourrais jeter ma main tout de suite, ce ne serait probablement pas une énorme erreur. Mais j'ai trop sous-joué mes as, et je sais qu'il pourrait miser moins bien. Il peut très bien avoir un valet, parfois QQ, KK, et également quelques combinaisons de doubles paires et de brelans. Je bats une partie de sa range, je suis obligé de continuer et d'aviser à la river :

2♣ (pot 98).

Une brique, qui ne change rien à l'action. Si j'étais battu, je le suis toujours, s'il mise, c'est que je suis mort. Prudent réfléchit quelques secondes, et prend la pire décision qui soit pour moi : une minuscule mise, un suckbet de 20. Station paie sans même réfléchir un instant, et je me trouve dans un spot pourri... De la part d'un joueur comme Prudent, miser trois fois de suite contre deux joueurs est très certainement le signe d'une grosse force. Pourtant, sa dernière mise est ridicule, à peine un cinquième du pot. Et avec l'autre qui paie, mathématiquement, il suffit que je sois devant une fois sur huit pour que payer soit rentable. Il est très improbable que Prudent soit en train de bluffer, mais il peut très bien avoir KK ici et penser être devant... J'y réfléchis deux bonnes minutes, et paie mourant. La côte du pot est trop bonne.

Station ouvre AJ de carreau, Prudent un surprenant 79 pour double paire au flop. Je ne montre évidemment pas ma main, honteux de l'avoir si affreusement jouée. Le pire, c'est que je réalise qu'en agissant de manière plus standard et en surrelancant préflop, j'aurais très probablement sorti Prudent du coup, isolé Station qui aurait fait sa top paire, et gagné un joli pot de 200 dollars au lieu d'en perdre un de 160... En voulant jouer créatif, je me suis complètement planté. Le genre de manque à gagner stupide qui ne pardonne pas au long terme.

Je dois avouer que cette main m'a mis un petit coup au moral. Et comme il y a une certaine concomitance entre notre façon de jouer et notre attitude physique à table, après ce coup, je me suis lentement recroquevillé sur ma chaise, beaucoup moins bavard, et optant pour un jeu enfin plus prudent et standard, sentant à mesure de la soirée qui avançait la déception grandissante des autres joueurs qui n'avaient pas obtenu le spectacle qu'ils espéraient.

J'ai tranquillement perdu mes 200 dollars et annoncé mon départ. Le surlendemain je suis revenu, décidé à laver l'affront, et plein de bonnes résolutions.

Elles n'ont pas duré longtemps. Je devais être encore instable de la dernière soirée, puisque j'ai craqué au premier spot de bluff : une surrelance avec une poubelle qui obtient un tirage miraculeux au flop, j'envoie mon tapis, me fait payer par une paire qui tient.

— Ahhhh enfin te revoilà ! Je me demandais où était passé le pro, m'a dit mon adversaire, sincèrement étonné et heureux de me voir rejouer de manière plus « virile ».

La phrase a eu l'effet d'une bombe, le besoin de prouver quelque chose est revenu lui aussi, et pour la même raison que la première fois, j'ai reperdu mes 200 blindes et suis reparti dégoûté de la *casona*. Il n'était même pas minuit. Quand le week-end est arrivé, ultime humiliation, ils ont poliment oublié de me reparler du tournoi par équipe à la *finca*. J'imagine que je n'avais pas fait une si bonne impression.

Quoi qu'on en dise, les résultats ont une influence immédiate sur l'humeur. Perdre quatre caves en deux jours n'aide pas, encore moins quand on sait pertinemment qu'on l'a mérité. Tous les joueurs apprennent très vite que ces fluctuations sont inhérentes au poker, d'ailleurs souvent beaucoup plus violentes. La meilleure manière de s'en désensibiliser est de respecter une gestion stricte de son argent et se limiter à des parties correspondant à un certain pourcentage de sa bankroll. Tout est à mettre en perspective : une centaine de dollars perdue en une soirée fait moins mal quand on sait qu'elle ne correspond qu'à 5 % de son capital.

Le problème, c'est que même si cette partie à 100 dollars me reste théoriquement accessible, les 400 dollars que j'ai perdus, eux, font quand même très mal. Je suis désormais entré dans la zone rouge des 3 000 euros. Cet argent perdu à la *casona* était trop important. J'ai fait n'importe quoi. Durant les jours qui ont suivi, le cœur n'y était plus.

Bien sûr, j'ai continué à profiter avec plaisir de l'amitié de Priscilla, et de l'empathie qu'elle essayait d'avoir pour moi, malgré le fait que cette future avocate était totalement étrangère au monde auquel j'appartenais. Par pudeur également, ou par orgueil, je me refusais à trop en dire. Comme tous les joueurs face à la défaite, je me débrouillais seul avec mon fardeau. Et tel le ciel perpétuellement gris de Cuenca, j'avais moi aussi l'impression d'être toujours à deux doigts de me déchirer. J'étais revenu à ces moments noirs, ceux que j'avais déjà ressentis après certaines parties argentines ou boliviennes. Ces parties qui pendant plusieurs jours me suivaient comme un mauvais rêve et dont les images surgissaient à n'importe quel moment dans une claque de mélancolie et un affreux vide dans le ventre. Tout était devenu pesant. Je n'avais envie de rien. Un putain de spleen.

La Pacha est arrivée au mauvais moment. Je l'ai retrouvée à la gare des bus, le matin d'une pluie paresseuse. Elle ressemblait à une écolière, si jeune, avec son petit sac à dos, seule au milieu de la foule à me chercher d'un regard inquiet. Quand elle m'a vu, elle est devenue rayonnante. Nous nous sommes enlacés, sans nous embrasser.

Nous avons marché pendant une heure dans le centre, sous un ciel changeant, en attendant de pouvoir prendre une chambre d'hôtel. Elle me tenait la main, heureuse de pouvoir enfin me raconter de vive voix ce qu'il lui était arrivé pendant notre séparation, j'écoutais distraitement. À 10 heures précises, nous étions dans la chambre. À 10 h 05, nous étions nus.

Ce fut long et fastidieux. Sans aucune émotion. Mon corps faisait ce qu'il avait à faire. Mon esprit divaguait. Parfois concentré, parfois ailleurs, jamais vraiment dans l'excitation du moment. Au bout d'un moment, elle s'est mise à gémir différemment. Elle commençait à avoir mal. Nous nous sommes séparés. Transpirants. Gênés.

Je n'étais certainement pas dans les meilleures dispositions pour recevoir Eva. Toutes mes galères au poker me pesaient sur la conscience. Mais il n'y avait pas que ça. Je n'avais jamais eu de sentiment pour elle. De la tendresse certainement, de la compassion pour son histoire également, probablement aussi une certaine forme d'instinct paternel, l'envie de la protéger d'un monde qui l'avait tant blessée. Mais au fur et à mesure de mon voyage, enchaînant les adieux et parfois les déceptions, j'avais instinctivement appris à ne pas trop m'impliquer dans des histoires de quelques semaines. Ça avait été encore plus facile avec elle, une petite nympho disant détester le romantisme, habituée aux relations courtes et sachant différencier le sexe de l'amour. De toutes les filles que j'avais rencontrées, c'était semble-t-il le profil le plus approprié pour une romance passagère. Et puis, de manière plus prosaïque, c'est triste à dire, je n'avais pas envie de me charger d'une fille à l'histoire aussi lourde.

Je n'aurais jamais cru qu'elle puisse tomber amoureuse.

J'aurais aimé terminer notre relation à Sullana, sur le quai de la gare des bus, mais j'avais accepté de la revoir par faiblesse. Quand sur Facebook quelques jours plus tard elle a publié mes photos, puis au cœur d'une discussion lancé un *te amo* je n'ai su comment réagir. Voyant mon silence, elle a prétexté une blague. Ça nous a convenu à tous les deux. Et quand elle a continué à me raconter les malheurs de son adolescence, alors que j'étais déjà fragilisé émotionnellement par les défaites du poker, j'ai eu encore moins de courage pour lui demander d'annuler sa venue.

L'être humain a ceci d'étrange qu'il ne désire que ce qu'il ne parvient pas à obtenir. Notre relation à Sullana avait été excitante parce qu'elle était interdite, dangereuse, et accompagnée de quelques fantasmes de plage et de films. J'avais aimé sa sauvagerie et son orgueil, tout ce qui la rendait inaccessible et différente. Je crois même que j'avais espéré inconsciemment pouvoir faire ressentir une flamme à cette assoiffée de sexe, cette gamine déjà blasée de tant d'expériences. Et j'avais réussi, au-delà de mes attentes. Elle était là, à Cuenca, métamorphosée, amoureuse, entièrement disponible. Elle aurait été prête à rester avec moi si je lui avais demandé, et c'est précisément ça qui m'a ôté toute envie de le faire.

En relisant ces mots six ans après, je me trouve dur. Un peu trop joueur aussi… Comme si le poker avait déteint, d'une manière ou d'une autre… Avec tout ce qui m'était arrivé sur la route, j'étais en train de changer. De devenir une autre personne. On parle souvent des bons côtés de la métamorphose, pour dire à quel point un voyage peut apporter… Mais cette facette de moi plus égoïste, je l'avais aussi développée en chemin. Je n'en suis pas vraiment fier, mais c'était moi à cette époque, je n'y peux rien.

Nous avons malgré tout vécu un moment agréable à Cuenca, même si le plus clair des trente-six heures de son passage a été passé dans la chambre. Juste avant son départ, je l'ai présentée à Priscilla. Elles n'avaient absolument rien à voir. L'une péruvienne, délurée, à la vie décousue, enchaînant les mecs et changeant d'études tous les six mois, et l'autre équatorienne, plutôt conservatrice, rangée avec son copain depuis longtemps et bientôt avocate. Ça a été amusant de voir ces deux filles, qui n'auraient jamais pu parler ensemble autrement que par mon intermédiaire, échanger sur leur manière de voir la vie, même si la Pacha disait un peu n'importe quoi. Je me souviens avoir eu honte d'elle quand elle a commencé à parler de certaines stupidités qu'elle avait faites, et s'enorgueillir de sa rancune ou de son obstination démesurées. J'ai été content qu'enfin l'heure arrive et que je puisse l'accompagner à la gare.

Elle n'a pas dû comprendre exactement ce qu'il se passait. Déjà puisqu'il m'a fallu moi-même un certain temps pour analyser tout cela, et aussi, car tout n'était pas blanc ou noir. Au final, nous avions passé un joli week-end plein de sexe et de tendresse, et en dépit du fait que nous ressentions tous les deux un vague malaise, je pense qu'elle espérait encore secrètement me revoir. Nos adieux ont été beaucoup moins émouvants cette fois-ci, beaucoup plus rapides, et sans allusion à d'éventuelles retrouvailles.

Dans le taxi qui m'a ramené au centre-ville, juste après l'avoir quittée, j'ai ressenti un immense soulagement. C'est une métaphore cruelle, mais c'était la vérité : j'ai littéralement eu l'impression qu'on m'avait retiré des chaînes.

Libéré enfin, j'ai fait le lendemain mes adieux à Priscilla et continué à faire ce que je savais faire de mieux. Voyager seul.

26. Quito la morose

Au tout début de mon voyage, en Argentine, après avoir failli m'encastrer sous un camion, j'avais décidé de ne plus jamais rouler de nuit. En abandonnant Parkinson quelques jours plus tôt à Sullana, et en voyageant de nouveau comme un backpacker traditionnel, en bus, je n'avais désormais plus de raison d'avoir peur du noir. Le trajet de Cuenca à Quito a donc rompu presque un an de cette habitude, et j'ai pu de nouveau goûter aux délices des bus de nuit : le stress à chaque arrêt pour vérifier que personne n'embarque le sac à dos, la couverture trop fine, ou trop courte, pour résister au froid de l'altitude, l'odeur d'humidité, de sueur, ou d'autres charmantes sécrétions corporelles selon la santé des passagers… Avec mes boules Quies (certainement le meilleur investissement de mon voyage), je me suis au moins épargné les pleurs de bébés, mais à 5 heures du matin, n'ayant de toute manière quasiment pas dormi de la nuit, j'ai lâché l'affaire et les ai retirées.

J'ouvre les yeux. Autour de moi, les autres passagers commencent eux aussi à se lever, et aux ronflements se joignent désormais les frottements des sacs qu'on prépare. En quelques dizaines de minutes, la montagne équatorienne s'éclaire peu à peu, et le paysage se transforme en cet interminable enchaînement de laideur qui précède l'entrée de la quasi-totalité des métropoles du continent. Nous sommes à Quito.

À 6 heures, les lumières du bus s'allument. Peu après, nous arrivons au terminal, et tout le monde se lève dans un bruyant silence. L'air froid de la capitale me fouette tout de suite le visage. Je récupère dans la soute mon sac qui par miracle est encore là, puis suis les voyageurs vers la sortie.

Il ne fait pas encore tout à fait jour. Je rejoins une foule grossissante d'hommes et de femmes au visage fatigué, lycéens et étudiants, sac sur le dos et style urbain, travailleurs en costume, mallette à la main, quelques rares hommes en tenue plus traditionnelle chargeant des sacs de provisions, tous venant de la province ou de la banlieue en ce lundi matin pour travailler la semaine à Quito. Je suis l'un des seuls étrangers, mais personne ne s'intéresse à moi, tout occupés qu'ils sont à passer vers les autres bus qui vont les emmener au centre. Sans trop chercher à comprendre, je me laisse entraîner par le flot qui est désormais un peu plus fort et bruyant, achète un billet, demande mon chemin et me place dehors dans l'une des files d'attente le long des quais de chargement.

Depuis un petit moment, quelque chose semble changer dans l'air. Le soleil est apparu, et je sens la tension monter. Quelques personnes se mettent à courir, d'autres à s'interpeller de loin. Un des bus arrive sur notre voie et, à la pression de la foule contre mon sac à dos, je comprends que c'est le nôtre. Je me sens inexplicablement nerveux.

Le véhicule s'arrête.

Les portes s'ouvrent.

Instantanément, c'est le déchaînement d'un torrent en furie.

Derrière moi, j'entends des cris, et ils se mettent tous à pousser comme des damnés. Les premiers se ruent à l'intérieur sur les places assises. La femme qui est juste devant moi trébuche et tombe. Elle va se faire piétiner.

Je pousse aussi fort que je peux vers l'arrière en criant et par miracle d'autres suivent, et le torrent s'apaise un instant, juste le temps suffisant pour que quelqu'un l'aide à se relever. À peine l'est-elle qu'on m'injecte littéralement à l'intérieur. Je me colle contre la porte opposée. En un éclair, le bus est plein à craquer, et les portes se ferment avec difficulté.

Bientôt il n'y a plus que des aisselles et des regards fuyants. Je passe l'heure qui suit comprimé contre ma vitre, le sac entre les jambes, bataillant silencieusement pour grappiller quelques centimètres d'espace tel un soldat dans les tranchées de Verdun. Quand enfin je suis dehors, à l'arrêt qu'on m'a indiqué, suant malgré le froid, je prends une décision : il est temps de racheter une moto.

Mes premiers jours à Quito sont donc utilisés à faire mes recherches, et je passe un certain temps à découvrir la ville ainsi, dans ses coins les moins attirants, le long des avenues sans âme où se regroupent les concessionnaires. C'est une vraie galère, car j'ai des critères un peu difficiles à atteindre. D'un côté, je n'ai pas envie de me racheter une mauvaise moto chinoise et passer les cinq mille premiers kilomètres avec des pannes comme c'est arrivé avec Parkinson. Pour autant, je ne peux pas non plus me permettre de claquer 5 000 dollars dans une japonaise de qualité. Pour mon petit budget, il reste les occasions, mais quasiment personne n'en vend, et je ne me sens pas prêt à en acheter une sur le Net. Une matinée, découragé après avoir enchaîné toutes les boutiques de l'immense avenida de los Shyris, j'en tente une dernière et tombe enfin sur la perle rare. Elle est là sur son socle, fringante et tape-à-l'œil et j'ai tout de suite envie de l'acheter. 2 200 dollars. Le double de Parkinson. Ma bankroll ne me permet plus de faire cette petite folie, mais elle est si belle, et j'ai à ce point été dégoûté de mes dernières étapes en bus, que je balaie l'objection d'un revers de la main.

S'il faut de l'argent, je vais en trouver. Les pourparlers avec l'éditeur et Montagne Poker sont désormais presque achevés, les deux contrats vont bientôt être signés et les premiers chèques vont tomber dans quelques semaines. De manière plus ou moins implicite, je décide que ces chèques, quand ils tomberont, feront partie de ma bankroll, et c'est ainsi que pour la première fois depuis le début du voyage, je fais un achat avec de l'argent que je n'ai pas directement gagné sur les tables, mais via mes projets périphériques.

Ça peut sembler anodin, mais c'est un précédent important, puisque c'est un reproche qui me sera fait par la suite par une partie de ma communauté qui y verra une perte de la « pureté » initiale du projet. Pour ma part, à ce moment de mon aventure, je n'y vois qu'une sorte de cadeau bonus de mon éditeur et une manière de m'assurer de continuer mon voyage sans péter un câble dans le prochain terminal de bus...

— Bon, eh bien, félicitations ! Tu vas voir, c'est une super moto. Je te donne les papiers. Voici la facture. Ton assurance obligatoire pendant un an. Dans dix jours, je te donne comme prévu la plaque temporaire, et dans deux mois tu recevras la définitive en métal.

— Quoi ?? Deux mois ??

— Euh oui.

— Mais tu ne m'avais jamais dit ça avant ! Tu m'as dit deux semaines maximum !

— Ah, mais je parlais de la plaque temporaire, tu peux rouler avec de toute manière.

— Oui, mais je ne peux pas sortir du pays, n'est-ce pas ? Ils ne vont jamais me laisser entrer en Colombie avec une plaque en papier, non ?

Le salaud ! Le mec m'avait promis que je pourrais conduire ma moto dans deux semaines, mais il s'était bien gardé de préciser que je ne pourrais pas sortir du pays ! Techniquement il n'a pas menti, ou juste par omission, mais il savait pertinemment que j'étais pressé de continuer ma route ; je lui avais parlé de mon voyage. Du fait que l'Équateur n'était censé être qu'une étape rapide, et que j'étais pressé d'arriver en Colombie dont on me parlait en bien depuis longtemps.

La perspective soudaine de rester deux mois de plus dans ce pays me fout un coup au moral. J'étais si content d'avoir signé, d'avoir acheté ma nouvelle moto. Je me voyais déjà repartir de la concession les cheveux au vent et foncer plein nord pour aller draguer au soleil...

Je ne suis pas du tout superstitieux, mais j'ai tendance à croire que, au poker comme dans la vie, il existe des « dynamiques », et je suis dans une sale dynamique depuis mon entrée en Équateur. Entre mes galères avec la Pacha, celles du poker, la moto... Et la mort de Dany, mon coloc de Lima, dont j'apprends cette semaine-là le suicide. Tout part en couille. Et rien ne semble fait pour que ça s'arrête, vu que désormais je suis bloqué ici.

Au bout d'une semaine, je commence à détester Quito, et elle me le rend bien. Je l'ai parcourue dans tous les sens, et n'en peux plus des embouteillages, du froid, et du temps maussade en permanence. Les *Quiteños* ne sont pas non plus les Latinos les plus chaleureux d'Amérique du Sud. Ils cumulent la méfiance des gens de la ville avec le tempérament plutôt introverti des montagnards. Hormis Nico, mon hôte, et les quelques autres couchsurfeurs que je fréquente, j'ai du mal à établir des relations amicales lors de mes différentes rencontres. Les restaurateurs se contentent du minimum, les taxis essaient de m'arnaquer à chaque trajet et s'offusquent quand je résiste. Je me fais même tirer mon portable comme un bleu, en plein jour, dans un quartier pourtant supposé sûr, par un mec qui brandit son couteau et s'enfuit avec son pote sur une moto.

Je passe ma vie dans les transports en commun. La ville est immense, toute en longueur. Serrée dans une vallée étroite à deux mille huit cents mètres d'altitude, elle s'étend sur des dizaines de kilomètres du nord au sud. Je passe le plus clair de mon temps au nord, là où je suis hébergé, dans la zone des bureaux, centres commerciaux, discothèques. C'est Quito la laborieuse, celle des hommes en costume pressés durant la pause déjeuner. Quito l'Occidentale, dont l'architecture internationale donne l'impression de se balader partout, sauf en Amérique du Sud.

Je fais également quelques incursions au sud, mais je ne m'y sens pas spécialement mieux. C'est pourtant une tout autre ville. Quito la coloniale. Le plus grand centre historique préservé du continent. C'est là que se trouvent la majorité des touristes et le luxe des belles maisons espagnoles restaurées. La municipalité a décidé d'entamer la « reconquête » de ces quartiers, et l'endroit est en pleine mutation, pas encore transformé en cette carte postale artificielle vendue aux étrangers, plus tout à fait le ghetto qu'il était il y a encore quelques années. C'est assez troublant. À deux *cuadras* du palais présidentiel, on arrive déjà dans des rues craignos où traînent les mecs au regard louche et où les mendiants couchés sur le trottoir refont les bandages de leurs pieds suintant le pus. La misère ici, au milieu de la beauté des façades, a quelque chose d'incongru.

Je ne parviens jamais à me sentir bien ici. Avec le recul, je pense que ça tient quand même beaucoup à moi malgré tout, parce que quand j'y repense, j'ai tout un petit cercle d'amis pour passer du bon temps. Nico, Emily, Andrea, Osama, Dante. La plupart rencontrés chez John, la cinquantaine, directeur artistique pour la télé équatorienne qui m'accueille dans son appart au bout d'une semaine en ville. Un homme qui adore être entouré de voyageurs, et qui les héberge autant qu'il peut. Deux dans la chambre, trois ou quatre à occuper les canapés du salon. Avec cette petite bande de tous les pays, nous partons plusieurs fois en balade, sur les magnifiques montagnes autour de Quito, ou jusqu'au volcan Cotopaxi. Eux partent également en boîte, danser, draguer, mais je reste comme un petit vieux à l'appart. Je suis fatigué. J'ai froid. Je n'ai pas envie. Je crois que je couve une petite déprime…

Pour la forme, je me force quand même à aller jouer au poker. J'ai réussi à obtenir deux adresses différentes. La première m'a été fournie par un Français expatrié dans la capitale depuis plusieurs années, joueur de high stakes et accessoirement lecteur de mon blog. Il a rasé pendant longtemps une table apparemment fréquentée par la bonne société de la capitale et même s'il a déménagé depuis, il a eu la bonne idée de me donner le contact de l'organisateur, un certain Elias. Le problème est le prix d'entrée, 500 dollars, un peu plus élevé que mes parties françaises, et clairement inaccessible à ce moment de mon voyage, surtout après avoir acheté la moto.

La deuxième adresse m'a été fournie directement par Elias. La cave est à 100 dollars, et le plan est donc de profiter des semaines d'attente que j'ai ici pour grinder la petite partie, et tenter dès que possible un shot sur la grosse. Peut-être qu'en restant deux mois dans la capitale et en étant sérieux sur le poker je pourrai me refaire une santé.

C'est ainsi que je débarque un soir en taxi à l'adresse que l'on m'a indiquée, pas loin du quartier où j'ai acheté la moto. Je suis à l'intersection de deux avenues passantes, le long d'un petit bâtiment de bureaux à la façade circulaire qui ne semble pas différent de ceux qui l'entourent. Rien n'indique qu'une partie pourrait avoir lieu ici. Seules quelques jolies voitures stationnées et plusieurs fenêtres allumées au rez-de-chaussée pourraient intriguer le passant se demandant pourquoi des gens travaillent encore à 22 heures. Le poker étant illégal en Équateur, je m'attendais à cette discrétion.

J'entre dans le hall, une sorte de salle d'attente. Quelques magazines, une table, un canapé. D'une porte ouverte je vois s'approcher une jolie fille.

— Bonjour, je viens pour le poker.

Il est évident que je ne viens pas d'ici, mais la première question qu'elle me pose n'en demeure pas moins inhabituelle :

— De la part de qui ?

— Elias.

— Ah oui ? Viens, ça commence.

Elle me fait entrer dans la seconde pièce. Assez grande, à vue de nez une centaine de mètres carrés. Au sol, la moquette bleu foncé, en l'air, des faux plafonds aux néons blancs. Je suis dans un local typique de bureaux, sauf qu'au lieu du mobilier traditionnel de travail, il y a un bar, un échiquier, et trois tables de poker. À l'une d'elles sont assis quelques joueurs, des hommes, de la trentaine à la soixantaine. Je me joins à eux.

— *Buenas noches. ¿Qué tal?*

— *¡Buenas!* D'où viens-tu ?

— De France, je suis un ami de Michel. *¡Mucho gusto!*

— Ahh ! Michel ! Ça fait un moment qu'on ne l'a pas vu, il devient quoi ?

Mon contact est apparemment un joueur réputé dans le coin, et un excellent briseur de glace. Comme toujours, le côté étonnant de ma présence attise la curiosité, et je suis vite accepté parmi eux. Les débuts sont plutôt encourageants. La table est relativement facile, et je la quitte le premier soir plus riche de 180 dollars, en ayant enfin rompu la série de défaites qui me suivait depuis Cuenca. Cette petite victoire, pourtant si limitée comparée aux triomphes du début de voyage, me met du baume au cœur. Pendant quelques heures, je retrouve cette confiance qui me manque tant depuis mon entrée en Équateur. L'optimisme revient. À une telle table, je vais probablement pouvoir gagner beaucoup. Peut-être même sortir de la zone rouge et rembourser la moto. Je calcule qu'avec un bon rythme de parties hebdomadaires, il me faudrait à peine deux semaines pour le faire. Vaines espérances. Je suis tellement lié émotionnellement à cet argent que la suite est évidente.

À mon retour quelques jours plus tard, je me remets à vivre le mélange de bad run et d'erreurs stupides qui me pourrissait la vie. La mauvaise dynamique semble faite pour se prolonger. Je perds. Encore et encore. Après la troisième session négative d'affilée, ma bankroll est tombée à 2 000 euros. Dramatique.

Évidemment, je n'ai plus aucune motivation, vais jouer en traînant des pieds, convaincu à chaque fois que je vais me faire plier. Je constate que le plan initial d'essayer d'atteindre la table plus chère était illusoire, et l'idée de rembourser la moto est tellement lointaine que je me sens ridicule d'en avoir ne serait-ce qu'envisagé la possibilité. À ce moment, la seule question qui m'importe, c'est comment sauver mon voyage. J'espace mes venues, demande conseil. Mais malgré les pauses et le soutien de mes amis joueurs, je n'arrive plus à redresser la barre.

Le coup de grâce a lieu l'un des derniers soirs.

J'ai obtenu la plaque temporaire de la moto et suis venu avec elle, de bonne humeur, exceptionnellement. Je suis celui que je prétends être : un joueur pro voyageant à travers l'Amérique du Sud en se finançant grâce au poker. Je me sens fier de moi. Mais ça ne dure pas. Comme toujours depuis quelques semaines, j'ai l'impression de faire absolument n'importe quoi avec les cartes.

Je me vois encore vers le milieu de la soirée, complètement éteint sur ma chaise, ne parlant à personne, impoli, n'ayant envie de rien. Je me fais charrier par un des joueurs :

— Ah, t'es encore là ?

Je ne réponds même pas, pas la force. Un sourire gêné et je détourne les yeux. La soirée avance, je ne fais rien, je joue mal, perds confiance, joue encore plus mal. Un cercle vicieux. Au bout d'un moment, je ne recave même plus, me contentant de jouer avec ce que j'ai devant moi, laissant s'évaporer petit à petit mon stack. 100 dollars. 90. 75…

Je m'étais toujours demandé comment certains joueurs qui étaient visiblement au fond du trou pouvaient continuer à rester à table malgré l'évidence de leur déroute prochaine. Je comprenais désormais. J'étais devenu l'un d'eux. J'étais devenu le genre de joueur que je considérais comme le spot il y a encore quelques mois. Celui qui joue prudent, qui n'a plus grand-chose devant lui et se laisse mourir. Celui qui joue sans bankroll... Prostré sur ma chaise, j'étais déjà foutu.

Je me souviens qu'un moment je me lève et pars commander à boire. Je m'éloigne de quelques mètres, écoute distraitement une conversation, et comprends qu'ils parlent de moi. Je n'entends que quelques bribes, prononcées par un des joueurs décents à table, mais c'est suffisant.

— Lui, professionnel ? Non, il n'est pas professionnel.

— Si si, il en parlait tout à l'heure… finance son voyage… Amérique du Sud

— Non, impossible… Je te dis que non.

Ce qui m'a fait le plus mal, ce n'est pas tant qu'il l'ait dit, mais que j'ai senti profondément que c'était la vérité. Je jouais comme un pied, j'étais émotionnellement complètement instable, la confiance à zéro. Depuis plusieurs semaines, j'oscillais entre la déprime des pertes et la brève euphorie de mes rares victoires. Une attitude trop éloignée de celle du pro que je prétendais être. Si un jour j'avais eu le niveau, et je l'ai sans doute eu pendant un temps, ce n'était plus le cas. Pour la première fois, j'ai vu très sérieusement s'approcher le rivage de la banqueroute.

Ce n'était pas une surprise. Je savais que ce moment allait arriver tôt ou tard. La seule question, c'était de savoir quand.

Et à Quito, ce soir-là, j'ai compris qu'à moins d'un miracle ce serait dans peu de temps.

Colombie

27. Les nuits de Cali

Je ne suis plus jamais revenu à ma partie clandestine, mais j'ai continué mes errances urbaines pendant quelque temps. Sans aucune envie, sans trop savoir quoi faire. Mon seul rendez-vous quotidien était devenu la concession où j'allais tous les matins, histoire de leur rappeler que j'existais, et leur mettre un peu la pression pour accélérer la venue de la plaque. J'avais commencé à sympathiser avec le *gestor*, un jeune comme moi qui avait exactement le modèle de moto que je venais d'acheter, et qui rêvait de faire le même voyage que moi.

Je lui ai montré la vidéo de mon voyage, lui ai glissé quelques billets pour huiler les rouages de l'administration. Il semble que tout cela a bien marché puisque, quelque temps après, j'ai reçu la première bonne nouvelle depuis un bail : la plaque définitive de la moto était arrivée.

Ça n'avait pris que deux semaines au lieu de deux mois ! Comme quoi, je commençais à bien comprendre comment fonctionnaient les choses sur ce continent…

Je suis donc revenu chez le concessionnaire pour la faire fixer et le surlendemain, à 8 heures, mon sac était prêt. Je me suis enfui un matin encore et toujours gris, à l'image de mon séjour dans la capitale équatorienne. Mais pour la première fois depuis longtemps, je me sentais gonflé à bloc.

Ma moto était incroyable à conduire. Rapide, puissante, et tellement silencieuse qu'elle semblait glisser sur la route. Cela faisait quelques jours que je lui cherchais un nom. J'avais pensé à Alzheimer, pour faire un clin d'œil à celle qui l'avait précédée, mais en fait, elle était beaucoup trop performante pour porter ce nom-là. En traversant le nord du pays en à peine trois heures, roulant en toute détente sur de magnifiques routes de montagnes à la nature foisonnante, je me suis dit qu'elle semblait suffisamment fiable pour m'emmener sur les vingt mille kilomètres qui me séparaient des États-Unis, et de la mecque des joueurs de poker : Las Vegas.

Vegas. La moto qui me permettrait peut-être d'aller jusqu'à la capitale mondiale du jeu…

Ça sonnait plutôt pas mal…

Juin 2014. Quinze mois après mon départ, je traverse la frontière Équateur-Colombie sur le dos de ma nouvelle bécane fraîchement baptisée. Je fonce sur les magnifiques routes en lacet qui serpentent à travers les montagnes du sud du pays. La nuit commence à tomber lorsque j'arrive à Catambuco, un village tranquille à quelques minutes de Pasto, ma première étape. J'appelle Guicel, ma nouvelle couchsurfeuse, une étudiante en sociologie, qui vient me chercher sur la place de l'église. Nous faisons connaissance, puis elle m'emmène chez elle, à quelques *cuadras*, et je me réchauffe du froid de sept heures de trajet avec la délicieuse soupe préparée par sa grand-mère. Le matin même j'étais à Quito dans le luxueux appartement de John. Ce soir, je me retrouve dans une maison villageoise d'une région rurale du sud de la Colombie. Les étonnants contrastes du voyage.

Je ne reste pourtant que deux nuits chez eux. Je suis beaucoup trop pressé de voir cette Colombie festive dont on me parle depuis plusieurs mois, et Pasto, perchée dans les Andes à ses deux mille cinq cents mètres d'altitude, semble un peu trop froide pour me l'offrir. Vendredi matin, je décide de partir pour une grosse étape de trois cent quatre-vingt-cinq kilomètres. Le genre d'étape que je ne me suis quasi jamais autorisé avec Parkinson, mais Vegas semble prête pour ce baptême du feu. Le jeu en vaut la chandelle. Ma destination, Cali, est la plus grande ville du sud du pays et également la capitale mondiale de la salsa. Je sais que je vais y trouver ce que je cherche un vendredi soir… Je pars vers 9 heures, le repas du midi déjà dans le ventre, le sac sur le dos, la caméra sur le casque. Malgré la beauté des paysages, les premiers kilomètres sont interminables. Les virages incessants empêchent de réellement pousser la moto, et surtout, la route est traître, et recèle de mauvaises surprises. Plusieurs fois je suis à deux doigts de me faire surprendre, roulant rapidement sans trop faire attention sur un bitume bien lisse, et arrivant soudainement à fond sur un tronçon de bosses et de graviers qui n'était pas annoncé, ou manquant de passer par-dessus la moto à cause d'un énorme trou en plein milieu de la voie.

Certains n'ont pas eu ma chance : en début d'après-midi, à l'entrée d'un village, un corps est étendu sur la route, une boule ronde à une dizaine de mètres de lui. En m'approchant, je constate que c'est son casque qui a été éjecté. Il y a une longue traînée de sang sur la route, le mec ne bouge plus. Aussi étonnant que ça puisse paraître, c'est la première fois que je vois un mort sur la route. La vision est perturbante, et elle agit comme un rappel bienvenu à la prudence. Avec ma moto qui n'est même pas encore rodée sur ces routes en mauvais état, je dois réfréner mes pulsions de vitesse et de sensations fortes. À la sortie du village, malgré la chaleur, je m'arrête pour mettre mes gants, et continue à une allure beaucoup plus modérée.

À partir de Popayán à mi-chemin, les Andes se divisent, d'un côté la cordillère occidentale, de l'autre la cordillère centrale. Au milieu, la vallée du fleuve Cauca, une immense plaine fertile coupée par une route toute droite qui descend vers Cali. Il m'a fallu cinq heures pour parcourir la première moitié du trajet en montagne. Malgré ma prudence, je n'en mets que deux pour terminer la seconde. Pour la première fois depuis plus d'un mois et mon arrivée en Équateur, je quitte les sommets, et par là même mon manteau et mon pull. Mais la joie que j'ai d'être enfin en T-shirt est de courte durée : je souffre. Non seulement le soleil est implacable, mais l'arrivée en ville est des plus stressantes. Je n'avais pas vu un trafic aussi insensé depuis longtemps. Une multitude de taxis et de bus roulant sans règle, à toute allure, et des motos, partout. Je n'en ai probablement jamais vu autant de ma vie. À chaque feu, elles se glissent entre les voitures pour se placer devant, s'accumulent par dizaines en faisant piaffer leur moteur d'impatience et, quand il passe au vert, c'est le début d'un incroyable rallye en ville où le plus audacieux, ou le plus fou, gagne le droit d'arriver en premier à destination. La plupart des conducteurs sont en tongs et bermuda, certains sans casque, à deux ou trois, parfois une famille entière avec les deux enfants au milieu. Ça se dépasse, ça se chambre, ça se faufile entre les bus…

Il me faut une heure au milieu de ce bordel pour parcourir le périphérique du sud au nord, et trouver le supermarché où Yani, ma couchsurfeuse, m'a donné rendez-vous. Épuisé et encrassé de la pollution de la ville, je me pose sur un banc devant le parking où sont garées plusieurs centaines (vraiment !) de motos, et observe la vie suivre son cours. Je suis arrivé dans une nouvelle Amérique du Sud. Physiquement, les habitants de Cali, ou *Caleños*, sont assez différents des Latinos que j'ai fréquentés jusqu'à maintenant. J'étais habitué aux métis, ou *trigueños*, (*trigo* : « couleur de blé »), *indígenos* ou tout simplement aux Blancs, descendants d'Espagnols, et je suis désormais dans des terres beaucoup plus africanisées, ou la plupart sont *morenos* (brun foncé) ou *negros*. Les corps changent. Les hommes sont beaucoup plus grands, les femmes plus voluptueuses. Elles marchent lentement, en ondulant leurs grosses fesses comprimées dans des jeans moulants, laissent voir toujours un peu plus de nombril, ou de poitrine. Elles ont ce petit air coquin de celles qui savent l'effet qu'elles font sur leur passage. En réalité, les hommes d'ici ne se privent jamais de leur faire savoir.

La photo de Yani n'étant pas très claire, je les dévisage toutes, lâche quelques sourires incertains quand je pense la reconnaître, en obtiens quelques-uns étonnés en retour, et déclenche quelques situations comiques où aucun des deux ne sait exactement s'il est en train de draguer l'autre. Voilà qui promet pour ce soir.

Au bout d'une heure d'attente, plutôt standard dans ces contrées chaudes, Yani revient du travail, et découvre un Français qu'elle n'imaginait pas si sale et fatigué après ses huit heures de moto. Nous rentrons chez elle dans un quartier modeste du nord de la ville. Je découvre des bâtiments bas et identiques au long d'une rue principale, des ruelles piétonnes qui mènent à des cours intérieures herbeuses où jouent les enfants.

Tous les magasins sont engrillagés, il faut commander de l'extérieur pour être servi. Chaque devanture d'immeuble est prolongée par une petite terrasse, elle aussi refermée d'une clôture. Cali a la réputation d'être une ville plutôt dangereuse, et cette adaptation inhabituelle de l'architecture semble le confirmer. Pourtant, à mon arrivée au coucher du soleil, la plupart des habitants sont dehors, sur cette terrasse refermée plutôt que dans leur salon. Les coiffeurs coupent les cheveux devant tout le monde, les familles sont assises sur des chaises et discutent entre voisins d'un bout à l'autre de la rue. Le tout est accompagné d'un fond sonore de salsa. J'aime cette ambiance.

Nous entrons chez elle et je rencontre ses sympathiques parents. Après les présentations et un pantagruélique repas de riz, pommes de terre, *patacón* (sorte de banane cuisinée), haricots et viande, offert en guise de bienvenue, je fais ma sieste dans la chambre de Yani qui dormira dans celle de ses parents le temps de ma venue. À mon réveil, nous partons à l'assaut de la nuit.

J'en ai vu, des fêtes en Amérique du Sud. Rio, Asunción, Santa Cruz de la Sierra, Lima pour ne citer que les plus mémorables... J'en ai vu, des fêtes. Quasiment partout. Mais je crois que je n'avais jamais rien vu de semblable à l'ambiance qui régnait dans les rues de Cali en ce vendredi soir.

Il est 23 heures et il fait toujours une chaleur d'enfer quand nous débarquons sur la carrera 10, l'une des artères principales du centre-ville. Autour de nous, ce qui frappe avant tout, c'est le vacarme ambiant. Une énorme cacophonie de taxis klaxonnant, de motos fonçant pleins gaz, de bus qui semblent ne plus avoir de freins, le tout mélangé avec la salsa s'échappant à pleines enceintes à chaque coin de rue, et les divers cris de la population qui les animent. Nous marchons le long des façades taguées, entre les stands de *hamburguesas* grésillantes, les immeubles aux fenêtres condamnées et les innombrables bars et autres *tiendas*. La foule est bigarrée. Des *indigentes* camés et titubant, complètement dans leur monde, aux jeunes fêtards à la recherche d'un endroit où étancher leur soif. Yani, jeune et jolie au milieu de cette faune, semble parfaitement à l'aise. Sur son passage, un mec louche adossé à un mur lâche un « *heee indiesota, ¡que rica!* » (l'équivalent local du « heee mademoiselle, t'es bonne ! »).

— T'es sûre qu'on peut marcher ici ?

— Oui t'inquiète, tant que tu n'attires pas l'attention (*dar papaya*, littéralement « donner des papayes ! »), il ne t'arrivera rien. J'ai l'habitude, je viens souvent ici.

Un peu plus loin aux abords d'un parc, ce sont cinq jeunes à moto qui débarquent dans un boucan d'enfer. Nos kékés latinos profitent des derniers instants avant le couvre-feu qui interdit à toute moto de circuler en ville après minuit, mesure presque unique en Amérique du Sud en réaction aux innombrables *chorros* (vols), spécialité locale. Ils tapent leur *wheeling*, s'encouragent à grands coups de « popopo » et quand tout le parc a bien noté leur présence, ils se garent pour aller draguer dans les bars du coin. Ils ne sont pas les seuls à vouloir se faire remarquer. De temps en temps, nous croisons une magnifique voiture de luxe, vitres teintées, reggaeton à fond. Quand l'une d'elles s'arrête, les portes s'ouvrent et laissent sortir deux ou trois bombes en minijupe et talons hauts, suivies par un jeune bling-bling tout droit sorti d'un clip de la West Coast, les muscles tatoués, le regard dur et condescendant. Ils se pointent devant une boîte où, sans un mot, le videur les laisse couper la file. Il ne manque que le flingue et la coke pour compléter le cliché. Ils ne sont probablement pas loin.

C'est chaud. Dans tous les sens du terme. Même si la ville n'est plus le terrible no man's land à la criminalité galopante qu'elle fut dans les années 1980, il flotte encore dans les rues cette odeur de danger. Cali est encore indomptée. Rugueuse. Elle n'a pas subi les liftings qu'ont vécus toutes les grandes villes touristiques d'Amérique du Sud (Rio, Cuzco, Cartagena…) où les centres ont été rasés ou vidés de leurs habitants pour y permettre l'arrivée de la bourgeoisie et des touristes. Ces liftings qui ont apporté la sécurité tant désirée par leurs nouveaux riches occupants, mais qui en même temps leur ont fait perdre une partie de leur âme.

Cali est un diamant encore brut. Elle est belle parce qu'elle a gardé son côté sauvage. On s'y promène comme dans une jungle, à la fois fasciné par l'incroyable puissance de la vie qui s'en dégage, et le cœur serré en pensant aux menaces qui guettent dans le noir. Ça se chauffe, ça se montre, ça impressionne. Toute la ville a la fièvre en ce vendredi soir, et ses rues sont si brûlantes qu'on les sent palpiter.

Nous débarquons dans un bar. Il est tôt, à peine minuit, mais l'endroit est déjà si plein que même le trottoir est rempli. L'ambiance à l'intérieur est électrique.

¡Cali!
Tierra de lindas y hermosas mujeres.

La salsa *caleña* a ceci de particulier qu'elle est plus rapide que dans tout le reste de l'Amérique du Sud. Plus sportive donc. Sur la piste, qui occupe la quasi-totalité du bar, j'ai l'impression d'être dans un concours. Tous dansent incroyablement bien. C'est à celui qui tournera le plus vite, qui fera les passes les plus folles, qui accrochera le mieux les notes.

Las caleñas son como las flores
Que vestidas van de mil colores...

Ici, la danse est une fin en soi. Un art. Rien à voir avec nos discothèques européennes, où la musique est souvent prétexte à la drague, ou à l'oubli de soi. Au contraire, la salsa est une musique qui se veut consciente. La plupart des textes sont sérieux, abordant la mort, les injustices sociales, les drames de l'existence. Ça ressemble à du Brel ou du Brassens, mais avec une mélodie festive. On danse le sourire aux lèvres sur ces textes tristes comme pour faire un pied de nez à la dureté de la vie.

... Ellas nunca entregan sus amores
Si no están correspondidas.

La chorégraphie est subtile, normée, chacun a son rôle. La base est un enchaînement de huit temps : un, le pied gauche part vers l'arrière, deux le droit le suit, hésite, renonce, trois le pied gauche revient au centre, quatre temps morts, cinq, six, sept, même mouvement, mais en inversant les pieds, huit, temps mort. Et ainsi de suite. C'est cette base que m'a enseignée Cecilia à Lima quelques semaines plus tôt. Cette base qui devient complètement invisible lorsque les danseurs ont un peu d'expérience. Car tout l'art du *salsero*, c'est de rendre *saborosa* (savoureuse) cette structure. D'introduire de la folie, du gras, du jeu, dans cette rigidité.

Caminando van por las aceras
Contoneando llevan su cintura
Ellas mueven las caderas
Como los cañaverales.

C'est à l'homme de mener (*mandar*, « envoyer »). Au début il se tient droit, la tête haute, élégant, presque en retrait, il ne touche pas encore sa partenaire. La musique commence tranquillement. Elle le jauge, décide s'il mérite de lui prendre les mains. Souvent il le mérite, et ainsi commencent les premières passes. Les premières questions. Il l'envoie au loin, elle se laisse faire, propose de revenir, il la ramène. S'il la touche correctement, elle décide de jouer avec lui. Elle sourit avec un air à la fois conquérant et frondeur. On voit dans ses yeux son orgueil de Latina. Elle ne sera pas qu'une poupée qui se laisse mener en bateau. Au bout d'un moment, elle lui montre ce qu'elle sait faire. Elle se met à onduler du bassin. Elle tourne plus vite, parfois se met à le mener lui aussi. Ils sont en train de se jauger l'un l'autre. On ne sait pas encore qui va gagner. Probablement les deux.

Las caleñas son (como las flores)
Las sencillas son (como violetas)
Las bonitas son (como gardenias)
Las hermosas son (como las rosas)
Las negritas son (una ricura)
Las gorditas son (sabrosura)
Las flaquitas son (no hay cintura)

Petit à petit, par une mystérieuse entente sans mots, ils s'accordent, se rapprochent, se collent l'un à l'autre et bientôt, ce n'est plus l'œil ou la main qui donne le mouvement, mais les hanches. Les hanches qui se touchent, se frottent, s'entraînent, vont et viennent comme l'amour. Dans une totale improvisation, ils se sont parfaitement synchronisés. C'est là que la salsa devient magnifique. Quand elle se fait incroyablement sensuelle. Quand les corps brûlent et que les murs transpirent. Ils ne sont plus qu'un. Ils sont seuls au monde. Il n'y a qu'eux et la musique. Cette chimie parfaite n'existe nulle part ailleurs. Sauf dans le sexe.

Cali es Cali, lo demás es loma
Alargando el paso...
Con las mujeres de Cali me voy a gozar...
Yo me voy a gozar, me voy a bailar

Le spectacle est sublime. Je suis au comptoir, fasciné. Les femmes sont celles qu'on m'avait annoncées : les plus belles d'Amérique. Noires ou *morenas* pour la plupart. Des torches de volupté au corps parfait, puissant, ferme, sculpté par des années de danse. Une énergie incroyable. Et ces sourires ! Elles dansent, elles sont heureuses, elles sont là, dans l'instant présent, tellement vivantes et belles. Je tombe amoureux dix fois dans la soirée. Mais devant tant de maestria, et la concurrence des beaux gosses à côté qui savent vraiment ce qu'ils font, je suis bloqué. Incapable de me lancer, par peur du ridicule. Je reste donc planté là, n'osant même pas inviter Yani qui s'impatiente à mes côtés. Un autre s'en charge. Il a la soixantaine, pantalon blanc limite pattes d'éléphant, chemise rose pastel, petites lunettes rondes et cheveux plaqués en arrière. Il lui tend la main tout en me dirigeant un énorme sourire où il manque quelques dents.

— *¿Puedo?*

— *¡Claro que sí!*

Je ne peux m'empêcher de lâcher un rictus ironique en voyant le petit vieux clopiner vers le centre de la piste avec ma cavalière en main. Ils se placent tous les deux face à face, le mec se redresse, et... oh, le bâtard ! lui aussi, il danse trop bien ! Quand Yani revient cinq minutes plus tard, transpirante et le sourire aux lèvres, je lui fais promettre de refaire mon éducation. Mais le lendemain, dans un endroit moins exposé...

Au réveil, toute la ville est jaune. Ce matin, la Colombie joue son premier match de Coupe du monde contre la Grèce, et absolument tous les habitants ont enfilé le maillot de la Selección. Derrière les drapeaux arborés fièrement sur toutes les façades et les vuvuzelas assourdissantes, on sent la tension qui monte. La Colombie n'a pas participé à la compétition depuis seize ans, et le football est ici une religion. Peu avant le début de la compétition, le pays a perdu son prophète : Falcao, la star de Manchester United, est blessé. Quand Yani et moi rejoignons le petit bar que tient son père dans la rue où ils habitent, son nom tourne sur toutes les lèvres. Le pays amputé va-t-il réussir à se relever ? Personne ne le sait jusqu'à la fin de la première mi-temps. 2-0. *El triunfo* est en marche.

Le match n'est pas encore fini que quelques vieux dansent déjà la salsa. J'en profite pour prendre mes cours avec Yani. On nous regarde avec un sourire en coin. On taquine ma cavalière, et on procède aux échanges de partenaires. Elle se retrouve avec un vieux beau, moi je danse avec son épouse. Le tout se fait avec naturel et sans aucun complexe. Peu importent l'âge, les barrières culturelles ou ethniques, la salsa réunit tout le monde. Le soir, nous sommes déjà invités à deux fêtes dans le quartier.

À la fin du match, 3-0, la ville s'enflamme. Comme la veille au soir, mais de jour. Tout le monde sort dans la rue, siffle, crie, danse, rit. D'immenses caravanes de motos paradent au long du périphérique en klaxonnant. Les gens jouent dans la rue, se balancent de la mousse ou de la farine. Je n'avais pas vu ça depuis la demi-finale de France 1998… Sauf que là il ne s'agit que des phases de poule ! La fête continue partout jusqu'au soir, la salsa résonnant littéralement dans toute la ville. Nous nous rendons à notre invitation. C'est l'anniversaire d'un des buveurs de bière de ce midi. Il a la quarantaine bien tassée, comme la plupart des convives présents. En France, ce serait probablement un repas tranquille, mais ici, c'est encore la danse et le rhum qui coule à flots. On nous accueille à bras ouverts.

L'ambiance est insouciante. Le triomphe du midi a rendu le pays euphorique. Le *churrasco* (viande grillée) est délicieux. J'adore cette ville.

Dimanche, Cali se réveille avec la gueule de bois. La fête a continué jusque tard dans la nuit, et les rues sont beaucoup plus tranquilles que d'habitude. J'en profite pour me balader avec Yani, aller au ciné, *parchear* (passer le temps agréablement). Vers 18 heures, au milieu d'un centre commercial où tout le monde profite tranquillement de la fin du week-end, j'apprends que Santos, le président en titre, vient d'être réélu dans l'indifférence la plus totale. Pas un seul klaxon ne vient souligner l'élection. Je ne peux m'empêcher d'être surpris par le contraste avec la folie du match d'hier et cet étonnant sens des priorités.

En rentrant à la maison, je commence à préparer mon sac. J'ai reçu via Facebook l'invitation de Max, un joueur de poker français vivant ici et je vais m'installer chez lui. Alors que je range mes affaires, la mère de Yani s'approche pour taper un brin de causette. Elle me parle de sa fille qui va bientôt partir pendant un an en France pour être jeune fille au pair, de ses inquiétudes, et alors que je la rassure, la conversation dérive sur le Cali de sa jeunesse, celui des années 1980, à l'époque où la ville était minée par la délinquance, les guerres de *narcos*, et où la région, le Valle del Cauca, était le théâtre des massacres des FARC et des paramilitaires. Elle me parle de son père, ascensoriste, au mauvais endroit au mauvais moment, victime d'une balle perdue dans son hôtel lors d'un règlement de comptes. Elle me parle de son frère, assassiné en pleine vingtaine par l'une de ses connaissances, dans la rue, pour un vol banal. Elle me parle des *chorros* à moto. Des fusillades. De la mort au quotidien. Ici, tout le monde a connu la disparition d'un proche. La plupart ont déjà senti un pistolet sur leur tempe, ou un couteau sous leur gorge. La mère de Yani n'a connu de toute sa vie que cette absurde violence. Cette horrible réalité qui, bien que s'étant largement atténuée ces dernières années, reste encore fraîche dans les esprits, et malheureusement toujours d'actualité, de temps en temps.

En l'écoutant, je commence enfin à comprendre pourquoi, durant tout le week-end, Cali m'a semblé si différente de tout ce que j'avais vu avant. Pourquoi cette indifférence totale face à l'action politique, qui de mémoire d'homme a toujours été source de malheurs.

Et probablement aussi le secret de cette incroyable vitalité des *Caleños*. Car quand on a côtoyé la mort de si près, on apprend à apprécier la vie. On apprend à la croquer à pleines dents parce qu'on sait qu'elle est courte, et que tout pourrait se terminer demain, au coin d'une rue sordide, sans même qu'on s'en rende compte.

Et l'on danse à la moindre occasion, comme pour narguer la mort. Pour lui montrer qu'elle ne nous empêchera pas de profiter de chaque instant. On danse des heures durant, et plus vite que nulle part ailleurs. À s'en épuiser, à en perdre la tête. Pour oublier que la vie est cruelle.

Parce qu'il faut se dépêcher de vivre, avant de mourir.

28. Une belle histoire

— Tu vis là depuis longtemps ?

— Un an à peu près. Avant j'étais à Bogotá.

— Wow, c'est impressionnant. Tu paies combien par mois ?

Max lâche un petit sourire gêné… Je n'ai déménagé dans Cali qu'à quelques minutes de l'endroit où j'habitais chez Yani et pourtant ici, je suis dans une autre galaxie. Une *gated community*. Nous sommes en pleine ville et en même temps complètement isolés des avenues alentour par des murs de briques surmontés de barbelés. Pour entrer, il faut arriver devant l'unique accès, montrer patte blanche au gardien qui ouvre le lourd portail et l'on pénètre dans un quartier totalement différent, avec ses enfants jouant joyeusement dans les rues paisibles. De l'intérieur, on ne perçoit absolument rien de ce qu'il se passe dehors. Même la cacophonie du trafic infernal de Cali est étouffée comme par miracle. Évidemment, cette tranquillité dans l'une des agglomérations les plus dangereuses d'Amérique du Sud a un prix. Pour Yani, qui est visiblement très impressionnée de se retrouver dans ce salon rutilant de marbre, le loyer correspond à plusieurs mois de salaire.

Mon nouvel hôte est professionnel de poker. Ancien étudiant en école de commerce, il a appris à jouer en parallèle de ses études et, comme beaucoup à la fin des années 2000, s'est lancé à plein temps dans les cartes quand il a estimé gagner suffisamment. Il gagnait plutôt bien sa vie, mais la délivrance est vraiment arrivée il y a deux ans, lorsqu'il a remporté une étape du LAPT et les 140 000 dollars qui l'ont accompagnée. Le rêve de tous les joueurs. Ça lui a permis de voir venir et de s'installer en Colombie où il a rencontré sa copine. Il vit seul ici, dans cette superbe maison avec patio, cuisine américaine, trois chambres et deux salles de bains. Pour une fois, mon sac à dos n'encombrera pas le salon.

Max m'a sympathiquement invité à passer quelques jours chez lui, nous nous entendons bien, et je m'installe avec bonheur dans ce luxueux endroit, tout en m'adaptant au rythme décalé de joueur de poker professionnel, lever à 13 heures, coucher à 5 heures.

— Au fait y a du poker ici ? J'ai rien trouvé sur le Net avant de venir.

— Non, rien du tout. Avant il y en avait, mais tout est mort. Maintenant il ne reste plus qu'un tournoi une fois par semaine dans un casino du centre. Il est vraiment pourri… Par contre y a une étape du CPT ce week-end, t'es au courant ?

— Du quoi ?

— Le Colombia Poker Tour. C'est le championnat colombien de poker, à Pereira.

— Tu vas y aller toi ?

— Je sais pas encore, ça dépend si je perf cette semaine.

Le tournoi coûte 1 150 000 pesos, soit environ 400 euros. Autant dire qu'avec une bankroll de 2 000 euros, je n'envisage même pas de le jouer. En tournoi, encore plus qu'en cash game, la variance est énorme, et l'on conseille d'appliquer une gestion de bankroll encore plus conservatrice. Ne pas le faire, c'est s'exposer à des pertes beaucoup trop régulières, et à la perspective d'être broke. En temps normal, je n'aurais jamais tenté ce tournoi. Mais en réalité, à ce moment, je ne suis pas en temps normal. Depuis mon désastreux passage en Équateur, je n'ai plus de bankroll pour quoi que ce soit de jouable. Ma situation est tellement critique que me broke maintenant ou dans deux mois ne changerait plus grand-chose. Et puis je dois avouer que les premières places sont très attractives, et me relanceraient tranquillement pour plusieurs mois de route. Probablement aveuglé par l'espoir, je crois voir ici l'occasion unique de pouvoir me refaire. L'idée de tout miser sur un dernier lancer de dés a un certain panache qui n'est pas pour me déplaire. *One time!*

C'est ainsi que contre toutes les règles les plus basiques de gestion financière au poker, je me prépare pour le tournoi de la dernière chance. Pendant la semaine qui suit, je me remets à travailler mon jeu, regarder des vidéos de coaching, jouer sur le Net. Tout ce que j'avais arrêté de faire depuis des mois, car je préférais sortir et rencontrer du monde, plutôt que rester enfermé à étudier. Je regarde Max jouer, discute de spots importants, recale mon jeu qui s'est effectivement dégradé. Et petit à petit, je reprends des automatismes. Jeudi midi, je suis en route pour Pereira, équipé d'un simple sac en bandoulière, léger et libre, dans les collines plantées de caféiers. Pendant les quatre heures de trajet, écoutant des coachings de poker au lieu de mon habituelle playlist, je me sens plus préparé que je ne l'ai été depuis longtemps.

J'aurais aimé vous raconter une belle histoire. J'aurais aimé vous dire que toute cette préparation a servi à quelque chose, que j'ai gagné le lendemain, et enfin repris du poil de la bête. Mais le poker n'est pas un conte de fées. Contrairement à ce qui avait été annoncé, au lieu des deux cents joueurs prévus dans le cinq-étoiles du centre-ville de Pereira, seule une trentaine avaient fait le déplacement, pour la majorité des réguliers du circuit. De bons joueurs. Je n'avais probablement aucun edge face à eux.

J'ai joué très concentré pendant huit heures, ne regardant même pas l'incroyable 5-2 de France-Suisse qui était sur la télé juste à côté. J'ai sélectionné les spots, noté toutes mes mains. J'ai bluffé contre les bons profils. Valorisé le peu de mains que j'ai pu avoir. Je ne pense pas avoir fait d'erreur ni m'être fait exploiter. Mon plus gros regret a probablement été de manquer un spot de bluff très difficile à prendre (cold 5bet all in) avec une poubelle, contre un excellent joueur que je soupçonnais lui aussi de prendre un spot (cold 4bet bluff). J'ai réfléchi longtemps, et manqué de courage à ce moment-là, mais je pense que peu de joueurs auraient ne serait-ce que remarqué le spot. Tout ça pour vous dire que j'étais dans mon A-game...

Mais en tournoi, bien jouer ne suffit pas. Inéluctablement, mon tapis a fondu, jusqu'à tomber à 15 blindes. En fin d'après-midi, après que tout le monde eut couché sa main, la petite blinde, un bon joueur agressif, a fait tapis. J'ai ouvert AJ de grosse blinde, c'était la première fois que j'étais à tapis couvert, mais j'ai payé dans l'instant. Call standard. Il a ouvert les as, et tout s'est terminé ainsi. En vingt secondes.

Après mon élimination, j'aurais dû m'arrêter là. Il me restait juste assez de bankroll pour faire une pause de quelques jours et essayer de tenter quelques shots sur des petites tables, histoire de voir si je pouvais me refaire. Mais j'étais frustré. J'avais bien joué pendant huit heures pour rien. Je suis allé faire un tour du côté des tables de cash game. 1 000 000 l'entrée (400 dollars). Elles étaient beaucoup trop chères. Pourtant, en voyant les joueurs qui s'étaient assis, beaucoup plus faibles qu'au tournoi, j'ai craqué.

Ce n'était pas au programme. Je ne devais jouer que le tournoi et rentrer à Cali, pour préserver mes restes de bankroll en cas de défaite… Mais à ce moment, mon esprit était complètement embrumé. Je suis sorti dans la nuit à la recherche d'un distributeur. En faisant en plusieurs fois mon retrait de 1 000 et quelques euros, j'ai réalisé que j'avais tout retiré… On y était. En comptant mes débuts en France, cela faisait presque vingt mois que je vivais du poker, et j'avais dans la poche arrière de mon jean tout ce qu'il me restait.

Je suis rentré au casino avec la ferme intention de jouer sérieux. Serré. Solide. J'ai mis mes premières

50 blindes sur la table. Ça s'est plutôt bien passé au début, j'ai même réussi à doubler contre une calling station en valorisant à fond ma double paire. C'était une table magnifique, remplie de joueurs à la fois riches et techniquement très faibles. Ça relançait fort préflop, payé par presque tout le monde au petit bonheur la chance. Tous les flops étaient énormes, et voyaient souvent deux joueurs s'envoyer en l'air avec pas grand-chose. Une table de rêve, mais à condition d'avoir une bankroll suffisante pour se permettre de recaver profond, ou de toucher du jeu. Impossible de bluffer ici. J'ai relancé plusieurs fois des belles mains qui ne percutaient jamais, et j'ai dû abandonner.

J'en ai également mal joué d'autres. Quand on est si dépendant de l'argent qui est sur la table, on devient trop passif ou prudent. J'ai probablement couché des mains que j'aurais dû payer ou relancer. J'avais peur de tout perdre, et c'est exactement l'image que j'ai projetée à table. Il est probable qu'on m'ait bluffé beaucoup plus que les autres calling stations de la table. J'ai enchaîné les petites pertes, et me suis rendu compte que les petits ruisseaux faisaient les grandes rivières. Vers 1 heure du matin, j'avais sorti tout ce qu'il me restait dans ma poche : 2 000 000 de pesos, 800 dollars, 100 blindes. Tout mon voyage sur la table.

C'est à ce moment qu'un des joueurs ultra-agressifs a relancé à 120 000 en début de parole. Ça a été payé plusieurs fois, j'ai ouvert Q♥ J♥ en fin de parole, et payé, ainsi que trois autres joueurs. Nous étions sept à voir le flop. Standard…

Q♣ J♠ A♣ (pot 840 000).

En voyant les cartes s'ouvrir, j'ai su que ce serait ma dernière main. Je ne peux pas expliquer pourquoi. Une intuition. Un mauvais pressentiment. De la superstition. Tous les joueurs de poker l'ont ressentie un jour, aussi pragmatiques et sérieux soient-ils. Oui, il était évident que, vu le profil de la table, j'allais tout mettre quoiqu'il arrive, mais j'ai su que je perdrais.

Le relanceur initial a placé un petit continuation bet à 320 000, payé deux fois. La parole était à moi, le pot était déjà énorme et, vu les nombreux tirages, je devais relancer pour value et protection. Je savais que je pouvais me faire payer par des milliers de mains dominées et, surtout, je ne voulais pas voir apparaître un trèfle, ou n'importe quelle carte haute si je laissais tirer une turn gratuitement. C'est ce que j'ai fait. J'ai essayé de faire taire la petite voix dans ma tête et j'ai tout poussé au milieu. Tapis. 1 680 000.

Ils se sont couchés jusqu'au relanceur initial, qui a immédiatement envoyé lui aussi son tapis. J'ai à peine été surpris. Les autres se sont couchés.

Il a ouvert 9♣ T♣ de trèfle. Un coin flip*.

Comme un symbole, j'ai joué mon voyage sur un pile ou face.

La pièce est tombée du mauvais côté.

C'était terminé.

Le premier saut dans l'inconnu avec le tournoi dans un gratte-ciel de Rio, les incroyables soirées brésiliennes et paraguayennes qui m'avaient permis d'acheter Parkinson, ma première clandestine en Argentine et l'horrible défaite qui l'avait suivie, le plus gros bluff de ma vie dans la folle partie des notaires à Salta, la partie truquée de Cochabamba, les tables de la bourgeoisie bolivienne à La Paz, le grind pendant des mois dans les casinos de Lima, le pistolet sur la table des tripots clandestins du nord du Pérou, le terrible bad run qui m'a poursuivi pendant tout mon séjour en Équateur... Tout était fini.

Broke.

J'ai quitté la table les poches vides. Les jambes flageolantes. Sans énergie. Sur la route du retour, j'étais tellement mal que j'ai roulé au hasard et me suis complètement perdu dans Pereira. À un moment, je suis arrivé dans un terrain vague rempli de clochards et de mecs louches. Les trottoirs étaient défoncés, les façades sales aux fenêtres condamnées, les tessons de bouteilles sur le haut des murs. Ça puait. J'ai paniqué, grillé un feu, et me suis éloigné aussi vite que possible. Je n'avais aucune idée d'où je pouvais bien être. Les rues étaient désertes, et les seules âmes qui les hantaient ne me donnaient aucune envie de m'arrêter pour demander mon chemin. Heureusement, je suis tombé sur une station essence où l'on m'a orienté chez Sebastian, mon couchsurfeur. Je suis arrivé à 3 heures du matin, complètement retourné. Je lui ai à peine parlé et me suis endormi comme une souche.

Le lendemain, j'ai ouvert les yeux. Tout avait bien eu lieu la veille. Horrible.

Quand je pense que j'ai consciemment marché vers le précipice, que j'ai joué ce tournoi alors que je savais que c'était du suicide, et que je suis sorti retirer de l'argent pour un cash game qui était rationnellement complètement inaccessible, je ne peux m'empêcher d'avoir envie de me mettre des claques…

Tout ça a finalement beaucoup moins de panache que ce que je m'étais imaginé.

J'aurais aimé vous raconter une belle histoire. J'aurais aimé vous dire qu'au final j'avais mal compté, que j'ai retrouvé des billets perdus au fond de mon sac et que je me suis refait… Mais le poker n'est pas un conte de fées. Rien n'est plus dur que d'en vivre.

Quand j'ai commencé mon voyage, j'étais un vrai tueur. Je me souviens de l'époque où j'allais presque tous les soirs jouer en Belgique, j'arrivais à table et je voyais les réguliers soupirer. J'étais l'un des meilleurs joueurs de small stakes live en France, et même si ce n'était pas vrai, peu importait puisque je le pensais. À chaque fois que j'arrivais à une nouvelle table, je savais que j'étais le meilleur. J'avais une énorme confiance en mon jeu, et je gagnais beaucoup. Je travaillais autant que je jouais, me faisais des sessions de coaching avant chaque session, écrivais scrupuleusement mes comptes rendus au retour, à 4 heures du matin. Je connaissais mes adversaires sur le bout des doigts et m'adaptais parfaitement à chacun d'eux. Le poker était mon horizon ultime, rien ne m'excitait plus que d'y être le meilleur.

Au début de mon voyage, j'ai continué à gagner beaucoup. Je n'avais aucune envie d'être ridicule et de retourner en France après quelques semaines de route. Mon projet me motivait à donner le meilleur de moi-même à chaque nouvelle partie. Et j'ai réussi. J'ai financé plus d'un an de voyage. Pour l'amateur passionné que j'étais, qui n'avait jamais envisagé de vivre des cartes, qui à vrai dire n'aurait jamais cru pouvoir tenir plus de quelques mois, c'était une énorme victoire.

Ce fut à la fois la meilleure et la pire des choses. J'imagine qu'inconsciemment, à partir de là, j'ai moins ressenti la pression. J'avais accompli mon contrat. Peut-être aurais-je pu devenir un vrai joueur professionnel, à condition de continuer à travailler d'arrache-pied, de rester sérieux, de dépenser moins... Mais plus j'aimais mon voyage, moins j'en avais envie. Mon horizon s'est élargi. Je suis tombé amoureux. Le blog a commencé à avoir beaucoup de succès. Je me suis découvert, ou redécouvert, des passions. L'écriture, la vidéo, la photo, la moto. J'adorais ma nouvelle vie. Toute cette aventure était devenue bien plus que juste une histoire de cartes et, forcément, je me suis dispersé, ai arrêté de travailler, et mon niveau de jeu a mécaniquement baissé.

Le poker est une femme jalouse qui ne tolère pas qu'on puisse en aimer d'autres.

Désormais j'étais broke.

Oui, j'aurais aimé vous raconter une belle histoire. J'aurais aimé vous raconter l'histoire de ce jeune gars qui a tout lâché pour vivre son rêve, et aller de Rio à Vegas en se finançant exclusivement grâce au poker.

Mais je ne peux pas.

J'ai échoué au bout d'un an et quatre mois.

Je me suis broke à Pereira, en Colombie, le 21 juin 2014.

Le poker n'est pas un conte de fées.

GLOSSAIRE

ABC : très simple, sans aucune créativité ; donc avec moins de gain, mais moins de risque.

A-GAME : meilleur niveau, pour un joueur.

BAD BEAT : coup malchanceux où une main dominante se fait battre par une autre beaucoup plus faible, sur un déroulé statistiquement improbable.

BALLA : attitude désinvolte et un peu bling-bling des riches joueurs qui dépensent sans compter.

BANKROLL : compte en banque destiné au poker, séparé du compte « de la vie ».

BOARD : déroulé des cinq cartes communes.

BOUTON : objet rond placé devant le joueur qui distribue les cartes ; joueur qui distribue les cartes ; distribution des cartes.

BLINDE : montant minimal de mise à chaque main.

BLOQUEUR : carte que l'adversaire ne peut pas avoir.

BREAKEVEN : ni gagnant ni perdant. Juste stable.

BRIQUE : carte qui ne change rien à l'action.

BROKE : littéralement « cassé », ayant tout perdu.

BUY-IN : prix d'entrée d'une partie.

CAGOULE : très grosse défaite.

CAPPÉ : sans mains forte.

CASH GAME : tournoi auquel on peut prendre part n'importe quand et que l'on peut quitter à tout moment.

CAVER : aller à la caisse pour échanger son argent contre des jetons de poker.

CALLING STATION : curiosité excessive qui pousse un joueur à payer avec tout et n'importe quoi en pensant que ses adversaires bluffent en permanence.

CHECK ou CHECKER : se maintenir dans la partie sans miser.

COIN FLIP : confrontation entre deux joueurs où chacun a autant de chances que l'autre de gagner ; pile ou face.

CONTINUATION BET : mise sur le flop après avoir pris l'initiative préflop en relançant.

DEALER'S CHOICE : jeu pour lequel le joueur au bouton, celui qui distribue les cartes, choisit la variante qu'il souhaite jouer.

DÉSTACKER : prendre tout le stack d'un joueur, c'est-à-dire l'argent qu'il a devant lui.

EDGE : supériorité technique.

ÉQUITÉ ou POT ÉQUITÉ : pourcentage de chances de gagner face aux mains adverses, rapporté au montant du pot.

FANCY PLAY SYNDROM : syndrome du jeu fantaisiste.

FISH : joueur de faible niveau.

FLOP : trois premières cartes communes.

FOLD ÉQUITÉ : probabilité que l'adversaire se couche.

GRIND : littéralement « corvée », travail intense que réalise le grinder.

GRINDER : littéralement « broyeur », personne, souvent pro, qui passe sa journée à bosser avec rigueur et régularité pour monter toujours plus haut.

GTO (GAME THEORY OPTIMAL) : théorie du jeu qui définit de manière mathématique la stratégie optimale dans chaque situation.

HOME GAME : partie de poker organisée à la maison.

LEAK : littéralement « fuite », fragilité technique qui empêche de jouer de manière optimale.

LEVEL (SE) : faire une mauvaise estimation, se tromper de niveau.

LIMP ou LIMPER : payer la mise minimale en préflop, sans relancer.

LIVETARD : contraction de *live* et *retard*, celui qui ne joue qu'en casino. Ce terme sarcastique des joueurs d'Internet associe l'idée de grande gueule et de technique faible.

NIT : littéralement « pou, idiot », joueur ultraprudent qui adopte une stratégie « serrée ». (Synonyme : roc.)

PAYER MOURANT : suivre en sachant qu'on risque fort de perdre.

POSITION (EN) : à gauche d'un joueur. C'est un avantage stratégique, car on parle après l'adversaire et on sait ce qu'il va faire avant de prendre notre décision.

POSITION (HORS) : à droite d'un joueur. On parle avant lui, donc on n'a pas l'avantage stratégique du « en position ».

POUBELLE : main très mauvaise, sans aucun potentiel, comme 72 dépareillé par exemple.

PRIZE POOL : total des gains que se partagent les vainqueurs, en tournoi ; il s'agit du prix d'entrée multiplié par le nombre de joueurs.

PRÉFLOP : ce qui se passe avant le flop.

RAINBOW : sans possibilité de couleur, pour un flop.

RAKE : commission qui est prise, à chaque coup joué, par l'organisateur de la partie.

RANGE : éventail de mains, ensemble des cartes qu'un joueur est susceptible d'avoir.

RAISE : relance.

REG : abréviation de *regular*, joueur assidu d'un même cercle, d'un même site, généralement de bon niveau.

REQUIN : joueur de bon niveau et qui gagne.

RERAISE : surrelance.

RIVER : cinquième carte commune, se dit également RIVIÈRE.

ROC : abréviation de *rock*, « rocher », joueur ultra-prudent qui adopte une stratégie « serrée ». (Synonyme : nit.)

RUN : littéralement « course, parcours » ; il y a des bad runs et des good runs.

RUSH : littéralement « course, ruée », bonne période, où tout se passe bien.

SCAM : arnaque.

SCARE CARD : littéralement « carte effrayante », qui peut améliorer considérablement la main adverse.

SCARED MONEY : effrayé par les montants joués, et ayant peur de perdre ce qu'il a devant lui.

SETUP : confrontation où le rapport de force est inégal.

SHOT : tentative de monter sur une table plus chère.

SLOWPLAY ou SLOWPLAYER : tendre un piège en jouant une main très forte comme si elle était faible.

SNAP CALL : payer instantanément, sans même y réfléchir, tant la décision semble évidente.

SPOT : mauvais joueur qui risque de faire des erreurs et qu'on va cibler en priorité ou, selon le contexte, juste une situation favorable.

STACK : tapis d'un joueur, l'argent qu'il a devant lui.

STAKES : enjeux ; une high stakes est une partie à très forts enjeux.

STEAMY : littéralement « qui a des vapeurs, qui est chaud », sur le point de craquer, d'aller au tilt.

STOP LOSS : montant de perte autorisé qu'on s'est soi-même fixé avant la partie. Quand il est atteint, on s'en va.

SUCKBET : littéralement « mise suceuse », mise faible qui sera payée par l'adversaire et le gardera dans le pot.

TELL : geste d'un joueur, révélateur de sa main ou de sa manière de jouer.

THINKING PROCESS : manière de réfléchir, de structurer sa pensée quand on joue.

TILT : perte totale de contrôle qui entraîne à faire n'importe quoi, comme avec un flipper.

TURN : quatrième carte commune.

VALUE : mise avec des bonnes mains, sans bluff ; également, miser ainsi.

VARIANCE : côté aléatoire du poker, la chance, ou la malchance.

Cet ouvrage a été composé et mis en page
par Nord Compo à Villeneuve-d'Ascq

Imprimé en France par CPI
en février 2022
N° d'impression : 2063559

Pocket – 92 avenue de France, 75013 PARIS

Suite du premier tirage : février 2022
S30796/03